SONDERPÄDAGOGIK KONKRET

SONDERPÄDAGOGIK KONKRET

Ein Handbuch in Schlüsselbegriffen

Herausgegeben von
Gerd Hansen und Roland Stein

2., verbesserte Auflage

1997

VERLAG JULIUS KLINKHARDT · BAD HEILBRUNN

Die Deutsche Bibliothek – CIP-Einheitsaufnahme

Sonderpädagogik konkret : ein Handbuch in Schlüsselbegriffen
/ hrsg. von Gerd Hansen und Roland Stein. – 2., verb. Aufl. –
Bad Heilbrunn : Klinkhardt, 1997
  ISBN 3–7815–0874–9
NE: Hansen, Gerd [Hrsg.]

1997.2. Ll. © by Julius Klinkhardt
Gesamtherstellung: WB-Druck GmbH & Co. Buchproduktions-KG, Rieden
Printed in Germany 1997
Gedruckt auf chlorfrei gebleichtem alterungsbeständigem Papier
ISBN 3-7815-0874-9

Vorwort zur 2. Auflage

Das vorliegende sonderpädagogische Handbuch orientiert sich an den Leitlinien Humanistischer Pädagogik. Den Herausgebern war dabei wichtig, ein Handbuch im eigentlichen Sinne zusammenzustellen - handlich, informativ, wesentliche Begriffe erfassend und verständlich. Es richtet sich an Menschen, die einen ersten Einblick in das Fachgebiet der Sonderpädagogik erhalten wollen.

Die Auswahl der vorgestellten Begriffe erfolgte zum einen im Hinblick auf die für die Sonderpädagogik typische Systematisierung nach Behinderungsformen - zum anderen auf eine sich derzeit vollziehende Öffnung zur Allgemeinen Pädagogik. Das Buch umfaßt circa fünfzig Stichworte, die in knapper Form über die jeweilige Thematik informieren.

Humanistische Pädagogik als Orientierungsgrundlage dieses sonderpädagogischen Handbuches basiert auf folgenden Überzeugungen und Prinzipien:

– Eine ganzheitliche Sichtweise des Menschen und der Welt; das Ganze repräsentiert mehr als seine einzelnen Teile;

– die Annahme von im Menschen angelegten Wachstumskräften;

– die Achtung vor der Würde des Menschen unabhängig von seiner organismischen, sozialen und psychischen Ausstattung;

– eine partnerschaftliche Sicht pädagogischer und allgemein-menschlicher Beziehungen und Begegnungen;

– eine pädagogische Ethik, die als Zielkategorien ihres Handelns Selbstverwirklichung, Bewußtheit, Freiheit, Lebendigkeit, Vielfalt und Kreativität formuliert.

Da in den hier gesammelten Beiträgen unterschiedliche Menschen zu Wort kommen, findet sich - im Rahmen der humanistischen Orientierung - ein Spektrum von Auffassungen und Positionen. Dies ist bei der Vielzahl der Autoren unumgänglich, jedoch auch von den Herausgebern erwünscht. Daraus ergibt sich, daß die getroffene Auswahl der Inhalte und die vertretenden Überzeugungen nicht notwendig auch die Meinung der Herausgeber wiedergeben.

Die erste Auflage, 1994 erschienen, fand einen lebhaften Zuspruch. Daher schätzen sich die Herausgeber glücklich, nun eine neue, verbesserte Auflage des Buches präsentieren zu können.

Ein herzlicher Dank gilt den an dieser Auflage beteiligten Autoren sowie dem Verlag Julius Klinkhardt, insbesondere in Person von Herrn Andreas Klinkhardt.

Bonn, im Januar 1997

Gerd Hansen   Roland Stein

Inhaltsverzeichnis

Aggression

Der Begriff Aggression dürfte derjenige sein, der - neben dem Begriff >Angst< - in der Umgangssprache und in der sozialwissenschaftlichen Fachsprache zur Charakterisierung menschlichen Verhaltens am häufigsten herangezogen wird. Bei einem auf den ersten Blick scheinbar hohen Verständigungswert dieses Begriffs ergeben sich bei näherer Betrachtung unterschiedliche Bedeutungsakzente (vgl. dazu Selg 1974), deren Spannweite von >aktiv< über >böse<, >gewalttätig<, >ärgerlich< bis >feindselig< reicht.

Aus der wortgeschichtlichen Herleitung (>aggredere< = herangehen) ergibt sich die Bedeutung im Sinne von >aktiv<, >initiativ<, die von tiefenpsychologischen (z.B. Schultz-Hencke) und humanistischen Autoren aufgegriffen wird. Sofern dabei jede Aktivität als Aggression bezeichnet wird, bleibt eine spezifische Bestimmung der Bedeutung von Aggression aus.

Eine ethisch-bewertende Bestimmung des aggressiven Verhaltens als >böse< liegt nahe und erscheint häufig passend, jedoch nicht immer. So erwähnt Selg einen Mongolenstamm, bei dem es nicht >böse< sondern moralisch gefordert ist, ältere Menschen zu töten. Eine >Ohrfeige<, die ein Vater seinem Kind gibt, muß nicht als >böse< eingestuft werden, wenn der Vater damit die wohlmeinende Absicht der Erziehung des Kindes verbindet. Dennoch könnte auch dieses wohlmeinende Erziehungsverhalten des Vaters als ein >aggressives< bezeichnet werden. Die Wertung eines Verhaltens als >böse< dürfte sich nach den einem Verhalten zugrundeliegenden oder zugeschriebenen Motiven richten. So wird die sublimierte Form der Aggression, die darin besteht, einen anderen durch Zufügen einer Niederlage im Sport zu schädigen, zunächst nicht als >böse< bewertet werden, vielleicht aber dann, wenn Befriedigung darüber aufkommt, daß der Unterlegene sich ärgert. Motive wie >Schadenfreude< und >Feindseligkeit< können der moralischen Wertung >böse< unterliegen. Auch diese Wertung wird aber möglicherweise wieder zurückgenommen, wenn die Ursachen für die Schadenfreude und Feindseligkeit (möglicherweise zunächst selbst erlittene Feindseligkeit) mitbedacht werden. Somit trägt auch die Bewertung als moralisch >böse< nicht zu einer eindeutigen Bestimmung von Aggression bei.

Unter dem Hinweis darauf, daß es wegen der gesellschaftlich-historischen Relativierung und wegen bestimmter Sonderfälle keine umfassende Definition von Aggression geben kann, nimmt Selg (1974) als Ergebnis der Auseinandersetzung mit verschiedenen Bedeutungsmomenten folgende Bestimmung von Aggression vor: „Eine Aggression besteht in einem gegen einen Organismus oder einen Organismus-Ersatz gerichteten Austeilen schädigender Reize". Dabei meint „schädigen": beschädigen, verletzen, zerstören, vernichten, einschließlich solcher schmerzzufügender, störender, Ärger erzeugender und beleidigender Verhaltensweisen, welche der direkten Verhaltensbeobachtung weniger zugänglich sind. Eine Aggression kann dabei offen (körperlich, verbal) oder verdeckt (z.B. phantasiert), sie kann moralisch positiv bewertet (gebilligt) oder moralisch negativ bewertet (mißbilligt) sein.

Wenn Selg von einem „gerichteten Austeilen" von Schädigungen spricht, dann bezieht er dabei aber noch nicht die (aggressive) Absicht des Handelnden mit ein, sondern geht davon aus, daß die Gerichtetheit von außen zu erkennen ist. Danach fällt dann zufälliges Schmerzzufügen (z.B. in der schwankenden Straßenbahn einem anderen auf den Fuß treten) als nicht gerichtet aus dem Bedeutungsfeld von Aggression heraus. Andererseits wird eine sog. „instrumentelle Aggression", die nicht aus aggressiver (d.h. schädigender, verletzender) Absicht, sondern zum Erreichen einer anderen Absicht erfolgt (z.B. dem anderen ans Bein treten, um seine Aufmerksamkeit zu erreichen), mit einbezogen, denn diese Aggression erscheint gerichtet. Von Aggression auch dann zu sprechen, wenn keine ausdrückliche Absicht mitbeteiligt ist, erscheint nach Selg auch deswegen zweckmäßig, weil sonst bei Tieren bzw. bei Kindern, bei denen noch keine Absicht vorliegt, nicht von Aggression gesprochen werden könnte.

Zum Verständnis der Vielfalt aggressiver Verhaltensweisen und zur gezielten Begründung der im individuellen Fall aufgezeigten pädagogisch-therapeutischen Fördermaßnahmen gilt es, zwischen dem Aggressions-Effekt und der Aggressions-Absicht zu unterscheiden. Nicht jedes Verhalten, das auf einen Aggressions-Effekt (Schädigung, Verletzung) gerichtet ist oder zu einem solchen führt, ist auch durch eine Aggressions-Absicht determiniert. Hierbei ist zunächst an besondere Fälle der spontanen Aggression zu denken, wie etwa an die bei Kindern im frühen Alter überkulturell zu beobachtenden spontanen Vergeltungs-, Verteidigungs- und Trotz-Aggressionen, an Aggression als Folge hormonaler Ursachen (z.B. bei Jungen in der Pubertät) oder als Folge von Hirnverletzungen und Funktionsstörungen des Gehirns. In diesen Fällen wird man nicht von einer „Absicht" zu aggressivem Verhalten sprechen. Sofern aber ein Verhalten, das einen Aggressions-Effekt erzeugt, auf eine Absicht zurückgeht, kommen dafür zwei Arten von Absichten in Frage: „extrinsische" und „intrinsische". Im Falle einer „extrinsischen" Absicht liegt das Ziel (der Lustgewinn) des Verhaltens nicht in der Schädigung oder Verletzung eines Organismus (oder Organismus-Ersatzes), sondern in irgendeinem anderen Ziel (z.B. Aufmerksamkeit zu erreichen). Bei „intrinsischen" Absichten liegt das Ziel bzw. der Lustgewinn in der Schädigung oder Verletzung des anderen Organismus. Im Falle der extrinsischen Absichten wird auch von „instrumenteller Aggression", im Falle der intrinsischen Absichten von „primärer Aggression" gesprochen.

Zur besonderen motivationalen Qualität der intrinsischen Aggressions-Motivation werden im allgemeinen drei Aspekte beachtet: die Gewalt- (Macht-, Dominanz)-Motivation, die Ärger-Motivation und die Feindseligkeits-Motivation.

Dabei soll Gewalt (Dominanz, Macht) hier aus der spezifischen Bedeutungsqualität von Aggression ausgeklammert werden. Denn unter Gewalt läßt sich eine Beeinflussung von Menschen derart verstehen, daß deren aktuelle körperliche und psychische Verwirklichung geringer ist als ihre potentielle Verwirklichung. Dabei kann Gewalt durch Aggression (Schädigung, Verletzung) verwirklicht werden, beschränkt sich aber nicht auf Aggression. Es gibt auch aggressionsfreie Formen der Gewalt, z.B. Gewalt (Machtausübung, Dominanz) der Eltern durch übermäßige Fürsorge für ihr Kind. So gesehen wäre das Gewalt-(Macht-, Dominanz)-Motiv im Hinblick auf Aggression bei näherer Betrachtung nicht den intrinsischen, sondern den extrinsischen Motiven zuzuordnen.

Als im engeren Sinne intrinsische Motivations-Qualitäten für Aggression, d.h. solche, bei denen sich die Befriedigung aus der Schädigung des Organismus ergibt, verbleiben die Ärger-Motivation und die lustvolle Feindseligkeits-("hostility"-)Motivation.

Dabei ergibt sich die Ärger-Motivation aus einer zunächst eintretenden emotionalen Reaktion auf eine aktuelle Frustration (Ärger-Affekt) und einer danach sich einstellenden Motivation zur Wiederherstellung des allgemeinen Gleichgewichts, der Ordnung und zum Ausgleich von Rechten und Verlusten. Diese Wiederherstellung der Ordnung, d.h. somit der spezifische Lustgewinn, wird durch die Schädigung des anderen Organismus (des Frustrators oder eines Ersatzes dafür) erreicht. Im Falle der Ärger-Motivation entwickelt sich Aggression also reaktiv, sie wird ausgelöst durch eine sog. Frustration. Der Lustgewinn besteht im Verschwinden des Ärgers.

Im Falle der lustvollen Feindseligkeits-("hostility"-)Motivation liegt der Lustgewinn von vornherein in dem Spaß, den allein die Erreichung eines aggressiven Zieles bringt. Dabei kann sich das Feindseligkeits-Motiv auch aus einer ursprünglich instrumentellen Aggression (z.B. ein anderes Kind schlagen, um Aufmerksamkeit zu erreichen) entwickeln. Die als Reaktion auf die instrumentelle Aggression erfahrenen positiven Konsequenzen führen dazu, daß sich das Bedürfnis, durch die Schädigung eines anderen Spaß zu erleben, verselbständigt.

An dieser Stelle sei noch auf die Unterscheidung zwischen stabil-überdauernden und momentan-aktuellen, situationsspezifischen Reaktionstendenzen hingewiesen, die sowohl im Hinblick auf den Aggressions-Effekt als auch auf die Aggressions-Absicht relevant wird und jeweils durch andere Begriffe zur Sprache gebracht wird.

Bei einem auf den Effekt der Schädigung gerichteten aktuellen, situationsbezogenen Verhalten spricht man von "Aggression". Das wiederholte Auftreten von Aggression bei der gleichen Person, d.h. also Aggression zu verschiedenen Zeitpunkten, in verschiedenen Situationen, durch verschiedene Verhaltensweisen, wird als "Aggressivität" bezeichnet. Analog dazu spricht man bei einem aktuellen (unter bestimmten situativen Bedingungen durch eine bestimmte Reaktionsform) Wirksamwerden eines aggressiven Bedürfnisses oder einer aggressiven Absicht von "Aggressions-Motivation". Dagegen wird eine aufgrund kumulierter Erfahrungen (etwa als Reaktion auf wiederholte Frustrationen, durch Nachahmung oder durch Bekräftigungslernen) erworbene überdauernde motivationale Haltung einer Person als (Aggressions-)Motiv bezeichnet, eine Betrachtung, die vor allem für das lustvolle Feindseligkeits-Motiv relevant wird.

Zur Erklärung des Zustandekommens von Aggression lassen sich drei grundsätzliche theoretische Positionen unterscheiden: die triebtheoretische (wie sie aus tiefenpsychologischen Betrachtungen und aus der Verhaltensforschung bei Tieren bekannt geworden ist), die frustrationstheoretische und die lerntheoretische (durch Nachahmung und Bekräftigungslernen). Während die beiden erstgenannten aggressionsrelevante Antriebe und Motivationen in den Vordergrund der Erklärung stellen, beschäftigt sich die lerntheoretische Position zunächst eher mit der Erklärung der Aggression unabhängig von der jeweiligen (intrinsischen oder extrinsischen) Motivation, zum anderen aber auch mit der Erklärung des überdauernden intrinsischen, lustbetonten Aggressions-Motivs.

Jede der drei aggressionstheoretischen Erklärungen bezieht sich dabei aber auf gerichtete Aggression, gilt also für solches Verhalten, das (unabhängig von der Absicht) auf eine Schädigung eines Organismus ausgerichtet ist. Verhaltensweisen, die zwar ebenfalls einen schädigenden Effekt hervorbringen, aber nicht auf diesen Effekt gerichtet sind (man könnte hierbei von Pseudo-Aggressionen sprechen), werden durch die aggressionstheoretischen Positionen nicht erklärt. Zu den Pseudo-Aggressionen könnten neben den eingangs angesprochenen Erscheinungsformen von Aktivität vor allem exzessive, antriebsstarke Verhaltensweisen zählen, bei denen ein aggressiver Effekt auftritt, ohne daß die Verhaltensweisen auf diesen Effekt ausgerichtet oder dieser Effekt beabsichtigt war. Trotz des schädigenden Effekts sind diese Verhaltensweisen gewissermaßen aggressionsneutral. Der zugrundeliegende Antrieb ist dann nicht aggressionsspezifisch, sondern liegt in einer allgemeinen nervösen Erregung, wofür entweder organische Ursachen oder psychogene Spannungen (z.B. in Zusammenhang mit Angst) verantwortlich sind. Beispielsweise könnte ein Kind aufgrund einer (wie auch immer zustandegekommenen) emotionalen Erregung ein dranghaftes Verhalten (etwa Rütteln an den Stäben des Kinderbettes und Zerbrechen dieser Stäbe) zeigen, durch dieses dranghafte Verhalten die emotionale Erregung gewissermaßen abreagieren. Dieses Verhalten war dabei aber nicht auf das Zerbrechen der Gitterstäbe ausgerichtet. Auch vielfältige unkontrollierte Verhaltensweisen geistig behinderter Personen aufgrund einer durch Funktionsstörungen des Gehirns ausgelösten emotionalen Erregung sind zu den Pseudo-Aggressionen zu zählen.

Eine ausführliche Darstellung der triebtheoretischen, frustrationstheoretischen und lerntheoretischen Erklärung von Aggression findet sich bei Kornadt (1982, 25ff.), sowohl hinsichtlich der grundlegenden theoretischen Annahmen als auch hinsichtlich jeweils entsprechender oder widersprechender empirischer Befunde. Kornadt kommt zu der Schlußfolgerung, das eine integrative Theorie der Erklärung von Aggression Grundannahmen verschiedener theoretischer Positionen, soweit sie durch empirische Fakten gestützt sind, berücksichtigen muß. Dabei sind folgende Sachverhalte bei der Erklärung von Aggression besonders zu berücksichtigen:

Auslösevorgänge für Aggressionsreaktionsformen oder -vorformen (z.B. Auslösung durch frustrationsbedingten Ärger), Prozesse des Lernens von Aggressionshandlungen durch Erfolg, Aufbau von Handlungsmöglichkeiten durch Nachahmung, spontanes Auftreten von Aggression, erbgenetisch bedingte Dispositionen für spezifische Wahrnehmungs- und Lernprozesse, für Affektreaktionen und für spezifische Verhaltensmuster (z.B. im Falle von Drohgebärden, von Trotzreaktionen), zentralnervöse Aggressionserregungs- und hemmungsapparate, vielfältige kognitive Prozesse (z.B. des Schlußfolgerns, der Bedeutungsgebung), Prozesse der Zielsetzung und Handlungsabwägung, Prozesse der Hemmung von Aggression (z.B. trotz Aktivierung und Zielsetzung).

In einem eigenen Entwurf einer kognitiven Motivationstheorie der Aggression stellt Kornadt (1982, 273ff.) unter Berücksichtigung der vorgenannten Sachverhalte den Prozeß der Entstehung einer aktuellen Aggression und den Ablauf einer Aggressionshandlung dar, sowohl im Falle der ärgerlichen als auch der lustvollen Aggressionsmotivation.

Zusätzlich findet sich bei Kornadt (1982, 302) eine ausführliche Darstellung und Diskussion der für die Entwicklung der überdauernden Aggressivität und des überdauernden Aggressions-Motivs verantwortlichen Entwicklungsbedingungen und Entwicklungsprozesse.

Je nachdem welche der einzelnen Sachverhalte (wie z.B. Auslösung durch Ärger, Bewertung und Interpretation von frustrierenden auslösenden Bedingungen, Bekräftigung für erfolgreiches aggressives Verhalten, hohes Aggressions-Motiv, Bewertung von Zielen und Handlungsweisen) im individuellen Fall für das Zustandekommen aggressiven Verhaltens besonders verantwortlich sind, erscheinen auch jeweils andere pädagogisch-therapeutische Maßnahmen angezeigt.

Für Maßnahmen, deren Ziel in der Änderung des aggressiven Verhaltens und der aggressiven Motivation der Probanden liegt, erscheinen dabei vor allem Prinzipien der kognitiven Verhaltensmodifikation (vgl. dazu etwa Petermann/Petermann 1978; Lauth 1983, 101ff.) einem integrativen Erklärungsansatz der Aggression adäquat und für den Sonderpädagogen praktikabel.

Über die direkt auf den Probanden bezogenen Maßnahmen hinaus kommt aber auch der präventiven Gestaltung des Lebensumfeldes (z.B. auch durch Eltern- und Familienberatung, durch Supervision in Schulen) eine hohe Bedeutung zu.

Literaturverzeichnis:

Kornadt, H.J.: Aggressionsmotiv und Aggressionshemmung. Bd. 1, Bern 1982.

Lauth, G.: Verhaltensstörungen im Kindesalter. Stuttgart 1983.

Petermann, F./Petermann, U.: Training mit aggressiven Kindern. München 1978.

Selg, H.: Menschliche Aggressivität. Göttingen 1974.

Willi Seitz

Analphabetismus

Einleitung

Es ist schwierig, in der hier gebotenen Kürze dem Phänomen >Funktionaler Analphabetismus<, so wie die UNESCO den Begriff definiert[1] (im Folgenden FA abgekürzt), in seiner Vielschichtigkeit gerecht zu werden. Entgegen der Annahme, daß es sich hierbei um eine verschwindend geringe Anzahl von Betroffenen handeln sollte, haben Experten der Deutschen UNESCO-Kommission im Jahr 1988 die Analphabetenrate in den alten Bundesländern auf 0,75 % bis 3 % der Bundesbürger über 15 Jahre geschätzt.

Im Kontext dieser Buchveröffentlichung zur Sonderpädagogik werde ich mögliche Ursachen des FA aufzeigen sowie Präventions- bzw. Interventionsmöglichkeiten. Die Ursachen des FA sind meinen Erfahrungen zufolge nur vereinzelt in der jeweiligen >Lernbehinderung< des /der Einzelnen zu suchen. In den meisten Fällen scheint ein Konglomerat von Faktoren die Entstehung des FA zu begünstigen.

Ich gründe meine Thesen insbesondere auf die vierjährigen Erfahrungen als Kursleiterin für erwachsene deutschsprachige AnalphabetInnen und auf Interviews, die ich im Rahmen dieser Tätigkeit gemeinsam mit zwei Kolleginnen und der für die Alphabetisierung zuständigen Fachbereichsleiterin an der VHS Wuppertal durchgeführt habe.[2] Die meisten der in meinen Kursen Lernenden sind bei ihrem ersten Lernversuch, insbesondere beim Lesen und Schreiben, gescheitert. Als Gründe für ihr Scheitern nannten sie sowohl außerschulische als auch innerschulische Faktoren, die ich im folgenden näher erläutern werde.

Außerschulische Faktoren: Lernvoraussetzungen

Kinder aus benachteiligten Verhältnissen beginnen die Schulzeit mit erheblich größeren Schwierigkeiten als andere Kinder. Sie sind viel bedürftiger und abhängiger von der Art, wie mit ihnen als Person umgegangen wird, denn sie haben oftmals ein sehr negatives Selbstbild vermittelt bekommen, viel weniger Vertrauen in sich selbst und viel mehr Angst als andere Kinder. Deshalb spielt für sie die Beziehungsebene eine sehr große Rolle, denn Lernen oder Nichtlernen geschieht nicht zuletzt in Beziehungen.

„Was meinst du, was ich Angst hatte in der Schule, wenn ich etwas machen mußte und der Lehrer stand hinter mir. Da hatte ich richtig Schweiß in den Fingern und auch die Hose etwas naß, so fertig war ich. Das ging so bis zum 14., 15. Lebensjahr. Dabei hatte ich eigentlich ein gutes Verhältnis zu meinen Lehrern. Aber das war so: Was die aufgebaut haben mit mir, das hat der Alte wieder umgeschmissen. Ich war total fertig." (Rolf E., 44 Jahre, seit drei Jahren in einem >Lesen und Schreiben<-Kurs.)[3]

Materielle Not der Herkunftsfamilie, häufig damit einhergehende Beziehungskonflikte innerhalb der Familie, Gewalterfahrungen unterschiedlichster Ausprägung, Überlastung der Kinder durch Übernahme elterlicher Funktionen, durch Haushalt, Geschwisterbetreuung oder nicht zuletzt durch die Notwendigkeit, das Familienbudget aufbessern zu müssen, dies alles sind Faktoren, die den Lernprozeß behindern können.

„Meine Mutter war eigentlich dafür, daß ich weiter zur Schule gehe, aber der Alte, der war dagegen, weil dem ja wieder das Geld fehlte." (Rolf E.)[4]

Aber auch fehlendes Interesse der Eltern an ihren Kindern und deren Belangen sowie beengte Wohnverhältnisse, in denen es weder Platz noch Ruhe zum Lernen gibt, können Lernen beeinträchtigen.

„Wenn ich Hausaufgaben machen wollte und mein Vater im Hause war, gab es immer Theater. Der war ja immer am Zanken, entweder mit mir, mit meiner Mutter oder mit meinen Schwestern." (Rolf E.)[5]

Regelschulkonzeption

Die Regelschule trägt trotz propagierter Chancengleichheit in nicht unerheblichem Maß dazu bei, daß SchülerInnen auf der Strecke bleiben, und ich behaupte, daß dies im System selbst angelegt ist. Denn die Chancengleichheit ist nur eine vordergründige, da Bildung nicht zuletzt an ein Mindestmaß an materieller Ausstattung gebunden ist. Es gibt „auch in Industriegesellschaften wie der unseren einen Teufelskreis von Armut und (funktionalem) Analphabetismus..., der schon im Vorschulalter beginnt: In Ermangelung geeigneter Anregungen kommen Kinder armer Familien mit geringeren Vorkenntnissen zur Schule als Kinder aus Familien mit höherem SÖS (sozio-ökonomischem Status, Anm. d. Verf.). In der Schule werden diese Unterschiede nicht etwa ausgeglichen, sondern vergrößert."[6]

Chancengleichheit kann nur bestehen, wenn die Voraussetzungen zur Wahrnehmung dieser Chancen gleich sind. Kinder beginnen jedoch ihre Schulzeit nicht als unbeschriebenes Blatt, sondern verfügen bei Schuleintritt bereits über sehr unterschiedliche Erfahrungen. Dies wird im Hinblick auf das Lesen und Schreiben häufig nicht bedacht.

„Die dramatischen Unterschiede in diesen naiven Erfahrungen und in den daraus erworbenen Einstellungen und Konzepten bestimmen, wie die Kinder unsere Lernangebote aufnehmen, und damit zum großen Teil ihre Erfolgschancen im Lese- und Schreibunterricht."[7]

Es gelingt der Schule nicht immer in ausreichendem Maß, die Sinnhaftigkeit des Lesens und Schreibens für alle Kinder transparent zu machen. Lesen- und Schreibenlernen wirkt erst dann nachhaltig, wenn es für die Kinder einen Sinn macht. In bezug auf Motivation und Selbstbild schildert z.B. Manfred S., 33 Jahre, seit zwei Jahren im >Lesen-Schreiben-Kurs<, was Fehlerkorrekturen auslösen können:

„Du hast auch keinen Bock mehr, wenn du ein Heft wiederkriegst, wo nur rote Flecke drin sind. Die haben mir dadurch gesagt: >Du bist fertig, du schnallst das nicht.<"[8]

Eine andere Teilnehmerin, Frieda G., 60 Jahre alt und seit drei Jahren im >Lesen-Schreiben-Kurs<, schildert ihre Angst vor Diktaten:

„Wenn der Lehrer aber sagte, Diktat, weißt du, das war für mich...Den ersten Satz habe ich noch mitgekriegt, den zweiten und dritten schon nicht mehr. Ich kam mir vor, wie ein

Wurm, der sich auf dem Erdboden windet. Das Gefühl ist noch richtig vorhanden. Ich habe den Text nur noch in Bruchstücken mitbekommen. Es waren Fehler, es war grausam."[9]

Bei Schuleintritt wird in der Regel vorausgesetzt, daß für alle Kinder die Motivation zum Lesen und Schreiben gleich hoch ist und nicht bedacht, daß für diejenigen Kinder, in deren familiärem Umfeld dem Lesen und Schreiben kein Stellenwert beigemessen wird, die Sinnhaftigkeit des Lesens und Schreibens wesentlich schwerer nachvollziehbar ist.

„Die Vorstellungen eines Kindes über Schrift sind eingebettet in seine persönlichen Alltagserfahrungen, von denen Erwachsene vorderhand wenig wissen. Lesen und Schreiben sind auch nicht bloß Techniken im Umgang mit Schrift, sondern ein Teil der kindlichen Denkentwicklung und Weltdeutung."[10]

Auch das Nicht-Lernen kann für Kinder in einem ganz bestimmten Kontext einen Sinn machen, so z.B. den, sich mit dem Elternhaus zu solidarisieren, in dem nicht geschrieben oder gelesen wird. Wenn Lesen und Schreiben nur auf die Schule bezogen bleibt und bei Kindern mit Lese- und Schreibschwierigkeiten immer negativ sanktioniert wird (Korrekturen, Zensurengebung, Sitzenbleiben, Schulwechsel), dann besteht die Gefahr, daß nach Verlassen der Schule Situationen vermieden werden, in denen Lesen und Schreiben erforderlich ist.

Wenn man bedenkt, daß es trotz - mehr oder weniger - unterschiedlicher Bildungssysteme in allen europäischen Staaten Funktionale AnalphabetInnen gibt, kann man sich fragen, ob es für die Entstehung des FA einen von dem jeweiligen Bildungssystem unabhängigen Ursachenstrang gibt. Ein gemeinsamer Nenner scheint mir der schulimmanente Konformitäts- und Zeitdruck zu sein, der schulisches Handeln prägt. Schule scheint weniger nach pädagogischen, sondern eher nach bürokratischen Gesichtspunkten zu funktionieren.

„Charakteristisch für bürokratische Organisationen ist die Verhaltensorientierung der Organisationsmitglieder an vorwegentworfenen, relativ personen- und situationeninvarianten Regeln; auch in der bürokratischen Organisation Schule ist ein umfangreiches formales Regelsystem vorhanden.... . Auf individuelle Begabungs- oder Motivationsunterschiede kann in diesem System kaum Rücksicht genommen werden."[11]

Drei Jahre nach dem von der UNESCO ausgerufenen Internationalen Alphabetisierungsjahr 1990 sollte man von einer relativ hohen Bekanntheit des Phänomens FA und dessen Ursachen ausgehen können. Trotzdem werden (vermutlich aus finanzpolitischen Gründen) bildungspolitische Vorschläge gemacht, die das Lernen insbesondere für diejenigen Kinder erschweren werden, die ohnehin die Schulzeit mit größeren Schwierigkeiten beginnen als andere Kinder, so z.B. angestrebte Sparmaßnahmen durch Vergrößerung der Schulklassen.

„Es stellt sich die Frage, warum die Schule statt auszugleichen noch zu einer Vergrößerung der vorhandenen Unterschiede beiträgt - oder warum sie diese Vergrößerung nicht verhindern kann."[12]

Präventions- bzw. Interventionsmöglichkeiten

Es müßte auf zwei Ebenen gehandelt werden:

Einerseits müßten Hilfsangebote für diejenigen gewährleistet werden, die jetzt und hier Probleme mit dem Lesen und Schreiben haben (unentgeltliche Lesen- und Schreiben-Kurse, Schreibbüros etc). Dabei darf aber nicht stehengeblieben werden.

Um Chancengleichheit zumindest als Ziel anzustreben und dem Potential an Fähigkeiten und Möglichkeiten einer heterogenen Lerngruppe gerecht werden zu können, müßten andererseits Möglichkeiten innerhalb des Regelschulsystems geschaffen werden, damit elementare Grundkenntnisse auch noch zu einem späteren Zeitpunkt als nur während der ersten zwei Grundschuljahre nachgeholt werden können, z.B. Stützunterricht Lesen und Schreiben. Zur Vorbeugung von Schwierigkeiten beim Erwerb dieser elementaren Kenntnisse müßten Unterrichtsinhalte im wesentlich stärkeren Maß am Erfahrungshintergrund und der Lebenswelt des einzelnen Kindes ansetzen. Auch müßte der Gebrauchswert des Lesens und Schreibens den Kindern stärker verdeutlicht werden. Dies setzt jedoch zunächst einmal den politischen Willen zu strukturellen und inhaltlichen Veränderungen im Schulsystem voraus.

Literaturangaben und Anmerkungen:

1 Funktionale AnalphabetInnen „sind meist Personen, die schlecht lesen und, wenn auch äußerst mangelhaft, schreiben können, doch aufgrund dieser Mängel Situationen meiden, in denen sie schreiben müssen. Damit ist die Voraussetzung für einen weiteren Verlust der einmal erworbenen Fähigkeiten gegeben." In: Alphabetisierung 1, 1988, Nr.1 Deutsche UNESCO - Kommission, 3.

2 siehe Gehlhoff, C./Gruschczyk, C./Heigermoser, M./Richling, D.: Du kannst nicht lernen wenn... Lebensgeschichten von Menschen, die nicht lesen und schreiben gelernt haben. Wuppertal 1991.

3 Gehlhoff, C. u.a.: a.a.O., 8.

4 Gehlhoff, C. u.a.: a.a.O., 9.

5 Gehlhoff, C. u.a.: a.a.O., 8.

6 Kretschmann, R./Lindner-Achenbach, S./Puffahrt, A./Möhlmann, G./Achenbach, J.: Analphabetismus bei Jugendlichen. Ursachen, Erscheinungsformen, Hilfen. Stuttgart 1990, 28.

7 Brügelmann, H.: Alfabetisierung oder Schriftspracherwerb? Zur Alltagsbedeutung des Lesens und Schreibens für Kinder. In VHS Düsseldorf (Hrsg.): Zwischen Byte und Böll. Schriftsprache in der hochtechnisierten Gesellschaft. Düsseldorf 1991, 43.

8 Gehlhoff, C. u.a.: a.a.O., 27.

9 Gehlhoff, C. u.a.: a.a.O., 16.

10 Brügelmann, H.: Kinder auf dem Weg zur Schrift. Eine Fibel für Lehrer und Laien. 3. verb. u. erw. Aufl. Konstanz 1989, 9.

11 Vogel, P.: Die bürokratische Schule. Unterricht als Verwaltungshandeln und der pädagogische Auftrag der Schule. 1. Auflage - Kastellaun 1977, 155.

12 Kretschmann, R. u.a: a.a.O., 28.

Christiane Wessels

Angst

Erscheinungsweisen und Ursachen

Angst kann eine natürliche, instinktive Reaktion sein, ein Warnsignal des Körpers, das sinnvolle Schutz- und Fluchtreaktionen einleitet, wie z.b. das schreckhafte Sich-Ducken bei einem plötzlichen lauten Knall. Als solche ist sie ein Teil unserer Evolution, eine fundamentale menschliche Empfindung, Bestandteil unserer Existenz.

Angst kann auch zur quälenden Störung, kann selbst zur Bedrohung werden, wenn sie in Form von Phobien oder Panikattacken Menschen dazu führt, ihre Wohnung nicht mehr zu verlassen, ihre Arbeit, ihre Ausbildung, ihre Freunde aufzugeben aus Angst, auf die Straße zu gehen, Türklinken zu berühren, einen Herzinfarkt zu erleiden... .

Zwischen beiden Extremen liegen vielerlei Formen von Ängsten. Man unterscheidet krankhafte von gesunder Angst oder, besser ausgedrückt, Angst*störungen* von Angst anhand der Intensität, Dauer und Angemessenheit. Unangemessene Angst vor bestimmten Objekten (z.B. Insekten) oder Situationen (z.B. Einkaufen im Supermarkt) wird als Phobie bezeichnet. Unangemessen bedeutet, daß die Angst in keinem Verhältnis zur tatsächlichen Bedrohung steht. Als Panik bezeichnet man eine plötzliche und ohne erkennbaren Anlaß auftretende (Todes-)angst. Angstreaktionen äußern sich meistens auf mehreren Erlebnisebenen:

- auf körperlicher/physiologischer Ebene (z.B. Herzrasen, Schweißausbrüche, Adrenalinausschüttung),
- auf gedanklicher/kognitiver) Ebene (z.B. Vorstellungen über den eigenen Tod, Erwartung eines Unfalls) und
- auf Verhaltensebene (z. B. weglaufen, sich verkriechen).

Ursachen von Angst können körperlicher, seelischer oder sozialer Art sein. Als organische/physiologische Ursachen von Angst kommen in Frage: erhöhter Adrenalinspiegel durch Fehlfunktion der Nebenniere, Menière-Syndrom, Unterzuckerung, Asthma, Sucht, Entzug, Allergien. Als psychologische Ursachen kommen aus tiefenpsychologischer Sicht vor allem traumatische Kindheitserlebnisse und verdrängte Triebkonflikte in Frage, aus lerntheoretischer Sicht gelernte Verknüpfungen von ursprünglich neutralen Reizen mit Angst, aus kognitionspsychologischer Sicht stehen bei der Entstehung von Angststörungen die Angst vor der Angst ,irrationale Erwartungen und gedankliche Interpretationen im Mittelpunkt, während der humanistische Ansatz die Angststörung als Schutz vor erwarteten Bedrohungen sieht, der ursprünglich sinnvoll war, langfristig jedoch wachstumshemmend wirkt, indem die nach einem alten Muster ablaufende Reaktionsweise die Wahrnehmung der aktuellen Realität erschwert.

Als Stressfaktoren, die die Anfälligkeit für Angststörungen erhöhen, wirken belastende Lebensereignisse wie Tod eines Angehörigen oder Freundes, Trennung oder Partnerschaftsprobleme, Probleme am Arbeitsplatz oder Arbeitslosigkeit und Übermüdung.

Behandlung von Angststörungen

Medikamentöse Behandlung: Psychopharmaka sind zwar in der Lage, Angstsymptome abzumildern, beseitigen aber nie die zugrundeliegende Symptomatik und sollten daher und auch wegen erheblicher Nebenwirkungen und Suchtgefahr nur unter fachärztlicher Kontrolle und in Notfallsituationen Verwendung finden.

Psychotherapie hat sich gerade bei Angststörungen als sehr wirksam erwiesen. Während die psychoanalytische Behandlung von unverarbeiteten traumatischen Angsterfahrungen in der Kindheit ausgeht und den diesen zugrundeliegenden Konflikt in einer meist langwierigen Therapie zutagefördert, ist der Ausgangspunkt verhaltenstherapeutischer Behandlungsmethoden der Grundgedanke, daß Angst erlernt wurde und demgemäß auch wieder verlernt werden kann, zumeist indem die ebenfalls erlernte Angstvermeidung, die die Angst aufrechterhält, verhindert wird, so daß sich die Person ihren Ängsten stellen muß anstatt ihnen auszuweichen. In eigens für Angstprobleme entwickelten kognitiv-verhaltenstherapeutischen Methoden (kognitiv bedeutet, daß in die Methode des Neu-Lernens ausdrücklich Gedanken und Vorstellungen miteinbezogen werden und Ansatzpunkte des Umlernens sind) wurden Erfolgsquoten von bis zu 90 Prozent dokumentiert.

Selbsthilfe: Neuerdings gibt es zahlreiche Selbsthilfeprogramme (z.B. in Form von Taschenbüchern), die ich speziell für Menschen mit Angststörungen als sinnvoll und empfehlenswert betrachte, da für die Betroffenen oft die Angst zu groß ist, wirklich zu jemandem hinzugehen und da derart massive Angstsymptome die betroffene Person immer mehr zum Rückzug in die Isolation bewegen. Ein solches Buch kann ein Rettungsanker sein, der im sicheren Zuhause, im Zimmer, im Bett Unterstützung anbietet, an einen Ort also, an den wahrscheinlich kaum ein Pädagoge, ein Therapeut und oft nicht einmal ein Freund gelangt. Dort kann der/die Betroffene vielleicht Unterstützung finden und erfahren, daß er/sie nicht allein mit dem Thema Angst ist, wieviele andere Menschen davon betroffen sind, daß Angst Ursachen hat, daß Angststörungen oft nach einem bestimmten Muster verlaufen und daß es Hilfsangebote gibt. Dies kann für viele von Angststörungen Betroffene der erste Schritt aus dem Teufelskreis Angst - Vermeidung - Rückzug - mehr Angst - mehr Vermeidung - Isolation bedeuten, bevor sie sich einer Bezugsperson anvertrauen.

Häufig sind Ängste bei Kindern und Jugendlichen leichter zu erkennen und auch einfacher zugänglich. Das mag damit zusammenhängen, daß wir Kindern eher zugestehen, daß sie Angst haben, während es für einen 40-jährigen Verwaltungsangestellten als angemessener gilt, wenn er vorgibt, keine Zeit zum Einkaufen und kein Interesse an Parties zu haben, als wenn er zugibt, daß er beides nicht tut, weil er Angst vor so vielen Menschen hat. Aber auch bei Kindern und Jugendlichen verbirgt sich manchmal eine Angststörung hinter anderen Verhaltensauffälligkeiten: Bauchschmerzen, aggressives Verhalten, Kleidung zerreißen, sich übergeben, Einnässen können Ausdrucksformen sein von Angst, in die Schule zu gehen, eine Klassenarbeit zu schreiben, am Sportunterricht teilzunehmen, ausgelacht zu werden, mit dem Schulbus zu fahren. Hier gilt es, behutsam das Thema Angst anzusprechen, dabei nicht zu bewerten, dem Kind mit seiner Angst Respekt entgegegzubringen und es ernstzunehmen. Gut gemeinte Beschwichtigungen (du brauchst doch keine Angst zu haben, es ist halb so schlimm) haben leider oft den gegenteiligen Effekt und verstärken das Gefühl des Alleingelassenseins in der angstbesetzten Situation.

Unterstützend ist es, das Kind/den Jugendlichen zu ermuntern, sich mit seiner Angst zu beschäftigen, ihr Form und Raum zu geben und nicht gegen sie anzukämpfen. Dies kann in einem pädagogischen Rahmen durch gestalterische Mittel geschehen (beispielsweise ein Bild von der Angst oder von der empfundenen Bedrohung malen, seine Befürchtungen in Form von Gruselgeschichten zu erzählen, der Angst einen Namen geben, sie als Begleiter phantasieren und basteln, der Angst eine Stimme geben) oder indem die Bezugsperson das Kind, den Jugendlichen in die angstauslösenden Situationen begleitet und ihm damit hilft, sich seiner Angst zu stellen. Immer geht es darum, die Angst anzunehmen, anstatt sie zu bekämpfen, denn je mehr ich meine Angst als einen Teil von mir anerkennen kann, um so weniger kann sie als äußerer Feind Macht über mich und mein Leben haben und ich bin in der Lage, mein Leben, wenn auch zunächst als ein Leben mit Angst, zurückzugewinnen.

Ein anderer wichtiger Aspekt bei der Arbeit mit Angststörungen ist der, eine Verbindung zu fühlen. Menschen mit Angstproblemen schneiden oft (aus Angst natürlich) ihre Verbindungen ab: die Verbindung zu anderen Menschen, indem sie weglaufen, sich einschließen, nicht mehr zuhören, nicht hinsehen, die Verbindung zu sich selbst, indem sie hyperventilieren und ohnmächtig werden oder die Luft anhalten, erstarren und sich nicht mehr spüren, die Verbindung mit der dinglichen Umgebung, indem sie „den Boden unter den Füßen verlieren", das Gefühl haben, abzuheben und Gehör oder Sehkraft verlieren.

Die vermeintliche Sicherheit im Abbrechen aller Verbindungen führt jedoch unweigerlich zu mehr Angst und deshalb ist es wichtig, daß der Pädagoge oder Therapeut auf das Aufrechterhalten oder Wiederherstellen von Verbindungen achtet: Spürst Du den Boden unter Dir? Spürst Du Deine Füße, Deinen Atem? Hörst Du meine Stimme? sind einfache Fragen, die auf wenig bedrohliche Art Verbindung anbieten.

Um bei Angstproblemen als Helfer auf solch existentielle Art einfach da zu sein, ist es für diesen wichtig, eine Verbindung zu sich selbst und damit möglicherweise auch Raum und Unterstützung für eigene Ängste zu haben.

Literatur:

Anneese, C./Pol, T.: Wege aus der Phobie. Frankfurt 1995.

Duby, G.: Unseren Ängsten auf der Spur. Vom Mittelalter zum Jahr 2000. Köln 1996.

Huber, A.: Stichwort Angst. München 1995.

Richter, H.-E.: Umgang mit Angst. Düsseldorf 1994.

Riemann, F.: Grundformen der Angst. Eine tiefenpsychologische Studie. München 1984.

Strian, F.: Angst und Angstkrankheiten. München 1995.

Michaele Esser

Ausbildung

Die westlichen Gesellschaftssysteme (und neuerdings auch die östlichen) sind geprägt vom Kapitalerwerb durch selbständige und abhängige, dabei arbeitsteilige Produktivität. In diesem Sinne spielt der Beruf eine zentrale Rolle[1]

- für die Zuschreibung von Tätigkeiten (angenehme oder unangenehme, abwechslungsreiche oder monotone, fremdbestimmte oder Selbstverwirklichung ermöglichende);
- für die entsprechend hohe oder niedrige Entlohnung, den Kapitalerwerb;
- für das soziale Prestige, den Status im sozialen Gefüge (vornehmlich abhängig von der Entlohnung, jedoch auch von der inhaltlich definierten Tätigkeit)[2];
- für körperliches Wohlergehen und Gesundheit (über den Gesundheitswert des Wohnortes, die medizinische Versorgung und körperliche Regenerationsmöglichkeiten);
- für die Qualität und Quantität sozialer Kontakte (über den Arbeitsort, den Wohnort, die Schichtzugehörigkeit).

Dies zeigt auf, welche Bedeutung der Beruf sowohl für individuelle Existenz als auch für unsere Gesellschaft hat. Der Beruf wird dabei - und insbesondere in Deutschland - in aller Regel angestrebt über eine entsprechende, diesbezügliche Ausbildung. In unserer arbeitsteiligen, hochtechnisierten, komplexen Gesellschaft ist es zunehmend unverzichtbar, eine entsprechende Ausbildung zu durchlaufen, damit ein Einstieg in bestimmte Arbeitsbereiche überhaupt möglich ist - mit Anspruch und Prestige dieser beruflichen Sektoren wächst die Bedeutung einer Ausbildung. „Irgendeine Ausbildung ist besser als keine, aber nicht jede Ausbildung ist so gut wie die andere"meint Sinnhold (1990, 369). Ausbildung findet dabei in der Regel im >dualen System< Werkstatt <> Berufsschule statt, das sich - mit Zunahme der Betreuungs- und Stützmaßnahmen v.a. für Benachteiligte - mehr und mehr zu einem >trialen System< entwickelt.

Der Zugang zu und das Durchlaufen einer Berufsausbildung ist also ein wesentlicher Faktor für die Entwicklung eines Individuums, seine Persönlichkeit und seine Situierung in der Gesellschaft. Im Sinne der Gleichheit und demokratischen Orientierung muß diese Entwicklungsmöglichkeit allen Individuen geboten werden, sofern sie nicht selbst irgendwelchen Einschränkungen unterliegen, die Ausbildung unmöglich machen.

Dies unterstreicht die Bedeutung einer Ausbildung auch und gerade für Behinderte, Beeinträchtigte und Randgruppen. Im übrigen werden dadurch, ganz im Sinne einer produktivitätsorientierten Ökonomie, auch vorhandene Potentiale entwickelt und gesamtgesellschaftlich genutzt. Weiterhin spielt Ausbildung eine gesellschaftlich unverzichtbare Rolle, indem Behinderte durch sie - im Rahmen der Ausbildung selbst sowie durch nachfolgend ermöglichte berufliche Tätigkeit - in soziale Bezüge geraten. Sie genießen so zum mindesten eine Teilintegration, womit der tatsächlich existenten >Segregationsgesellschaft<, die Behinderte und Randgruppen wegzuschließen und auszusondern neigt, entgegengesteuert werden kann, wo es eben machbar ist.

Die Möglichkeiten und Grenzen der Ausbildung Behinderter und Beeinträchtigter ergeben sich in dem System Individuum <> Berufsfeld. Angesichts bestehender (z.B. orthopädischer, motorischer, kognitiver) Einschränkungen werden bestimmte Tätigkeitsbereiche für bestimmte Behinderte weniger oder gar nicht in Frage kommen - dies stellt aber letztlich keinen qualitativen, sondern allenfalls einen quantitativen Unterschied zur Situation Nicht-Behinderter dar, denn auch für diese Gruppe kommt (aufgrund individueller Eigenheiten und Person-Tätigkeitsfeld-Passungen) nicht jede berufliche Betätigung gleichermaßen in Frage.

Beschränkt auf eine Darstellung der Ausbildung Behinderter und Beeinträchtigter in Deutschland, ergeben sich Äste, welche diese Ausbildung zu tragen vermögen:

– Ausbildung, wie ansonsten üblich, im Rahmen der „freien Wirtschaft" (Industrie, Handwerk, öffentliche Institutionen). - Diese Form ist in aller Regel nur im Falle geringfügiger Behinderungen oder einer besonders günstigen Person-Berufsfeld-Kombination zu unterstützen. Ausbildungsverträge mit Behinderten werden überwiegend von Kleinbetrieben abgeschlossen (Hülsmann et al. 1984, 26f.).

– Ausbildung, wie zuvor in regulären Ausbildungsverhältnissen, jedoch flankiert von entsprechend der Behinderungsart oder individuell zugeschnittenen Stützmaßnahmen[3].

– Erst-Ausbildung Behinderter in eigens geschaffenen öffentlichen Institutionen: den Berufsbildungswerken (BBWs, Netz in ganz Deutschland). Diesbezüglich und generell sei auf den Beitrag Berufliche Rehabilitation von Zeller im vorliegenden Band hingewiesen. Hier kommen sowohl Regelausbildungen (nach §25 BBiG[4]) als auch Sonderausbildungsgänge (nach §48 BBiG bzw. § 42 HwO[5]) in Betracht, wobei erstere weitestmöglich zu bevorzugen sind[6].

– Umschulung Behinderter in eigens geschaffenen Institutionen: den Berufsförderungswerken (BFWs, Netz in ganz Deutschland).

– Ausbildung in eigens geschaffenen, privaten Institutionen (verschiedenste Bildungswerke, Übungswerkstätten usw.).

Ergänzend sei auf berufliche Anlern-Tätigkeiten in den Werkstätten für Behinderte (WfBs) hingewiesen (siehe dazu auch den Beitrag *Werkstatt für Behinderte*).

Aufgrund des scharfen Wettbewerbscharakters des Wirtschaftssystems gestaltet sich die direkte Integration Auszubildender durch eine Ausbildung in regulären Betrieben schwierig: Angesichts zu erwartender besonderer Anpassungsbedürfnisse und Individualisierung ist die große Mehrzahl der Betriebe wenig geneigt, Behinderte und Beeinträchtigte in eine Ausbildung zu nehmen - auch, wenn hierzu besondere Stützmaßnahmen bereitstehen sollten. Auch die vorgesehenen Quoten von Arbeitsplätzen für Behinderte werden in aller Regel nicht eingehalten, noch weniger von der Wirtschaft als von öffentlichen Institutionen. „Es gibt so gut wie keine Stellenangebote von Arbeitgebern für Behinderte. Zeiten der Hochkonjunktur sind wegen ihres ständigen Bedarfs an Arbeitskräften sehr günstig für die berufliche Eingliederung von Behinderten. Bei ständigem Arbeitskräftemangel nehmen

Verwaltung und Wirtschaft auch Personen auf, die aufgrund ihrer Beeinträchtigung nicht voll leistungsfähig sind. Wenn die Hochkonjunktur abklingt oder strukturelle Wandlungen eintreten, übt die Wirtschaft sofort Zurückhaltung bei der Einstellung von behinderten Arbeitskräften."(Werner 1973, 213f.) - Diese direkte Integration ist aber ohnehin nur dort wünschenswert, wo günstige Bedingungen zur Verfügung stehen. So kann die Motivation der ausbildenden Einrichtung zur Ausbildung sehr unterschiedliche Ausprägungen und Ursachen aufweisen - bis hinab zur „Nutzung der produktiven Lehrlingsleistungen" als Hauptgrund (vgl. Sinnhold 1990, 375). Weiterhin spielen die Einstellung und das Verhalten der Ausbildungs- und Arbeitskollegen eine bedeutende Rolle für die Qualität der Integration und das Befinden der behinderten/beeinträchtigten Auszubildenden. Als wichtigstes Moment sticht jedoch die Person des Ausbilders/Lehrers hervor: dessen fachliche und pädagogische Qualifikation sowie dessen Bereitschaft, mit von gewohnten Normen abweichenden Lernern zu arbeiten. Diese Kompetenz und Bereitschaft sind allerdings in höchstem Maße unterschiedlich ausgeprägt.

Daher muß der Förderung und Weiterentwicklung von Bereitschaft und Qualifikation der Ausbilder und Lehrer, auf ein weites Spektrum von Auszubildenden (und damit auch behinderten Auszubildenden) einzugehen, bildungspolitisch höchste Bedeutung beigemessen werden. Hier sind zum einen verbesserte Schulungsmaßnahmen, zum anderen ein gesellschaftlicher Bewußtseinswandel (der Öffentlichkeit und der Wirtschaft) mit weiterer Integration für Behinderte und Beeinträchtigte anzustreben. Letzterer wäre hinsichtlich seiner Auswirkungen auf Einstellungen und Verhalten der Ausbilder, Lehrer, Kollegen und, je nach Tätigkeit, Kunden/Klienten unerläßlich.

Folgende Leitlinien sind also hinsichtlich der Frage der Ausbildung Behinderter und Beeinträchtigter maßgeblich:

– Auch und gerade für Behinderte und Beeinträchtigte gibt es ein gesellschaftliches Recht auf Ausbildung.

– Hinsichtlich dieser Ausbildung stehen die Bedürfnisse und Wünsche des Auszubildenden an erster Stelle. Jedoch muß eine kompetente Beratung gewährleistet werden, da man ansonsten vielleicht Ausbildungslosigkeit vermeidet, jedoch spätere Arbeitslosigkeit produziert.

– Im Sinne des Behinderten/Benachteiligten ist ein höchstmögliches Ausbildungsniveau anzustreben.

– Integration sollte möglichst schon in der Ausbildung erfolgen, spätestens jedoch danach, an der >zweiten Schwelle< zum Berufsleben. Diesbezüglich muß von öffentlicher Seite ein Maßnahmensystem erarbeitet werden, das die Wirtschaft hinsichtlich ihrer gesellschaftlichen Verantwortung auch für Benachteiligte stärker in die Pflicht nimmt. Auf Freiwilligkeit kann hier in aller Regel nicht gebaut werden.

– Der Integrationsfrage unbedingt übergeordnet ist die kritische Hinterfragung der Ausbildungsqualität: Ausstattung der Werkstatt, Motivation der Institution, Motivation und pädagogische Kompetenz der ausbildenden Personen.

Literaturverzeichnis:

Fuchs, W./Klima, R./Lautmann, R./Rammstedt, O./Wienold, H. (Hg.): Lexikon zur Soziologie. 2. Auflage. Opladen 1978.

Hörmann, G.: Die zweite Sozialisation. Psychische Behinderung und Rehabilitation in Familie, Schule und Beruf. Opladen 1985.

Hülsmann, S./Kloas, P.-W./Neumann, K.-H.: Behinderte Jugendliche zwischen Schule und Beruf. Berlin 1984.

Institut für Sozialrecht a.d. Universität Bochum: Die Werkstatt für Behinderte. Bochum 1972.

Kleber, E.W./Stein, R.: Lernbehinderte und CNC-Technologie. In: Vierteljahresschrift für Heilpädagogik und ihre Nachbargebiete, Band 60 (1991), 311-322.

Mühlfeld, C./Plüisch, K./Engler, M.: Qualifikation Lernbehinderter. Frankfurt a.M. 1984.

Sinnhold, H.: Ausbildung, Beruf und Arbeitslosigkeit. Frankfurt a.M. 1990.

Werner, G.: Das behinderte Kind. Vorsorge, Früherkennung, Hilfe, Ausbildung. Stuttgart 1973.

Anmerkungen

1) vgl. etwa Mühlfeld et al. 1984, 130f. oder Sinnhold 1990, 38ff.

2) „Berufspositionen werden von den Gesellschaftsmitgliedern hinsichtlich von Merkmalen wie Einkommen, Ansehen, Macht bewertet, und zwar nach Kriterien wie dem Ausmaß der Kontrolle über das eigene wie das Verhalten anderer, der als erforderlich angesehenen Ausbildung, der perzipierten Bedeutung für das Funktionieren der Gesellschaft." (Fuchs et al. 1978, 98)

3) vgl. beispielhaft die betriebliche Seite des hessischen Modellversuches „Einsatz neuer Technologien in der Berufsausbildung lernbehinderter Jugendlicher", Kleber/Stein 1991

4) Berufsbildungsgesetz

5) Handwerksordnung

6) vgl. auch Hülsmann et al. 1984, 12

Roland Stein

Autismus

1. Vorbemerkungen

Die Bezeichnung Autismus geht auf das griechische Wort autos (selbst, selbstbezogen) zurück. Der Psychiater E. Bleuler führte 1911 diese Bezeichnung für jene schizophrenen Menschen ein, die sich in ihre eigene psychische Welt zurückzogen.

Die frühkindliche autistische Störung fasziniert seit der Erstbeschreibung durch den amerikanischen Psychiater Kanner (1943) und den österreichischen Kinderarzt Asperger (1944) die Forschung. Beide beschrieben unabhängig voneinander zwei ähnliche Störungsbilder, die sich jedoch hinsichtlich einzelner Symptome sowie hinsichtlich der Schwere der Gesamtsymptomatik unterschieden. Heute bilden sie als frühkindlicher Autismus (Kanner-Syndrom) und als autistische Persönlichkeitsstörung (Asperger-Syndrom) die Pole eines Kontinuums. Die Entwicklung der Kinder mit autistischen Störungen ist tiefgreifend beeinträchtigt. Wie unten dargestellt wird, liegt im Zentrum eine schwere Beziehungs- und Kommunikationsstörung. Nach neueren Untersuchungen sind unter 10000 Kindern und Jugendlichen im Alter von vier bis 15 Jahren etwa vier bis fünf autistisch. Die Häufigkeit leichter Formen scheint zuzunehmen: Kinder mit autistischen Verhaltensweisen werden mit zehn bis 15 unter 10000 angegeben. Die Störung tritt etwa drei- bis viermal häufiger bei Jungen als bei Mädchen auf.

2. Erklärungs- und Behandlungsmodelle im Aufriß

Nach wie vor handelt es sich bei der autistischen Störung um ein wissenschaftlich unbefriedigend gelöstes Problem. Der autistischen Störung können u.a. hirnorganische, stoffwechselbedingte, genetische, psychogenetische oder psychosoziale Ursachen zugrunde liegen, deren unterschiedliche Gewichtung von den theoretischen Annahmen abhängig ist. Die Störung wird gewöhnlich vor dem dritten Lebensjahr bemerkt. Die Kinder fallen durch ihre eigenartige Distanz gegenüber Menschen auf, aber auch durch ihr ängstliches und zwanghaftes Beharren auf der Gleicherhaltung der räumlichen und zeitlichen Struktur ihrer Umwelt, durch autoaggressives Verhalten und Stereotypien und mangelnde oder auch ganz ausbleibende Sprachentwicklung. Häufig wird die Störung allerdings viel zu spät als Autismus diagnostiziert. Die vielfältigen therapeutischen und pädagogischen Maßnahmen zur Behandlung der autistischen Störung lassen sich kaum mehr überblicken und systematisieren: Medikamentöse Therapie, Verhaltenstherapie, Psychotherapie in verschiedenen Formen, Musiktherapie, Maltherapie, sensomotorische und psychomotorisch Therapie, Halte- bzw. Festhaltetherapie werden angeboten. Diesen und anderen therapeutischen und pädagogischen Interventionen liegen oft monokausale Erklärungsversuche zugrunde, die jedoch die Ätiologie und Pathogenese des komplexen autistischen Syndroms nicht hinreichend erfassen dürften.

Im Ringen um ein tragfähiges Erklärungskonzept konkurrieren zwei Grundmodelle:

- Das eine geht primär von einer sozial-affektiven Störung beim Kind, bei der Mutter oder bei der Kommunikation zwischen Mutter und Kind aus.
- Das andere legt primär eine Störung der Wahrnehmung und Informationsverarbeitung zugrunde.

Versucht man, beide Modelle von einem vermittelnden Standpunkt aus zu betrachten, dann läßt sich - ganz allgemein - feststellen, daß bei einer ursprünglichen kognitiven Störung (von Geburt an) auch die Kommunikation mit Personen und die Interaktion mit Gegenständen beeinträchtigt sein müßte. Hier liegt die Annahme zugrunde, daß die kognitive Dimension die umfassendere ist. Man kann aber auch ebenso plausibel begründen, daß sich soziale, emotionale und affektive Faktoren bereits in der vorgeburtlichen Zeit bzw. frühe Deprivationen auf das sich entwickelnde Kind prägend auswirken und seine Beziehung zur Umwelt von Beginn an beeinflussen, und damit auch seine Wahrnehmungs- und Verarbeitungsprozesse. Hier liegt die Annahme zugrunde, daß emotionale bzw. psychophysische Vorgänge zur autistischen Störung führen, was sich auch auf kognitive Prozesse auswirkt.

An dieser Stelle ist noch anzumerken, daß psychoanalytische Erklärungsmodelle dahingehend fehlinterpretiert wurden, daß den Eltern die Schuld am Entstehen der autistischen Störung zuzuschreiben sei. Ähnliche Überlegungen finden sich auch bei Kanner, allerdings als verstärkendes, nicht als verursachendes Element. Neuere Untersuchungen zeigen jedoch, daß die Annahme, gestörte familiäre Beziehungen mit emotionaler Kühle und Distanz verursachten diese Störung, nicht zutrifft. Solange aber Eltern eine persönliche Schuld empfinden, fühlen sie sich gedrängt, noch etwas gut machen zu müssen und neigen so dazu, ihr Kind zu überfordern. Über den Stand der Autismusforschung bezüglich Ätiologie- und Behandlungskonzepten informieren die Studien von Dalferth (1987) und Sautter (1990).

Die systematische und ganzheitliche Betrachtung des Phänomens Autismus, des autistischen Syndroms, legt nahe, beide Erklärungskonzepte unter dem Grundmodell der wechselseitigen Bedingung kognitiver und affektiver Entwicklungsprozesse zu betrachten: Das eine Erklärungsmuster ist auf das andere angewiesen, sie bedingen einander, das eine geht aus dem anderen hervor.

Geht man von diesem vermittelnden Grundmuster aus, bei dem beide Modelle ihre relationale Berechtigung haben, dann kann man gerade unter dem pädagogischen Aspekt die autistische Grundstörung primär als schwere Beziehungs- und Kommunikationsstörung deuten, welche kognitive Prozesse und damit die Persönlichkeitsentwicklung erheblich beeinträchtigt. Diese konvergenztheoretische Deutung der autistischen Störung führt nun zu Folgerungen für eine umfassende Förderung des Kindes im Sinne einer heilpädagogischen Beziehungsgestaltung. Mit dem Grundverständnis der autistischen Störung als Beziehungs- und Kommunikationsstörung rückt die Erziehungssituation, die als eine gestaltete Beziehungssituation charakterisiert werden kann, in das Blickfeld. Negativzuschreibungen, wie sie aus der psychiatrischen und psychologischen Literatur bekannt und in entsprechenden Merkmalskatalogen unter funktionalen Gesichtspunkten aufgelistet sind, treten in

den Hintergrund. Der Erzieher (Heil- und Sonderpädagoge, Therapeut) wird zum Begleiter, „Gefährten" (Sautter 1990), ja zum professionellen „Diener" (Rödler zit. n. Sautter
1990, 63) des Kindes.

3. Orientierungshilfen

3.1. Der haltgebende Erzieher

Die heilpädagogische Praxis erkennt, daß das autistische Kind einen vertrauenswürdigen,
verläßlichen und konsequent haltgebenden Begleiter benötigt. Das Kind hat ein Grundbe-
dürfnis nach dieser Halte-Hilfe durch einen nahen, zuverlässigen und fest entschlossenen
Erzieher, der gerade auch in schwierigen Situationen nicht versagt und ihm Halt gibt. Gerade in Situationen, in denen der Erzieher das Kind nicht losläßt, es bei sich hält, wird es
„die Stärke eines derart beständigen Erziehers im Gefühl der eigenen Schwäche als Chance
der Bestärkung verstehen können" (Loch 1992, 179).

Hier stellt sich nun die Frage nach der Gestaltung der Beziehungs- und Erziehungssituation, damit das autistische Kind Gelegenheit bekommt,

– die Isolation aufzugeben,

– in die entwicklungsfördernde Beziehung mit Menschen und Gegenständen einzutreten
und

– Strukturen des Handelns aufzubauen.

3.2. Prinzipien und Methoden des heilpädagogischen Handelns

a. Für die Erziehung sind lernerleichternde Rahmenbedingungen notwendig, die das autistische Kind gleichsam einladen, in und mit Hilfe äußerer räumlicher und zeitlicher Ordnung von sich aus ein geordnetes Tun und Denken und damit ein ordnendes inneres Bild
der Lebenswirklichkeit aufzubauen. „Dies gelingt am ehesten über eine Strukturierung und
Rhythmisierung der erfahrbaren Welt ...". Mit einem anderen Menschen erlebte basale
Eindrücke können eine weitere Hilfe sein. „Solche basalen Möglichkeiten der Interaktion
sind der Atemrhythmus, Klänge, Lautäußerungen, Berührungen und Körperbewegungen"
(Wohlfarth 1985, 182).

b. Dieser Dialog wird dann seine Wirkung voll entfalten, wenn das Kind Stetigkeit, Ver-
läßlichkeit und Bestimmtheit in der pädagogischen Arbeit erfährt. Bei diesem dialogischen
Bemühen wird der Erzieher darauf achten, nicht das störende autistische Verhalten primär
wahrzunehmen, sondern den dahinterliegenden und (vielleicht noch) verborgenen Kern
menschlicher Unversehrtheit: Die Individualität dieses gegebenen und als >Aufgabe gege-
ben< Kindes.

c. Die dialogische Situation, in der versucht wird, eine hilfreiche Lebenssituation und Beziehung zu gestalten, gibt dem Erzieher die Chance, das Kind in seiner Ganzheit zu erfas-

sen. Dieses Erfassen des Kindes in der dialogischen Situation ermöglicht ein zutreffenderes Deuten und erzieherisches Nutzbarmachen der Auffälligkeiten in Bereichen

- Wahrnehmung (z.B. Empfindlichkeit gegenüber Schmerz, Kälte oder Hitze, Selbststimulation wie Augen- oder Ohrenbohren, Nichterkennen realer Gefahren),
- Sozialverhalten (z.B. Tendenz zur Selbstisolation, Vermeidung von Blickkontakt, egozentrische Formen der Kontaktaufnahme, Ausfall der spontanen sozialen Nachahmung),
- Sprache und Kommunikation (z.B. Mimik, Gestik und Sprache nicht entschlüsseln und verstehen können, Bevorzugung nichtsprachlicher Ausdrucksformen, Neigung zu Selbstgesprächen, Wortverdrehungen),
- Bewegung (z.B. auffällige motorische Aktivitäten wie Überaktivität oder Passivität, Handgeschicklichkeit, Zehenspitzengang, auffällige ritualisierte Bewegungsabläufe) und
- Erschließung der Umwelt (z.B. stereotype Fragen und Äußerungen)

(vgl. Ministerium für Bildung und Kultur Rheinland-Pfalz 1992, 7 - 11).

d. Nimmt der Erzieher in der dialogischen Situation nicht primär ein Symptom am Kind wahr, sondern das Kind in seiner Ganzheit und Einmaligkeit mit seinem Kern menschlicher Unversehrtheit, dann ist er in der Ich-Du-Beziehung. Allein das Du steht ungeteilt und ausschließlich in seinem Blick. Dies bedeutet jedoch nicht, daß er autistisches Verhalten uneingeschränkt billigt. Als „Umfassender" (Buber) des Kindes fängt er dessen Verhalten in weitestmöglich großer Nähe auf und pflegt zugleich Achtung des Kindes, die notwendige Distanz einschließt.

4. Konkretes heilpädagogisches Handeln

Die skizzierten Prinzipien und Methoden ermöglichen dem Erzieher ein situatives Handeln in der oft extrem erschwerten Erziehungssituation. Dabei wird er zunächst sensibel und aufmerksam versuchen, die Umgebung des Kindes klar und überschaubar zu gestalten, so daß es sich von ihr angesprochen, angeregt und motiviert fühlt, auf ein Ziel hin sinnvoll tätig zu werden. In dieser strukturierten Erziehungssituation müssen die Angebote für Kommunikation und Interaktion einfach und eindeutig sein und soweit wie möglich der psychischen Entwicklung des Kindes entsprechen.

Das methodische Vorgehen soll von einer empathischen, flexiblen, verstehenden und vertrauenswürdigen Haltung und Einstellung getragen sein. Nur so ist es möglich, von Fall zu Fall einzugreifen, dem Kind beim Überwinden seiner Schwierigkeiten zu helfen und ihm seine sozio-personale Entwicklung, die ordnende Entfaltung seiner Kräfte in sozialer und personaler Integration zu ermöglichen.

Zitierte Literatur:

Loch, W.: Die Beanspruchung des Pädagogen in erschwerten Situationen des Lernens. In: Gehrmann, P./Hüwe, B. (Hg.): Forschungsprofile der Integration von Behinderten. Essen 1993, 173 - 180.

Ministerium für Bildung und Kultur Rheinland-Pfalz (Hg.): Empfehlungen zur Förderung von Schülerinnen und Schülern mit autistischem Verhalten. Mainz 1992.

Sautter, H.: Autistische Kinder: Herausforderung an die Schulwirklichkeit. In: Hiller, G.G./Kautter, H. (Hg.): Chancen stiften. Langenau-Ulm 1990, 61 - 71.

Wohlfarth, R.: Vexierbild „Autismus". In: Ztschr. Frühförderung interdisziplinär 1985/3, 177 - 184.

Literaturhinweise:

Bundesverband Hilfe für das autistische Kind (Hg.): Denkschrift. Zur Situation autistischer Menschen in der Bundesrepublik Deutschland. Hamburg 1993.

Bettelheim, B.: Die Geburt des Selbst. München 1977.

Dalferth, M.: Behinderte Menschen mit Autismussyndrom. Heidelberg 1987.

Delacato, C. H.: Der unheimliche Fremdling. Freiburg 1975.

Feuser, G.: Autistische Kinder. Solms 1993.

Innerhofer, P./Klicpera, Ch.: Die Welt des frühkindlichen Autismus. München/Basel 1988.

Janzowski, F./Klein, F./Schmäh, B.: Grundlagen der Haltetherapie zur Behandlung des frühkindlichen Autismus. In: Ztschr. für Heilpädagogik 1990/12,859 - 868.

Kaufmann, B.: Ein neuer Tag. Wie wir unser Sorgenkind heilten. München 1984.

Klein, F.: Erziehung geistig Behinderter mit autistischem Verhalten. In: Bach, H. (Hg.): Handbuch der Sonderpädagogik. Band 5: Pädagogik der Geistigbehinderten. Berlin 1979, 213 - 221.

Klein, F.: Halten. Heilpädagogik des Haltens bei autistischen Kindern. In: Ztschr. Behinderte in Familie, Schule und Gesellschaft 1984/3, 23 - 28.

Klein, F.: Hilfe beim frühkindlichen Autismus. In: Forschungsmagazin der Universität Mainz 1989/2, 33 - 39.

Tustin, F.: Autistische Zustände bei Kindern. Stuttgart 1989.

Weihs, Th.: Das entwicklungsgestörte Kind. Heilpädagogische Erfahrungen in der therapeutischen Gemeinschaft. Stuttgart 1971.

Wendeler, J.: Autistische Jugendliche und Erwachsene. Weinheim/Basel 1984.

Williams, D.: Ich könnte verschwinden, wenn du mich berührst. Erinnerungen an eine autistische Kindheit. Hamburg 1992.

Zöller, D.: Wenn ich mit euch reden könnte ... Ein autistischer Junge beschreibt sein Leben aus seiner Sicht. Bern/München/Wien 1989.

Ferdinand Klein

Behinderung

Über den Begriffsinhalt dessen, was unter einer >Behinderung< zu verstehen ist, existieren im Populärsprachgebrauch einige grundlegende Mißverständnisse. Häufig wird >Behinderung< fälschlicherweise gleichgesetzt mit einer wie auch immer gearteten >Schädigung< des Organismus (etwa einer Querschnittlähmung oder einer Kehlkopfläsion). Bei dieser eher medizinisch orientierten Sicht wird übersehen, daß eine solche Schädigung *alleine* in keinster Weise ausreicht, einen Menschen als behindert zu bezeichnen. So wird ein Rollstuhlfahrer mit großer Sicherheit keine elektrische Rolltreppe befahren können, d.h. er wird *in dieser speziellen Situation* mit großer Wahrscheinlichkeit vom Außenstehenden als behindert wahrgenommen und sich möglicherweise selbst als behindert empfinden. Auf der anderen Seite wird dies bei der gleichen Person, aber einer anderen Tätigkeit (z.B. beim Telephonieren), kaum der Fall sein.

Als Gegenpol zur beschriebenen Auffassung wird - allerdings eher von einzelnen wissenschaftlichen Schulen (etwa dem sogenannten Etikettierungsansatz) und weniger im Alltagssprachgebrauch - die Meinung vertreten, der Begriff >Behinderung< sei eine rein von außen an einzelne, mit mehr oder weniger großen >Risikofaktoren< (eben etwa einer organischen Schädigung) versehene Menschen herangetragene Bewertungskategorie. Wieder andere theoretische Ansätze (wie z.B. innerhalb der Verhaltensbehindertenpädagogik der sogenannte >Situationismus<) betonen die besondere Bedeutung der Situation, die als letztendlich ausschlaggebend für die Klassifikation als >behindert< angesehen wird. Als Beispiel wäre etwa die Bewältigung einer schwierigen Klettertour in den Alpen zu nennen. In dieser speziellen Situation könnten gemäß dem situationistischen Denkansatz wohl die meisten Menschen eher als behindert angesehen werden. Daß in der Realität bei letzterem Fall wohl trotzdem weniger die Bezeichnung >Behinderung< als treffend anzusehen ist, zeugt von der nur eingeschränkten Gültigkeit solch einseitiger Auffassungen.

Weitaus sinnvoller und dem Phänomen Behinderung näherkommend sind von daher theorieintegrierende und -vermittelnde Positionen, wie sie beispielsweise von dem Sonderpädagogen Heinz Bach (1985, 6) vertreten werden. Er bestimmt Behinderung als eine „Relation zwischen individualen und außerindividualen Gegebenheiten." Je nach Standpunkt wird in dieser Relation von einigen Positionen (etwa auch von Bach selbst, a.a.O.) mehr der Anteil der individualen Disposition am Zustandekommen von Behinderung betont, andere wiederum (z.B. die Behindertenpädagogik von Jantzen 1974) sehen die außerindividualen Komponenten stärker beteiligt. Grundsätzlich gilt für eine Begriffsbestimmung von >Behinderung< das in diesem Band im Zusammenhang mit dem Stichwort >Erziehung< Gesagte: Eine exakte Definition erscheint unter pädagogischen Gesichtspunkten weder zu leisten noch überhaupt sinnvoll.

Eine humanistische (Sonder-)Pädagogik sieht in erster Linie im behinderten Menschen den Menschen, und weniger den Behinderten. Dies bedeutet aber nicht, die Behinderung zu leugnen und vollkommen aus der Sicht zu verlieren. Mit anderen Worten: der behinderte Mensch ist >*nicht Besonderes*< (eben *Mensch*) und >*Besonderes*< (eben Mensch *mit einer Behinderung)* zugleich, oder noch einfacher: es gibt Unterschiede und Gemeinsamkeiten zwischen behinderten und nichtbehinderten Menschen. In bezug auf erzieherische Belange bedarf es also sowohl >normaler<, regelhafter Erziehungskomponenten (siehe dazu auch den Beitrag *Erziehung* in diesem Band) als gleichzeitig auch besonderer Erziehung. Im folgenden sollen diese beiden im Sinne einer Einheit von Gegensätzen zu verstehenden Grundgedanken etwas näher dargelegt werden.

Zunächst sollen Erläuterungen zum ersten Gedanken zur Sprache kommen.

Humanistische (Sonder-)Pädagogik versteht sich ist in erster Linie als bedürfnisorientiertes Konzept. Unabhängig von Art, Schwere und Grad der Behinderung wird bei jedem betroffenen Menschen ein Streben nach Befriedigung elementarer Bedürfnisse (wie etwa nach Schutz, nach emotionaler Zuwendung, nach Zärtlichkeit) angenommen. Sozusagen auf einer nächst höheren Ebene befinden sich universelle Bedürfnisse nach sozialer Anerkennung und Zugehörigkeit. Und auch das auf der Bedürfnishierarchie an oberster Stelle angesiedelte Selbstverwirklichungsbedürfnis ist grundsätzlich für alle Menschen anzunehmen. Von seiner ursprünglichen - sozusagen anthropologischen - Bedürfnisausstattung ist ein Mensch mit einer Behinderung also überhaupt keine >Besonderheit<.

Eine vorwiegend auf die Behinderung und folglich auf die >Reparatur eines Defekts< hin orientierte Sichtweise reduziert den Menschen auf einen winzigen Teilaspekt seiner Gesamtpersönlichkeit. Dies widerspricht der humanistischen Grundüberzeugung vom Menschen als unteilbarer Einheit. Paul Moor (1965, 317), der berühmte Schweizer Heilpädagoge, prägte in diesem Zusammenhang ein für die Sonder- und Heilpädagogik richtungsweisendes Motto: „ Nicht gegen den Fehler, sondern für das Fehlende."Die so eingeleitete Abkehr vom defizitorientierten Denken in der Sonderpädagogik kann aus Sicht einer humanistischen Denkweise nur ausdrücklich unterstrichen werden.

Unabhängig davon, ob der Mensch behindert ist als auch von Art, Schwere und Grad der Behinderung gilt seine Würde als unantastbares oberstes Gut. Urs Haeberlin (1992, 13) hebt die Forderung nach Achtung vor der Würde des behinderten Menschen in den Rang einer von zwei grundlegenden Lebensaufgaben des Sonder- und Heilpädagogen. Er fordert, sich immer wieder Gewißheit darüber verschaffen, „... dass er (der Heilpädagoge, Anm. d. Verf.) jeder Person, auch wenn sie schwer und dauerhaft behindert ist, die gleiche Menschenwürde und das gleiche Recht auf Selbstbestimmung zusprechen will wie sich selbst."

Humanistische (Sonder-)Pädagogik vertraut auf die im menschlichen Organismus angelegten inneren Wachstumskräfte, auf den Antrieb zur Vervollkommnung und Weiterentwicklung. Mit anderen Worten: Egal, ob behindert oder nicht, wird angenommen, daß jeder Mensch im Rahmen seiner vorgegebenen anthropologischen Voraussetzungen in Auseinandersetzung mit seinen ökologischen, erzieherischen und sozialen Umgebungsbedingungen wachsen und reifen kann. Diese Wachstumskräfte können laut Carl Rogers (1978, 19) zwar behindert sein, aber nicht zerstört werden, denn „ ... das Leben gibt nicht auf, ... auch unter ungünstigen Umständen, auch wenn das Leben fürchterlich verkrüppelt ist, abnormal, mißgestaltet, kaum menschlich." Hier spiegelt sich die grundsätzlich positive Auffassung der humanistischen Pädagogik über den Menschen wider.

Als übergeordnete Zielkategorie für sonderpädagogisches Arbeiten wird das sogenannte >Normalisierungsprinzip< anerkannt. Erziehungsarbeit mit behinderten Menschen soll sich demnach immer an der Welt der Nichtbehinderten ausrichten. Eine besondere Akzentsetzung erfolgt dahingehend, daß zu einer >Normalisierung< nicht ausschließlich direkt an behinderte Menschen gerichtete Maßnahmen zu zählen sind, sondern auch und gerade solche zur Einstellungs- und Verhaltensänderung auf seiten der Nichtbehinderten (siehe dazu auch den Beitrag *Vorurteile)*. Aus humanistischem Blickwinkel ist letzterem Aspekt sogar eindeutig Vorrang einzuräumen. Erziehung nach dem Normalisierungsprinzip bedeutet in jedem Falle weder, den behinderten Edukanden *kritiklos* noch ihn *mit allen Mitteln* an gängige Normen der Nichtbehinderten anzupassen. Humanistische (Sonder-)Pädagogik plädiert ausdrücklich für ein Respektieren und Anerkennen des >Soseins< des behinderten Menschen als einer möglichen Form des menschlichen Daseins.

Zuletzt sei noch auf ein häufig zu beobachtendes Charakteristikum der Begegnung zwischen behinderten und nichtbehinderten Menschen aufmerksam gemacht, welches sich auf verschiedenste Lebensbereiche auswirkt. >Herkömmliche< Sonderpädagogik - sei es als Wissenschaft, sei es als ihre praktische Umsetzung in Form von Sondererziehung - akzentuiert in der Regel ein Gefälle dahingehend, daß zumeist Nichtbehinderte bestimmen, was für behinderte Menschen gut ist. Humanistische Sonderpädagogik betont dagegen mehr den gleichberechtigten Dialog. Behinderte Menschen müssen weit mehr als bisher als Partner gelten, die ihre eigenen Bedürfnisse und Interessen selbst am besten kennen. Sie sollten, nein, sie müssen als >Spezialisten für sich selbst< akzeptiert werden. Allerdings gelten bezüglich der Sondererziehung behinderter Kinder die gleichen Einschränkungen, wie sie bereits im Beitrag zur *Erziehung* (siehe dort insbesondere unter Punkt 2 die Ausführungen zur Notwendigkeit von Grenzziehungen) angesprochen wurden.

Nun könnte beim Leser aufgrund der angeführten Argumente der Eindruck entstehen, daß der Behinderungsbegriff aus Sicht eines humanistischen Denkansatzes unangebracht, möglicherweise sogar überflüssig sei. Dem ist nicht so. Die Frage, die sich auch unter humanistischem Blickwinkel stellt, ist die des >Warum existiert in unseren Köpfen so etwas wie Behinderung?<. Unbestritten ist zunächst einmal, daß >Behinderung< etwas sozial Gemachtes ist (etwa im Sinne der oben angeführten, nicht oder nur teilweise vom Betroffenen erfüllbaren Verhaltenserwartung). Solche Verhaltenserwartungen sind immer durch die gesellschaftlich als wertvoll und erstrebenswert erachteten Normen und Werte bestimmt. In einer Gesellschaft wie unserer, in der beispielsweise der Wert >Leistung< sozusagen götzenhaft verehrt wird, ist die Wahrscheinlichkeit, daß aufgrund einer wie auch immer gearteten Schädigung in ihrer Leistungsfähigkeit gehemmte Personen als >behindert< bezeichnet werden, relativ groß. Nun könnte man, wie dies zum Beispiel in der sogenannten historisch-materialistischen Behindertenpädagogik (vgl. Jantzen 1974) vertreten wird, annehmen, über eine grundlegende Veränderung der Gesellschaft an einen Punkt zu gelangen, an dem ein behinderter Mensch überhaupt nicht mehr als >behindert< wahrgenommen wird. In dieser Utopie würde der Begriff >Behinderung< keinen Platz mehr haben, weil es keine entsprechende Seinsweise mehr gäbe. Aus Sicht einer humanistischen (Sonder-)Pädagogik wird die Forderung nach gesellschaftlichen Veränderungen durchaus als bedeutsam erachtet. Abweichend von der soziologisierenden Sicht wird aber die Überzeugung vertreten, daß >Behinderung< als Phänomen im Grunde genommen in jeder menschlichen Gemeinschaft existiert. Was allerdings inhaltlich als >behindert< gilt, wird über die Abweichung von kulturspezifischen Normen und Werten bestimmt.

Humanistische (Sonder-)Pädagogik sieht die Ursachen der Wahrnehmung von >Behinderung< mehr im einzelnen Menschen begründet. Eine herausragende Bedeutung wird dabei der Unterstützung von Gefühlen der Schwäche und Minderwertigkeit zugesprochen. Ein Mensch, der von Kinde auf gelernt hat, daß er nur stark sein darf und dem keine Schwäche - weder geistig noch körperlich - erlaubt war, wird alles Gehemmte, alles Geschwächte, alles nicht oder nur eingeschränkt Funktionierende verachten oder gar hassen. Umgekehrt wird ein Mensch, dem Akzeptanz und Respekt für Gefühle der Unterlegenheit, der Schwachheit, Angst und Unzulänglichkeit zuteil wurde, diese im Sozialkontakt mit anderen Menschen zulassen können. Dies wird sich unter anderem so auswirken, daß die Primärwahrnehmung eines Menschen als >Behinderter< zusehends zugunsten einer Wahrnehmung eines >Menschen (mit Behinderung)< aufgegeben wird. Mit anderen Worten: Je mehr Selbstunterstützung ein Mensch für eigene >Schwachpunkte< hat, um so weniger braucht er sich von Behinderungen anderer Menschen emotional zu distanzieren. Er kann behinderte Menschen so lassen, wie sie sind, kann mit ihnen *authentischen* Kontakt haben, kann sie als gleichberechtigte Partner akzeptieren. Dazu gehört eben auch eine Akzeptanz für die Behinderung.

Ob es letztendlich möglich ist, den Idealfall der vollständigen Selbstunterstützung (etwa im Sinne der Vorstellung Rogers' von einer >voll funktionierenden Person<) zu erreichen und somit den Begriff der >Behinderung< zur Makulatur zu machen, kann letztgültig nicht entschieden werden. Allerdings ist diesbezüglich eine gewisse Skepsis angebracht. Nach Alfred Adlers vielzitiertem Ausspruch „Menschsein heißt sich minderwertig fühlen" wird es als Folge unzureichend unterstützten Minderwertigkeitserlebens immer Ablehnungstendenzen gegenüber Unperfektem, Schwachem geben. Um so bedeutsamer ist es, Partei für dieses Schwache zu ergreifen und mit allen Mitteln und unmißverständlich für sein Existenzrecht einzutreten, und das nach außen wie nach innen.

Literaturverzeichnis:

Bach, H.: Grundbegriffe der Behindertenpädagogik. In: U. Bleidick (Hrsg.): Handbuch der Sonderpädagogik. Bd.1: Theorie der Behindertenpädagogik. Berlin 1985, 3-24.

Haeberlin, U.: Allgemeine Heilpädagogik. Bern 1992.

Jantzen, W.: Sozialisation und Behinderung. Gießen 1974.

Moor, P.: Heilpädagogik. Bern 1965.

Rogers, C.: Die Kraft des Guten. München 1978.

Gerd Hansen

Beratung

Innerhalb von sonderpädagogischen Arbeitsfeldern (wie etwa in Frühförderstellen, in Sonderkindergärten, in Sonderschulen, Heimen usw.) gehören Beratungsaufgaben immer häufiger zum Aufgabenbereich der dort tätigen Praktiker. Die Beratungsanlässe sind sehr vielfältig. Sie reichen von eher unpersönlichen >reinen< Informationsfragen (wie etwa Fragen nach Adressen von Fachpersonal wie Krankengymnasten oder Ärzten, Fragen nach Fachliteratur) bis hin zu sehr persönlichen Themen mit hoher emotionaler Besetztheit (etwa die Aufarbeitung von Verzweiflung und Ablehnungstendenzen bei Eltern nach Geburt eines Kindes mit geistiger Behinderung). Letztere Beratungsform wäre an der (fließend zu denkenden) Grenze zur Psychotherapie anzusiedeln.

Typische Arten von sonderpädagogischer Beratung wären zum Beispiel

- Einzelberatung (etwa von direkt von Behinderung betroffenen Menschen oder auch von Angehörigen),
- Elternberatung (s.o.),
- Familienberatung (beispielsweise bei Geschwisterproblemen zwischen behinderten und nichtbehinderten Kindern),
- Supervision (als Begleitung und Klärungshilfe von im professionellen Erziehungsbereich vorkommenden Problemen und Konflikten, z.B. in der Teamarbeit),
- Erziehungsberatung (in der Regel in Form von Elternberatung oder auch Familienberatung, z.B. bei massiven Verhaltensstörungen eines Kindes),
- Expertenberatung (beispielsweise in Form eines Sorgerechtsgutachtens vor Gericht oder eines Gutachtens zwecks Abklärung der Notwendigkeit einer Sonderschulübermittlung).

Bereits oben war angedeutet worden, daß der Übergang von Beratung und Psychotherapie durchaus fließend zu nennen ist. Neben diesem Schnittbereich existieren aber auch weitestgehend anerkannte Abgrenzungsmerkmale zwischen diesen beiden Bereichen. Der Prozeß der Beratung ist in der Regel durch einen geringeren emotionalen Beteiligungsgrad des Ratsuchenden gekennzeichnet und vom zeitlichen Verlaufsplan eher kurzfristig angelegt, die Probleme der Beratung sind eher von >leichter< oder >mittlerer Schwierigkeit< und die Ratsuchenden unterscheiden sich hinsichtlich ihres Selbstverständnisses. So wird häufig eine Beratung als etwas akzeptiert, >was man mal braucht und was durchaus sinnvoll sein kann<, während Therapie >nur etwas für Bekloppte ist< (Zitate eines zweifelnden Klienten, der im Laufe einer Beratung merkte, daß seine Probleme einer vertieften Bearbeitung in einer Therapie bedurften). Es sei an dieser Stelle darauf hingewiesen, daß solche und ähnliche - auch und gerade von Sonderpädagogen - generalisierten Vorbehalte gegenüber Psychotherapien manchmal schlicht den Charakter von Vorurteilen und zu einseitig den Reparaturcharakter im Blickwinkel haben. Dieser ist aber in keinster Weise allen Therapieformen gemein und spielt gerade für den Bereich der humanistischen Therapien keine

Rolle (siehe auch den Beitrag von Esser über *Psychotherapie* in diesem Band). Möglicherweise wird in der Sonderpädagogik ein verstärkter Abgrenzungswunsch gegenüber den über lange Zeit vertretenen defekt- und reparaturorientierten Theorien so wirksam, daß der Begriff >Therapie< zunehmend in Verruf gerät. Für Beratung gilt dies merkwürdigerweise jedoch nicht. Im Gegenteil: Der steigende Bedarf an qualifizierter Beratung wird sogar allseitig betont.

Das hier vertretene humanistische Beratungskonzept baut auf bestimmten Menschenbildannahmen auf, von denen wohl die wichtigste ist, daß Problemlösepotentiale letztendlich im Menschen selbst verortet sind. Beratung zielt auf eine Aktivierung solcher im Grunde jedem Menschen innewohnenden Möglichkeiten und Kräfte. Die Lösung seiner aktuellen Schwierigkeiten soll idealerweise aus ihm selbst herauswachsen und nicht vom Berater manipuliert, aufgedrängt oder übergestülpt werden. Sonderpädagogische Beratung ist demnach immer Hilfe zur Selbsthilfe. Für die Beratung von behinderten Menschen heißt dies vor allem auch, den Betroffenen als seinen >eigenen Experten< zu respektieren und nicht mit wie auch immer gearteten Hilfen >zuzuschütten<, die ihn eher in Abhängigkeit denn in eine selbstverantwortliche und autonome Lebensführung bringen. Dazu gehört auch die Beachtung des Prinzips der Freiwilligkeit. Zwangsberatungen (etwa bei Eltern von Heimkindern) müssen aus Sicht einer humanistischen Beratungstheorie abgelehnt werden; dies nicht nur aus >hehren< übergeordneten humanistischen Zielen (etwa der Unvereinbarkeit mit der Würde des Menschen), sondern auch aus dem schlichten Grund der Unwirksamkeit.

Besondere Bedeutung für das Gelingen des Beratungsprozesses wird innerhalb des humanistischen Beratungskonzepts bestimmten Verhaltensvariablen des Beraters zugemessen. Diese sind erstmals bereits in den fünfziger Jahren von dem Vater der klientenzentrierten Gesprächstherapie Carl Rogers (1951) beschrieben worden und gelten heutzutage sozusagen als >klassisch<. Es sind dies

– *Akzeptanz*

Akzeptanz beschreibt die Fähigkeit des Beraters, dem Ratsuchenden mit emotionaler Wärme und Achtung zu begegnen. So wird erreicht, daß er sich zunehmend öffnen und seine emotionalen Barrieren und Widerstände mehr und mehr hinter sich lassen kann; oft kommt er erst so mit seinem >wahren< Problem heraus. Nicht selten werden beispielsweise Sachprobleme oder Informationsfragen vom Ratsuchenden in den Mittelpunkt der Beratung gerückt, die - bewußt oder unbewußt - emotionale Konflikte nur verbergen sollen. Es gehört mitunter zu den schwierigsten Unterscheidungen im Beratungsprozeß, ob eher ein >reines< Informationsbedürfnis oder ein tieferliegender Konflikt im Vordergrund des Beratungsbedürfnisses steht.

– *Empathie*

Dies bedeutet, daß der Berater sich in die emotionale Lage - das innere Erleben und Fühlen - des Ratsuchenden einfühlen soll. Dies gilt durchaus nicht nur für die psychotherapeutische Beratung, sondern auch für Informationsberatung (für die im übrigen auch die anderen genannten Beraterkompetenzen von Bedeutung sind). Allerdings nimmt Informationsberatung in der Regel einen anderen Verlauf als psychotherapeutische Beratung, wohl auch und gerade wegen der unterschiedlichen Beratungsziele. Bei ersterer wird der Berater darauf achten, wie die Information auf den Ratsuchenden wirkt und ob sie seinem Informationsbedürfnis entspricht. Bei der persönlichkeitsbezogenen Beratung wird eher der Kontakt zwischen dem Ratsuchenden und dem Berater (etwa über das >Verbalisieren emotionaler Erlebnisinhalte<) im Vordergrund stehen. Unter >Verbalisieren emotionaler Erlebnisinhalte< versteht man ein Aussprechen der Gefühle, die hinter den Mitteilungen des Ratsuchenden >gespürt< werden.

– Kongruenz

Unter Kongruenz (auch Echtheit oder Aufrichtigkeit genannt) wird die Übereinstimmung zwischen den Äußerungen des Beraters und seinen gefühlsmäßigen Reaktionen dem Ratsuchenden gegenüber bezeichnet. So nützt es überhaupt nichts, emotionale Wärme und Akzeptanz vorzutäuschen und im Hintergrund mehr oder weniger deutliche Ablehnungstendenzen zu spüren. In diesem Falle ist es sicherlich eher angezeigt, offene und ehrliche Reaktionen konstruktiv mitzuteilen; im Extremfall sollte der Ratsuchende an eine andere Beraterperson verwiesen werden. Allerdings beinhalten solche Fälle von Ablehnung fast immer auch besondere Entwicklungschancen für den Berater. Sie zeigen nämlich abgespaltene Teile (etwa Angst vor Tod beim Kontakt mit einem Sterbenden) der eigenen Persönlichkeit auf, die letztlich seinen eigenen Selbstverwirklichungsprozess hemmen. In der Regel werden solche Schwierigkeiten in der Beratung für professionelle Berater, der bereits angeführten Supervision (zu diesem Begriff siehe auch den Beitrag von Spiess in diesem Band), bearbeitet.

Neben den genannten drei grundlegenden Beraterkompetenzen spielt aber auch noch eine vierte - wenn auch weniger oft angeführte - eine nicht zu unterschätzende Rolle: die Fähigkeit zur

– Distanz

Sie ist notwendig, um die Eigenverantwortlichkeit des Ratsuchenden nicht zu beschneiden. Es ist wenig hilfreich, wenn der Berater sich in den Problem- und Konfliktsog hineinziehen läßt, sich damit sozusagen identifiziert und als Folge an Klarheit und Prägnanz verliert. Hierunter leidet nicht nur der Beratungskontakt, sondern auf Dauer auch die Berufsfähigkeit des Beraters (siehe dazu auch den Beitrag von Bergeest zum *Burnout*).

Zentrales Medium jeder Beratung ist das Gespräch. Hilfreich zur Führung eines Beratungsgesprächs ist die Kenntnis einiger grundlegender Kommunikationsregeln und Gesprächstechniken. Leider können aufgrund der gebotenen Kürze dieses Beitrags hier nur einige wenige dieser Regeln skizziert werden. Als empfehlenswerte weitergehende Lektüre sei in diesem Zusammenhang auf das Buch von Bachmair et al. (1989) verwiesen.

Die in den Augen des Verfassers bedeutsamste Gesprächstechnik ist - für manchen Leser vielleicht paradoxerweise - das Schweigen, oder präziser, das *aktive Zuhören*. Viele rat-

und informationssuchende Menschen suchen oft nur ein offenes Ohr, einen Menschen, der ihnen schlicht seine Aufmerksamkeit schenkt, ohne mit klugen Ratschlägen, falschem Trost oder Besserwisserei aufzuwarten. Das viel zitierte >sich einmal Aussprechen< hat eine nicht zu unterschätzende psychohygienische Wirkung. Übrigens kommt es in der Praxis durchaus nicht selten vor, daß Ratsuchende bei aktivem Zuhören des Beraters über bloße Informationsfragen mehr und mehr hin zu sich und ihren Problemen vordringen. Auch dies ist ein Beleg, daß vielen Menschen offensichtlich einfach ein Ansprechpartner fehlt. Dieser Mangelzustand ist um so verbreiteter, je weniger der ratsuchende Mensch in sein soziales Umfeld integriert ist. Behinderte Menschen können demzufolge als besonders gefährdet gelten.

Aktives Zuhören kann beispielsweise demonstriert werden durch eine zugewandte Körperhaltung, eine interessierte Mimik, durch ein freundliches Kopfnicken oder ein verstehendes >Hhmm<. In diesem Zusammenhang sei auf die generelle Bedeutung der non-und paraverbalen Ebene für den Beratungsprozeß hingewiesen. Ein gehöriger Anteil der Kommunikation zwischen Menschen läuft auf der nichtsprachlichen Ebene ab. Kommunikationssignale des Ratsuchenden sind vor allem für die Beratungsdiagnostik von Bedeutung, umgekehrt interpretiert der Ratsuchende die Signale des Beraters als Zeichen für das Vorhandensein oder auch Fehlen von Akzeptanz oder Echtheit.

Eine zweite bedeutsame Technik ist das sogenannte *Paraphrasieren*. Damit ist das verbale Zurückmelden des Verstehens an den Ratsuchenden gemeint (etwa in der Form >Sie meinen, daß Ihre Schwiegermutter Sie nicht leiden kann.<, oder auch in Frageform >Meinen Sie damit, ...?<). Paraphrasieren kann als Vorform des bereits angesprochen *Verbalisierens emotionaler Erlebnisinhalte* gelten. Dieses hätte - bezogen auf das obige Beispiel - etwa die Form >Sie ärgern sich darüber, daß Ihre Schwiegermutter Sie nicht leiden kann.<

Generell vermieden werden sollten in Beratungsgesprächen das Erteilen von Ratschlägen, das Vorschützen von professioneller Allmacht (sich etwa äußernd in Sätzen wie >Das kriegen wir schon wieder hin<), die Verbreitung von Pessimismus (>Das werden Sie mit Sicherheit nicht schaffen<), Entmutigen (>Das hat doch sowieso keinen Wert<) und Stellungnahmen, die dem Ratsuchenden die Entscheidung aus der Hand nehmen (>Ich an Ihrer Stelle würde das nicht machen<). Gerade im Kontakt mit behinderten Menschen stehen vielfach Beratungsthemen und -bedürfnisse im Mittelpunkt, die möglicherweise die beschriebenen Beratungsfehler provozieren (etwa Beruhigung der Eltern nach Geburt eines behinderten Kindes durch Erwecken überzogener Hoffnungen bezüglich der >Heilungschancen<).

Speziell für die Informationsberatung ist es wichtig, die Sprache möglichst einfach zu halten und Fachausdrücke und Fremdworte weitgehend zu vermeiden. Die Informationen sollten sich an einem >roten Faden< orientieren und das wesentliche betonen, also prägnant sein. So läßt sich der Gefahr einer Verwirrung des Ratsuchenden vorbeugen. Neben diesen eher formalen Momenten hängt insbesondere die Aufmerksamkeit hin zum Inhalt und - im weiteren Sinne - die Motivation zur Annahme und Verarbeitung der Information nicht unerheblich von ihrer Darbietung ab. Es ist günstig, möglichst viele Wahrnehmungskanäle des Zuberatenden anzusprechen, etwa Informationen zusätzlich zum Gespräch optisch zu illustrieren (z.B. mit Broschüren) oder - natürlich nur bei entsprechendem Interesse auf seiten der Ratsuchenden - direkt in konkrete Handlungen (z.B. per Rollenspiel) einmünden zu lassen. In jedem Falle tut methodische Abwechslung der Informationsberatung gut, weil sie den Beratungsprozeß auflockert, den Spaß bei den Beteiligten (auch beim Berater) erhöht und Langeweile und Widerstand gar nicht erst aufkommen läßt.

Neben den bisher genannten Eckpfeilern für eine Beratung auf Grundlage der humanistischen Pädagogik spielen natürlich auch ökologische Variablen eine bedeutsame Rolle. So sollte das Beratungszimmer gemütlich eingerichtet sein, sozusagen auf der architektonischen Ebene eine ähnliche Wärme verströmen, wie sie beim Berater erwünscht ist. Zwischen den Personen des Ratsuchenden und des Beraters sollten sich keine künstlichen Barrieren aufbauen (etwa ein großer Schreibtisch), beide sollten auf der gleichen Ebene sitzen und das Mobiliar sollte bequem sein. Insgesamt ist eine gewisse Strukturierung des Raumes sinnvoll, d.h. das Beratungszimmer sollte nicht allzu überfrachtet mit ablenkenden optischen Reizen sein und vor allem nicht hellhörig. Nehmen Kinder an der Beratung teil, so sollte möglichst altersgerechtes Spielmaterial vorhanden sein.

Literaturverzeichnis:
Bachmair, S./Faber, J./Hennig, C./Kolb, R./Willig, W.: Beraten will gelernt sein. Ein praktisches Lehrbuch für Anfänger und Fortgeschrittene. 4. Auflage. München 1989.
Rogers, C.: Client-centered therapy. Boston 1951.

Gerd Hansen

Berufliche Rehabilitation

1. Behinderung und Rehabilitation

Die Zahl der Behinderten in der BRD wird gegenwärtig auf 8-10 Millionen Menschen geschätzt. Jährlich werden ca. 650.000 Personen bei Verkehrsunfällen, ca. 100.000 bei Arbeitsunfällen schwer verletzt. Fast 400.000 scheiden jährlich krankheitsbedingt vorzeitig aus dem Erwerbsleben aus. Jährlich werden ca. 55.000 behinderte Kinder geboren.

Die Behinderung als Auswirkung einer nicht nur vorübergehenden Funktionseinschränkung kann sich auf körperliche und geistige Integrität, auf Hören und Sehen, auf psychische Stabilität und soziales Verhalten beziehen. Die Feststellung einer Behinderung wird in den meisten Fällen zu einem >kritischen Lebensereignis<. Das Ereignis beeinflußt Lebensplanungen und Lebenswege. Die Bewältigung der Belastungen ist abhängig von der

Art und Schwere des Einbruchs der Behinderung sowohl in die individuelle Lebensgeschichte und als auch in die des sozialen Umfelds. Mögliche individuelle Anpassung wird erleichtert durch Hilfen der unmittelbaren Bezugspersonen, durch Unterstützungen im Rahmen sozialer Netzwerke, durch öffentliche Hilfen sowie Kombinationen dieser Ansätze.

Behinderte haben ein Recht auf gesellschaftliche Hilfe. Die gesetzlichen Grundlagen dafür sind in Deutschland in mehr als hundertfünfzig Jahren politisch durchgesetzt worden. Zwischen 1969 und 1976 wurden die für die heutige Situation der allgemeinen und beruflichen Rehabilitation entscheidenden Grundlagen verabschiedet:

- 1969 Berufsbildungsgesetz (BBiG)
- 1969 Arbeitsförderungsgesetz (AFG)
- 1970 Aktionsprogramm der Bundesregierung zur Rehabilitation
- 1974 Rehabilitationsangleichungsgesetz (RehaAnglG)
- 1976 Sozialgesetzbuch (SGB)

Mit diesen gesetzlichen Grundlagen wird *Rehabilitationspolitik als gesamtgesellschaftliche Aufgabe begründet.*

Der aus dem Lateinischen stammende Begriff *Rehabilitation* hat ursprünglich eine umfassende Bedeutung. Durch Rehabilitation wird der Betroffene in seinen früheren Stand und seine früheren Rechte wiedereingesetzt und sein soziales Ansehen wiederhergestellt. Dieser weite Begriff wird im gesellschaftlichen, politischen und rechtlichen Bereich nach wie vor verwendet.

Daneben hat sich ein Begriff von *Rehabilitation im engeren Sinne* durchgesetzt, so wie es z.B. in §10 SGB zum Ausdruck kommt:

„Wer körperlich, geistig oder seelisch behindert ist, oder wem eine solche Behinderung droht, hat unabhängig von der Ursache ein Recht auf Hilfe, die notwendig ist, um

1. die Behinderung abzuwenden, zu beseitigen, zu bessern, ihre Verschlimmerung zu verhüten oder ihre Folgen zu mildern,
2. ihm einen seinen Neigungen und Fähigkeiten entsprechenden Platz in der Gemeinschaft, insbesondere im Arbeitsleben, zu sichern."

§1(1) RehaAnglG differenziert und präzisiert:

„Die medizinischen, berufsfördernden und ergänzenden Maßnahmen und Leistungen zur Rehabilitation...sind darauf auszurichten,...Behinderte möglichst auf Dauer in Arbeit, Beruf und Gesellschaft einzugliedern."

Als leitende *Prinzipien* dieser Aufgabe gelten *Individualisierung, Frühzeitigkeit und Kontinuität.* Die Maßnahmen zur Rehabilitation sind möglichst unverzüglich aufzunehmen und möglichst schnell zu beenden: dabei ist die Behinderung zu minimieren. Ziel der rehabilitativen Arbeit auf somatischer Ebene ist die *individuell höchstmögliche körperliche Integrität,* Ziel auf qualifikatorischer Ebene *die höchstmögliche berufliche Tüchtigkeit,* Ziel auf ökonomischer und sozialer Ebene die dauerhafte *betriebliche und gesellschaftliche Integration.*

2. Arbeit, Beruf und Identität

Erwerbsarbeit sichert in unserer Gesellschaft die ökonomische Basis des Einzelnen. Organisierte *Arbeit* gliedert zudem die Aktivität des Arbeitenden sowie die Zeitstrukturen seines Lebens, sie läßt ihn erfahren, was andere tun, denken und fühlen. Organisierte Arbeit läßt den sozialen Sinn der individuellen Tätigkeit erkennen. Welches Maß an Bedeutung der Arbeit zukommt, wird besonders sichtbar, wenn der Arbeitsplatz verloren geht: dann treten bei vielen Betroffenen vermindertes Selbstwertgefühl, sozialer Rückzug, Depressionen, psychosomatische Beschwerden offen zutage.

Berufe sind historisch-gesellschaftliche Organisationformen von Arbeitsvermögen bzw. Arbeitstätigkeiten. Sie sind bestimmt durch ein Anforderungsprofil spezifischer Handllungsinhalte und Handlungsformen, Bewußtseinslagen und Wertorientierungen. Diese Bestimmungsmomente werden im beruflichen Habitus verkörpert.

Berufe haben eine >doppelte Zweckstruktur<: Auf dem Arbeitsmarkt sind sie ökonomische Formen von qualitativer Arbeitskraft.

Für den Arbeitenden haben sie identitätsstiftende, persönlich-soziale Bedeutung. Die subjektiven Funktionen beruflicher Arbeit lassen sich in vier Dimensionen darstellen:

1. Berufe bieten dem Einzelnen eine Chance für seine Entwicklung und Verwirklichung.
2. Berufe vermitteln individuelle Einsatzmöglichkeiten im Rahmen gesellschaftlich geteilter Arbeit.
3. Berufe bestimmen die indiviuelle Lage hinsichtlich Selbst-, Mit- und Fremdbestimmung sowie Macht und Herrschaft.
4. Berufe sind ein wichtiger Indikator für den sozialen Status des Berufsinhabers.

Berufliche Identität stellt damit für viele trotz gesellschaftlicher Tendenzen zur Individualisierung und Konsumorientierung ein *Kernstück menschlicher Identität* dar, ein >Gelenkstück< zwischen individueller und sozialer Identität.

Die *Situation von Behinderten,* die vorübergehend oder dauerhaft von Arbeit und Beruf ausgeschlossen sind, ist angesichts der Bedeutung dieses Lebensbereichs durch *Überlagerung mehrerer Krisen bzw. Dauerbelastungsmomente gekennzeichnet:*

– Die körperliche und/oder kognitive Beeinträchtigung stört die Stabilität der individuellen Identität.

– Die behinderungsbedingten Abhängigkeiten, Konflikte und Ablehnungen stören die Balance der sozialen Identität.

– Das Fehlen von Arbeit und Beruf verhindert die Chance, in der Auseinandersetzung mit neuen Anforderungen die eigenen Fähigkeiten zu entwickeln, die Einschränkungen zu bearbeiten und beide Dimensionen der Identität neu zu bestimmen.

3. Berufliche Rehabilitation

Berufliche Rehabilitation im engeren Sinne richtet sich auf behinderte Erwachsene, die ihren erlernten Beruf bzw. ihre letzte Arbeitstätigkeit aus gesundheitlichen Gründen nicht mehr ausüben können bzw. die bei diesen Arbeitstätigkeiten von gesundheitlichen Schädigungen bedroht sind. Ihnen können im Rahmen beruflicher Rehabilitation unterschiedliche Hilfen angeboten werden: technische Hilfen, Fortbildungen, Umschulungen, um den verlorenen oder bedrohten Status beruflicher Tüchtigkeit sowie betrieblicher und gesellschaftlicher Integration wiederzugewinnen.

Berufliche Rehabilitation im weiteren Sinne umfaßt darüber hinaus die berufliche Erstausbildung behinderter Jugendlicher sowie die Maßnahmen für jugendliche und erwachsene Behinderte, die angesichts von Art, Umfang und Schwere der körperlichen, geistigen und/oder psychischen Behinderung im Rahmen einer Werkstatt für Behinderte einen Arbeitsplatz erhalten.

Neben den Funktionen für den Betroffenen erfüllt berufliche Rehabilitation unterschiedliche *gesellschaftlich-politische Funktionen:*

– Arbeitsmarktpolitisch führt sie dem Arbeitsmarkt qualifizierte Arbeitskraft zu.

– Finanzpolitisch zahlt sich Qualifizierung statt Verrentung aus.

– Sozialpolitisch ist berufliche Rehabilitation Teil der staatlichen Fürsorgepolitik.

– Gesamtpolitisch erfüllt sie einen Beitrag zur Verwirklichung der individuellen Grundrechte auf Lebensqualität.

3.1 Konzeptionen beruflicher Rehabilitation

Berufliche Rehabilitation setzt medizinische und psychologische Teilrehabilitation voraus und ist eine *integrierte berufspädagogische und sozialpädagogische Aufgabe.*

Dabei zielt die berufspädagogische Aufgabe in der möglichen Stufenfolge von Beratung, Berufsfindung, Arbeitserprobung, vorbereitende allgemeine oder berufsbildende Förderlehrgänge auf Ausbildung bzw. Umschulung in Berufen. Die berufspädagogischen Maßnahmen sollen bezogen auf Eignung und Neigung des Rehabilitanden *behindertengerecht,* für aktuelle und vorausschaubare berufliche Situationen *arbeitsmarktgerecht* und bezogen auf die Realität des Arbeitslebens *betriebsgerecht* sein.

Die sozialpädagogische Aufgabe zielt darauf, die individuelle Behinderung zu bearbeiten sowie darüber hinaus alternative Verhaltensmöglichkeiten zur adäquaten Selbstdarstellung aufzubauen. Ziel der beruflichen Rehabilitation ist die spätere berufliche Tätigkeit auf individuell höchstmöglichem Niveau.

Neben den angebotenen Ausbildungsverhältnissen in anerkannten Ausbildungsberufen nach §25 BBiG wird in Ausbildungsberufen mit reduzierten Anforderungen nach §48 BBiG bzw. §42b HWO, wie z.B. Metallbearbeiter, Werkzeugmaschinenspaner, Holzbearbeiter, Bürokraft ausgebildet. Die Durchlässigkeit zwischen Berufen mit niedrigerem Niveau nach §48 BBiG/§42b HWO und Berufen mit höherem Niveau nach §25 BBiG ist gewährleistet.

In Berufsbildungswerken und Berufsförderungswerken arbeiten Ausbildung, Schule, sozialpädagogischer sowie psychologischer und medizinischer Fachdienst interdisziplinär zusammen. Dieses pädagogische Handlungsfeld bietet besondere Chancen der berufspädagogischen Innovation, z.b. die Möglichkeit, Praxis und Theorie des beruflichen Lernens aufeinander abzustimmen und miteinander zu verschränken. Unter diesen Bedingungen wurden zahlreiche Ansätze entwickelt, das vergleichsweise *neue Zielkonstrukt berufspädagogischen Handels* umzusetzen: Ausgebildet werden soll zu selbständigem Planen, Ausführen und Bewerten berufstypischer Arbeiten.

3.2 Berufliche Erstausbildung von Behinderten

Die berufliche Erstausbildung im Rahmen der beruflichen Rehabilitation (ca. 50.000) erfolgt in Betrieben, überbetrieblichen Einrichtungen oder in Berufsbildungswerken. Für die berufliche Ausbildung in *Betrieben* (ca. 50%) und *überbetrieblichen Einrichtungen* (ca. 25%) werden ausbildungsbegleitende Hilfen gewährt, d.h. über die ausbildungsübliche Unterstützung hinausgehend wird zusätzlich unterrichtliche und sozialpädagogische Betreuung angeboten.

In *Berufsbildungswerken* (ca. 25%) werden solche Jugendliche und junge Erwachsene beruflich erstausgebildet, die der besonderen Hilfe bedürfen. Ca. 60% dieser Rehabilitanden sind Lernbehinderte, die übrigen haben unterschiedliche körperliche, sinnesbezogene und/oder psychische Beeinträchtigungen. Der Netzplan der 47 Einrichtungen offeriert für ca. 13.500 Auszubildende behinderungsspezifische Angebote. 21 BBWs bieten Ausbildungsangebote für Lernbehinderte, fünf für Körperbehinderte, je drei für Seh-, Hör- und Sprachbehinderte und die übrigen sich überschneidende Ausbildungsangebote. Von den Rehabilitanden werden ca. drei Viertel in einem Beruf nach §25 BBiG, ca. ein Viertel in einem Beruf nach §48 BBiG/§42b HWO ausgebildet.

3.3 Fortbildung und Umschulung von Behinderten

Berufsförderungswerke dienen grundsätzlich der Fortbildung und Umschulung, sind also für Erwachsene bestimmt, die wegen einer aktuellen oder drohenden gesundheitlichen Schädigung oder Behinderung nicht mehr in der Lage sind, ihren erlernten Beruf oder ihre bisherige Tätigkeit weiter auszuüben. Ca. 50.000 nehmen jährlich an berufsfördernden Maßnahmen teil, davon ca. 23% an Fortbildungen, ca. 70% an Umschulungen und ca. 7% an Vorbereitungsmaßnahmen. Das Ausbildungsangebot umfaßt in erster Linie Ausbildungsberufe nach §25 BBiG, daneben in geringerem Umfang Angebote auf Fachschul- bzw. Fachhochschulebene, Angebote nach §48 BBiG/42b HWO sowie Bildungsgänge zur Qualifizierung bzw. Anpassung an veränderte Arbeitsbedingungen. Einschließlich der Spezialeinrichtungen für Querschnittsgelähmte, Blinde und Sehbehinderte stehen im

Netzwerk der *Berufsförderungswerke* 28 Einrichtungen mit ca. 13.000 Ausbildungsplätzen zur Verfügung. Die Betriebe sind mit ca. 9.000 *überbetrieblichen Einrichtungen und sonstige Rehabilitationseinrichtungen* mit ca. 30.000 Maßnahmen beteiligt.

3.4 Training und Arbeit in der Werkstatt für Behinderte

Die Werkstatt für Behinderte „bietet denjenigen Behinderten, die wegen Art und Schwere der Behinderung nicht, noch nicht oder noch nicht wieder auf dem allgemeinen Arbeitsmarkt tätig sein können, einen Arbeitsplatz oder Gelegenheit zur Ausübung einer geeigneten Tätigkeit"(§54 (1) SchwbG.). Zur Zeit werden ca. 150.000 Menschen mit schweren geistigen, psychischen und/oder körperlichen Behinderungen in WfBs gefördert. Davon sind ca. 80% nach Grad und Schwere unterschiedlich geistig behindert, ca. 10% psychisch und 10% mehrfachschwerstbehindert.

Im *Eingangsverfahren* wird abgeklärt, ob die im Arbeitstrainingsbereich durchzuführenden Maßnahmen mit dem Ziel der Rehabilitation erreicht werden können. Im Arbeitstrainingsbereich wird versucht, über Einzelmaßnahmen und Lehrgänge die berufliche bzw. arbeitsbezogene Tüchtigkeit soweit zu entwickeln, zu erhöhen, zu erhalten oder wiederzugewinnen, daß entweder eine Vermittlung auf dem allgemeinen Arbeitsmarkt möglich wird oder sie in der Lage sind, „ein Mindestmaß wirtschaftlich verwertbarer Arbeitsleistung"(§4(1) SchwbWV) zu erbringen. Die Zeitdauer von Eingangsverfahren, Grundkurs und Aufbaukurs des Arbeitstrainings beträgt höchstens zwei Jahre.

Im *Arbeitsbereich* soll ein breites Angebot an Arbeitsplätzen bzw. Plätzen zur Ausübung geeigneter Tätigkeiten zur Verfügung stehen, die der Eignung und Neigung der Behinderten entsprechen. Über die Kombination von Auftragsarbeiten, Eigenproduktionen und Dienstleistungen läßt sich die Angebotspalette der Tätigkeiten breit fächern und wird die Abhängigkeit von konjunkturellen Schwankungen reduziert.

3.5 Erfolge der beruflichen Rehabilitation

Die Konzeption der beruflichen Rehabilitation sowohl in Betrieben als auch in Berufsbildungswerken und Berufsförderungswerken hat sich bewährt. Wird als Kriterium der erfolgreiche Abschluß der Berufausbildung angelegt, so liegen die Ergebnisse der beruflichen Rehabilitation durchaus auf gleicher Höhe mit den erfolgreichen Abschlüssen von Berufsausbildungsverhältnissen insgesamt. Mehr als drei Viertel der Rehabilitanden beenden ihre Ausbildung mit Erfolg. Wird als Erfolgskriterium die Eingliederung auf dem Arbeitsmarkt angelegt, sind die Ergebnisse in der 80er Jahren ebenfalls positiv: Drei Viertel stehen ein Jahr nach Beendigung der Ausbildung in einem Arbeitsverhältnis, davon ca. drei Viertel ausbildungsgemäß.

4. Zukunft der beruflichen Rehabilitation

Es ist zu erwarten, daß folgende Tendenzen gesellschaftlicher Veränderungen die Bedingungen erfolgreicher Rehabilitation zukünftig in Frage stellen:

- Der Typus unqualifizierter Arbeit wird zurückgedrängt; damit sinken tendenziell auch die Chancen der nach §48 BBiG Ausgebildeten auf dem Arbeitsmarkt.

- Die Beschäftigungschancen der qualifizierten und fortbildungsorientierten Stammbelegschaften der technologisch fortschrittlichen Betriebe steigen. Damit gewinnt der innerbetriebliche Arbeitsmarkt und verliert der externe Arbeitsmarkt an Bedeutung. Die Beschäftigungschance von außerbetrieblich ausgebildeten Rehabilitanden sinkt.

Berufliche Rehabilitation erfüllt sich erst in der Praxis erfolgreicher beruflicher Tätigkeit. Ist die berufliche und gesellschaftliche Integration gefährdet, müssen veränderte Konzeptionen der Rehabilitation entwickelt werden. Die Verantwortlichen in Betrieben und Verwaltungen, die Verantwortlichen für Wirtschafts-, Struktur- und Sozialpolitik sowie das Personal in den Rehabilitationseinrichtungen sind deshalb gefordert, berufliche Rehabilitation als Chance der Einlösung des Grundrechtes auf Bildung und Selbstverwirklichung zu sichern.

Einführende Literatur:

Bundesanstalt für Arbeit: Behinderte Jugendliche vor der Berufswahl. Ausgabe 1993.Wiesbaden 1993.

Bundesministerium für Bildung und Wissenschaft: Berufsbildungsbericht 1993, Bonn 1993.

Mühlum, A./Oppl, H.: Handbuch der Rehabilitation. Neuwied 1992.

Zweiter Bericht der Bundesregierung über die Lage der Behinderten und die Entwicklung der Rehabilitation, Drucksache 11/4455.

Baethge, M. u.a.: Jugend: Arbeit und Identität. Opladen 1988.

Beck, U. u.a.: Die soziale Konstitution der Berufe. Franfurt/München 1977.

Bahoda, M.: Wieviel Arbeit braucht der Mensch? Weinheim/Basel 1986.

Kern, H./Schumann, M.: Das Ende der Arbeitsteilung? München 1984.

Kipp, M. (Hrsg.): Schlüsselqualifikation in der beruflichen Rehabilitation. Alsbach 1991.

Seyd, W.: Berufliche Rehabilitation im Umbruch. Hamburg 1985.

Jürgen Zeller

Bildung

Bildung ist ein schillernder, ein oft unpolitisch verstandener, aber dennoch politischer Begriff, ein für die Menschwerdung, auch für Behinderte, ein anscheinend unentbehrliches Programm, wie noch zu zeigen ist. Gleichzeitig wird Bildung seit altersher als aussonderndes, hoch-selektives und affirmatives Konzept verwendet. Die in den sechziger Jahren dieses Jahrhunderts propagierte und mit allen Mitteln versuchte Abschaffung des Bildungsbegriffes unter der Führung der „kritischen Theorie" ist gescheitert und so vollziehen denn deren späte Vertreter selbst die Wende zu einer Akzeptierung. Bildung darf „nicht länger als ein vorgesellschaftlicher Bereich angesehen werden ... Bildung dient der edukativen und sozialen Reproduktion und Weiterentwicklung der Gesellschaft und ist neben anderen gesellschaftlichen Subsystemen wie der Wirtschaft, der Wissenschaft etc. selber ein integraler Bestandteil der Gesellschaft." (Schäfer/Schaller 1976, 124) Es bleiben Probleme, die sich einem Dilemma nähern, denn wie auch immer Pädagogen „Bildung" zu einer Prozeßvariablen definieren und gestalten, auf die jeder ein verbrieftes Recht haben und das demnach auch gesellschaftlich finanziert werden sollte, für die affirmativen politischen Kräfte behält Bildung seine selektive Kraft und sein Unterdrückungspotential. — Weil Du weniger gebildet bzw. ungebildet bist, hast Du kein Recht auf die „Honigtöpfe" der Gesellschaft, deshalb ist es letztlich in Ordnung, wenn Du im Camp, auf der Straße lebst oder ohne Arbeit bist.

Von altersher gab es Freie und Unfreie, seit der Antike gibt es Gebildete und Ungebildeten, wobei in der griechischen Antike Freie und Gebildete den Unfreien und Ungebildeten gegenüber standen. Bildung zu haben bzw. zu erhalten, war und blieb bis in unser Jahrhundert ein Privileg — das erst in neuerer Zeit durchlöchert wurde (vgl. Bemühungen um Chancengleichheit), was aber für manche Gruppen der Bevölkerung und der Behinderten - trotz allen Gegenbewegungen - weiterhin unterpriviligierende Effekte und vor allem benachteiligende Interpretationen nach sich zieht.

Bildung kann nicht die Vermittlung der neuhumanistischen, letztlich neuhellenistischen Ästhetik und Werte, wie sie das deutschen Gymnasium des 18. bis 20. Jahrhunderts als Programm hatte, sein, Bildung kann auch nicht darin bestehen, daß man/frau seinen/ihren Goethe und/oder Shakespeare eingepaukt hat (hier wird schon so etwas wie patriarchalisches Herrschaftswissen der Bildungsgüter sichtbar) und ständig einen entsprechenden Zitatenschatz als „Quasi-Bildungsausweis" auf den Lippen oder in der Feder führt. Das auf tradierte Bildungsgüter setzende Konzept wird auch an einer problematischen Auffassung Rudolf Steiners für die Sonder-/Heilpädagogik sichtbar. Danach wurden bis in jüngster Zeit in manchen Institutionen für die Bildung geistig behinderter Personen schwierige Goethe-Gedichte „eingetrichtert" — um ihnen eine mögliche Bildung für ihr anscheinend blockiertes Seelenleben sicherzustellen. Ein solches Bildungskonzept kann nicht mehr vertreten werden.

Bildung ist ein in Tätigkeitsetzen aller Kräfte, Gefühle und des Willens eines jeden Individuums zur allseitigen Ausbildung seiner Persönlichkeit. Bildung ist nach den Definitionen der sog. neuen Pädagogik der siebziger Jahre (vgl. Fink 1970; Menze 1980) und auch heute immer Selbstbildung, zu der Bildungsinstitutionen und Bildungsagenten nur anregen und die sie nur fördern und gegebenenfalls in Gang halten können.

Bildung ist nicht mehr die Hinführung zur bzw. die Vermittlung der Wahrheit, sie ist die gemeinsame Ausschau (zwischen Sich-Bildenden und Bildungsagenten) nach Lösungswegen in einer unsicheren, problemhaltigen und krisenhaften Gegenwart, in der verschiedene interpretierte Realitäten erkennbar sind, Wirklichkeit jedoch verborgen bleibt und Wahrheit eine problematische Zielvariable ist, weil der Wille, sie finden zu müssen, zu Dogmatismus, Fundamentalismus und Faschismus verführt. Aus dem Blickwinkel der heutigen Erkenntnis taugt das Konzept „Wahrheit" eher zu einem Unterdrückungs- als zu einem Befreiungsinstrument.

Bildung als gemeinsames Suchen nach Lösungswerten setzt auf Bindung an ein größeres Gesamt (z. B. das Lebenssystem dieses Planeten und die menschliche Lebensgemeinschaft), auf Engagement und Verantwortlichkeit, sie entwickelt relative Wahrheiten, der Förderung des gemeinsamen zukunftsfähigen Lebens, sie verfolgt nicht länger Ziele der absoluten Wahrheit.

In der Sonder- und Behindertenpädagogik tritt Bildung zunächst als „bildungsfähig"; Bildungsschwäche und Störung der Bildsamkeit (= Entwicklungshemmung bei Hanselmann, 1930) oder als „Bildungsbehinderung"(Klauer 1967, 532) auf. Das bezeichnet die vorher aufgezeigte Aussonderung.

Wenn es um das Werden von Personen oder von Kindern als Personen geht, herrschen Begriffe wie Erziehung (Sonder-, Förder-, Vorsorgeerziehung), Behandlung, Modifikation, Training und Therapie vor. In der zeitgemäßen Integrationsdiskussion wird immer wieder daraufhin gewiesen, daß bei Behinderung Therapie der Bildung vorgeschaltet sein müsse.

Bleidick benützte die Grundkategorie der Pädagogik Bildsamkeit und Bildungsbedürftigkeit zur Begründung der Eigenständigkeit der Sonderpädagogik in seiner Diktion „Pädagogik der Behinderten". Aber auch dort startet das „Denken von Bildung"im Konzept des Helfens und der ständig mitzudenkenden Einschränkungen, zunächst „Bildung wird für den Behinderten darum in den Bereichen realisiert, die seinen Leistungsmöglichkeiten offen stehen [z. B. „Herzensbildung'], die seine 'Brauchbarkeit' für die Gesellschaft sichern ..."(Bleidick 1978, 418); später: „Der Bildungsbegriff muß dort, wo eingeschränkt Bildsamkeit das volle kulturelle Lernziel der 'geistigen Mündigkeit' und 'Verantwortung' zu verstellen droht, im je einzelnen Fall auf einen existentiellen Grenzbereich zurückgedacht werden, dessen personale Belange unter Umständen jenseits der 'kulturellen Verwertbarkeit' liegen."Hier setzt später Stein (1996) an, indem er den Bildungsbegriff in die Humanistische Pädagogik aufnimmt, das „Wachsen", „Werden"der Person als den fundamentalen Bildungsvorgang interpretiert. Das „Wachsen der Person" wird auch in der Gestaltpädagogik keineswegs analog biologischer Wachstumsvorgänge verstanden, sondern es ist die unter aktiver Beteiligung sich gestaltende Konstruktion von Realität, Wissen, Ziel- und Wertstrukturen und Identität, d. h. im deutschen pädagogischen Kontext die „Bildung".

Bildung verliert mit dieser Konzeptinterpretation anscheinend ihren affirmativen Charakter. Bildung als Selbstbildung und Personwerdeprozeß ist generell als „Personwachstum" allgegenwärtig vorhanden. Damit wird „Bildung"aus ihrem deutschen Getto in den allgemeinen (hier: angelsächsischen Sprachgebrauch) überführt. Sie wird immer von Lebenspartnern (Eltern, Freunden, u. a.) begleitet, gefördert oder behindert (vgl. ökologisch-phänomenologische Pädagogik, Kleber 1985, 1992). Sie kann auch von professionellen Bildungsagenten nur erleichtert, (facilitaded, vgl. Rogers 1979), angestoßen und in Gang gehalten werden.

Seit es Bildungsinstitutionen gibt, in denen die überwältigende Mehrheit der großen Zahl der Bildungsagenten aus Steuermitteln finanziert werden und Bildung/Ausbildung den Einstieg in das Berufsleben und oft (in Deutschland) auch die Höhe der Einkünfte bestimmt, erhält das Bildungskonzept eine bedeutende gesellschaftliche Dimension. Wir haben ein priviligierendes, gesellschaftlich finanziertes Bildungssystem, zu allem übrigen noch hoch selektiv, innerhalb dessen ein erheblicher Teil der Behinderten, insbesondere die Lernbehinderten benachteiligt werden. Gefordert werden muß Bildungsgerechtigkeit (vgl. Kleber 1994; Kleber/Stein 1996a) insbesondere für benachteiligte Gruppen (d. h. z. B. 13 Jahre berufsintegrierte, gesellschaftlich finanzierte Bildungsangebote für Lernbeeinträchtigte (Kleber/Stein 1996a)). Um diese auch von der Gewerkschaft wiederholt erhobene Forderung voranzubringen, brauchen wir den nicht affirmativen Bildungsbegriff als jedem zukommenden Prozeß der Personwerdung. Bis zum Erwachsenwerden (mindestens bis zum 18. Lebensjahr) ist das Werden der Persönlichkeit durch erleichternde Bildungsangebote von Seiten der Gesellschaft zu begleiten. Berufsausbildung u. ä. Angebote sind von allem Vehikel des Wachsens der Persönlichkeit, für Bildung (nicht ein Zurichten für die Produktion), deshalb ist nach diesem allgemeinen Prozeßbegriff auch Ausbildung und Bildung nicht länger zu trennen (vgl. Stein 1996).

Das Dilemma mit dem Bildungsbegriff für benachteiligte Gruppen

Wie aufgezeigt ist der Bildungsbegriff auch oder gerade für die Sonderpädagogik unverzichtbar. Er wird von den auf gerechtere soziale Bedingungen und anthropologisch gleiche Prozesse der Personwerdung setzende Pädagogen zu einer dem Menschen eignenden Prozeßvariablen und ist von dieser Seite betrachtet nicht länger ein affirmativer Begriff.

Aber aufgrund von familiär-sozialen, familiär-ökonomischen, der Funktion und zur Verfügung gestellten Bildungsinstitution, der je eigenen Zukunftsperspektive (des Sich-Bilden-Wollens) und der biologischen, genetischen Ausstattung, differenziert der Grad der Bildung erheblich zwischen Personen, und dieses Bildungsgefälle wird gesellschaftlich benutzt, um Besser- und Schlechterstellung zu legitimieren.

Der Bildungsbegriff ist bis auf weiteres in der Sonderpädagogik wie überhaupt ein unentbehrlicher und gleichzeitig höchst problematischer Begriff.

Literatur
Bleidick, U.: Pädagogik der Behinderten. Berlin 1978.
Bopp, L.: Allgemeine Heilpädagogik in systematischer Grundlegung und mit Erziehungspraktischer Einstellung. Freiburg 1930.
Fink, E.: Erziehungswissenschaft und Lebenslehre. Freiburg 1980.
Hanselmann, H.: Einführung in die Heilpädagogik. Zürich 1930.

Klauer, K.J.: Lernbehindertenpädagogik. Berlin 1967.

Kleber, E.W.: Ökologische Erziehungswissenschaft. In: Twellmann, W. (Hrsg.): Handbuch Schule und Unterricht. Bd. 7.2. Düsseldorf 1985. 1194 - 1210

Kleber, E.W.: Diagnostik in pädagogischen Handlungsfeldern. Weinheim 1992.

Kleber, E.W. : Die Situation der Verknappung und Ausgrenzung und die Frage der Integration von Lernbehinderten. In: Kleber, E.W./Stein, R. : Lernbeeinträchtigte, Schulversagen und Berufsausbildung. Wuppertal 1994. 8 - 11.

Kleber, E.W./Stein, R.: Die Ausbildung zu Werkzeugmaschinenspanerinnen und Werkzeugmaschinenspanern. Bielefeld 1996 (a).

Menze, C.: Bildung und Bildungswesen - Aufsätze zu ihrer Theorie und ihrer Geschichte. Hildesheim 1980.

Rogers, C.R.: Lernen und Freiheit. München 1979.

Schäfer, K.H./Schaller, K.: Kritische Erziehungswissenschaft und kommunikative Didaktik. 3. Auflage. Heidelberg. 1976.

Stein, R.: Beiträge Humanistischer Pädagogik für die Technische Berufsausbildung bei Lernbeeinträchtigten. Bad Heilbrunn 1996 (im Druck).

Eduard W. Kleber

Burnout

Das Burnout-Syndrom ist ein Erscheinungsbild körperlicher, seelischer und geistiger Erschöpfung; ein >Ausbrennen< in einem selbst gewählten und einmal geliebten sonderpädagogischen Beruf, in den mehr als nur Arbeitskraft und Routine investiert wurde (vgl. Burisch 1989).

Die *Motivation*, in der Sonderpädagogik und der Rehabilitation behinderter Menschen zu arbeiten, ist individuell verschieden. Sie kann generell mehr inhaltlich begründet sein, d. h. aus Interesse am Menschen, dem Wunsch zu helfen und zu verändern; und sie kann mehr organisatorisch begründet sein, mit vielleicht ökonomischen Interessen eines Helfens als Dienstleistung in unserer Industriegesellschaft; schließlich kann auch Unentschlossenheit und Ratlosigkeit der Grund für diese Entscheidung sein oder weil sich die Familie schon immer auf diesem Gebiet engagiert hat (vgl. Fengler 1992).

Die Burnout-Problematik tritt in ihrer komplexen Erscheinungsform vermutlich vor allem im ersten Fall bei inhaltlich motivierten Menschen auf (bei organisatorisch-ökonomischen Motiven kann es im Vergleich eher zu Überforderung im Sinne einer >Manager-Krankheit< kommen). Bei dieser Motivationslage kommt es zu *Identifikationen* mit dem Gegenstand der Arbeit und den beteiligten Personen, d. h. der Pädagoge ist auf verschiedene Weise >berührt< von Aspekten des Helfens. Deshalb ist es zwangsläufig nie allein der Behinderte, bei dem sich im Laufe der Zusammenarbeit Veränderungen vollziehen, sondern der Pädagoge wandelt sich ebenfalls während des Kontaktes. Dabei bestimmt auf Seiten des Pädagogen meist unbewußt die Bearbeitung einer bestimmten Lebensthematik die Richtung des gemeinsamen Weges. Selbst bei scheinbar nur äußerlichem gesellschafts-politischem Engagement in diesem Zusammenhang wird diese Veränderung immer auch in Richtung der eigenen Lebenszusammenhänge angestrebt. Als deutliche >Hilfe für sich selbst< findet dieser Prozeß seinen extremen Ausdruck im sogenannten >Helfersyndrom< (vgl. Schmidbauer 1992), bei dem der Pädagoge den Behinderten geradezu >benutzt<, um sein eigenes inneres Gleichgewicht herzustellen.

Die meisten Sonderpädagogen beginnen ihre berufliche Laufbahn mit für sich selbst nur oberflächlich geklärter Arbeitsmotivation. Die Arbeit verläuft alsbald in automatischen Bahnen (von Sachzwängen), ohne daß Möglichkeiten bestehen oder gesucht werden, sich den persönlichen Bezug zu einzelnen Aspekten der Arbeit auf der Metaebene bewußt zu machen. Diese Tatsache wäre von untergeordneter Bedeutung, wenn nicht eine ungeklärte Arbeitsmotivation gerade in der Sonderpädagogik zu zusätzlichen *Belastungen* führen könnte.

Die Arbeit mit behinderten Kindern und ihrem sozialen Umfeld ist körperlich, seelisch und geistig außerordentlich anspruchsvoll. Viele Behinderte müssen getragen, aufgerichtet und bewegt werden; es finden auf körperlicher Ebene Auseinandersetzungen statt; es besteht die Notwendigkeit zu körperlicher und seelischer Nähe (Empathie) zu Kindern und ihren Eltern; die Arbeit bezieht häufig menschliche Grenzsituationen mit ein (Sterben und Tod behinderter Kinder) und Tabuschranken werden überschritten (offene sexuelle Regungen und Betätigungen); es vollzieht sich ein Prozeß beständiger Suche nach neuen methodischen Ansätzen und Hilfsmitteln der Rehabilitation; Kooperationsfähigkeit und Teamarbeit sind täglich neu gefordert; häufig ungünstige Personalschlüssel bewirken zusätzlichen Streß. In einer Untersuchung an Geistigbehindertenpädagogen von Buchka und Hackenberg (1988) gaben nur 7% der Befragten an, daß ihre Arbeit streßfrei verläuft.

Diesen Belastungen kann der Pädagoge nur begegnen durch sorgsamen Umgang mit sich selbst, seinen Körpersignalen, seinen Emotionen und Motivationen. Er muß einem angemessenen Lebensrhythmus folgen und sich dabei genügend Freiräume und Ausgleich im Privatleben schaffen. Viele Sonderpädagogen sorgen intuitiv für >Kraftquellen<. Es kann jedoch insbesondere bei ungeklärter Arbeitsmotivation, aber auch ungünstiger (vielleicht vorübergehender) psychisch-sozialer Disposition des einzelnen Pädagogen zu *Selbstbelastungen* kommen. Sie können entstehen durch eine >Helfer-Persönlichkeit<, durch (unrealistische) idealisierte Vorstellungen und Ziele der eigenen Arbeit, niedrige Frustrationstoleranz (vermeintlich geringe Fortschritte bei den Kindern), Mangel an Kraftdosierung und Abgrenzung, durch Übernahme unangemessener Rollenerwartungen des sozialen Umfelds (>der Fachmann weiß und kann alles<) und schließlich Probleme im privaten Umfeld, die besondere Formen annehmen können, wie mangelnde Gesprächsbereitschaft der Partner und Freunde über berufliche Belastungen (Behinderungsthematik ist unheimlich) und Überlappungen von Arbeits- und Privatleben (vgl. Burisch 1989, Mitransky 1990, zur Fragebogendiagnostik von Belastungsfaktoren vgl. Fengler 1992).

Es handelt sich bei dieser Aufzählung zum großen Teil um Belastungen, wie sie in allen Berufen vorkommen, und die es zu meistern gilt. Trotzdem läßt sich neben den erwähnten Besonderheiten der Behindertenarbeit ein Aspekt der Sonderpädagogik herausstellen, der vielleicht ein Schlüssel für viele Erschöpfungsphänomene darstellt: *Die Arbeit scheint nie beendet zu sein!* Die Rehabilitation behinderter Kinder suggeriert dem Pädagogen häufig, nie wirklich etwas zuende gebracht zu haben. Es fehlt besonders bei schwerbehinderten Kindern die Bekräftigung des klaren Schulabschlusses mit neuer positiver Perspektive für die Kinder. Am Ende der Schulzeit entläßt der Pädagoge die meisten oft mit dem Gefühl, daß ihre wirklichen Probleme jetzt erst beginnen. Hier ist von Sonderpädagogen eine Sicht ihrer Arbeit gefordert, die auch >kleine< Fortschritte und Erfolge im rechten Licht erscheinen läßt.Dabei hilft ihnen eine wiederholte Standortbestimmung über die Arbeit mit einzelnen Kindern im Gespräch und Austausch mit anderen Beteiligten.

Diesen Belastungen zu begegnen scheint für die meisten Pädagogen kein Problem zu sein (vgl. Untersuchung von Buchka u. Hackenberg 1988). Bei einigen von ihnen kommt es langfristig jedoch zu *Erschöpfungszuständen*, zu einem *Burnout*, wenn körperliche, seelische und geistige Belastungen sich über einen langen Zeitraum häufen, ohne daß die Betroffenen Strategien entwickeln konnten, ihnen etwas entgegenzusetzen (z. B. auch indem sie sich auf Konflikte einlassen oder schmerzhafte berufliche Weichenstellungen riskieren). Diese Situation wird dann als persönliches Versagen, emotionale Last und Depression gespürt.

Der Beginn eines Burnout ist schleichend, kann aber auch plötzlich einsetzen. Die Symptome sind Hilferufe des Organismus. Sie treten in verschiedener Ausprägung auf und sind für einige Menschen existentieller Alltag und möglicherweise (als unglücklicher Mensch) lebbar. Sie erstrecken sich sowohl auf das berufliche Leben als auch auf das Privatleben und beziehen die Bezugspersonen mit ein. Es kann mit Unlustreaktionen gegenüber allen möglichen Aktivitäten (nicht nur Arbeit) beginnen, mit Müdigkeit, Entmutigung, sich ausgeliefert fühlen; es kann zu ausschließlich negativen Reaktionen und Zynismus in sozialen Konstellationen kommen, Widerwillen gegenüber allen beruflichen Aktivitäten, Isolierung und Rückzug, Schuldgefühle, Angstzustände, und insgesamt ein Verlust der Lebensfreude. Häufige Erkrankungen und psychosomatische Beschwerden (Kopfschmerzen, Magen-Darm-Erkrankungen) können einsetzen. Denkblockaden, Widerstände gegenüber Veränderungen und Fluchtgedanken können auftreten. Die tatsächliche Flucht findet dann häufig in Alkohol und Suchtverhalten statt. Wird keine Hilfe zur Bewältigung der Krise gesucht, stellen sich Partner- und Familienprobleme ein sowie massive Probleme am Arbeitsplatz (vgl. Fengler 1992, zur Sebstdiagnose des schulischen Verhaltens vgl. Meyer 1991).

Es liegen verschiedene Systematiken vor, die einen Weg in das Burnout beschreiben. Burisch (1989) unterscheidet sieben Stufen: Warnsymptome der Anfangsphase, reduziertes Engagement, emotionale Reaktionen und Schuldzuweisungen, Abbau, Verflachung, psychosomatische Reaktionen, Verzweiflung. Fengler (1992) unterscheidet zehn Stufen: Freundlichkeit und Idealismus, Überforderung, geringer werdende Freundlichkeit, Schuldgefühle darüber, vermehrte Anstrengung, Erfolglosigkeit, Hilflosigkeit, Hoffnungslosigkeit, Erschöpfung mit Apathie und Wut, Burnout.

Nach Fengler können diese Fehlentwicklungen, wenn keine Bewältigungsstrategien einsetzen, zu >*beruflicher Deformation*< führen, die oft sehr vielschichtig ist. Sie betrifft dann viele Bereiche: Selbstdeformation (Scheuklappen, Unselbständigkeit, Weltfremdheit, aber auch Methoden-Unersättlichkeit, Selbstvermarktung; Burisch spricht noch von Hyperaktivität), Deformation in Partnerschaft, Familie und Freundeskreis (Kommunikationsprobleme, berufliche Rolle im Privatleben weiterspielen), Deformation im Klientenkontakt (Verlust der Einfühlung, Routine, Technisierung der Arbeit, Instrumentalisierung von Klienten), Deformation in Team und Institution und im Kontakt zu Kollegen (unangemessene Reaktionen und Kommunikationsprobleme).

Die Prozeßstufen des Burnout nach Edelwich und Brodsky (1984) weisen einen Weg in die *Veränderung* und *Bewältigung* des Burnout. Sie unterscheiden drei Stadien mit sieben Stufen: (1) Eingangstadium mit den Stufen Begeisterung (>Arbeit ist alles<), Stagnation (>Arbeit scheint nicht alles zu sein<), Frustration (>Anerkennung fehlt<); (2) Durchgangsstadium mit den Stufen Verhandlung (>Hektik, Flucht, Fristen<), Depression (>Keine Befriedigung, Elend, Selbstmitleid<); (3) Zielstadium mit den Stufen Annahme (>Akzeptierung der Unzufriedenheit, Suche nach Hilfe<), Aktivität (>Neue Arbeits- und Freizeitinitiative<).

Der Weg in die Bewältigung ist zunächst durch *Innehalten*, Abstellen der Alltagsroutine und *Selbstwahrnehmung* gekennzeichnet. Dabei handelt es sich um konkrete regelmäßige Übungen des Pädagogen: Zu bestimmten Tageszeiten in realistischer Länge (zu jeder vollen Stunde eine Minute); in dieser Zeit nichts anderes tun, als nur Bewußtheit über sich selbst in dieser Minute herstellen. Dabei genügt es oft schon, sich auf seinen Körper zu konzentrieren, Entspannungen und Verspannungen wahrzunehmen. Dann beginnen die *Fragen* (>Was will mir der Körper sagen?<), die Fragen führen zu *Antworten*, die Antworten führen zu *Aktivitäten*, Aktivitäten führen auf den Weg zu *anderen Menschen* (vielleicht Kollegen, denen es ähnlich geht). Daraus können gezielte Versuche entstehen, sich selbst und den Kontakt zu anderen (neu) zu erfahren, das Körperbewußtsein und die Bewußtheit der seelischen Befindlichkeit zu erweitern (vgl. Kjellrup 1989, Tausch 1989). Dieser Weg ist die Basis für Wahrnehmung und evtl. Neudefinition des beruflichen Standortes mit neuen Möglichkeiten der Regulierung von Anspannung/Entspannung, von Arbeit/Freizeit und mit geeigneten Maßnahmen bei Erschöpfung (vgl. Fengler 1992).

Eine systematische Arbeit zur Prophylaxe und Bewältigung der Burnout-Problematik bietet die *Supervision* (vgl. Meyer 1991, Pallasch u. a. 1992, Bernler u. Johnsson 1993), die in den letzten Jahren in großem Umfang in die sonderpädagogische Arbeit einbezogen wird.

Literatur:

Bernler, G./Johnsson, L.: Supervision in der psychosozialen Arbeit. Weinheim 1993.

Buchka, M./Hackenberg, J.: Das Burn-out-Syndrom bei Mitarbeitern in der Behindertenhilfe. Dortmund 1988.

Burisch, M.: Das Burnout-Syndrom. Berlin 1989.

Edelwich, J./Brodsky, A.: Ausgebrannt. Das Burn-Out-Syndrom in den Sozialberufen. Salzburg 1984.

Fengler, J.: Helfen macht müde. München 1992.

Kjellrup, M.: Bewußt mit dem Körper leben. München 1989.

Meyer, E. (Hrsg.): Burnout und Streß. Hohengehren 1991.

Mitransky, U.: Belastung von Erziehern. Frankfurt 1990.

Pallasch, W./Mutzeck, W./Reimers, H. (Hrsg.): Beratung, Training, Supervision. Weinheim 1992.

Schmidbauer, W.: Hilflose Helfer. Reinbek 1992.

Tausch, R.: Lebensschritte. Reinbek 1989.

Harry Bergeest

Cerebrale Bewegungsstörung

Unter cerebralen Bewegungsstörungen werden definitorisch Beeinträchtigungen der sensomotorischen Funktionen aufgrund von Läsionen des Zentralnervenssystems gefaßt. Symptomatologisch treten solche Störungen in unterschiedlichen Schweregraden auf, von diskreten, vom Laien auf den ersten Blick kaum bemerkbaren Formen der minimalen cerebralen Bewegungsstörung bis hin zu schwersten Formen der Beeinträchtigung der Willkürmotorik.

Die Subkategorie der cerebral bewegungsgestörten Kinder aufgrund frühkindlicher Hirnschädigung - häufig auch nicht ganz zutreffend als Kinder mit infantiler Cerebralparese bezeichnet - bildet den prozentual größten Anteil innerhalb der Kategorie der körperbehinderten Kinder. Neueren epidemiologischen Untersuchungen zufolge (vgl. etwa Neuhäuser 1996, 74) kommen auf 1000 Kinder etwa 2,3 Kinder mit einer entsprechenden Diagnose. Daraus läßt sich ein prozentualer Anteil von circa 75% cerebral bewegungsgestörten Kindern innerhalb der Gesamtpopulation der körperbehinderten Kinder schätzen. Die Zahl ist in den letzten Jahren stetig gewachsen. Dies hängt primärursächlich mit der Senkung der Sterblichkeit von Neugeborenen zusammen. Eine Rolle spielt sicherlich auch der medizinische Fortschritt die daraus resultierende verbesserte Versorgung im weiten Feld der über die Neonatologie hinausreichenden postnatalen Pädiatrie (etwa bei der Behandlung von Viruserkrankungen, Meningitiden oder Hirntraumen von Kindern in den ersten drei Lebensjahren).

Unter ätiologischen Gesichtspunkten werden folgende Risikofaktoren unterschieden:

- *pränatale Faktoren* (z.B. Blutgruppenunverträglichkeit zwischen Mutter und Kind, Suchtmittel und Medikamentenmißbrauch, Infektionen der Mutter wie Röteln oder Toxoplasmose, Blutungen während der Schwangerschaft, Stoffwechselstörungen),
- *perinatale Faktoren* (z.B. Nabelschnurkomplikationen, Lageanomalien, Sauerstoffmangel während der Geburt, übertragene oder verkürzte Schwangerschaften) und
- *postnatale Faktoren* (z.B. Blutungen im Gehirn, Atemstillstand, Infektionen in den ersten drei Lebensjahren).

Statistisch überwiegen die perinatalen Ursachen. Von den durch solche exogenen frühkindlichen Hirnschädigungen verursachten Bewegungsstörungen sind ätiologisch die - epidemiologisch allerdings nur einen Bruchteil davon ausmachenden - heredodegenerativen (d.h. genetisch bedingten) Primär- (wie z.B. die Friedreich-Ataxie) und Sekundärerkrankungen des ZNS zu unterscheiden (etwa bei Mukopolysaccharidose, Lesch-Nyhan-Syndrom).

Die objektive Diagnose einer cerebralen Bewegungsstörung erfolgt in den meisten Fällen frühestens zum Ablauf des ersten Lebensjahres mittels spezieller entwicklungsneurologischer Untersuchungsmethoden - oft sogar noch zu einem späteren Zeitpunkt. Bei der Gruppe der genetisch verursachten (Folge-)Erkrankungen streut der Zeitpunkt der Diagnose je nach Krankheitsbild vom frühen Kindes- bis zum mittleren Erwachsenenalter. Ein frühes Anzeichen für das Vorliegen einer frühkindlichen Hirnschädigung ist eine stereotype Verarmung der bei einem gesunden Säugling sehr vielfältigen Spontanbewegungen, deren Beobachtung in der heutigen Zeit wesentlich mehr entwicklungsdiagnostische Aufmerksamkeit geschenkt wird als der lange Zeit verbreiteten Reflexdiagnostik. Minimale Ausprägungsformen werden in der Regel erst im Kindergarten- und Schuleintrittsalter festgestellt. Eine besondere Therapieindikation für solche Kinder kann aus heutiger Sicht in der Regel verneint werden.

Differentialdiagnostisch werden drei Ausprägungsformen von cerebralen Bewegungsstörungen unterschieden - mit mehr oder weniger deutlich voneinander abweichenden Symptombildern:

- die *Spastizität* ist gekennzeichnet durch einen muskulären Hypertonus, veränderte Haltungs- und Bewegungsmuster und bestehenbleibenden frühkindlichen Reflexaktivitäten,
- bei der *Athetose* findet sich ein schwankender Muskeltonus mit ruckartigen, unwillkürlichen, schraubenartigen Bewegungen, häufig in Verbindung mit Haltungsanomalien (seltener bei niedrigem muskulären Grundtonus),
- typisch für die *Ataxie* ist ein hypotoner muskulärer Grundtonus mit Störungen des Gleichgewichts und unsicherem, breitspurigen Gang, eingeschränkter Bewegungspräzision und Intentionsstremor.

Zusätzliche Unterscheidungen werden in bezug auf die betroffenen Körperregionen getroffen:

- bei der *Tetraplegie* sind sämtlich Extremitäten betroffen (Arme, Beine sowie Kopf, Hals und Rumpf),
- bei der *Diplegie* ist vorwiegend die untere Körperhälfte betroffen (Beckengürtel und Beine), bei diskreter Betroffenheit der Arme,
- bei der *Paraplegie* ist ausschließlich die untere Körperhälfte beeinträchtigt,
- bei der *Hemiplegie* betrifft die Lähmung eine Körperseite, während die andere nicht oder nur unmerklich betroffen ist.

Neben den genannten funktionalen sensomotorischen Störungen sind in einer Vielzahl von empirischen Untersuchungen Besonderheiten für verschiedene Bereiche der Persönlichkeitsentwicklung von Kindern und Jugendlichen mit cerebralen Bewegungsstörungen beschrieben worden. Sie können im Rahmen dieses kurzen Beitrags nur skizziert werden. Im Vordergrund des Forschungsinteresses steht dabei die Entwicklung kognitiver Funktionen. Häufig genannt werden (vgl. Leyendecker 1994, 170 ff.)

für den Bereich der *Wahrnehmung*

- Beeinträchtigungen einzelner oder mehrerer aufnehmenden Sinnesorgane (betreffend Seh-, Hör- oder taktilsensorische Sinne),
- veränderte Kooperation der Sinnesmodalitäten, die sogenannte intermodale Wahrnehmungsstörung,
- Schwierigkeiten in der Raum-, Zeit-, Form-, Größen-, Mengen- und Richtungswahrnehmung,
- zentrale Wahrnehmungsstörungen als Schwierigkeit bei der zentralnervösen Verarbeitung von Reizen,
- Schwierigkeiten bei der Unterscheidung von Figur- und Hintergrund,
- Reizselektions-, Diskriminations- und Durchgliederungsschwäche;

für den Bereich des *Gedächtnisses*

- in Abhängigkeit von Intelligenz verringerte Kurzzeit- und Langzeitgedächtnisleistungen;

für den Bereich der *Intelligenz*

- äußerst inhomogene Intelligenzverteilung,
- veränderte Intelligenzstrukur,
- Neigung zu konkretem Verhalten und Schwiergkeiten bei der Lösung abstrakter Probleme,
- Schwierigkeiten bei simultanen kognitiven Problemstellungen,
- Mangel an Erfahrungswissen,
- geringere Differenzierung der Fähigkeitsstrukturen, Überwiegen des Einsatzes von globalen Fähigkeiten bei kognitiven Leistungsanforderungen.

Allerdings muß hier angemerkt werden, daß die einschlägige Literatur in bezug auf Intelligenzniveau und Intelligenzstruktur kein einheitliches Bild zeigt. Die angesprochene sehr hohe Streuungsbreite macht es fraglich, ob generelle Aussagen über die Population der cerebral bewegungsgestörten Kinder und Jugendlichen überhaupt sinnvoll sind und nicht einer differentiellen, individuumszentrierten Sichtweise weichen sollten. Die Forderung nach individualisierter pädagogischer Vorgehensweise wird ja im übrigen durch über den Einzelfall abstrahierende empirische Aussagen in keiner Weise angezweifelt - ein Mißverständnis, welches gerade innerhalb der Sonder- und Heilpädagogik immer noch sehr verbreitet ist. Aus Sicht einer humanistischen Sonderpädagogik ist ferner darauf hinzuweisen, daß Untersuchungen zu kognitiven Kompetenzen von Kindern mit cerebralen Bewegungsstörungen sich häufig am Defizitparadigma orientieren und vorhandene Fähigkeiten - etwa aus Gründen der fehlenden emotionalen Bedeutung des diagnostischen Erhebungsmaterials für den Probanden - überhaupt nicht erkannt werden. Ursula Haupt (1996, 81ff.) bietet zur Interpretation von Wahrnehmungsstörungen ein alternatives Denkmodell an, welches eher die sozialen Entwicklungsbedingungen als Bedingungsfaktoren für deren Entstehung und Manifestation betont - ein Weg, der zukunftsweisend für ein besseres Verständnis von cerebral bewegungsgestörten Kindern ist und der bedeutsame Implikationen für deren Förderung beinhaltet.

Neben den skizzierten Besonderheiten der kognitiven und der psychomotorischen Funktionen sind es gerade die sozial-emotionalen Persönlichkeitsanteile, die unter anderem aufgrund der angesprochenen Besonderheit der sozialen Entwicklungsbedingungen eine differentielle Ausprägung erfahren. Hier ist zunächst einmal der hohe Grad an Fremdbestimmung zu nennen, den diese Kinder im Laufe ihrer Biographie - oft schon vom Säuglingsalter an (etwa durch weniger geeignete Verfahren der Bewegungsbehandlung) - erleben und der zur Entwicklung von Passivität, Depression und Selbstkonzeptproblemen (etwa in Form von Minderwertigkeitsgefühlen gegenüber anderen) disponiert. Entsprechende Befunde konnten in einer eigenen empirischen Erhebung (Hansen 1990) bestätigt werden. Typisch sind auch Schwierigkeiten bei der Identitätsentwicklung - verstanden als ausgewogene Balance zwischen personalen und sozialen Identitätskomponenten. Es kommt häufig vor - im übrigen verstärkt bei leichter cerebral geschädigten Kindern -, daß sie sich aufgrund des Drucks der sozialen Umwelt einseitig an Normalitätsvorstellungen orientieren und konsekutiv auf die Entwicklung personaler Identität verzichten. Die mit der Erfüllung von Erwartungen verbundenen Anstrengungen münden dabei fatalerweise in eine Verstärkung der pathologischen Reflex- und Bewegungsmuster, die wiederum zu mehr Anstrengung führt usw. - ein Teufelskreis ist in Gang gesetzt Zu nennen in diesem Zusammenhang sind des weiteren belastende Erfahrungen von Bindungsdeprivation, Verlassenheit, Ablehnung und sozialem Rückzug seitens der sozialen Umwelt, im ungünstigsten Falle auch seitens der primären Bezugspersonen (z. B. durch die Eltern aufgrund mangelnder Behinderungsverarbeitung, durch die Geschwister aufgrund von Neid und Gefühlen des emotionalen Zurückgesetztwerdens gegenüber dem behinderten Geschwister).

Von besonderer Bedeutung im Zusammenhang mit der Entwicklung der sogenannten >Persönlichkeit im engeren Sinne< (d.h. derjenigen Personaspekte, die nicht Leistungsfunktionen betreffen) sind Behinderungen im Ausdrucksverhalten von cerebral bewegungsgestörten Kindern. Es kann wohl fast schon als Grunderfahrung - zumindest bei schwereren Ausprägungen - gelten, daß sie - primär aufgrund der psychomotorischen Funktionsbeeinträchtigungen - Probleme beim Mitteilen und Ausdrücken von Erlebnis-, Wahrnehmungs- und Kommunikationsinhalten haben. Erschwert wird Kommunikation in besonderem Maße durch Schwierigkeiten beim Sprechen, und zwar sowohl betreffend die verbalen, paraverbalen als auch die nonverbalen Aspekte des Sprechvorgangs. Man spricht in diesem Falle von einer sogenannten Dysarthrie, in schweren Fällen von Anarthrie. Die pathologische Muskelspannung beim Sprechen führt häufig dazu, daß das cerebral bewegungsgestörte Kind vom Kommunikationspartner nicht oder nur schlecht verstanden wird. Es ist offensichtlich, daß solche Ausdrucksprobleme eng mit der Entwicklung der Gesamtpersönlichkeit verknüpft sind und sich in verschiedenster Hinsicht als Handicap für das betroffene Kind auswirken können (interpersonal etwa im Sinne eines Rückzugs aus der Gemeinschaft aufgrund von Entmutigung, intrapersonal im Sinne eines mangelnden Interesses an der Welt, extrapersonal in fatalen Fehleinschätzungen des Kindes etwa als geistigbehindert).

Abschließend sollen noch knapp einige zentrale Leitlinien für die pädagogische Förderung von Kindern mit cerebraler Bewegungsstörung aus Sicht der humanistischen Sonderpädagogik skizziert werden. Als grundlegend kann eine pädagogische Haltung gelten, die prinzipiell die Eigenaktivität und Selbstregulationskompetenz der Kinder unterstützt und sie nicht einseitig als Träger einer Sammlung von Defiziten bestimmt. Dazu sind in auf seiten des Pädagogen zum einen Vertrauen in die Entwicklungs- und Wachstumsfähigkeit dieser Kinder notwendig, zum anderen ein professionelles Fachwissen, welches das Verstehen dieser Kinder erleichtert, den Blick für deren Kompetenzen, aber auch Probleme und Nöte schärft und differentiell auf die Behinderung abgestimmte, kindgerechte Fördermöglichkeiten bereitstellt. Leitprinzip der Förderung muß eine Abkehr von einer wie auch immer gearteten Normorientierung hin zu einer Bedürfnisorientierung sein. Cerebral bewegungsgestörte Kinder pädagogisch in Vorstellungen der Nichtbehinderten von Normalität hineinpressen zu wollen hieße, ihnen eigene Entwicklungschancen zu nehmen und sie letztendlich auszugrenzen.

Literatur:

Hansen, G.: Die Persönlichkeit des behinderten Kindes im Vergleich zur Persönlichkeit des nichtbehinderten Kindes. Frankfurt 1990.

Haupt, U.: Körperbehinderte Kinder verstehen lernen. Auf dem Weg zu einer anderen Diagnostik und Förderung. Düsseldorf 1996.

Leyendecker, Ch.: Psychologie der Körperbehinderten. In: J. Fengler/G. Jansen (Hrsg.): Handbuch der Heilpädagogischen Psychologie. 2. Auflage. Stuttgart 1994. 153-188.

Neuhäuser, G.: Behinderung bei Kindern und Jugendlichen - Ein epidemiologischer Überblick. In: Kindernetzwerk für kranke und behinderte Kinder und Jugendliche in der Gesellschaft e.V. (Hrsg.): Wer hilft weiter? Ein bundesweiter Wegweiser. Lübeck 1996. 71-76.

Gerd Hansen

Diagnostik

Je komplexer unsere Weltwahrnehmung, je komplexer die Problemstellungen bzw. Fragestellungen zu denen unsere Entscheidungen verlangt werden, desto hilfsbedürftiger sind wir, insbesondere, wenn wir keine ballistische, sondern eine kompetent und verantwortungsvolle Entscheidung treffen möchten. Hier will Diagnostik helfen, sie bereitet mit allen Mitteln nach dem Stand der Wissenschaft Entscheidungen vor. In jedem Fall werden über eine gute Diagnostik die Entscheidungsgrundlagen objektiviert, d. h.: Willkür und Zufall werden systematisch zurückgedrängt und Kontrolle von vorgefaßten Meinungen möglich. Entscheidungsgrundlagen sind damit nicht nur rational begründet, sie sind systematisch gesammelt und aufeinander bezogen, was wiederum bedingt, daß sie durch ein geprüftes Konzept, einen theoretischen Ansatz gesteuert werden. Damit werden Entscheidungen nachvollziehbar, und sie sind durch einen wiederholbaren Vorgang neu zu begründen. Sie folgen einem experimentell-wissenschaftlichen Paradigma. Sie sind objektiviert. Die aufgezeigten Charakteristika einer sich wissenschaftlich verstehenden Diagnostik sind eindeutig Errungenschaften in allen Entscheidungsprozessen, von besonderer Bedeutung ist dabei die Theorieleitung.

Damit wird aber auch auf der anderen Seite eine Abhängigkeit von den theoretischen Modellen, die sie leiten, begründet.

Der Diagnostiker erstellt ein reales Person- und/oder in Ausschnitten Lebenssituationsbild für Personen, *damit konstruiert er für diese eine Realität, die mehr oder weniger treffend (wahr) sein kann.* In jedem Fall trifft sie. Sie hat als konstruierte Realität, selbst wenn sie ein sehr schiefes Bild zeichnen sollte, sehr reale Konsequenzen und dies außer in Beschäftigungsverhältnissen ganz besonders in der Pädagogik und Sonderpädagogik. Hierin offenbart sich eine andere Seite der Diagnostik, indem sie eine Person oder deren Situation analysiert, ja manchmal seziert, begründet sie ein Machtverhältnis, macht die diagnostizierte Person mehr oder weniger disponibel, was besonders in einer sensiblen Entwicklungszeit (Kindes- und Jugendalter) von nicht zu unterschätzender Bedeutung ist und eine kritisch verantwortungsvolle Haltung aller Pädagogen der Diagnostik gegenüber notwendig erscheinen läßt. Eine die Person akzeptierende, ihre eigene Perspektive (erlebte Realität) einbeziehende, kompetente, verantwortliche Haltung ist bei pädagogischen Fragestellungen zu fordern (ein hierzu ausgearbeitetes Konzept ist bei Kleber 1992 zu finden).

Es werden verschiedene Diagnostiken im sozialhumanistischen Feld unterschieden: „Medizinische Diagnostik", „Psychologische Diagnostik", „Pädagogische Diagnostik", „Sonderpädagogische Diagnostik". Fakt ist, daß unter einem solchen Etikett je eine bestimmte Gruppe von diagnostischen Methoden oder Instrumenten im Zentrum der Beachtung stehen und eine bestimmte theoretische Modellvorstellung als überwiegend leitend aufgezeigt werden kann. Innerhalb der Sozial-/ Humanwissenschaften kann man die Diagnostik sachangemessen am besten nach den Fragestellungen gruppieren.

Pädagogische Fragestellungen beziehen sich auf bestimmte inhaltliche Bereiche, und sie sind einerseits von den wissenschaftlichen Positionen bzw. den unreflektierten Hintergrund-Meinungen (impliziten Theorien) der Anfrager abhängig, andererseits werden die Diagnosen in erheblicher Weise von den Positionen der Diagnostizierenden beeinflußt.

a) Geht es um den reinen Wissens- und Fertigkeiten-Zugewinn im Sinne einer Curriculumtheorie, in der durch systematisch aufgebaute, sachstrukturell optimierte Lehrgänge Wissen vermittelt und erworben werden soll, dann stehen lehrzielorientierte Tests als Datengewinnungsmethode im Vordergrund, der Bezugsrahmen ist kriteriumsorientiert. In diesem Zusammenhang wird am häufigsten von Pädagogischer Diagnostik gesprochen.

b) Vertreten PädagogInnen eine Lernumweltkonzeption, in der Lernen durch selbständige Auseinandersetzung in und mit einer vorbereiteten Lernumwelt geschehen soll (am klarsten ausgearbeitet in der Montessori-Konzeption), dann erfolgt der grundlegende Teil der Diagnostik durch eine Dokumentation des Lernweges. Die Diagnose basiert auf dem Bericht, über das, was bisher alles erledigt wurde, was jetzt bereits alles gewußt und gekonnt wird. Die wichtigste Methode der Datengewinnung ist dann nicht das Testen (auch nicht mit Lehr-Lern-Ziel-Tests), sondern das „Inventarisieren" (vgl. Kleber 1992, 51).

Inventarisieren bezeichnet die Erhebung und Auflistung all dessen, was da ist (wie in der betriebswirtschaftlichen Bedeutung). Dabei werden natürlich auch Lücken (Fehlstellen) sichtbar. Beim Testen dagegen wird durch eine geschickt erhobene Verhaltens- oder Leistungsstichprobe auf das Verhalten oder die Leistung als Ganzes geschlossen (die gelösten Physikaufgaben sind die Stichprobe von der auf die Kenntnisse und Fertigkeiten eines Teilbereiches dieser Wissenschaft geschlossen wird). Wenn DiagnostikerInnen einmal dabei sind, prüfen sie gleich mit, ob dieser Teilbereich nicht ausreichend repräsentativ für Denken in physikalischen Gesetzmäßigkeiten ist, und sie schließen weiter auf die physikalische Begabung desjenigen, der einige Physikaufgaben gelöst hat. Das wird dann gegebenenfalls ein doppeltes Desaster, wenn auf Nichtbegabung geschlossen wird, denn erstens wurden in diesem Falle nur sehr wenige Aufgaben gelöst und damit ist dieser Schluß schon testtheoretisch kaum noch gültig und zweitens wird die sich entwickelnde Begabung dadurch gehemmt oder gar blockiert. Inventarisieren wurde zunächst in der Verhaltenspsychologie, in der Verhaltenstherapie angewandt und diskutiert. Pawlik stellt z. B. fest, wenn jemand eine Phobie (krankhafte Angst) hat, dann interessiert für eine Therapie nicht das Ergebnis eines Angsttests, der die Ausprägung dieses Merkmals angibt, sondern man will konkret wissen, wovor der Klient alles Angst hat (vgl. Pawlik 1976). Da hilft kein Testen, sondern nur Inventarisieren. — Näher betrachtet, kann man feststellen, daß fast alle Fragestellungen im Handlungsfeld Schule genau zu diesem Fragestellungstypus gehören. Wird die Kenntnis über das, was SchülerInnen in einem bestimmten Bereich wissen und können, erhoben, erfährt die Lehrperson dabei das Vorhandene und die Lücken. Wird die letztere Erkenntnis durch Analyse der Aufgaben, der Bedingungen und durch Gespräche mit dem Schüler, der Schülerin ergänzt, dann werden meist gezielte Maßnahmen zum Schließen solcher Lücken möglich.

c) Folgen LehrerInnen einem ökologisch-phänomenologischen bzw. einem systematisch-konstruktivistischen Lernmodell, dann tritt die erlebte Situation, die individuelle Auffassung und Erfahrung der SchülerInnen in den Vordergrund. Die Diagnose basiert dann zusätzlich auf Interview-Informationen, die mit kriterienorientierten Tests und Inventarisieren gekoppelt wird (vgl. Kleber 1992, 29 f.).

d) Geht es direkt um den Aufbau und die Veränderung von Dispositionen in der Person, wie Brezinka (1971) herausstellt (wobei er wahrscheinlich die Hintergrundauffassungen von LehrerInnen häufig trifft), dann sind Charaktereigenschaften und Fähigkeiten sowie Begabungen gefragt. Die Datenerhebung wird sich dann an bestimmte Modelle der Persönlichkeitstheorie in der Psychologie anlehnen. In diesen Fällen wird häufig von Psychologischer Diagnostik gesprochen.

Inhaltlich beziehen sich die Fragestellungen auf

– Lehrsteuerung: Optimierung des didaktischen Rahmens, der Methoden und der Interaktion;

– Lernsteuerung allgemein: Zuweisung zu Lerngruppen, zu Kursen und Schularten sowie Beratung.

In letzterem Zusammenhang auch ganz gezielt auf

– Förderung. Hier treten spätestens in der zweiten Runde (nach Ausgleich- und Nachholbemühungen) intensivere Fragen nach Problemen in der Persönlichkeit der Förderbedürftigen hinzu, und es ist eine interdisziplinäre Vorbereitung der Diagnose zwischen Lehrpersonen, SozialwissenschaftlerInnen, PsychologInnen und MedizinerInnen notwendig.

– Begabungserkennung und -förderung: Hier geht es überwiegend um eine psychologische Fragestellung, an der PädagogInnen mitarbeiten, wo sie aber niemals alleine eine Diagnose stellen sollten. Die einzelnen Fragestellungen in diesen Bereichen können einen Schwerpunkt auf didaktische Felder (in den verschiedenen Fächern) und/oder Personen (einzelne SchülerInnen) legen.

– Fragen des Verhaltens der Lernpersonen, der Motivation, des Interesses, der Konzentration (solche Diagnosen — soweit sie sich auf psychologische Konstrukte beziehen, sollten nicht allein von erziehungswissenschaftlich vorgebildeten Personen gestellt werden). (Vgl. Kleber 1995)

Sonderpädagogische Fragestellungen machen es oftmals notwendig, daß Instrumente und Methoden aus allen vier o. g. „Teildisziplinen" angezeigt sind. In gleicher Weise ist es notwendig das der jeweiligen Komplexität der Problemlage am besten angemessene theoretische Modell als leitendes zu wählen, ohne brauchbare Errungenschaften der anderen in Bausch und Bogen zu verwerfen.

Ausgehend von der Medizinischen Diagnostik herrschte zunächst eine Zentrierung auf die Person vor, medizinisches Modell, letzteres kennen wir in einer Defizit- und einer Bestandsvariante. Dieses wurde durch das Interaktionistische Modell, das die Wechselwirkungen der Person mit der Umwelt ins Zentrum der Betrachtung stellte, abgelöst. Es folgte ein systemisch-konstruktivistisches Modell, das die Interpretationen aller Beteiligten, deren Konstruktion von Realität, gleichbedeutend mit dem systemisch-ökologischen Ansatz einbezog. Nun in neuster Praxis folgt wiederum eine Wendung auf die bzw. in die Person, eine pädagogisch interessante, aber nicht ungefährliche Leitvorstellung, die aus einem breiten Bereich der Humanistischen Pädagogik (NLP) entwickelt wurde.

Das medizinische Modell der Diagnostik

Das medizinische Diagnostik-Modell spielt seit jeher in der Pädagogik eine große Rolle. Das liegt nicht nur an der Verbindung der beiden Disziplinen im sonderpädagogischen Bereich und der Einrichtung medizinisch-pädagogischer diagnostischer Instanzen, sondern sicher auch an der Plausibilität, die die in diesem Modell enthaltenen Vorstellungen für den „gesunden Menschenverstand" haben.

Die verschiedenen Formen dieses medizinischen Modells halten alle an folgenden Grundannahmen fest (vgl. Goldenberg 1973):

- Träger von gestörtem oder auch angemessenem Verhalten, auch im Lern- und Leistungsbereich, ist das Individuum. Es funktioniert normal oder es ist krank (mangelnde Begabung und spezielle Schwächen im Lernen, z. B. Legasthenie, werden als eine Art Krankheit aufgefaßt, als spezielle Arten einer „mental illness".

- Die Symptome jeder nicht-körperlichen Krankheit lassen sich wie diejenigen einer körperlichen Krankheit beobachten und bewerten.

- Die Krankheit entspricht bestimmten zugrundeliegenden Agenzien oder Prozessen, die innerhalb des Patienten gegeben sind.

- Das gestörte oder unangepaßte Verhalten ist nicht nur ein quantitativ anderes, es erhält zusätzlich eine andere Qualität (Krankheitsqualität) und ist nicht mehr unmittelbar mit demjenigen unauffälliger Individuen vergleichbar. Deshalb wurde von der Sonderpädagogik, soweit sie diesem Modell folgt, eine Behindertenpsychologie gefordert, die sich speziell mit diesen qualitativen Unterschieden befaßt.

- Viele solcher individuellen Krankheiten haben eine mehr oder weniger spezifische Ätiologie; oft wird eine Folge emotionaler Störungen in der frühen Kindheit angenommen.

– Wurde die Krankheit richtig diagnostiziert und ist die Ätiologie erst einmal bekannt, kann die Therapie beginnen.

– Die Therapie ist primär patientenbezogen, sie richtet sich zuallererst auf das Individuum, dann erst, wenn überhaupt, auf dessen Umfeld.

Das medizinische Modell ist in bezug auf seine Konsequenzen pädagogisch problematisch, wenn nicht sogar unerwünscht. Es untersucht vornehmlich die Lernperson, verankert die Probleme an bzw. in der Person und berücksichtigt die pädagogische Situation nur ungenügend. Die Analyse pädagogischer Probleme wird systematisch verzerrt, pädagogische Möglichkeiten werden vertan.

Das interaktionistische Modell der Diagnostik

In interaktionistischer Modellsicht werden weder abweichendes Verhalten noch Lernminderleistungen im Sinne einer „krankhaften Veränderung"im Individuum verstanden. Selbst eine Reihe medizinischer Krankheiten wird als das Ergebnis bestimmter Wechselwirkungen zwischen dem Individuum und seiner Umwelt aufgefaßt. Das Individuum ist nicht krank, sondern die Interaktionen mit seiner Umwelt sind gestört bzw. inadäquat entwickelt.

Das interaktionistische Modell ist in pädagogischen Handlungsfeldern brauchbarer als das medizinische. Die bessere Aufklärung der Bedingungen für die Probleme aufgrund des Aufdeckens von Wechselwirkungen kann pädagogisch wichtige Hinweise geben. In der Form des Symbolischen Interaktionismus kann das interaktionistische Modell als Kritikrahmen für das Beurteilungshandeln genutzt werden. Es wird in der Praxis oft nicht konsequent genutzt, und die Definitionen sind mit Zeitverschiebung doch wieder auf die Person gerichtet. Lehrer glauben oder proklamieren heutzutage aufgrund ihres Wissensstandes und im Sinne der sozialen Erwünschtheit, daß sie nach dem interaktionistischen Modell beurteilen.

Wenn z. B. in der Diskussion um Probleme in der Hauptschule die Vokabel vom „Schülermaterial" auftritt oder wenn die „familiäre Belastung" und/oder das „ungünstige Erziehungsmilieu" als Erklärung für ein bestimmtes Verhalten oder eine gezeigte Leistung herangezogen bzw. als Entlastung benannt werden, ist Vorsicht geboten. — „Selbstverständlich liegt es überwiegend an der Umwelt ..."; „nein, der Schüler ist nicht krank ..."; „aber bei einem solchen Elternhaus, was will man da erwarten ..."; „er ist einfach verdorben worden; da wären sicher viele Möglichkeiten gewesen, früher — aber jetzt ..."; „wenn überhaupt, dann ist in diesem Fall nur mit Verhaltensmodifikation, mit Sonderpädagogik, noch etwas zu erreichen." Solche Aussagen enthalten alle Implikationen und Konsequenzen des medizinischen Modells (Typ: Traumatisches Krankheitsmodell). Eine konsequente Weiterentwicklung des interaktionistischen Modells führt zu einer ökologisch-phänomenologischen Variante.

Das systemisch-konstruktivistische (ökologisch-phänomenologische) Modell der Diagnostik

Im ökologischen Modell wird die individuelle Lebens- und Lernsituation zum Gegenstand der Diagnostik und Intervention. Das betrachtete Individuum wird als ein „Moment" seiner eigenen Situation gesehen (im Falle der Diagnostik als ein „Moment", auf das die Betrachtung fokussiert wird). Diagnostiziert werden die Bedingungen, unter denen ein Individuum sich entwickelt und lebt bzw. lernt (vgl. Kleber 1985, 1987; Bronfenbrenner 1979), und nicht die jeweiligen Personen selbst. So wird ein Diagnostiker, der diesem Modell folgt, feststellen, daß bei Schüler S eine ungünstige Lernsituation vorliegt und dieser aufgrund dessen die erwartete Leistung nicht bringen konnte. Die ungünstige Lernsituation wird in konkreten Bedingungen beschrieben, Passungen und vor allem Unpassungen zwischen den verschiedenen Bedingungsbereichen werden aufgezeigt. Auf dieser Grundlage wird die Verbesserung der individuellen Lernsituation geplant. Das Ergebnis der Diagnose ist weder ein „schulschwacher" noch ein „verhaltensgestörter" Schüler, sondern die näher bestimmte „ungünstige, individuelle Lernsituation".

Für den schulpädagogischen Bereich läßt sich die Lernsituation eines Schülers in drei Bedingungsfelder aufteilen.

Die Diagnostik in der Schule bezieht sich als erstes immer auf die Analyse der innerschulischen Bedingungen und die Wechselwirkungen zwischen dem Individuum und diesen Bedingungen, denn hier sind am ehesten pädagogische Maßnahmen im Sinne einer Verbesserung möglich. Sie bezieht sich erst in zweiter Linie auf die außerschulischen Bedingungen; dabei ist das Interesse auch nicht so sehr darauf ausgerichtet, diese zu ändern, sondern es ist stärker darauf gerichtet, die Wechselwirkungen mit den innerschulischen Bedingungen besser oder überhaupt erst zu verstehen, um auf diese Weise in den innerschulischen Bedingungen gegebenenfalls Kompensationen für ungünstige außerschulische Bedingungen vornehmen zu können. Die Analyse der personalen Bedingungen schließlich erfolgt nicht zum Zwecke einer Persönlichkeitsbeurteilung, sondern um angemessene innerschulische Bedingungen schaffen zu können (zum Zwecke der Individualisierung und des Verstehens). Nicht die Maximierung sogenannter objektiver Fakten (Objektivität als zentrales Ziel), sondern das Verstehen der Situation und eine kontrollierte Subjektivität stehen im Mittelpunkt der diagnostischen Bemühungen.

Zum Verstehen der individuellen Lehr-Lern-Situation und zur Interpretation gesammelter Daten (Diagnostik) wird es unter dem ökologisch-phänomenologischen Modell notwendig, unterschiedliche Positionsinformationen einzuholen. Dies erfolgt unter der phänomenologischen Prämisse, daß die Realität nicht objektiv erschlossen werden kann. Wenn jemand seine Umwelt in einer bestimmten Weise erlebt, wenn er sie für sich in einer besonderen Weise gestaltet, so hat diese „Sichtweise" für diese Person reale Konsequenzen. Nur unter Berücksichtigung dieser Tatsache können erhobene Daten angemessen interpretiert und eine ökologische Gültigkeit gesichert werden (vgl. Kleber 1992).

Die neue Wendung „in die Person, das neurophysiologisch basierte Lernmodell (NLP)"

Die NLP geht von der trivialen Erkenntnis aus, daß alle Lernvorgänge und darüber hinaus alle Prozesse der Personentwicklung, die Wahrnehmung, das Denken und das Verhalten, eine neurophysiologische Basis haben. Sie gehen von einigen gesicherten neurologischen Erkenntnissen aus und konstruieren ungeduldig, wie Interventionsgesandte zu sein pflegen, aus Selbstbeobachtung und einer Sammlung von Indizien aus Fremdbeobachtung ein Plausibilitätsmodell für Lernen und Intervention. Ein großes Verdienst der NLP liegt in der Gestaltung einer positiven Lernumgebung, einerseits in der Achtung und der Partizipation der Schüler „Hohe Selbstachtung des Lernenden ist ein wichtiger Teil jeder guten Situation ..., daß Schüler, die an der Unterrichtsplanung beteiligt werden, meist stärker motiviert sind..."(Cleveland 1992, 10); andererseits in der systematischen Anwendung der Variation und Paraphrasierung aller Unterrichtsgegenstände unter Berücksichtigung aller Sinnesmodalitäten und der konsequenten Ausnutzung der Erkenntnisse aus der Forschung der „Sich-Selbsterfüllenden-Vorhersage"zur positiven Personbekräftigung. Streckenweise könnte man sie eine „So-Tun-Als-Ob-Pädagogik" nennen.

„Solange der Leser berücksichtigt, daß die Etiketten (bestenfalls) praktikable Beschreibungen der Realität enthalten und nicht die Realität selbst sind, können wir uns mit Hilfe [dieser] 'nützlichen Lügen' verständigen" (Grindler 1994,15).

In diesem positiven Lehr-Lern-Ansatz liegen nun gerade aus der Sache heraus eine Reihe von Problemen für die Diagnostik. Eine So-Tun-Als-Ob-Diagnostik wäre eine Art Willkür-Diagnostik, eine exakte neurophysiologische Diagnostik wäre der Höhepunkt einer objektiven und „wahren" Diagnostik.

Die NLP-Diagnostik wird durch „neurologische Indikatoren" begründet. Neben den „Augen" werden „Bewegung", „Stimme und Tempo des Vorganges", „Lokalisierung des Prozesses"(z. B. Bewegung und Veränderung im Augen-, Mundbereich) und „Aussagen", d. h. die Aussagen verwendeter Begriffe als Indikatoren herangezogen (vgl. Grindler 1994, 31 ff.). Den neurologischen werden Verhaltensindikatoren in den Bereichen visuell, auditiv und kinästhetisch zur Seite gestellt. Das erste Ergebnis dieser Diagnostik führt zu Lerntypen, für die Unterrichtsstile zusammengestellt werden. So interessant die So-Tun-Als-Ob-Pädagogik ist, so problematisch ist die Lerntyp-Diagnostik, insbesondere, wenn sie schließlich nicht nur zur Unterrichtsgestaltung, sondern zur Konstruktion eines Personbildes genutzt wird.

Im systemisch-konstruktivistischen Modell ist die Beteiligung der zu diagnostizierenden Personen ohnehin eine Forderung (Fairneß, gerechte Zensur, vgl. Kleber 1992). Der NLP-Ansatz bildet eine gute Gelegenheit für Lernpersonen selbst herauszufinden zu welchem Lerntyp sie gehören, das gelingt wahrscheinlich auch bei sehr jungen Lernpersonen, wenn man ihnen die ihnen gemäße didaktische Modalität zur Auswahl anbietet.

Differentialdiagnosen

In der Differentialdiagnose geht es darum, bei einer mehrdeutigen Situation (in der Medizin bei einer Symptomatik, die durch verschiedene Verursachungen entstanden sein kann) mit an Sicherheit grenzender Wahrscheinlichkeit zu bestimmen, was die verursachenden Bedingungen des vorgefundenen Zustandes sind, d. h. die tatsächlichen Ursachen zu finden, die nur vermeindlichen auszuschließen. Die Differentialdiagnose ist die eigentliche Herausforderung für die Experten. Sie wird mit ausgearbeiteten Checklisten in der Medizin für den einzelnen Arzt ermöglicht, ist in schwierigen Fällen nur im Consilium zu bewältigen. Obwohl es in der Pädagogik, speziell in der Sonderpädagogik, viele Fragestellungen gibt, die differentialdiagnostischen Charakter haben (lernbehindert oder geistigbehindert; cerebrale Dysfunktion oder Sozialisations- und Lern-/Übungsdefizite, Legasthenie oder nur Rechtschreib-/Leseschwäche usw.), lassen sich klare Differentialdiagnosen wie im engeren medizinischen Bereich nicht stellen — das liegt sowohl an der komplexeren Verursachung und noch mehr an den weniger speziellen pädagogischen Maßnahmen. Auch besteht eine geringere Notwendigkeit dafür, da fast alle pädagogischen Maßnahmen allgemein persönlichkeitsfördernde Möglichkeiten und kaum schwer schädigende Konsequenzen haben.

Soweit der wissenschaftliche Kenntnisstand im engeren Sinne Differentialdiagnosen zuläßt (z. B. organische Schäden als Ursachen, die auch spezielle Therapien notwendig oder wünschenswert machen), so handelt es sich um sonderpädagogisch/medizinisch/pädagogische Fragestellungen, in denen dann im Consilium der Mediziner meist das letzte eine Differentialdiagnose begründende Wort hat.

Die eher vordergründig differentialdiagnostisch erscheinenden Fragestellungen sind in schwierigeren Fällen nach einer medizinischen Ausschlußdiagnose organischer Verursachung durch die Analyse der Lebens- und Lernbedingungen im gemeinsamen Sich-Beraten, in einen systemisch ganzheitlichen Diagnoseprozeß zu überführen, der das Bedingungsgefüge verändernde Konsequenzen hervorbringt und im gemeinsamen argumentativ abwägenden Bewerten und der Würdigung der einzelnen Sichtweisen in einen Bildungsprozeß einleitet (vgl. Kleber 1995). Verschriftlicht werden die diagnostischen Ergebnisse dann in Lernentwicklungsberichten (vgl. Kleber 1992; Kornmann 1996, Prammer 1996).

Literatur:
Brezinka, W.: Von der Pädagogik zur Erziehungswissenschaft. Weinheim. München 1971.
Cleveland, B.F.: Das Lernen lehren. Freiburg 1992.
Dörner, D.: Die Logik des Mißlingens. Reinbek 1995.
Goldenberg, H.: Contemporary Clinical Psychology. Monterey 1973.
Grindler, M.: NLP für Lehrer. 3. Auflage. Freiburg 1994.
Kleber, E.W.: Ökologische Erziehungswissenschaft — ein neues metatheoretisches Konzept? In: Twellmann, W. (Hrsg.): Handbuch Schule und Unterricht. Bd. 7,2. Düsseldorf 1985, 1167-1193.

Kleber, E.W.: Erfassen von Lernumwelten als geschachtelte Handlungssysteme — ein Beitrag zur ökologischen Erziehungswissenschaft. In: Eberwein, H. (Hrsg.): Fremdverstehen sozialer Randgruppen. Berlin 1987, 127-151.

Kleber, E.W.:Diagnostik in pädagogischen Handlungsfeldern — Einführung in Bewertung, Diagnose und Evaluation. Weinheim 1992.

Kleber, E.W.: Diagnose. In: Krüger, H.-H./ Helsper, W. (Hrsg.): Einführung in Grundbegriffe und Grundfragen der Erziehungswissenschaft. Opladen 1995, 103-117.

Kornmann, R.: Der sonderpädagogische Förderbedarf. Behinderte, 1, 1996, 15-22.

Kornmann, R./Meister, H./Schlee, J.:Förderdiagnostik. 4. Auflage. Heidelberg 1994.

Lloyd, L.: Des Lehrers Wundertüte. 2. Auflage. Freiburg 1993.

O'Conner,J./Seymour, J. (1961/1994): Neurolinguistisches Programmieren. 4. Auflage. Freiburg 1994 (orig. 1961).

Pawlik, K. (Hrsg.): Diagnose und Diagnostik. Stuttgart 1976.

Prammer, W.: Der Entwicklungsbericht — eine sinnvolle Alternative zu den Noten!? Behinderte, 1, 1996, 65-74.

Eduard W. Kleber

Didaktik

Didaktik wird hier im weiten Sinne als Lernplanung unter Einschluß methodischer Fragen verstanden. Solche geplanten Lernprozesse mit Behinderten und Beeinträchtigten können in den verschiedensten Kontexten stattfinden: in der Regel-, Sonder- oder Förderschule, im Stütz- und Förderunterricht, in Einrichtungen der Frühförderung, Werkstätten für Behinderte, in der Berufsvorbereitung oder -ausbildung.

Traditionell wurde von der genauen Planbarkeit von Lernprozessen ausgegangen. Diese Vorstellung ist in den letzten Jahren erheblich ins Wanken geraten. Dafür kann eine Vielzahl von Gründen benannt werden:

– Mündigere Schüler hinterfragen den Sinn schulischen Lernens.

– Verhaltensstörungen konterkarieren ausgearbeitete Lerneinheiten.

– Lernformen wie offener Unterricht, Freiarbeit und Projektlernen erschweren die lineare Planbarkeit.

– In der Pädagogik ist ein genereller Paradigmenstreit festzustellen, dessen Positionen teilweise wegführen von stark außengesteuerten Lehr-Lern-Prozessen.

Damit sind nur einige wesentliche Gründe dieser Entwicklung benannt, die allerdings erst in ihren Anfängen steckt und mit vielerlei Schwierigkeiten behaftet ist. Inwiefern sind Lernprozesse in einem solcherart neu gesteckten Rahmen *überhaupt* noch planbar? Die Gefahr der Nicht-Planbarkeit vermag in Lehrenden Ängste hervorzurufen; sie führt notgedrungen zu Handlungsunsicherheiten und verleitet dazu, an klaren, traditionellen Strukturen festzuhalten, in und mit denen Pädagogen sich sicher fühlen können und deren Abläufe sie als kontrollierbar erleben. Auf der anderen Seite stehen Mißdeutungen der Offenheit von Lernprozessen im Sinne eines völlig ungesteueren, planlosen „anything goes". Das veränderte Paradigma wird dann schnell zur Rechtfertigung eigener pädagogischer Untätigkeit oder Unfähigkeit. Eine andere Form der Mißdeutung führt zum radikalen, unreflektierten Verwerfen all dessen, was als herkömmlich verstanden wird: dem völligen Verzicht auf klassischen Unterricht.

Eine zentrale Entwicklungslinie geht hin zu einem *konstruktuvistischen* Verständnis von Lernen (vgl. Kösel 1993) - eine Überzeugung, die sich vor allem aus systemischem Denken und den Grundannahmen der humanistischen Pädagogik nährt. Ein solches Verständnis meint, daß Individuen ihre innere Lernwelt grundsätzlich selbst konstruieren; aktiv, kreativ, eigendynamisch und selbst-rückbezüglich. Wie sie dies tun, kann ein pädagogischer Partner nicht voraussehen; er kann allenfalls Lernangebote machen sowie Verständigungsversuche über gemeinsame Lernschritte unternehmen.

Damit wird Didaktik als Planung von Lernprozessen allerdings keinesfalls grundsätzlich obsolet. Sie kann nicht als lineare Folge von voraussehbaren Schritten verstanden werden, die zudem keiner Korrektur mehr bedarf. Didaktik kann nur als ein Prozeß konstruiert werden, in dem Lernplanung, zugunsten einer Verständigung oder „strukturellen Koppelung" (Kösel 1993) zwischen allen Beteiligten, weitestmöglich gemeinsam mit den Lernenden erfolgt. Diese Planung muß flexibel und begleitend gestaltet werden, so daß auf verschiedenste (erwartete wie unerwartete) Lernentwicklungen der beteiligten Individuen reagiert werden kann.

Dabei sollte und kann sich Lernen nicht nur auf die jeweils relevanten fachlichen Aspekte beschränken. Auf diesen wichtigen Gedanken macht auch die gestaltpädagogische Didaktik im Entwurf von Burow (1988; 1993) aufmerksam, der drei grundlegende Aspekte des Unterrichts unterscheidet:

– fachliche Aspekte (fachspezifische sowie fachübergreifende Inhalte)

– psychologische Aspekte (Elemente der Lebensgeschichte, Dynamik in der Lerngruppe, aktuelles Befinden)

– gesellschaftspolitische Aspekte (gesellschaftliche, ökologische sowie institutionelle Bedingungen im engeren Handlungsfeld sowie auf der Meso- und Makroebene)

Diese Aspekte werden als integrativ verstanden - sie greifen, als drei unterschiedliche Didaktiken, ineinander und sollten stets im Rahmen der Lernplanung Berücksichtigung finden. Der psychologische Aspekt, mithin der lernende *Mensch*, steht im Mittelpunkt. Insofern verbinden sich fachliches und persönliches Lernen einerseits, politisches und persönliches Lernen andererseits. Dabei bleibt gestaltpädagogische Didaktik, wohl in dem Bemühen um möglichst große Offenheit, recht allgemein und wenig strukturiert. Burow (1988, 189) merkt selbst an, daß ein wirklich *entwickeltes* Konzept noch ausstehe.

Hier wird auf die zentrale Position der lernenden Person verwiesen. Dieser, dem Menschen, ist im Rahmen der Lernplanung Rechnung zu tragen. Weiterhin sind sowohl Individuum und Lerngruppe als auch die Lerninhalte in ihrem, systemisch engeren und weiteren, gesellschaftlichen Rahmen zu betrachten. Lernplanung muß von daher die Entwicklung und Herausbildung von Kritikfähigkeit in sozialen Kontexten mitbedenken (vgl. Winkel 1995; Prengel 1983), weiterhin die Entwicklung und Herausbildung von Problembewußtsein und Verantwortungsübernahme in einer von Zerstörung bedrohten Mitwelt im Sinne ökologischer Bildung (Kleber 1993). Lernen ist immer auch politisch, was didaktisch planend bewußt gemacht werden sollte.

In diesem Sinne kann (sonderpädagogische) Didaktik hier verstanden werden als ein theoretisches Modell der gemeinsamen, demokratischen, begründeten, kontinuierlich-prozeßhaft erfolgenden Bildungs-Analyse und -Planung einer Gruppe Lernender und pädagogischer Partner in einem systemischen Handlungsfeld in Hinsicht auf

– die (je subjektiven) Voraussetzungen, Bedingungen, Gegebenheiten,

– die gewählten Entscheidungen (Ziele, Inhalte, Organisation, Lernformen und Medien) sowie

– die weiterführenden Entwicklungen und Prozesse.

(Vgl. dazu Stein 1996, 221ff.; zum Bildungsbegriff vgl. den Beitrag von Kleber im vorliegenden Band.)

Die folgende Abbildung illustriert dieses Didaktik-Verständnis:

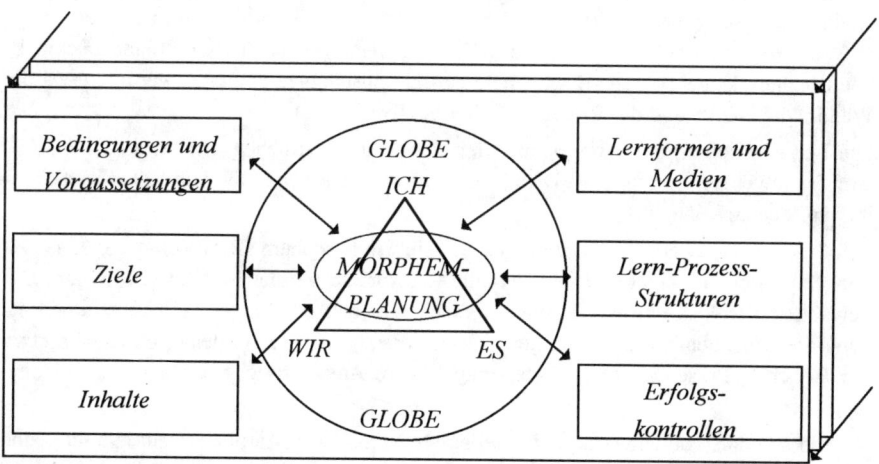

Modell einer systemisch-konstruktivistischen Didaktik
(modifiziert nach Stein 1996, 234)

Im Zentrum dieses Modells steht die Planung, Durchführung und Begleitung von Lernprozessen, welche hier ganzheitlich als Gestalten aus Zielen, Inhalten, Lernformen usw. verstanden werden - Gestalten, die modellierte Anreizstrukturen für die Lernenden bilden.

Dieser Sichtweise folgend spricht Kösel von *Morphemen*. Morpheme konstituieren sich aus der Berücksichtigung folgender sechs Faktoren:

– Klärung der Bedingungen und Voraussetzungen: Welche Bedingungen müssen erfüllt sein, um eine bestimmte Lerneinheit durchführen zu können? Welche Voraussetzungen bringen die Lernenden dafür mit, welche Voraussetzungen fehlen möglicherweise noch? Welche Voraussetzungen stellt das Umfeld bereit (Lernraum, Materialausstattung usw.); welche werden benötigt? Schließlich: Welche Voraussetzungen bringen die pädagogischen Partner mit, welche Beziehung haben sie etwa zum Thema?

– Möglichst differenzierte Bestimmung angestrebter Ziele: Dies betrifft sowohl eine Bestimmung auf verschiedenen Differenzierungsebenen (Grobziele >> Feinziele) als auch hinsichtlich der Funktionsebenen: kognitive, affektive, kommunikative Ziele usw.; Integration von Handeln, Fühlen und Denken (vgl. Burow 1988, 108ff.).

– Auswahl geeigneter Inhalte: Diese werden oft durch Curricula, mehr oder weniger differenziert, vorgegeben und sind in Hinsicht auf Situation, Beteiligte und angestrebte Ziele auszuwählen.

– Lernformen und Medien: Unter Lernformen werden hier die gewählten pädagogischen settings wie Unterricht, Gruppenarbeit, Projektarbeit, Freiarbeit, Exkursion usw. verstanden - also die verschiedenen Aktionsformen. Diese sind mit Sozialformen kombinierbar: Einzel-, Partner-, Gruppenarbeit. Medien sind auch im Sinne eines Ansprechens vielfältiger Sinneskanäle (vgl. Vester 1975) und Repräsentationsebenen (vgl. O'Connor/Seymour 1994, 56ff.) zu wählen: Sehen, Hören, Tasten/Fühlen, Schmekken/Riechen. Dabei sollten verschiedene Gestaltungselemente genutzt werden, etwa die Wände, die Decke und der Boden (vgl. Kösel 1993, 317f.).

– Die Lern-Prozeß-Struktur bezeichnet den ungefähren zeitlichen und strukturellen Ablauf des jeweiligen Morphems. Dies kann auch mehrere Varianten beinhalten, um flexibler agieren zu können.

– Erfolgskontrollen betreffen sowohl das eingeführte Morphem (Bewertung der Lernplanung) als auch Aussagen über individuelle Lernforschritte und Lernentwicklungen. Die gewählten Erfolgskontrollen können verschiedenster Art sein, je nach Zusammensetzung des Morphems. Sie sollten gemeinsam vereinbart werden, gleich, ob es sich etwa um Berichte, Präsentationen, Tests, Fragebogen, Auswertungsgespräche o.a. handeln mag.

Dieses Verständnis von Didaktik ist prozeßhafter Natur: Das Morphem stellt lediglich eine Anreizstruktur dar. Die sich tatsächlich ergebenden Lernwege der beteiligten Individuen können nicht vorhergeplant werden, wie bereits eingangs betont wurde. Also wird das Morphem in das didaktische Feld, die Lernsituation, eingebracht. Anschließend erfolgt in einem stetigen Prozeß die Rücküberprüfung dessen, was sich nun abspielt, die entsprechende Anpassung des Morphems und so fort. Dieser Prozeßcharakter der Planung wird in der Graphik durch die Pfeile sowie die dreidimensional übereinander geschachtelten

Ebenen verdeutlicht. Dabei sollten die Lernenden möglichst weitgehend in den Morphem-Prozeß der Planung, Durchführung und Evaluierung miteinbezogen werden.

In die Morphemplanung ist das TZI-Dreieck ICH-WIR-ES-GLOBE integriert, das auch Burow (1988), Kösel (1993) und Schulz (1995) im Rahmen ihrer didaktischen Ansätze beschreiben. Dadurch wird auf die Berücksichtigung jener Aspekte verwiesen, die weiter oben im Rahmen des gestaltpädagogischen Didaktik-Verständnisses Erwähnung fanden:

– ICH: Bei der Planung von Lerneinheiten (Morphemen) ist der Bezug zur eigenen Person mitzubedenken, wobei hier sowohl Lernende als auch pädagogische Partner gemeint sind: Wir geht es mir? Was möchte ich (wirklich)? Burow (1988, 191) stellt den psychologischen Aspekt, die Entwicklung der Persönlichkeit, in den Vordergrund.

– WIR: Weiterhin ist auch der Bezug zur Gruppe bedeutsam.

– ES: Dies beschreibt Burow (a.a.O.) als „fachliche Aspekte". Bezüge der am Lerngeschehen Beteiligten zum Thema sind einerseits wichtig, andererseits abzuklären: Was interessiert mich/uns daran, was nicht; was kennen wir bereits; welche Vorerfahrungen mit dem Thema bringen wir mit? Dies spielt nicht nur in Hinsicht auf die Lernenden eine Rolle: Lehnt der pädagogische Partner insgeheim ein Thema ab, wird dies Auswirkungen auf den Kontakt der Lernenden zu dem Thema haben.

– GLOBE: Der gesellschaftspolitische Anteil in Burows Didaktik-Verständnis (a.a.O.). Welche sozialen, politischen und ökologischen Implikationen enthält das gewählte Thema, welche spiegeln sich in den stattfindenden Prozessen der lernenden Gruppe wider? Reflexionsprozesse dieser Art schaffen eine Einbettung der Thematik in soziale Hintergründe, führen ihre erweiterten Bedeutungsmomente vor Augen und tragen zu elementaren Bildungsprozessen im Sinne eines Verständnisses der Mit-Welt, in der wir leben, bei.

Die Rolle der pädagogischen Partner kann im Rahmen dieses Verständnisses durch drei Aspekte beschrieben werden (vgl. Stein 1996, 280f.):

– BEGLEITER: Diese Funktion bedeutet nicht lückenlose Präsenz, verlangt jedoch den Überblick über wesentliche stattfindende Prozesse. Pädagogische Partner sollten jederzeit stützend, helfend oder anregend eingreifen können.

– BERATER: In der Regel wird diese Funktion auf einen Appell der Lernenden hin übernommen werden. In selteneren Fällen (Gefährdung, Schadensrisiken) sollte die Beratungstätigkeit ungefragt erfolgen.

– ORGANISATOR und GESTALTER: Vorrang hat stets die Selbsttätigkeit der Lernenden. Ergänzend und unterstützend sollte der pädagogische Partner allerdings Materialien und Lernmittel beschaffen, Termine organisieren, wesentliche Voraussetzungen des Lernfeldes gestalten u.ä.

In diesem Sinne wird die Tätigkeit des pädagogischen Partners stets eine Gratwanderung sein zwischen einer ausreichend aktiven Begleitung und einem notwendigen Minimum an

Beratung, Organisation und Gestaltung. Grundlegende Richtlinien der Didaktik, auch und vor allem sonder- oder heilpädagogischer Didaktik, sollten die folgenden sein:

– *Selbsttätigkeit* und *Selbstverantwortlichkeit* der Lernenden im Sinne einer weitestmöglichen Beteiligung im Rahmen der skizzierten Planungs-, Umsetzungs- und Evaluationsprozesse.

– *Aktive Beteiligung* und *Selbst-Hinterfragung* von seiten der pädagogischen Partner im Sinne einer Bereitschaft und Offenheit zu eigenen Entwicklungs- und Lernprozessen.

– *Achtung* der pädagogischen Partner für alle Beteiligten, Lernende wie Mit-Begleitende, sowie eigene *Glaubwürdigkeit/Kongruenz*.

Auf diese Weise kann Lernen in gemeinsamer Verständigung zwischen Lernenden und pädagogischen Partnern flexibel, offen, vielgestaltig und lebendig gestaltet werden.

Literatur:
Burow, O.-A.: Grundlagen der Gestaltpädagogik. Dortmund 1988.
Burow, O.-A.: Gestaltpädagogik. Paderborn 1993.
Klafki, W.: Die bildungstheoretische Didaktik im Rahmen kritisch-konstruktiver Erziehungswissenschaft. In: Gudjons, H. / Teske, R. / Winkel, R. (Hrsg.): Didaktische Theorien. Hamburg. 8. Aufl. 1995. 11-26.
Kleber, E.W.: Grundzüge ökologischer Pädagogik. Weinheim 1993.
Kösel, E.: Die Modellierung von Lernwelten. Ein Handbuch zur Subjektiven Didaktik. Elztal-Dallau 1993.
Prengel, A. (Hrsg.): Gestaltpädagogik. Weinheim 1983.
Schulz, W.: Die lehrtheoretische Didaktik. In: Gudjons, H. / Teske, R. / Winkel, R. (Hrsg.): Didaktische Theorien. Hamburg. 8. Aufl. 1995. 29-45.
Stein, R.: Beiträge humanistischer Pädagogik für die technische Berufsausbildung bei Lernbeeinträchtigungen. Bad Heilbrunn/Obb. 1996. In Vorber.
Winkel, R.: Die kritisch-kommunikative Didaktik. In: Gudjons, H. / Teske, R. / Winkel, R. (Hrsg.): Didaktische Theorien. Hamburg. 8. Aufl. 1995. 79-93.

Roland Stein

Down Syndrom

Der englische Arzt John Langdon Haydon Down (1828-1896) beschrieb im Jahre 1866 erstmals diese Chromosomenschädigung. Aus archäologischen Funden ist jedoch nachweisbar, daß auch schon in prähistorischen Zeiten Menschen mit Down Syndrom gelebt haben (vgl. Fröhlich 1982). Die im vergangenen Jahrhundert geprägte und bis vor kurzem gebräuchliche Bezeichnung >Mongoloismus< bezieht sich auf eine scheinbare, vordergründige Ähnlichkeit der Betroffenen mit Angehörigen mongolischer Völker (wohl hauptsächlich ein durch eine Lidfalte entstehender Eindruck). Diese Bezeichnung kann nicht mehr akzeptiert werden, da sie sowohl dem Menschen mit Down Syndrom, wie den mongolischen Völkern unangemessen ist. Castillo Morales hat eindrucksvoll gezeigt, daß die Ähnlichkeit von Menschen mit Down Syndrom mit der jeweils eigenen Rasse wesentlich höher ist als mit der mongolischen (vgl. Castillo Morales 1991, 77).

1959 wurde bei Kindern mit Down Syndrom ein zusätzliches Chromosom entdeckt. Statt der üblichen 46 Chromosomen pro Zelle fanden sich 47, wobei das Chromosom Nummer 21 dreimal statt wie üblich zweimal vorhanden war. Diese Entdeckung führte zur Bezeichnung >Trisomie 21<. Diese Chromosomenveränderung betrifft jede menschliche Körperzelle; dies erklärt auch, warum Menschen mit Down Syndrom eine durchaus charakteristische und für das Schädigungbild typische äußere Gestalt aufweisen (eine detaillierte, gut verständliche Darstellung der Zusammenhänge findet sich bei Püschel, Canning u.a. 1987, 21f.). Auf 600 - 700 lebendgeborene Kinder kommt ein Kind mit Down Syndrom. Eine gewisse Abhängigkeit vom höheren Alter der Mutter mit dem Auftreten der Chromosomenveränderung ist zu beobachten. Daher gehören spezifische, humangenetische Vorsorgemaßnahmen bei Frauen über 35 Jahren fast schon zur Routine.

Einige äußere Gegebenheiten, die zum Syndrom gehören, sollen im folgenden erwähnt werden, obwohl sie für die individuelle Entwicklung der jeweils Betroffenen kaum eine wesentliche Rolle spielen: Häufig ist der Kopf eher rund und ein wenig klein, ebenso ist die Nase kleiner ausgebildet als z.B. bei den Geschwistern. Die Lidachsen der Augen sind etwas schräg gestellt, die Lidfalten verändert. Auch die Ohren sind betroffen, häufig klein und nicht sehr ausgeformt. Der Mund neigt dazu offen zu stehen, die Zunge wird häufig als groß und stark gefurcht beschrieben. Jedoch ist die immer wieder in Diskussion stehende >Macroglossie< eher ein Resultat der zu niedrigen Muskelspannung als tatsächlich eine vergrößerte Zunge. Auch die Hände sind ein wenig verkürzt, aber nicht im Sinne einer Mißbildung. Eine Vier-Finger-Furche zieht sich über die Handinnenfläche. Bei Jungen findet sich in der Regel ein >Hypogonadismus< (Unterentwicklung der Keimdrüsen), der dazu führt, daß Männer mit Down Syndrom in der Literatur als unfruchtbar beschrieben werden (vgl. Braga 1986, 27f.).

Leider kommt es im Rahmen des Down Syndroms häufig zu zusätzlichen Störungen, die Krankheitswert haben können: Angeborene Herzfehler sind häufig, auch Atemwegserkrankungen machen diesen Menschen zu schaffen. Eine Schilddrüsendysfunktion wird ebenfalls immer wieder beobachtet, mit den für sie typischen Auswirkungen.

Mißbildungen des Verdauungstraktes gehören ebenfalls zu den häufig vorkommenden Begleitschädigungen, Sehbeeinträchtigungen betreffen ebenfalls einen größeren Teil der Menschen mit Down Syndrom.

Kennzeichnend für die körperliche Gesamtsituation ist eine muskuläre Hypotonie, d.h. eine insgesamt zu niedrige Muskelgrundspannung. Diese muskuläre Hypotonie scheint sich nach derzeitigem Verständnis gravierend auf die Gesamtentwicklung der Kinder auszuwirken. Als Baby wirken sie schlaff, müde und werden demzufolge von ihren Eltern als ruhige und brave Babys behandelt, aber zu wenig aktiviert. Aufgrund der zu niedrigen Muskelspannung gelingt es den Babys und Kleinkindern häufig nicht, altersentsprechende motorische Entwicklungsfortschritte zu erreichen. In Bauch oder Rückenlage verbleiben sie eher inaktiv, kommen später zur Aufrichtung bzw. zur motorischen Erkundungsaktivität. Unsere Kenntnisse der frühkindlichen intellektuellen Entwicklung weisen darauf hin, daß motorische und kognitive Entwicklung gerade im ersten Lebensjahr ganz eng aufeinander bezogen sind (vgl. Fröhlich 1992). Im Rahmen von Frühförderangeboten hat sich gezeigt, daß jedoch bereits beim Baby durch eine gezielte Stimulation der Körperoberfläche und des darunterliegenden Muskelgewebes (Somatische Stimulation, vgl. Fröhlich 1991) eine frühe und deutliche Aktivitätssteigerung beim Kind selbst bewirkt werden kann. Die verlangsamte Entwicklung gleicht sich auf einem verbesserten Niveau der sogenannten Normal-Entwicklung an.

Sarimski (1986) beschreibt Interaktionsprobleme zwischen Kindern mit Down Syndrom und ihren Eltern in der frühen Lebensphase. Hier kann davon ausgegangen werden , daß die zu niedrige Muskelspannung auch im Bereich der Mimik und Gestik ihre Auswirkungen hat, daß das Wechselspiel von kindlicher und elterlicher Aktivität im Bereich der Kommunikation nicht in wünschenswerter Weise in Gang kommt. Allerdings ist zu beobachten, daß bei jugendlichen und erwachsenen Menschen mit Down Syndrom diese kommunikativen Einschränkungen nicht bestehen bleiben, vielmehr gelten sie als eine Gruppe von freundlich aufgeschlossenen und kommunikationsfähigen Menschen (Kane, persönliche Mitteilung).

In der Aufbauphase des bundesrepublikanischen Sonderschulsystems, waren Kinder und Jugendliche mit Down Syndrom nahezu >typisch< für die Schule für Geistigbehinderte. In breiten Teilen der Bevölkerung dürften Kinder mit Down Syndrom sogar als die Geistigbehinderten gelten. Diese Sichtweise bedarf einer dringenden Revision, denn die Forschung der vergangenen Jahre (vgl. Dittmann 1982, 1992) hat gezeigt, daß die Intelligenzentwicklung bei dieser Personengruppe durchaus weit streuen kann. Gerade die integrativen Schulversuche der letzten Jahre machten deutlich, daß Kinder mit Down Syndrom, die schon frühzeitig mit nichtbehinderten Kindern aufgewachsen sind, zum Teil erstaunliche, zuvor nicht für möglich gehaltene Entwicklungsleistungen bringen. Sie lernen lesen und schreiben, können einfache Rechen-Operationen durchführen, ihre sprachliche Entwicklung differenziert sich aus, das Gesamtverhalten ist deutlich normalisiert. So muß denn in der Gesamtwürdigung des Syndroms von einer Variabilität ausgegangen werden. Allerdings finden sich auch Menschen mit Down Syndrom, die dem Bereich der schweren geistigen Behinderung zuzuordnen sind. In keinem Fall aber erlaubt die Diagnose eines Down Syndroms/Trisomie 21 die Prognose einer geistigen Behinderung und die zwangsläufige Zuweisung zu einer entsprechenden Schule.

Analog dazu muß gefordert werden, daß erwachsene Menschen mit Down Syndrom nicht automatisch einer Werkstatt für Behinderte zugeordnet werden. Auch sie könnten bei entsprechenden sozialen Begleitsystemen unterschiedlichste Arbeiten in offeneren Strukturen übernehmen. Ein weitgehend selbständiges Wohnen, sei es in Wohngruppen oder in familienähnlichen Systemen, ist vorstellbar, wenn Begleitdienste zur Verfügung stehen.

In der älteren Literatur finden sich immer wieder Hinweise darauf, daß die Lebenserwartung von Menschen mit Down Syndrom erheblich eingeschränkt ist. Hinweise auf die häufig vorkommenden Herzfehler, Atemswegserkrankungen unterstützen diese Prognose. Es hat sich allerdings gezeigt, daß im Zusammenhang mit veränderten Lebensweisen, einer verstärkten Aktivierung und einer verbesserten medizinischen Versorgung die Lebenserwartung dieser Menschen ständig steigt. Natürlich kommt es auch bei Menschen mit Down Syndrom zu einem alterungsbedingten Abbau der Leistungsfähigkeit. Es wird eine pädagogische Aufgabe der unmittelbaren Zukunft sein, für alte Menschen angemessene Formen der Lebensführung zu entwickeln.

Menschen mit Down Syndrom/Trisomie 21 sind als Gruppe im hohen Maße gefährdet. Die verfeinerten Methoden der pränatalen Diagnostik haben dazu geführt, daß gerade diese Chromosomenveränderung schon sehr früh mit relativer Sicherheit festgestellt werden kann. Blutuntersuchung der Mutter, Amniozentese, Chorionzottenbiopsie und auch Ultraschall-Untersuchungen vermitteln den Eindruck, daß das Down Syndrom als eine >vermeidbare Störung< gesehen wird. Bei Frauen über 35 Jahren wird die diagnostische Prozedur fast fraglos in Anwendung gebracht, die Konsequenz ist in der Regel ein Abbruch der Schwangerschaft. Das Down Syndrom scheint unter den derzeit diagnostizierbaren Störungen der kindlichen Entwicklung besonders faszinierend, da relativ leicht und sicher festzustellen. Hier wird einer Gruppe von Menschen das Lebensrecht bestritten, die gerade in den letzten Jahren gezeigt hat, daß sie zu einem durchaus erfüllten Leben in der Lage ist. Es soll nicht bestritten werden, daß es für Eltern zunächst ein schwere Belastung darstellt, ein Kind mit Down Syndrom zu bekommen (vgl. Storm 1988). Die bisherigen Erfahrungen zeigen aber, daß sich die Erziehungsschwierigkeiten durchaus in Grenzen halten, daß es zur Normalisierung kommt und eine relativ normale Elternschaft möglich ist (vgl. Körner 1992).

Humanistische Pädagogik muß sich der Vielfalt menschlicher Existenz stellen und Antworten auf die jeweiligen Erfordernisse suchen. Eine >Homogenisierung< der menschlichen Vielfalt zugunsten einer Durchschnitts-Norm bedeutet Verarmung, Intoleranz und wird sich letztlich gegen ihre Befürworter selbst wenden.

Literaturverzeichnis:

Braga, S.: Autosomale Chromosomenaberrationen. In E. Rossi. Pädiatrie. Stuttgart 1986.

Castillo-Morales, R.: Die orofaziale Regulationstherapie. München 1991.

Dittmann, W.: Intelligenz beim Down-Syndrom. Heidelberg 1982.

Dittmann W. (Hrsg.): Kinder und Jugendliche mit Down-Syndrom - Aspekte ihres Lebens. Bad Heilbrunn 1992.

Fröhlich, A.: Desintegration Behinderter als sozialpsychologisches Phänomen. In: A. Fröhlich (Hrsg.): Lernmöglichkeiten. Heidelberg 1982.

Fröhlich, A.: Basale Stimulation. Düsseldorf 1991.

Fröhlich, A.: Behinderte Wahrnehmung. In: A. Fröhlich (Hrsg.): Wahrnehmungsstörungen und Wahrnehmungsförderung. Heidelberg 1992.

Körner, I.: Es ist normal, verschieden zu sein. In: Selbsthilfe, 1993, 2, 14 -15.

Püschel, S.M./Canning, C.D.: Kinder mit Down-Syndrom - Wachsen und Lernen. Marburg 1987.

Neuhäuser, G./Steinhausen, H.-Ch. (Hrsg.): Geistige Behinderung. Stuttgart, Berlin, Köln 1990.

Sarimski, K.: Interaktion mit behinderten Kleinkindern. München 1986.

Storm, W.: Elternberatung nach der Geburt eines Kindes mit Down-Syndrom. In: Pädiatrische Praxis, 1988, 36, 575 579.

Storm, W.: Das Kind mit Down-Syndrom als chronischer Patient. In: Pädiatrische Praxis, 1992 44, 291-296.

Eine wichtige Adresse für Eltern und Fachleute:

Arbeitskreis Down Syndrom

Hegelstraße 19

33649 Bielefeld

Andreas Fröhlich

Erziehung

>Erziehung< ist wohl einer der bedeutendsten, wenn nicht gar der zentralste Begriff der pädagogischen Wissenschaften. Er findet aber nicht nur als wissenschaftlicher Terminus Verwendung, sondern auch im alltagssprachlichen Gebrauch. Sätze wie „Dieses Kind hat sicherlich keine gute Erziehung genossen", „Letztendlich sind die gesellschaftlichen Probleme Ausdruck einer verfehlten Erziehung" oder „In der Schule soll in erster Linie gelernt werden, Erziehung findet in der Familie statt" werden vielleicht jedem schon einmal zu Ohren oder auch über die Lippen gekommen sein.

Innerhalb der wissenschaftlichen Diskussion hat man sich vielerorts um eine möglichst exakte Begriffsbestimmung bemüht. Zu den klassischen und oft zitierten Definitionen gehört etwa die von Wolfgang Brezinka (1978, 45): „Unter Erziehung werden Handlungen verstanden, durch die Menschen versuchen, das Gefüge der psychischen Dispositionen anderer Menschen in irgendeiner Hinsicht dauerhaft zu verbessern oder seine als wertvoll beurteilten Komponenten zu erhalten oder die Entstehung von Dispositionen, die als schlecht bewertet werden, zu verhüten." Dieser und ähnlich lautender, in der Tradition der sogenannten kritisch-rationalistischen Schule stehender Bestimmungsversuche werden (etwa von Anhängern der kritischen Theorie wie z.B. Bokelmann 1970, 185f.) Definitionen gegenübergestellt, die den Zielaspekt von Erziehung präzisieren und sich nicht mit einer wie auch immer gearteten „Verbesserung von psychischen Dispositionen" begnügen.

Als verbindliche übergeordnete Zielkategorien werden dabei *Mündigkeit* und *Selbständigkeit*, jüngst vermehrt auch *Selbstverantwortung* und *Autonomie* betrachtet.

In jüngerer Zeit mehren sich die Stimmen (etwa Krawitz 1992, 32ff.), die in systematischen, exakten und widerspruchsfreien Begriffsbestimmungen von Erziehung eine Verkürzung der Vielschichtig- und Vielfältigkeit, der Ganzheit und des Systemcharakters der dabei ablaufenden Prozesse auf wenig lebendige, substanz- und blutarme Leerformeln vermuten. Aus Sicht einer humanistischen Pädagogik kann dieser Kritik nur zugestimmt werden. Als dem Phänomen wesentlich angemessener wird die Annahme einer *Erziehungsgestalt* angesehen, deren Elemente zwar zur besseren Verdeutlichung analytisch separiert werden können, wobei jedoch ständig im Hinterkopf bleiben muß, daß die >Einzelteile< in der erzieherischen Realität eine eigene und unverwechselbare Einheit bilden (vgl. Hansen 1996). Je nach spezifischer Qualität der Erziehungsgestalt werden unterschiedliche pädagogische Momente im Vordergrund stehen. So werden beispielsweise in einer Situation, in der ein Kind wütend das Mobiliar des Kinderzimmers zerstört, eher (pädagogisch verantwortbare) Disziplinierungsmaßnahmen das erzieherische Geschehen bestimmen, während beim gemeinsamen Spiel mit Puppen eher das emotionale Erleben der am Spiel beteiligten Personen Thema sein wird. Ebenso wird ein erheblicher Teil der pädagogischen Aufgaben bei einem Kind mit geistiger Behinderung sicherlich anders akzentuiert sein als bei einem gehörlosen Kind.

Festzuhalten bleibt, daß Erziehung etwas ist, was sich nur schwerlich in einen analytisch-definitorischen Rahmen pressen läßt. Es ist daher zu fragen, ob nicht möglicherweise so >unwissenschaftlich< anmutende Sätze wie der des berühmten Pädagogen Friedrich Schleiermacher (1826, 7), der da bemerkte: „Was man im allgemeinen unter Erziehung versteht, ist als bekannt vorauszusetzen" oder der des nicht minder bekannten Theodor Ballauff (1970, 66: „Erziehung heißt auf den Weg bringen: Allerdings auch nicht mehr.") eher zu einer Wesensbestimmung des erzieherischen Geschehens beitragen als mancher lang durchdachte und kompliziert formulierte (und deshalb nicht selten auch undurchsichtige und verwirrende) Versuch der Begriffsannäherung.

Es war vorgeschlagen worden, Erziehungsgeschehen als Erziehungsgestalt aufzufassen. Erziehungsgestalten, so war des weiteren formuliert worden, sind letztendlich nur als >Ganzheiten< zu verstehen. Jede Ganzheit zeichnet sich aber immer durch individuelle strukturelle Eigenheiten aus, die als Rahmen und Eckpfeiler auf die innerhalb dieser Struktur (sprich des Erziehungsgeschehens) ablaufenden Prozesse und Wechselwirkungen einen nicht unerheblichen Einfluß ausüben. Im folgenden sollen solche tragenden und allgemeingültigen Elemente von Erziehungsgestalten herausgearbeitet werden. Den spezifischen Elementen von Erziehungsgestalten in der Praxis mit behinderten Kindern und Jugendlichen ist im vorliegenden Buch ein eigenes Kapitel *(Behinderung)* gewidmet. Grundsätzlich wird davon ausgegangen, daß die Erziehung von behinderten Edukanden sowohl eher allgemeine Momente beinhaltet, wie sie in dieser Abhandlung beschrieben werden, daneben aber aufgrund der Besonderheit der Gestaltqualität immer auch durch einen speziellen Erziehungsbedarf gekennzeichnet ist. Aus diesem leitet sich die Notwendigkeit von sonderpädagogischen Maßnahmen ab.

1. Wie bereits aus der verwendeten Begrifflichkeit deutlich wurde (es wurde von >Erziehungsgeschehen< gesprochen), wird aus Sicht einer humanistischen Pädagogik Erziehung in erster Linie als *Prozeß* interpretiert. Dies bedeutet natürlich ausdrücklich *nicht*, daß Erziehungsziele keine oder nur unterrangige Bedeutung haben. Allerdings verlagert sich das Interesse vom finalen (d.h. die grundsätzliche Frage, wohin soll erzogen werden) auf den aktuellen *Be*ziehungsaspekt zwischen Edukator und Edukand.

2. Auch aus Sicht einer humanistischen Pädagogik bleibt die Erziehungsbedürftigkeit von Kindern als grundlegendes Strukturelement von Erziehungsgestalten bedeutsam. Hier liegt vielerorts (etwa bei Vertretern der sogenannten >Antipädagogik< oder der >antiautoritären Erziehung<) eine ausgesprochene Fehlinterpretation vor. Humanistische Grundwerte wie Autonomie, Selbstverantwortung und Wachstum bedeuten in keinster Weise, Kindern alles zu erlauben und ihnen >grenzenlose< Freiheiten im Umgang mit der Welt einzuräumen, im Vertrauen darauf, daß sich so die dem Kind innewohnenden Selbstverwirklichungstendenzen quasi >wie von selbst< zu einem autonomen und selbstverantwortlichen (d.h. auch der Gemeinschaft verpflichteten) Erwachsenen formen. So werden sich letztendlich nur rücksichtslose, penetrante und egozentrische >kleine (bzw. große) Monster< entwickeln können.

3. Erziehung ist immer ein interaktives Geschehen zwischen Menschen, und zwar zwischen einem oder mehreren jungen auf der einen (als die >Zuerziehenden<) und in der Regel einem Älteren (dem Erzieher). Gerade die Qualität der Beziehung zwischen dem Edukanden und dem Erzieher spielt aus Sicht der humanistischen Pädagogik eine zentrale Bedeutung für das Gelingen von Erziehung. Die Beziehungsqualität hängt naheliegenderweise in erster Linie von der Erziehungskompetenz des Erziehers ab. Klaus Hurrelmann (1993, 89) spricht in diesem Zusammenhang vom >magischen Dreieck<: „Zur Erziehung gehören die emotionale Annahme des Kindes, Wärme und Akzeptanz. Das Kind muß merken: Ich mag dich so, wie du bist." Als besonders bedeutsam scheint daneben allerdings auch die sogenannte Authentizität des Erziehers. Es ist für den Erzieher wichtig, sich im >Erziehungsgeschäft< nicht zu verstellen, sondern sich selbst in seinen Antrieben und Gefühlen dem Kind gegenüber zu unterstützen. Selbstunterstützung bedeutet dabei ausdrücklich nicht, die eigene Befindlichkeit am Kind >auszuagieren<, sondern sich bewußt wahrzunehmen und die Empfindungen dem Kind konstruktiv mitzuteilen. Erste Grundregel ist dabei immer die Formulierung von Ich-Sätzen (also nicht: >Du bist ein ungezogenes Kind, weil Du nicht Dein Zimmer aufräumst<, sondern : >Ich ärgere mich darüber, daß Du Dein Zimmer nicht aufräumst.<)

4. Wenn im vorigen Abschnitt vom interaktiven Geschehen zwischen einem oder *mehreren* jungen und einem älteren Menschen die Rede ist, so bedarf dies noch der Präzision. Der Fall, daß mehrere Edukanden von einem Erzieher >erzogen< werden (etwa in einer Gruppe im Erziehungsheim), stellt eher eine besondere Erziehungsgestalt dar, in der vermehrt

auch andere - sozusagen >nichterzieherische< - Variablen (etwa die Dynamik der Gruppe, die Alters- und Geschlechtszusammensetzung) wirksam werden. Erziehung >im engeren Sinne< bezieht sich dagegen immer auf den einzelnen Menschen. Diese Feststellung verweist im übrigen wieder auf die bereits angesprochene besondere Bedeutung des >pädagogischen Bezugs< (vgl. Hansen 1992).

5. Die oben genannten Zielkategorien von Erziehung meinen durchaus ähnliche Sachverhalte, ohne aber identisch zu sein. Als begriffsübergeordnet kann ein Spannungsverhältnis zwischen einer Anpassung an bestehende und als gültig erachtete kultur- und gesellschaftsspezifische Werte, Normen und Rollen auf der einen und der Entfaltung und Durchsetzung individueller Bedürfnisse und Motive auf der anderen Seite gelten. Die humanistische Pädagogik akzentuiert dabei traditionellerweise eher das letztgenannte Zielmoment, d.h. sie räumt den Ansprüchen des Einzelnen einen höheren Wert ein als der Anpassung an die Gesellschaft.

6. Es war angedeutet worden, daß eine Erziehungsgestalt je nach im Vordergrund stehender Erziehungsfigur unterschiedliches erzieherisches Handeln erfordert. Dies hat unter anderem direkte Konsequenzen für die Qualität des pädagogischen Verhältnisses. So gibt es viele Situationen und Anlässe, in denen eine dialogische, partnerschaftliche und gleichberechtigte Beziehungsqualität zwischen Erzieher und Edukandus erwünscht und auch pädagogisch sinnvoll ist, etwa beim gemeinsamen Spiel, in der Kommunikation über Erlebtes oder beim gemeinsamen Philosophieren. Kinder haben oft schlicht geniale Ansichten über die Welt, und es lohnt sich unbedingt, ihnen dort als Partner zu begegnen und sich ihren Fragen und Antworten zu stellen. Allerdings, und dies ist in der Diskussion - auch und vielleicht sogar gerade bei Vertretern der >humanistischen Schule< - der siebziger und achtziger Jahre mitunter schlicht verleugnet worden, gibt es auch erzieherische Situationen, in denen eindeutig ein >pädagogisches Gefälle< vorhanden ist. In solchen Situationen (man denke etwa an das zugegebenermaßen drastische Beispiel des Kindes, das eine vielbefahrene Straße überqueren möchte) ist ein pures und gutmütiges Vertrauen auf die natürlichen Wachstumskräfte und Antriebe des Kindes geradezu gegenangezeigt und hätte möglicherweise gar tödliche Konsequenzen. Hier bedarf es der verantwortlichen Führung und Anleitung durch den Erzieher. Diese sollte freilich nicht >blinden Gehorsam< zum Ziel haben, sondern - fußend auf einer Leitlinien gebenden, nicht herrschaftsorientierten Autorität - so angelegt sein, daß die Regeln vom Kind selbst eingesehen und von ihm als sinn- und wertvoll für das eigene Leben erkannt werden (siehe dazu auch unter 10.).

7. Im vorweg Gesagten wird angedeutet, daß Erziehung sich zur Erreichung ihrer Ziele immer bestimmter Erziehungsmittel bedient. Aus Sicht der humanistischen Pädagogik dürfen solche Erziehungsmittel in erster Linie nicht der Würde des Menschen widersprechen. Als angemessene Mittel gelten insbesondere *Unterstützung, Ermutigung, Anerkennung, Dialog, Mitteilung;* wenig tauglich, ja in der Regel schädlich sind dagegen Strafe, Warnung, Zwang oder Manipulation.

8. Das Erziehungsverhältnis muß Autonomie- und Rückzugsbedürfnisse des Kindes achten. D.h. schlicht, daß Kinder auch einmal Ruhe und Freiräume brauchen und nicht ständig unter - nicht selten falsch verstandener - pädagogischer Obhut stehen sollten. Eine so verstandene Erziehung pervertiert sich nämlich leicht zur Gängelei, Kontrolle und Überbehütung (sogenanntes >overprotection-Syndrom<), häufig noch unter dem Deckmantel eines >Ich will doch nur Dein Bestes< (der im übrigen zu den pädagogischen Horrorsätzen erster Güte zu rechnen ist).

9. Erziehung hat etwas mit kommunizierter Regelhaftigkeit im Zusammenleben der am Prozeß Beteiligten zu tun, mit immer wieder gemeinsam getroffenen Absprachen und Übereinkommen in der jeweiligen Erziehungsinstanz (z.B. in der Familie). Verletzungen der Regeln im Miteinander müssen zur Sprache kommen und Konsequenzen nach sich ziehen. Es ist die Kunst des grenzenziehenden >Neinsagens<, die seit neuerem wieder in den Stand einer für das Gelingen von Erziehung bedeutsamen Erzieherkompetenz gehoben wird (vgl. Hurrelmann 1993, 89). Mit anderen Worten: Nicht nur die Bedürfnisse des Kindes zählen, sondern auch die des Erziehers.

10. Erziehung ist immer darauf angelegt, sich selbst überflüssig zu machen, mündet also in >Selbsterziehung<. Der Zögling hat - hauptsächlich über die genannten Bedingungen des >magischen Dreiecks<, der Authentizität des Erziehers und der Grenzerfahrungen (etwa in der Konfrontation mit einem >Nein<) - gelernt, für sich selbst Verantwortung zu übernehmen und sich in seinem Selbstkontakt und dem zur Welt zu unterstützen. Er ist sozusagen zu einer Person >erwachsen<. Gemäß den Grundgedanken der humanistischen Pädagogik lernt er über das verantwortliche Sorgetragen für die eigenen Bedürfnisse, wie bedeutsam humane soziale und ökologische Entwicklungsbedingungen für die eigene Existenz in der Welt sind. So wird er nicht, wie mancherorts der humanistischen Schule skeptisch entgegengebracht, zu einem bloßen Egozentriker, sondern zu einem Streiter für sich *und* für eine menschliche Umwelt *und* für ein solidarisches Miteinander.

Literaturverzeichnis:

Ballauff, T.: Skeptische Didaktik. Heidelberg 1970.

Bokelmann, H.: Pädagogik: Erziehung, Erziehungswissenschaft. In: J. Speck/J.Wehle (Hrsg.): Handbuch pädagogischer Grundbegriffe. Band 2. München 1970, 178-267.

Brezinka, W.: Metatheorie der Erziehung. 4.Auflage. München 1978.

Hansen, G.: Zur Bedeutung von Kontakt im pädagogischen Bezug. In: U.Haupt/R. Krawitz (Hrsg.): Anstöße zu neuem Denken in der Sonderpädagogik. Pfaffenweiler 1992, 85-93.

Hansen, G.: Gestaltpädagogische Prinzipien als Rahmen für die Innovation sonderpädagogischen Handelns. Zeitschrift für Heilpädagogik. 3 (47), 1996, 102-107.

Hurrelmann, K.: Mitdenken, Mitfühlen, Mitziehen. In.: Die Zeit 13, 1993, 89.

Krawitz, R.: Pädagogik statt Therapie. Bad Heilbrunn 1992.

Schleiermacher, F.: Die Vorlesungen aus dem Jahre 1826. In: E. Weniger (Hrsg.): F. Schleiermacher. Pädagogische Schriften, Band 1. Düsseldorf 1957.

Gerd Hansen

Ethische Fragen

Ethik fragt nach der Gesinnung, aus der Handeln hervorgeht, nach den Werten, die realisiert werden sollen (z.B. Glück, Gewinn, Anpassung, Brauchbarkeit, Selbstverwirklichung ...). Ethik ist verbunden mit Menschen- und Weltbild, mit den Grundfragen menschlicher Existenz, z.B. nach dem Sinn und Wert des Lebens, dem Sinn von Erziehung und ihren Zielen, dem Sinn von Helfen, dem Sinn von Beeinträchtigung, Behinderung, Krankheit, Leiden, Tod.

Das Ringen um Antworten auf ethische Kernfragen ist schwer, da es keinen Konsens in der Gesellschaft bezüglich des Menschen- und Weltbildes gibt. Konkurrierende und divergierende Wertsysteme stehen nebeneinander. Starre, prinzipielle Werthierarchien zerfallen. Die ethischen Fragen werden auch durch die neuen Möglichkeiten in Medizin, Genforschung etc. drängender.

So ist zum Beispiel eine starre Auffassung >menschliches Leben muß um jeden Preis erhalten werden< kaum aufrechtzuhalten, da sie sich im Extrem gegen das Leben selbst richtet. Der Tod ist unabtrennbarer Teil des Lebens. Heute mögliche Maßnahmen der Intensivmedizin bedeuten im Extrem einen Kampf gegen den Tod, der sich gegen das Leben selbst richtet.

Es ist keine Frage, daß die Verfügbarkeit von Leben keine Alternative dazu ist.

Es kennzeichnet die gegenwärtige Situation, daß vielfältige Versuche unternommen werden, unter mehr oder weniger reflektierten wirtschaftlichen und wissenschaftlichen Erwägungen die Grenzen in den Grenzbereichen des Lebens hinauszuschieben. Die praenatale Diagnostik möglicher Behinderungen wird auch mit dem Ziel intensiviert, Schwangerschaften bei positiven Befunden frühzeitig abzubrechen. Scharf formuliert geht es dabei um die Verhinderung von Behinderungen durch Verhinderung von Behinderten. Leben wird beendet, um mögliches Leid zu vermeiden. Aber auch Kosten-Nutzen-Planungen werden dabei offen diskutiert. Auch Fragen einer Schadensersatzklage gegen den Arzt, der die Diagnose nicht gestellt hat bzw. die Schwangerschaft nicht beendet hat, spielen eine Rolle. Der Lebenswert und das Lebensrecht von Menschen mit Behinderungen werden so gesellschaftlich in Frage gestellt. Es sind Beispiele dafür bekannt, daß Eltern, die sich bei praenatal diagnostizierter Behinderung für das Leben ihres Kindes entscheiden, unter großen gesellschaftlichen Druck geraten können.

Auch die aktuelle Debatte in einem anderen Grenzbereich des Lebens zeigt, daß utilitaristische Interessensabwägungen für die Beantwortung ethischer Fragen zunehmend wichtig werden (vgl. dazu Speck 1987). In diesem anderen Grenzbereich geht es um die medizinische Definition des Todes und um den zunehmenden Bedarf an Organen für Transplantationen. Daß das irreversible Erlöschen aller Gehirnfunktionen, der sogenannte Gehirntod mit dem Tod eines Menschen gleichgesetzt wird, findet weitgehend Konsens. Das Problem bei dieser Setzung ist die angenommene Identität von Geist und Gehirn (vgl. Mindell).

Eine Reflexion dieser Gleichsetzung erscheint dringend erforderlich. Denn es werden derzeit Möglichkeiten gefunden, mit Menschen im Koma oder im apallischen Syndrom Kontakt aufzunehmen, so daß sie ihre eigenen Entscheidungen im Hinblick auf Leben oder Tod treffen können (Mindell 1989, 126f.).

In den Vereinigten Staaten beginnt nun aber die Diskussion darum, ob man nicht auch dann einen Menschen für tot erklären kann - und damit als Organspender gewinnt - wenn er zwar bewußtlos ist, aber z.B. spontan atmet. Es geht darum, auch bei einem Ausfall eines Teiles der Gehirnfunktionen (Teil-Gehirntod) einen Menschen für tot erklären zu können. Es wird in dieser Debatte immer wieder betont, daß mit mehr Organen mehr Transplantationen durchgeführt werden könnten, daß mehr Menschenleben verlängert oder gerettet werden könnten.

Wie können solche schwerwiegenden Fragen verantwortlich entschieden werden?

Wie finden wir menschlich verantwortbar Kriterien für Entscheidungen z.B. in der Säuglings-Intensivmedizin bei der Frage, wie lange ein extrem frühgeborenes Kind behandelt wird, wenn schwerwiegende Komplikationen auftreten?

Ist der Mensch ein Produkt, das wir wie ein Ding bewerten können, das wir wegen >Mängeln< ablehnen, >entsorgen< können, das wir wegen >Schäden< aus unserem Blickfeld, aus unserem Leben verbannen können?

Ist ein Mensch so viel wert wie er leistet?

Darf ein Mensch nur ein bestimmtes - von der Gesellschaft gesetztes - Maß an persönlicher und materieller Hilfe beanspruchen?

Ist es zumutbar zu sehen, mitzuerleben, daß ein Mensch leidet? Können wir das aushalten? Gehört es dazu? Können wir nur annehmen, was nicht >stört<, nicht in Frage stellt?

Der Versuch, einen gemeinsamen leidfreien Lebensraum zu schaffen, in dem nichts Befremdendes stört und der dem großen Harmoniebedürfnis seiner Bewohner gerecht werden soll (vgl. Saal 1992, 54), richtet sich in der verengenden, ausschließenden Perspektive gegen das Leben selbst. Der Versuch auszuschließen, nicht existent sein zu lassen, verengt und verhindert die Erweiterung der menschlichen Perspektiven und des Mitgefühls. Er führt zu einer immer engeren, elitäreren Lebenswelt, aus der immer weiter Lebendiges, Unangenehmes, Störendes, Schattenhaftes, Konfliktträchtiges ausgeklammert wird. So richtet sich der Prozeß des Ausklammerns gegen die Ausklammernden selbst. Er behindert ihre eigene Entwicklung.

Für Maturana und Varela (1990, 263f.) ist die Bewußtheit der biologischen und sozialen Struktur des Menschen der zentrale Bezugspunkt der Ethik. Die Entwicklung des Einzelnen ist zwingend eingebunden in die Entwicklung anderer Menschen und den fortgesetzten Austausch, die fortgesetzte Zusammenarbeit mit ihnen. Das bedeutet, daß jeweils nach der umfassenderen Perspektive in einem gemeinsamen Existenzbereich gesucht werden muß, in dem gemeinsam eine Welt hervorgebracht werden kann. Konflikte sind nur durch die

Erweiterung der Perspektiven zu überwinden, nicht durch Negation, Abwertung, Verweigerung, Ausklammern. Die Erweiterung der Perspektive, die Öffnung des eigenen Lebensraumes ist Liebe, die Annahme des anderen im gemeinsamen Handeln. Ohne diese Liebe, ohne die Annahme anderer gibt es keinen sozialen Prozeß, keine Sozialisation, keine Menschlichkeit. Konkurrenzdenken, ideologische Gewißheit, Abwertung des anderen unterminieren den sozialen Prozeß. „Wir haben nur die Welt, die wir zusammen mit anderen hervorbringen, und nur die Liebe ermöglicht uns, diese Welt hervorzubringen" (Maturana/Varela 1990, 267).

Wenn wir diese Befunde mit anderen Erkenntnissen verbinden, die die moderne Naturwissenschaft uns nahelegt (vgl. Grof 1985), entstehen höchst bedeutsame Perspektiven. Leben an sich ist höchster Wert, wird es doch aus dem Urgrund des Seins gespeist. Es formt sich im Menschen zu je eigener Gestalt aus. Die darin innewohnende Dynamik und Lebensenergie drängt zur Entwicklung der höchsten möglichen Kompetenz und Differenziertheit. Die so gewonnenen Strukturen, Kompetenzen, Gestaltungen bestehen eine Weile und zerfallen dann wieder. Die Lebensenergie bildet neue Formen aus und mündet schließlich wieder in den Urgrund des Seins ein, von dem sie nie getrennt war. Daraus ergibt sich die Gleichwertigkeit aller Menschen ebenso wie ihre Unterschiedlichkeit in der individuellen Ausprägung und Gestalt. In beidem liegt die Möglichkeit von Ko-Existenz und Kooperation begründet, zur ständigen Erweiterung der Lebensperspektive in gegenseitiger Annahme und gemeinsamem Handeln. Menschliches Leben steht immer in diesem sozialen Kontext. Zum Prozeß des gleichzeitig individuellen und gemeinschaftlichen Lebens gehören Prozesse des Werdens, Schaffens, Erweiterns, Gewinnens, Loslassens, Verringerns, Vergehens, Sterbens. Nichts davon erhöht oder mindert den Wert des Menschen, alles gehört zum Lebensprozeß. Die je mögliche Entwicklung ist die eigentliche Lebensaufgabe. Dazu gehören auch das Bestreben um Ausdifferenzierung von Kompetenzen, das Bemühen um soziale Beziehungen, um Lebensqualität, Gesundheit etc. Die besondere Herausforderung liegt in der Auseinandersetzung mit den schwierigen, unangenehmen Erfahrungen, mit Schicksalsschlägen, Krankheit, Elend, Tod. Wenn es dem Menschen im gemeinsamen Handeln mit anderen Menschen gelingt, seine Lebensperspektiven so zu erweitern, daß auch die Annahme von Schatten, von Schwierigkeiten, von leidvollem Erleben gelingt, dann wird es eher möglich, im Bemühen Leid zu verringern, Krankheit zu bekämpfen, ein menschliches Maß zu finden, das nicht von utilitaristischem Denken, sondern von Mitmenschlichkeit, von Mitgefühl bestimmt wird. Der Kampf, der heute oft geführt wird, um Krankheit auszurotten, Behinderung um jeden Preis - auch um den Preis des Lebens - zu vermeiden, Behinderte in jedem Fall zu >normalisieren<, unauffällig zu machen, führt zur Verschiebung von Grenzen. Er zeigt aber in seiner Aussichtslosigkeit und im Entstehen immer neuer Probleme, neuer Krankheiten, neuer Behinderungen, daß er nicht zu gewinnen ist. Berücksichtigt man die Befunde von Maturana und Varela, liegt der Grund für die Aussichtslosigkeit dieses Kampfes gegen die Schatten darin, daß er aus dem Nicht-

Akzeptieren-Wollen, aus der Verengung von Lebensperspektiven weit mehr gespeist wird als aus Mitmenschlichkeit und Liebe. Sie würden die Lebensperspektiven erweitern. Und so mag es dann auch kein Zufall sein, daß unsere Gesellschaft, die so großen Wert legt auf Tüchtigkeit, Leistung, Ansehen, Besitz, immer mehr Mitglieder hat, die arbeitslos sind, arm sind, keine Wohnung haben, Hilfe brauchen, krank sind, alt sind, behindert sind.

Es ist die Frage, ob wir aus der Wertschätzung des Lebens heraus, aus der Akzeptanz seiner Perspektiven und Prozesse, aus der liebenden Annahme der anderen Lebensformen entwickeln können, die dem Leben zuträglicher sind als unsere derzeitigen und damit Gefährdungen, Schädigungen, Behinderungen verringern. Das beträfe zum Beispiel die Gestaltung der Arbeitswelt, die Gestaltung von Verkehr, den Umgang mit Natur und Umwelt.

Es spricht vieles dafür, daß eine Entwicklung hin zu besserer Akzeptanz aller Lebensprozesse, hin zu besserer Annahme des Du mit der ständigen Erweiterung der Lebensperspektiven auch weitreichende Veränderungen für pädagogisches und sonderpädagogisches Handeln hat. Ansätze dazu sind deutlich sichtbar.

Sonderpädagogisches Handeln ist heute noch stark orientiert an Normen: Entwicklungsnormen, Normalität in Verhalten, Ausdrucksmöglichkeiten, Arbeitsergebnissen. Der Wunsch, Beeinträchtigung, Behinderung >ungeschehen< zu machen, Normalität (wieder-) herzustellen, führt zu starker Fremdbestimmung von der Frühförderung an. Starke Fremdbestimmung ist aber in sich selbst entwicklungseinschränkend.

Da wo Sonderpädagogik vom gleichen Wert aller Menschen, von der biologisch-ontogenetischen Notwendigkeit der Kooperation und Annahme des anderen ausgeht, wandelt sich ihre Defizitorientierung in eine Kompetenzorientierung. Es kann ja im skizzierten Verständnis vom Menschen und seiner Entwicklung nicht um die Verringerung von Defiziten gehen, sondern nur um die gegenseitige Unterstützung bei der je möglichen Entwicklung im gemeinsamen Handeln. So geht es auch nicht nur um die Entwicklung von Kindern, Jugendlichen, Erwachsenen mit Beeinträchtigungen und Behinderungen. Das wäre nach dem Skizzierten ein Irrtum oder auch eine Sackgasse. Es geht um sehr viel mehr. Es geht um die vernetzte Entwicklung aller, d.h. auch der Sonderpädagogen, Psychologen, Pflegekräfte, therapeutischen Fachkräfte, Erzieher, Sozialarbeiter, Ärzte usw.

Die zentrale Frage an uns als Fachkräfte ist, inwieweit wir bereit sind, uns auf wirkliche Zusammenarbeit einzulassen, auf die Annahme der Menschen, mit denen wir arbeiten, auf die Erweiterung unserer Lebensperspektiven im Leben von Liebe. So ergibt sich aus den vorgestellten Überlegungen die Notwendigkeit, eigene Entwicklungen ebenso zu unterstützen und zuzulassen wie die der Kinder, Jugendlichen, Erwachsenen. Ihre Entwicklung ist auch davon abhängig, ob es uns gelingt, in der Zusammenarbeit mit ihnen unsere Lebensperspektiven zu erweitern.

Jeder, der sich in dieser Weise bemüht, weiß, wieviel Entwicklung auf diesem Weg nötig ist und wieviel dann möglich wird. Dies ist aber keine lineare Entwicklung. Lebendige Prozesse haben viele mögliche Verläufe, haben innere und äußere Widerstände, Gegenbewegungen, Zeiten der Verunsicherung, vielleicht auch des Kampfes oder der Stagnation. Die Frage ist, ob wir mutig genug sind, diesen Weg, der in der menschlichen Existenz begründet ist, immer wieder zu versuchen und seine Erschütterungen für uns und die Menschen, denen wir verbunden sind, fruchtbar werden zu lassen. Es kann dabei zunehmendes Vertrauen in das Leben selbst, in die Entwicklungsprozesse von Menschen mit Behinderungen, in unsere eigenen Entwicklungsprozesse entstehen, das kompetenzorientiertes Arbeiten sehr erleichtert.

Literaturverzeichnis:

Bleidick, U.: Neufassung der Einbecker Empfehlungen: Grenzen ärztlicher Behandlungspflicht bei schwerstgeschädigten Neugeborenen. In: Z. Heilpäd. 3, 1993, 182 - 188.

Dass, R./Gorman, P.: Wie kann ich helfen? Berlin 1988.

Grof, St.: Geburt, Tod und Transzendenz. München 1985.

Maturana, H./Varela, F.: Der Baum der Erkenntnis. München 1990.

Mindell, A.: Hirntod und Ethik des Sterbens. In: Schlüssel zum Erwachen - Sterbeerlebnisse und Beistand im Koma. Olten 1989.

Saal, F.: „Euthanasie" - eine schleichende Infizierung der Gesellschaft mit dem Selbstmordbazillus. In: Behinderte 3, 1992, 51 - 55.

Speck, O.: Anthropologische Grundlagen der Heilpädagogik. In: System Heilpädagogik. München 1987.

Wolff, G.: Ethische Aspekte der Pränataldiagnostik. In: Frühförderung interdisziplinär 2, 1993, 49 - 57.

Ursula Haupt

Frühförderung

Unter Frühförderung (oder Früherziehung) werden im allgemeinen Sprachgebrauch Förderangebote vor dem Schuleintritt verstanden (v.a. Elementar- oder Kindergartenbereich). Der Deutsche Bildungsrat erweiterte 1973 die frühe Förderung behinderter und von Behinderung bedrohter Kinder auf die Zeit von der Geburt bis zum Schuleintritt. Seither versteht man unter Frühförderung ein „komplexes System verschiedenartiger Hilfen, die darauf gerichtet sind, frühkindlichen Entwicklungsstörungen und ihren Auswirkungen auf die Entwicklungsbedingungen in einem Zusammenwirken von Experten und Eltern präventiv, beratend und therapeutisch zu begegnen, und die kindliche Entwicklung zu begünstigen" (Speck 1989, 13). Frühförderung ist also als Sammelbegriff zu verstehen, der die Aufgabenbereiche Früherkennung und -diagnostik einschließt, Früherfassung, Früherziehung und -therapie und die Frühberatung.

Es lassen sich zwei Teilbereiche unterscheiden:

– Frühförderstufe 1 (0 - 3 Jahre) und

– Frühförderstufe 2 (4 - 6 Jahre)

Die Förderung wird organisatorisch in möglichst flächendeckenden allgemeinen Frühförderstellen durchgeführt (teilweise selbstständig, zum Teil an Schulen für Behinderte angeschlossen) oder in speziellen überregionalen Frühförderstellen für Sinnesgeschädigte (seh- und hörgeschädigte Kleinkinder), ergänzt durch zentrale klinische Einrichtungen zur Frühdiagnostik und Frühtherapie (sozialpädiatrische Zentren). Die klinischen Einrichtungen konzentrieren sich in einer „primär medizinischen Orientierung auf hochspezialisierte Frühdiagnostik und die Einleitung spezifischer und relativ intensiver Therapien" (Speck 1988, 353), während die regionalen Frühförderstellen a) die individuell erforderlichen Hilfen für behinderte und von Behinderung bedrohte Kinder bereitstellen, um deren Persönlichkeit mit ihren Fähigkeiten zu entwickeln, und b) die Eltern bei der Erziehung und Förderung ihrer Kinder unterstützen und im Alltag begleiten.

Frühförderung wird entweder mobil oder ambulant durchgeführt. Bei der ambulanten Förderung kommen die Eltern mit ihrem behinderten Kind in die Frühförderstelle. Die mobile Förderung oder „Hausfrühförderung" geht davon aus, daß der wichtigste Zugang zur Erziehungs-, Lern- und Lebenswelt des behinderten Kindes die Einbeziehung seiner häuslichen Umgebung ist, wobei die Eltern als die unmittelbaren Bezugspersonen die bedeutendste Rolle spielen. Das häusliche System wird als unmittelbare und komplexe Wirklichkeit wahrgenommen, die Eltern agieren in diesem System aufgrund eigener Erfahrungen und auf der Basis ihrer Alltagstheorien. Die Früherzieher und Therapeuten, die Professionellen, bringen wissenschaftliche Theorien ein und arbeiten z. T. mit einer >präparierten< Wirklichkeit. Es geht darum, diese beiden Systeme in Einklang zu bringen:

>Zusammenarbeit< mit den Eltern wird gefordert, >Kooperation< und >Partnerschaft<. Die Rolle der Eltern hat sich im Laufe der Entwicklung der Frühförderstellen gewandelt: von >Laien< über >Co-Therapeuten< zu kooperierenden Partnern.

Die Aufgabenstellungen der Frühförderung erfordern aber auch die Zusammenarbeit von Fachleuten verschiedener beruflicher Herkunft. Die >interdisziplinäre Zusammenarbeit< ist Voraussetzung einer ganzheitlichen Förderung des Kindes und ermöglicht erst die effiziente Durchführung der Fördermaßnahmen. Es arbeiten in der Regel in den Frühförderstellen Fachkräfte aus den folgenden Berufsgruppen zusammen:

– aus dem medizinischen Bereich: Kinderarzt, Facharzt, Krankengymnasten, Logopäden, Beschäftigungstherapeuten

– aus dem pädagogischen Bereich: Sonder- und Heilpädagogen

– Diplom-Pädagogen, Sozialpädagogen, Erzieher

– aus dem psychologischen Bereich: Diplom-Psychologen

– aus dem sozialen Bereich: Sozialarbeiter, Sozialpädagogen

Zwei Säulen der Arbeit in der Frühförderung lassen sich also festmachen: Regionalisierung (durch mobile oder ambulante Förderangebote in der Region) und Interdisziplinarität.

Inhaltlich stellt sich die Aufgabe der Frühförderung dar in den Bereichen:

- Früherkennung, -diagnostik und -beratung
- Frühförderung/-erziehung und -therapie
- Elternarbeit
- Öffentlichkeitsarbeit.

Die Kinder werden häufig von niedergelassenen Ärzten zur Einrichtung geschickt, von Kliniken, Gesundheitsämtern und Kindergärten. Eine wichtige Informationsquelle zur Früherfassung ist die Mund-zu-Mund-Propaganda, weswegen der Öffentlichkeitsarbeit ein wichtiger Stellenwert eingeräumt wird. In manchen Fällen genügt eine eingehende Beratung der Eltern, ohne daß Fördermaßnahmen eingeleitet werden müssen. Ist jedoch eine Förderung notwendig, da das Kind erhebliche Entwicklungsrückstände aufzeigt, ist zu Beginn grundsätzlich eine ärztliche Diagnose zu stellen. Sie besteht in der Regel neben familien- und kindbezogenen Daten aus einem differenzierten klinischen Befund über neurologische Symptome, Sinnesfunktionen oder körperliche Abweichungen und wird vom Kinder- oder Facharzt erstellt, in Zweifelsfällen durch Spezialisten der sozialpädiatrischen Zentren. Die psychologische Diagnose umfaßt Daten aus der Verhaltensbeobachtung und der Entwicklungsdiagnostik. Die pädagogische Diagnostik geht über die Feststellung von Ursache-Wirkungszusammenhängen hinaus und versteht sich als Begleitdiagnostik (Förderdiagnostik). Sie hat prospektiven Charakter in vierfacher Hinsicht (nach Kobi 1990, 19f.), als Begleit-Diagnose (i. S. eines die Förderbemühungen begleitenden Prozesses), als Optimierungs-Diagnose (die fragt, welche Leistungen unter Anwendung bestimmter Hilfen vom Kind erbracht werden können), als Bildbarkeits-Diagnose (Bildungsmöglichkeiten des Kindes unter bestimmten Rahmenbedingungen) und als Förder-Diagnose (Lernstrategie, um bestimmte Lernziele zu erreichen).

Parallel zu diesem diagnostischen Prozeß beginnt die Förderung, die sich in vorwiegend kindorientierten und familienorientierten Ansätzen darstellt. Am Kind orientierte Ansätze gehen davon aus, daß gerade in den ersten Lebensmonaten und -jahren die Lernfähigkeit des Kindes am größten ist, das Gehirn große Plastizität aufweist und daher vielfältige Möglichkeiten hat, beeinträchtigte Funktionen zu kompensieren, und daß die Entwicklung vor allem von stimulierenden Umweltbedingungen abhängig ist. Teilweise geht man bei der Förderung davon aus, sich an der Entwicklung nicht-beeinträchtigter Kinder zu orientieren (siehe Straßmeier 1992), wenn diese Ansätze aber kritiklos angewendet werden, können sie leicht zu einer „Beförderung" oder „Transportkunde" werden (Speck). Verstärkt wendet man sich heute der Erforschung der Selbstorganisation des Kindes zu, das Kind wird als „Akteur seiner Entwicklung" gesehen. „Die Entwicklung des Kindes ist als ein Prozeß struktureller Veränderungen zu sehen, die vom eigenen autonomen System bewirkt werden, nicht aber vom Milieu. Dieses wirkt nur als Auslöser, während das Kind, das seine Eigengesetzlichkeit auszuprägen hat, auswählt, was unter den gegebenen eigenen und externen Bedingungen zu Veränderungen führen soll" (Speck 1989, 19). Förderansätze dieser Art sind nicht manipulativ-dirigistisch, sondern unterstützen das Kind in seiner je eigenen Entwicklung, sehen in erster Linie das Kind und erst in zweiter Linie die Beeinträchtigungen und beschränken sich nicht auf einfache Ursache-Wirkungs-Zusammenhänge. Eine solcherart >ganzheitliche< Förderung ist jedoch sehr anspruchsvoll. Ein weiterer Schwerpunkt der Frühförderung betrifft die Unterstützung der Familie. Sprach man in der Anfangsphase der Frühförderung hauptsächlich von >Elternarbeit<, so rückt das Gesamtsystem der Familie zunehmend in den Mittelpunkt der Diskussion (Stichwort >Familienorientierte Frühförderung<). Schlagworte aus einem Vortrag von Schlack (1991, 17f) sollen Aspekte dieser neuen Sichtweise aufzeigen: Das behinderte Kind: Subjekt, nicht Objekt - Die Mütter und die Last eines überforderten Ideals - Die Väter, eine unterschätzte Größe - Geschwister, ihre Belastungen und Chancen. Bei dem gemeinsamen Bemühen, die bestmögliche Entwicklung des Kindes bei gegebener Disposition zu erreichen, müssen sich Familienmitglieder und Professionelle in einer „Partnerschaftlichen Kooperation" ergänzen. Diese Zusammenarbeit „sollte von gegenseitigem Respekt getragen sein, der sich aus der ... Gleichwertigkeit der beiden Partner ergibt"(Weiß 1989, 91). Das heißt, daß beide Seiten ihre Informationen und Fähigkeiten einbringen, und zwar in einer „offenen Weise, der es beiden Seiten erlaubt, auch ihre Grenzen offenzulegen, ohne die jeweilige (Grund-) Position, Perspektive und Autorität aufzugeben"(a.a.O. 91). Die Beratung bei Erziehungs- und Lernproblemen, das Gespräch über die emotionale Verarbeitung der Tatsache, ein behindertes Kind zu haben oder gemeinsame Überlegungen zur besseren Gestaltung des Alltags mit dem schwierigen Kind sind wichtige Mittel, gegenseitiges Verstehen zu fördern. Informelle Elterntreffs und formelle Elternkurse werden als hilfreich erlebt, wichtiger erscheint aber die Unterstützung durch soziale Netzwerke (Freunde, andere Eltern, Elterngruppen und -clubs). Hier kann die Frühförderung vermittelnd eingreifen.

Abschließend ist festzustellen, daß sich die Frühförderung als sehr komplexes Aktionsfeld im Rahmen der Rehabilitation darstellt, das in der Interdisziplinarität, der Förderung von Risikokindern bis zu schwer mehrfachbehinderten Kindern und in der offenen Kooperation zwischen Familien und professionellem System sehr wirksam ist in der Vermeidung von Behinderung oder in der Verringerung ihrer sekundären negativen Auswirkungen.

Literaturverzeichnis:

Kobi, E. M.: Diagnostik in der heilpädagogischen Arbeit. Luzern 1990.

Schlack, H. G.: Familie im System der Hilfen. In: Beiträge zur Frühförderung interdisziplinär Bd. 1: Familienorientierte Frühförderung. München 1991, 17-25.

Speck, O.: System Heilpädagogik. München 1988.

Speck, O.: Entwicklungen im System der Frühförderung. In: Speck, O. u. Thurmair, M. (Hrsg.): Fortschritte der Frühförderung entwicklungsgefährdeter Kinder. München 1989, 11-27.

Straßmeier,W.: Frühförderung konkret. München 1992.

Weiß. H.: Entwicklungen und neue Problemstellungen in der Zusammenarbeit mit den Eltern. In: Speck, O./Thurmair, M (Hrsg.): Fortschritte der Frühförderung entwicklungsgefährdeter Kinder. München 1989, 71-102.

Walter Straßmeier

Geistige Behinderung

Die Sprache ist die Behausung des Seins.
In dieser Behausung wohnt der Mensch.
(Martin Heidegger)

1. Einleitung

Die Bezeichung >Behinderung< ist sehr jung und hat sich durch das Bundessozialhilfegesetz (1962) ausgebreitet. Ulrich Bleidick hat sie aufgegriffen und in seinem Werk >Pädagogik der Behinderten< (1972) versuchte er den Begriff der Behinderung zu systematisieren. Er dominierte nahezu zwei Jahrzehnte die Theorie und Praxis der Heilpädagogik.

Einer Kritik des Begriffs der geistigen Behinderung muß eine allgemeine kritische Erörterung des Begriffs der Behinderung vorausgehen. Abschließend werden weiterführende Lösungsvorschläge kurz angesprochen.

2. Kritik des Behinderungsbegriffs

Der Begriff der Behinderung hat sich in der Umgangssprache, in Gesetzen und Verordnungen sowie in den Humanwissenschaften eingebürgert. Es handelt sich um einen komplexen Begriff. Der Behinderungsbegriff wurde von der Position des Nichtbehinderten, Überlegenen und Starken aus entwickelt. Dieser Sachverhalt ist suspekt. Unter dem humanen Anspruch auf die jedem Individuum zu ermöglichende soziale und personale Entwicklung ist der Begriff der Behinderung zu kritisieren.

Was ist nach der Wortbedeutungslehre umgangssprachlich unter diesem Bezeichnungsetikett zu verstehen? In Grimms Deutschem Wörterbuch sind für >behindert< die Beispiele zu finden: „Ward ich daran behindert" und „um das Vorrücken zu behindern" (Grimm 1854, Sp. 1341). Trübners Deutsches Wörterbuch gibt für das Grundwort >hindern< an: „Vom Vorwärtsgehen zurückhalten, hemmen"(Trübner 1939, 439). Und das große deutsche Wörterbuch von Wahrig bringt für das Wort >behindern< folgende Beispiele: „Hindernisse in den Weg legen..., einem Mitspieler den Wettkampf unfair erschweren (durch Festhalten, Versperren des Weges u. ä.), jemanden in seinem Fortkommen behindern" (Wahrig 1978, 135).

Der etymologische Befund zeigt: Behinderung ist das Einschränken des individuellen Bewegungsraumes eines Menschen durch das Einwirken anderer und - das ist besonders bedeutsam - gegen den Willen des betroffenen Menschen. Behinderung ist außerdem eine wertende Kennzeichnung von Menschen. Ein Mensch, der erwarteten Normen nicht entspricht, wird durch eine bequeme Eliminierungspraxis in seinem Entfaltungs-, Handlungs- und Bewegungsspielraum eingeengt und ins gesellschaftliche Ghetto gedrängt (vgl. Klein 1979, 282 ff.).

Bleidicks Begriffsbestimmung ist massiv zu kritisieren, weil sie von einer vorgegebenen und - wie wir aus der Geschichte wissen - jederzeit veränderbaren Rechtsnorm ausgeht, die sich am gesellschaftlichen Leistungsbegriff festmacht. Diese Begriffsbestimmung läuft auf wirtschaftliche Brauchbarkeit des Individuums hinaus. Bleidicks Wissenschaftsverständnis ist am Kritischen Rationalismus orientiert, der sich vom Prinzip der Wertfreiheit der Wissenschaft leiten läßt. Wird die Wertfrage nicht als impliziter Teil der (Heil)Pädagogik als Wissenschaft verstanden, dann kann der Mensch mit seiner Behinderung nur in der Diskrepanz zwischen Nicht-Können und Können-Sollen gesehen werden. Diese veräußerlichte und verkürzte pädagogische Sichtweise behindert den >Behinderten< mit zunehmendem Bewußtwerden seiner gesellschaftlichen Situation beim Finden und Ausbalancieren seiner Identität. Bleidicks Behinderungsbegriff impliziert also eine diskreditierende und diskriminierende Modellvorstellung, die es erlaubt, andere Menschen nach den gesetzten wissenschaftlichen Maßstäben auf Distanz zu halten und nach dem Defizit-Konzept zu kategorisieren.

Unter dem ethisch fundierten Individualitätsprinzip stellt sich die Frage nach einem von gesellschaftlichen Leistungserwartungen aus definierten Behinderungsbegriff nicht. Es gibt unter diesem normativen und für die Heilpädagogik als Wissenschaft einzig legitimen Anspruch kein vermindert bildsames oder erziehbares Kind. Jedes Kind will sich von Beginn an nach seinen individuellen Kräften und Fähigkeiten entwickeln. Bleidicks drei Kriterien der „pädagogischen Belangbarkeit von Behinderungen lauten: die Störung der Bildsamkeit, die didaktische Relevanz, die pädagogisch-organisatorische Institutionalisierung" (Bleidick 1972, 195). Diese Kriterien sind unter dem leitenden pädagogischen Anspruch der Erschließung und Entfaltung der Individualität irrelevant. Die Heilpädagogik muß den gesellschaftlichen Leistungsbegriff in Frage stellen, sich nach dem Individualitätsprinzip richten und soziale Normalisierung anstreben.

Fredi Saal, ein Mensch mit schweren Beeinträchtigungen, viele Jahre für bildungsunfähig gehalten und nach Klaus Dörner einer der großen Philosophen und Schriftsteller der Gegenwart, klagt die Umwelt, die Wissenschaft und Praxis an, die „mit ihren abwertenden Sprüchen (ihm) die Normalitätsgewißheit gehörig" auszutreiben versuchen. Für Fredi Saal gehört die Lähmung oder der Intelligenzausfall zu dem Menschen, der sie als unverwechselbares Merkmal trägt, ebenso dazu, „wie daß er als Junge oder als Mädchen geboren wurde. Denn ohne dieses unverwechselbare Merkmal der Behinderung wäre er nicht der einmalige Mensch, der er ist. Jeder Mensch hat seinen Wert in sich, unabhängig davon, ob er dieses oder jenes instrumentell im Sinne des Herstellens verrichten kann. Entscheidend ist die Tatsache seines individuellen Menschseins... „ (Saal 1992, 86).

3. Kritik des Begriffs der geistigen Behinderung

Die Elternvereinigung >Lebenshilfe für das geistig behinderte Kind< (jetzt: Bundesvereinigung „Lebenshilfe für geistig Behinderte") hat bei ihrer Gründung 1958 die Bezeichung geistige Behinderung geprägt. Dabei lehnte sie sich an den englischen Terminus >mentally handicapped< an.

Die bisherige begriffskritische Erörterung macht aber deutlich, daß die Heilpädagogik von folgender Prämisse auszugehen hat: Ein Mensch, den wir noch als geistig behindert bezeichnen, ist in seinem Wesen und in seiner Würde allen anderen Menschen gleich (vgl. Speck 1993, 32). Deshalb muß das Gemeinsam-Menschliche dem Wahrnehmen, dem Begegnen, dem Erkennen und Handeln zugrundeliegen.

Otto Speck widmet in seinem heilpädagogischen Lehrbuch dem Begriff der geistigen Behinderung ein Kapitel (S.39-62) und stellt - wohl eher beiläufig - fest, daß sich „Geist eigentlich nicht behindern läßt" (1993, 40). Genau hier setzt nun meine Kritik ein.

Wir verwenden unbekümmert die Bezeichnung „geistige Behinderung", versuchen damit einen Menschen begrifflich zu erfassen. Hierzu ist zweierlei anzumerken: (1) Nach anthropologischem Verständnis kann der Geist eines Menschen, seine Individualität, nie behindert sein; allenfalls der Geist derer, die Geist mit Intellekt oder Leistung gleichsetzen und dann einen ganzen Katalog negativer Eigenschaften assoziieren. Durch diese Praxis schafft der intellektuelle Hochmut Distanz, Ausgliederung, Isolation und Leid. Der hier hervortretende Reduktionismus ist inhuman. Das Ernstnehmen des Menschen in seiner Ganzheit und Einmaligkeit, in seiner Subjektivität und Selbsttätigkeit schließt aus, von einer behinderten Individualität zu sprechen. Das Klassifizieren nach der Defizit-Schablone ist also zu verwerfen, denn es enthält einen verhaltensdeterminierenden und diskriminierenden Faktor und fällt ein die personale und soziale Entwicklung behinderndes Urteil. (2) Kein Mensch läßt sich in seiner Individualität begrifflich definieren. Er ist vielmehr in der personalen Begegnung wahrzunehmen und zu erfahren. Hier spricht er zu mir. In dieser existentiell-kommunikativen Situation höre ich seine Sprache. Hier kann ich ihn verstehen, die Voraussetzungen und Bedingungen seiner Erziehung erfassen (vgl. Klein 1989, 91).

In einer erfahrungsbezogenen Studie, deren anthropologische Grundlagen die Logotherapie und Existenzanalyse sind, konnten wir überzeugend begründen, bewußt machen und veranschaulichen, daß ein Mensch mit einer sogenannten geistigen Behinderung sinnorientiert ist (Klein/Schmidt-Thimme 1992, 81ff.). Wir erkannten die Dimensionen des unverwundbaren Geistes und die Gleichwertigkeit aller Menschen, die im spezifisch Menschlichen begründet ist.

Wir fragen erneut: Können Menschen, die als >geistig< behindert bezeichnet werden, auch behindert sein oder werden sie nicht erst durch Zuschreiben dazu gemacht, um sie auszusondern, auszugliedern, zu isolieren? Geist läßt sich nicht mit Kognition oder Intellekt gleichsetzen! Hier tritt ein inhumaner Reduktionismus hervor, weil nach unserem Verständnis der Geist eines Menschen nie behindert sein und behindert werden kann.

U.a. die evolutionäre Erkenntnistheorie führt uns zur Einsicht, daß der Geist des Menschen, wie der Geist der Menschheit, etwas von dem Geist repräsentiert, der von Beginn an in der Welt wirkt. Jeder Mensch ist Teil der Geschichte, und er hat dadurch Anteil an ihrem Sinn. Der Geist, der von Anfang an da ist und alles bewirkt hat, hat auch uns in den ethischen Stand des Denkens und Handelns geführt (vgl. Klein/Schmidt-Thimme 1992, 85ff.). Diesen Stand sollte die Heilpädagogik als Wissenschaft und Praxis pflegen und verteidigen.

4. Zusammenfassung und Perspektive

Für eine Pädagogik, die sich den Grundwerten der unverletzlichen Würde, der Freiheit und Gleichheit aller Menschen verpflichtet fühlt, ist die pauschalierende Bezeichnung einer Menschengruppe mit dem griffigen Oberbegriff >Behinderung< wissenschaftlich nicht mehr haltbar. Noch wird diese leichtfertige terminologische Praxis mit Unterbegriffen fortgesetzt: Kinder werden als geistigbehindert, körperbehindert, lernbehindert, sprachbehindert usw. - oft durch eine fragwürdige Selektionsdiagnostik gestützt (vgl. Klein 1991, 1992) - nach vorgegebenen Sonderschultypen sortiert.

Mit diesem verkürzten Gegenstandsbewußtsein wird der Stigmatisierung einer Gruppe von Menschen Vorschub geleistet. Wollen durch diese Abgrenzung Spezialisten in Wissenschaft und Praxis sich auf Kosten anderer profilieren und ein gesellschaftliches Berufsprestige sanktionieren? Und am Ende ist man gar von einer >objektiv richtigen< Zuordnung der betroffenen Kinder (Menschen) selbstgenügsam überzeugt.

Heilpädagogik sollte sich von dieser „Profilierungs- und Abgrenzungssucht" (Haeberlin 1993, 173) verabschieden und endlich damit anfangen, Fragen zu stellen, wie sich der einzelne Mensch in seiner einmaligen und einzigartigen Individualität und Geistigkeit dem Erzieher in der gemeinsamen Sinn-Situation erschließt. Menschen mit sogenannter geistiger Behinderung haben allgemeine und spezielle Erziehungsbedürfnisse und einen Erziehungsbedarf. Diesen Bedürfnissen und diesem Bedarf ist durch individuelle (Lebens)Hilfe, durch Erziehung, Pflege und Therapie nachzukommen. Auf diese Weise kann durch Leitung und Unterstützung der Subjektivität und Selbsttätigkeit des Kindes auch eine Verbesserung der gemeinsamen Lebenssituation erfolgen. Hier wird dann unserer Erkenntnis weitgehend entsprochen, „daß die Individualität als grundlegende Geistigkeit des Menschen zugleich seine unantastbare und unzerstörbare Würde ist" (Klein/Schmidt-Thimme 1992, 87). Dies trifft für das Kind und für den Erzieher in gleicher Weise zu: Beide sind auf dem Weg, der „Bedrohung des innersten Menschseins" (Karl König) heilend entgegenzutreten.

Literaturhinweise:

Bleidick, U.: Pädagogik der Behinderten. Grundzüge einer Theorie der Erziehung behinderter Kinder und Jugendlicher. Berlin 1972 (5. Aufl.1984).

Grimm, J. u. W.: Deutsches Wörterbuch. 1.Band. Leipzig 1854.

Haeberlin, U.: Die Verantwortung der Heilpädagogik als Wissenschaft. In: Z.f. Heilpäd. 1993/3, 170 - 182.

Klein, F.: Die häusliche Früherziehung des entwicklungsbehinderten Kindes. Bad Heilbrunn 1979.

Klein, F.: Unterricht mit geistig behinderten Schülern. In: Geistige Behinderung 1989/2, 88-101.

Klein, F.: Pädagogische Beurteilung bei geistig behinderten Kindern mit autistischen Verhaltensweisen. In: Lernen konkret 1991/1, 20-22.

Klein, F./Klein, V.: Fragestellungen sonderpädagogischer und heilpädagogischer Diagnostik im Rahmen der Geistigbehindertenpädagogik. In: Hansen, G. (Hg.): Sonderpädagogische Diagnostik. Pfaffenweiler 1992, 63-78.

Klein, F./Schmidt-Thimme, D.: Logotherapie und Menschen mit (sogenannter) geistiger Behinderung. In: Görres, S./Hansen, G. (Hg.): Psychotherapie bei Menschen mit geistiger Behinderung. Bad Heilbrunn 1992, 81-104.

Saal, F.: Warum sollte ich jemand anderes sein wollen? Gütersloh 1992.

Speck, O.: Menschen mit geistiger Behinderung und ihre Erziehung. Ein heilpädagogisches Lehrbuch. 7.Auflage. München 1993.

Trübner: Deutsches Wörterbuch. Band 3. Berlin 1939.

Wahrig, G. (Hg.): Wörterbuch der Deutschen Sprache. München 1978.

Ferdinand Klein

Gesetzgebung

Behindertenpädagogik geht von einem Menschbild aus, das ein pädagogisches Handeln zum Besten des Betroffenen ermöglichen will[1]. Dem muß sich auch die Gesetzgebung im Behindertenbereich unterordnen, die zu einer Fülle von Vorschriften geführt hat. Auch wenn es kein einheitliches Behindertenrecht gibt, so muß doch gesagt werden, daß in den letzten zwei Jahrzehnten im Rahmen des Sozialrechts auch die Bestimmungen für Behinderte einer grundlegenderen Reform unterzogen wurden. Versteht man unter Sozialrecht den Ausgleich individueller Güterdifferenzen durch transitive Leistungen eines Trägers der öffentlichen Verwaltung[2], so wird deutlich, daß - wie gerade das Behindertenrecht zeigt - es auch eine gesellschaftsgestaltende Funktion besitzt, die nicht mehr allein, wenn auch überwiegend am Grundsatz des Ausgleichs orientiert ist[3]. Diese gesellschaftsgestaltende Funktion wird sichtbar vor allem in dem Bereich, den wir Rehabilitationsrecht nennen, den Maßnahmen also, die zum einen sich mit dem körperlich, geistig oder seelisch Behinderten befassen, zum andern aber auch der Vervollkommnung der Resozialisierung dienen. Die Verhütung, Verbesserung oder Heilung der Lage des Behinderten macht diese gesellschaftsgestaltende Funktion deutlich und ist Teil der sozialen Sicherheit, die unser Sozialrecht bestimmt. Diese soziale Sicherheit ist verwirklicht in einer Fülle von Einzelregelungen, die fast unüberschaubar geworden sind und auch durch das Rehabilitations-Angleichungsgesetz nur zum Teil ausgeglichen werden konnten[4].

Die Eingliederung Behinderter ist im §10 SGB-AT als Bestandteil aller sozialen Rechte hervorgehoben und wird in den Vorschriften der §14, 15 und 17 SGB-AT konkretisiert. Die Rehabilitationsleistungen der Sozialhilfe werden zum Teil unabhängig vom Einkommen und Vermögen des Hilfesuchenden bzw. seiner Familie gewährt. So erhalten z.B.

behinderte Minderjährige und Volljährige bis zum 21. Lebensjahr die Eingliederungshilfe nach den §§39 BSHG in den Bereichen der vorschulischen, schulischen und beruflichen Bildung nach §43 Abs. 2 BSHG als erweiterte Hilfe. Den Eltern wird nur im Rahmen der Zumutbarkeit ein Kostenbeitrag auferlegt. Bei älteren Behinderten werden die Unterhaltspflichtigen nur gemäß §91 Abs. BSHG in Anspruch genommen, soweit die Inanspruchnahme also eine Härte bedeuten würde; von der Inanspruchnahme unterhaltspflichtiger Eltern soll vor allem abgesehen werden, soweit einem Behinderten, einem von einer Behinderung Bedrohten oder einem Pflegebedürftigen nach Vollendung des 21. Lebensjahres Eingliederungshilfe für Behinderte oder Hilfe zur Pflege gewährt wird. Schließlich kann der Träger der Sozialhilfe davon absehen, einen Unterhaltspflichtigen in Anspruch zu nehmen, wenn anzunehmen ist, daß der mit der Inanspruchnahme des Unterhaltspflichtigen verbundene Verwaltungsaufwand in keinem angemessenen Verhältnis zu der Unterhaltungsleistung stehen wird.

Mit der Vollendung des 15. Lebensjahres kann jeder Behinderte allein Leistungen im sozialen Bereich beantragen, verfolgen und entgegennehmen. Die Rücknahme von Anträgen, der Verzicht auf Leistungen und die Aufnahme von Darlehen bedürfen allerdings bei Minderjährigen immer der Zustimmung des gesetzlichen Vertreters[5].

Rehabilitationsmaßnahmen dürfen nicht gegen den Willen des Betroffenen eingeleitet werden, doch gilt der Grundsatz: „Rehabilitation geht vor Rente." Verweigert der Behinderte ungerechtfertigt die Durchführung von Rehabilitationsmaßnahmen, kann seine ihm zustehende Rente ganz oder teilweise verweigert werden[6].

Die soziale Sicherheit beruht auf einem gegliederten System, wonach - je nach Ursache der Behinderung - ein bestimmter Träger zuständig für die Rehabilitation ist. Beruht diese Behinderung auf einem Arbeits- oder Wegeunfall, so sind dies die Träger der gesetzlichen Unfallversicherungen. Ist die Erwerbs- oder Berufsfähigkeit eines Versicherten aus anderen Gründen gemindert, so erbringen die Rentenversicherungen (BfA, LVA) die Rehabilitationsleistungen. In allen sonstigen Fällen sind die Arbeitsämter zuständig. Auch medizinische Leistungen werden nach Erfüllung der gesetzlichen Wartezeit gewährt, wenn zugleich Erwerbs- oder Berufsunfähigkeit eingetreten ist oder einzutreten droht. Versicherungspflichtige Erwerbstätige, die zwei Jahre nach Abschluß der Schul- oder Berufsausbildung behindert oder von einer Behinderung bedroht sind, erhalten ebenfalls medizinische Hilfen, in allen anderen Fällen sind diese von den Krankenkassen zu erbringen. Gegenüber geburtsbehinderten Kindern und Jugendlichen sind in der Regel somit Krankenkassen und Arbeitsämter vorrangig leistungspflichtig.

Ist die Behinderung Folge einer Kriegs-, Wehr- oder Zivildienstbeschädigung, einer Gewalttat oder einer Impfung, so werden die Rehabilitatonsleistungen von den Versorgungsverwaltungen erbracht. Die Sozialhilfe, die stets als Hilfeleistungsträger genannt wird, tritt dagegen erst dann ein, wenn der Behinderte keinen Anspruch aus der gesetzlichen Sozialversicherung und keinen Aufopferungsanspruch hat und sich auch nicht selbst zu helfen vermag. Dic von der Sozialhilfe geleistete Rehabilitation heißt Eingliederungshilfe und deckt den gesamten Lebensbereich des Behinderten ab.

Die gesetzliche Krankenversicherung stand allen Behinderten offen bis zum 30.06.1976. Danach hatten die Krankenkassen Altersgrenzen festgelegt. Dafür zuständig sind die Ortskrankenkassen am Wohnort des Behinderten oder die Krankenkasse eines Elternteils oder die des Ehegatten. Behinderte in einer Werkstatt für Behinderte und Behinderte in Anstalten oder Heimen, die dort mit oder ohne Entgelt 20% der Leistungen eines Früherwerbsfähigen erbringen, sind ebenso wie Behinderte in Berufsbildungswerken kranken-, renten- und unfallversichert. Behinderte Kinder stehen unter dem Schutz der gesetzlichen Unfallversicherung, wenn sie sich in Sonderschulen, Tagesstätten, Kindergärten und anderen Sozialeinrichtungen aufhalten, sofern dort die Förderung und nicht nur eine reine Verwahrung stattfindet. Auch der Weg zu und von diesen Einrichtungen nach Hause ist versichert.

Hilfe zur Pflege wird gewährt, wenn keine Rehabilitationsmaßnahmen mehr möglich und der Behinderte so hilflos ist, daß er nicht ohne Wartung und Pflege bleiben kann. So wird von dem Unfallversicherungträger, der Versorgungsverwaltung und der Sozialhilfe je nach Schwere der Pflegebedürftigkeit in Form verschieden hoher Geldleistungen oder durch Stellung und Bezahlung einer Pflegekraft Hilfe geleistet. Die Krankenkassen können statt Krankenhaus auch Hauspflege stellen oder bezahlen, solange sich der Pflegebedürftige in einem behandlungsbedürftigen und besserungsfähigen Zustand befindet[7].

Durch das Pflege-Versicherungsgesetz vom 26.5.1994 ist zur Absicherung des Risikos der Pflegebedürftigkeit ein neuer eigenständiger Zweig der Sozialversicherung eingeführt und als Elftes Buch (XI) in das Sozialgesetzbuch übernommen worden. Pflegebedürftig im Sinne dieses Gesetzes sind Personen, die wegen einer körperlichen, geistigen oder seelischen Krankheit oder Behinderung für die gewöhnlichen und regelmäßig wiederkehrenden Verrichtungen im Ablauf des täglichen Lebens auf Dauer, voraussichtlich für mindestens 6 Monate, in erheblichem oder höherem Maße der Hilfe bedürfen. Die Leistungen der Pflegeversicherung sind gegenüber den fürsorgerischen von einer Bedürftigkeitsprüfung abhängigen Sozialleistungen zur Pflege grundsätzlich vorrangig zu gewähren.[8] Da die Versicherungspflicht in der Pflegeversicherung sich ausschließlich danach richtet, ob eine Mitgliedschaft in der gesetzlichen Krankenversicherung besteht, werden Behinderte in die Pflegeversicherung einbezogen, wenn sie in einer nach dem Schwerbehindertengesetz anerkannten Werkstätte für Behinderte tätig sind oder für diese Einrichtungen Heimarbeit verrichten und in einer Anstalt, einem Heim oder einer gleichartigen Einrichtung in gewisser Regelmäßigkeit eine Leistung erbringen, die einem Fünftel der Leistung eines voll erwerbsfähigen Beschäftigten in gleichartiger Tätigkeit entspricht; dazu zählen auch Dienstleistungen für den Träger der Einrichtung.

Hilfe zur angemessenen Schulbildung nach dem BSHG

Daß Eltern bis zur Vollendung des 21. Lebensjahres außer den Kosten für den Lebensunterhalt nichts beizutragen haben, wurde schon erwähnt[9]. Dies gilt auch, wenn sich eine

Schulbildung als unmöglich erweist und der Behinderte nur praktische Fähigkeit zur Teilnahme am Leben in der Gemeinschaft erwerben kann[10]. Zu den übernahmpflichtigen Sozialhilfekosten gehören auch die Fahrtkosten zur Sonderschule und Hilfsmittel, die ausschließlich der Schulbildung dienen wie z.B. Spezialschreibmaschinen bei Spastikern und Tonbandgeräte bei Behinderten.

Berufsausbildung

Die Berufsausbildung behinderter Jugendlicher ist zunächst Sache der Arbeitsämter, und erst wenn diese nicht oder nicht ausreichend Hilfe leisten solche der Sozialhilfe. Erwachsene Behinderte, die bereits eine Erwerbstätigkeit ausgeübt haben, erhalten die berufsfördernden Leistungen für Umschulungs- und Fortbildungsmaßnahmen von ihrem zuständigen Rehabilitationsträger (BfA, LVA, BG). Nur wenn diese aus versicherungs- oder versorgungsrechtlichen Gründen nicht leisten, tritt das Arbeitsamt ein.

Als Fortbildung oder Umschulung wird auch das Studium an einer Ingenieur-, Fachhochschule oder Höheren Fachschule gefördert, wenn allein dadurch eine dauerhafte Eingliederung erreichbar ist. Bei einer Erstausbildung kommt allerdings eine Förderung durch das Arbeitsamt nicht in Betracht, zuständig sind dann die Verwaltungen der Ausbildungsförderung, wobei ein behinderungsbedingter Bedarf von der Sozialhilfe zu decken ist[11].

Der Schutz des Schwerbehindertengesetzes gilt allen, deren Schwerbehinderteneigenschaft vom Versorgungsamt festgestellt ist und allen, die bei Arbeitsämtern wegen einer Minderung der Erwerbsfähigkeit zwischen 30% und 50% einen Antrag auf Gleichstellung mit den Schwerbehinderten gestellt und bewilligt bekommen haben[12].

Zum Ausgleich behinderungsberechtigter Belastungen werden Behinderten bei der Einkommens- und Lohnsteuer, der Erbschafts-, Schenkungs- und Vermögenssteuer sowie bei der Kraftfahrzeugsteuer eine Reihe von Vergünstigungen gewährt. Schwerbehindertenausweise, die von den Versorgungsämtern ausgestellt werden, berechtigen bei einer Minderung der Erwerbsfähigkeit um wenigstens 80 vom Hundert und eingetragener Beeinträchtigung der Bewegungsfähigkeit im Straßenverkehr (Merkzeichen G) und wenn nicht die wahlweise mögliche Ermäßigung der Kraftfahrzeugsteuer beantragt wurde, zur unentgeltlichen Beförderung im Personennahverkehr; das Heimgesetz[13] sichert volljährigen Bewohnern von Heimen, die dort zur Pflege und zur Rehabilitation untergebracht sind, Mitwirkungsrechte in Angelegenheiten des Heimbetriebs zu und stellt den Träger und Pflegepersonen unter besondere Aufsicht, um die Bewohner vor Benachteiligungen und Übervorteilungen zu schützen. Rundfunkgebühren-Befreiung steht allen Personen zu, die zu 80% erwerbsgemindert sind, infolge ihres Leidens ständig in der Wohnung leben müssen und zum Besuch von Veranstaltungen nicht in der Lage sind.

Anmerkungen:

1) Bleidick, U.: Ethos, Caritas, System oder der Versuch, pädagogische Hilfe für Behinderte auf einen kategorialen Begriff zu bringen. In: Ethik in der Sonderpädagogik. Berlin 1988, 64.

2) Mrozynski: Rehabilitationsrecht. München 1979, 9.

3) Mrozynski, a.a.O., 10.

4) Gesetz über die Angleichung der Leistungen zur Rehabilitation (Rehabilitations-Angleichungsgesetz) vom 07.08.1974 (BGBl. I, 1881).

5) § 36 SGB-AT

6) §§ 4, 7 Reha Angl. G

7) §§ 68, 69 BSHG, § 35 BVG, §§ 85, 558 RVO

8) § 13SGB XI

9) S.92

10) § 43 BSHG

11) §§ 57, 59 AFG

12) §§ 1 - 3 SchwbG

13) Heimgesetz vom 23.04.1990 BGBl. I, 763 und 1069.

Günther Sofsky

Hyperaktivität

Hyperaktivität (auch als Hyperkinetisches Syndrom oder abgekürzt HKS bezeichnet) gehört zweifelsohne zu den >Modediagnosen< der heutigen Zeit. Sie ist nicht durch eine bestimmte Einzelsymptomatik gekennzeichnet, sondern durch eine Vielzahl von miteinander in Wechselwirkung stehenden Symptomen. Am häufigsten werden genannt (vgl. Goetze/Neukäter 1981):

- Impulsivität, Konzentrationsstörungen, motorische Unruhe,

- Ablenkbarkeit, Wahrnehmungsstörungen,

- schulische Leistungsschwäche, Lernstörungen,

- Gedächtnisschwierigkeiten,

- niedrige Frustrationstoleranz, Aggressivität,

- Ängste, gestörtes Selbstkonzept,

- Auffälligkeiten im Sozialkontakt (z.B. Distanzlosigkeit).

Aus der verwirrenden Vielzahl der genannten Einzelsymptome wird deutlich, daß eine - auch nur annäherungsweise - präzise Phänomenbeschreibung von Hyperaktivität bislang nicht gelungen ist und wohl aufgrund der inhaltlichen Diffusität auch nicht gelingen kann. Unklar bleibt unter anderem auch die inhaltliche Beziehung zur so inflationär diagnostizierten sogenannten Minimalen Cerebralen Dysfunktion (siehe dazu den Beitrag von Stein zu *MCD* in diesem Band). Bezeichnen Hyperaktivität und MCD das gleiche Phänomen, gibt es Überschneidungen oder haben wir es mit eindeutig voneinander abzugrenzenden Erscheinungsweisen kindlichen Verhaltens zu tun? Eine verbindliche Antwort auf diese Fragen existiert derzeit nicht. Es sei deshalb gleich zu Beginn dieses Beitrags darauf hingewiesen, daß das Konstrukt >Hyperaktivität< sowohl unter wissenschaftlichen wie auch unter erziehungspragmatischen Gesichtspunkten fragwürdig erscheinen muß. Davon unabhängig kann natürlich nicht ernsthaft angezweifelt werden, daß es Kinder mit Symptomkomplexen ähnlich den oben beschriebenen gibt. Ob allerdings zu deren Beschreibung unbedingt die Kreation eines neuen pädagogischen Fachbegriffs vonnöten war, kann wohl mit Recht angezweifelt werden. Es ist zu vermuten, daß der hyperaktive Verhaltenskomplex bereits vor Erfinden des Begriffs in den dreißiger Jahren bei Kindern zu beobachten war, wenn auch mit Sicherheit wesentlich seltener. Damals wurde eher schlicht von >sehr lebendigen< Kindern gesprochen, manchmal auch von einem >Kinderfehler< oder konkreter von einem >Zappelphilipp<.

Wie aufgrund der Schwierigkeiten bei der Merkmalsbestimmung nicht anders zu erwarten war, klaffen die Zahlenangaben über die Häufigkeit von Hyperaktivität weit auseinander. Je nach Breite der Begriffsauslegung könnten heutzutage von 100 Kindern 2 bis 30(!) als hyperaktiv bezeichnet werden. Neuere Veröffentlichungen (etwa Vernooij 1992, 27) sprechen von 2% bis 5% eines Altersjahrgangs. Jungen sind wesentlich häufiger als Mädchen betroffen (etwa im Verhältnis 9:1).

Besonders innerhalb der medizinischen Wissenschaften (vor allem der Kinder- und Jugendpsychiatrie) werden geradezu Horrormeldungen über die Häufigkeit der >Krankheit< HKS bzw. MCD verbreitet. Aus sonderpädagogischer Sicht kann man sich nur schwerlich des Eindrucks erwehren, daß viele Kinder in unkritischer und unverantwortlicher Weise mit einer Verlegenheitsdiagnose etikettiert werden.

Als zentrales Moment eines humanistisch-sonderpädagogischen Umgangs mit hyperaktiven Kindern kann der Vorsatz gelten, ihnen ihren primären Kindstatus wiederzugeben und sie nicht länger als zu behandelnde Symptomträger zu betrachten. Die amerikanische Gestalttherapeutin Violet Oaklander (1989, 286), deren Buch ausdrücklich zur Lektüre empfohlen wird, resümiert ihre umfangreichen Erfahrungen mit hyperaktiven Kindern so: „Wir sollten nie vergessen, daß Kinder, auch die als hyperaktiv bezeichneten, Menschen sind wie wir. Wir alle haben unseren eigenen inneren Rhythmus. Einige von uns sind schnell, andere sind langsam. Jeder von uns hat seine ihm eigene Art, von einer Aufgabe zur nächsten überzugehen; wir beenden etwas auf die uns eigene Weise, bevor wir bereit sind, uns anderem zuzuwenden. ... Kinder sind keine Roboter, die sich alle nach dem gleichen Programm bewegen."

Es soll hier natürlich nicht infragegestellt werden, daß vereinzelt tatsächlich primär organische Ursachen (etwa eben die zitierte MCD) der mit Hyperaktivität bezeichneten Störungssymptomatik zugrundeliegen. Die genannten Häufigkeiten werden aber wie gesagt als eindeutig zu hoch eingestuft. Problematisch ist zudem, daß die medizinische Diagnose den Defekt einseitig beim - oder treffender *im* - Kind sucht, somit als mit erzieherischen Mitteln nicht oder nur wenig veränderbar festschreibt. Eine cerebrale Dysfunktion bleibt ein Leben lang, und sei es nur in den Akten, bestehen, bekommt somit den Charakter von

Irreversibilität. Eine solche Haltung redet eindeutig einem pädagogischen Pessimismus das Wort, ähnlich wie mancherorts vertretene einseitige biochemische (HKS durch vermehrte Bleibelastung im Blut, Nahrungsmittelzusätze) oder fragwürdige vererbungstheoretische Ursachenerklärungen.

Aus Sicht der humanistischen Sonderpädagogik werden auf Grundlage eines medizinischen Denkmodells getroffene Diagnosen eher als zweitrangig eingestuft. Psychosozialen Ursachefaktoren wird ein eindeutig höherer Erklärungswert für das Entstehen des HKS zugesprochen, der vor allem im Hinblick auf Prävention und Intervention auch pädagogisch relevanter ist.

Im alltäglichen Umgang mit der Problematik - und hier speziell bei der Arbeit mit Eltern, aber auch bei der Supervision von professionellen Erziehern - zeigen sich immer wiederkehrende Erfahrungswerte, die die medizinische Sicht als korrekturbedürftig ausweisen. Im folgenden sollen nun einige aus dem persönlichen Kontakt mit Eltern von HKS-Kindern heraus entwickelte Entstehungsbedingungen und -prozesse skizziert werden. Da das HKS fast ausschließlich bereits im Vorschulalter auftritt, müssen innerfamiliale Ursachen als zentral angenommen werden. Die Ausführungen belegen, daß Hyperaktivität in vielen Fällen schlicht Störungen in der Erziehungsgestalt (siehe dazu den Beitrag zu *Erziehung* in diesem Band) signalisieren, mithin erziehungsbedingt ist. Unter diesem Gesichtspunkt müssen die immer noch im Ansteigen begriffenen Verschreibungen von psychoaktiven Medikamenten für hyperaktive Kinder geradezu skandalös erscheinen (zur Problematik der medikamentösen Behandlung des HKS siehe das im Literaturverzeichnis aufgeführte empfehlenswerte Buch von Reinhard Voß).

Eltern von hyperkinetischen Kindern erscheinen oft als unter einem enormen psychischen Druck stehend, nicht selten gepaart mit Unsicherheit, Schuldgefühlen und Versagensängsten in bezug auf Erziehungsfragen. Erziehung wird als Leistungsaufgabe erfahren, an der man nur nicht scheitern darf. Das Kind wird untergründig in ein straff gedachtes und organisiertes Konzept von Erziehungszielen >hineingewünscht<, welches aber nicht authentisch durch erzieherische Grenzsetzungen, sondern durch manipulatorische, verdrehte Gebote zu erreichen versucht wird. Die Angst der Eltern, die Erziehung ihres Kindes nicht gewähren zu können, und der Druck des >Alles richtig machen müssens< übertragen sich auf das Kind. Es kommt zu einer symmetrischen Eskalation, d.h. beide - Eltern und Kinder - finden keine innere Ruhe mehr, wirken gehetzt und fahrig, sind unfähig zur Distanz und gehen sich gegenseitig auf die Nerven. Es folgt dann meist das Zurateziehen von Experten.

Erfahrungsgemäß zeigen viele Eltern ein hohes Maß an Erleichterung, wenn ihr Kind die Diagnose >Hyperaktivität< bekommt. Sie sind so beruhigt, keinen Fehler in der Erziehung begangen zu haben. Die Verantwortung liegt nicht bei ihnen, da >der Schaden im Kind liegt< (erschreckend unpädagogisches Zitat eines Mediziners aus einem Gutachten für ein in meinen Augen hirnorganisch vollkommen intaktes hyperaktives Kind). Es gibt sogar Fälle, in denen die bloße Diagnose den Eltern-Kind-Kontakt so entkrampft hat, daß eine merkliche Besserung der Symptomatik zu verzeichnen war. Allerdings sind dies nur Ausnahmen. In der Regel nutzt nämlich die Diagnose den Eltern, vor allem aber den behandelnden Ärzten. Den Kindern schadet sie oft, und das aus verschiedenen Gründen. Sie sind abgestempelt als >kranke<, >behandlungsbedürftige< oder >nicht normale< Kinder und bauen ihre von außen erhaltenen Abweichungsetiketten nach und nach ins eigene Selbstkonzept ein. Minderwertigkeitsgefühle, Angst vor Segregation (d.h.vor dem Ausgestossenwerden), Isolation und Verachtung bis hin zur >sich selbst erfüllenden< Produktion der zugeschriebenen Etiketten können die Folge sein. Es ist also in der Praxis nicht selten, daß die Diagnose zur Aufrechterhaltung des Symptoms beiträgt.

Durch die Diagnose >Hyperaktivität< ändert sich die Wahrnehmung der betroffenen Kinder durch die erziehenden Personen. In einer Supervisionssitzung berichtete beispielsweise ein junger Erzieher, wie er ein Kind, welches ihm immer als sehr lebhaft, aber eben in erster Linie als *Kind* erschienen war, nach diagnostischer Abklärung durch einen Kinderpsychiater mit entsprechendem Befund plötzlich nur noch als *hyperaktives Kind* wahrgenommen hat. Von dieser Art der schleichenden Etikettierung kann sich kein mit Erziehungsaufgaben betrauter Mensch - sei es professionell oder per >natürlichem< Elternrecht - vollkommen freisprechen.

Neben dem geschilderten Elterntypus existieren noch zwei weitere, deren gehäuftes Auftreten im Zusammenhang mit Hyperaktivität unmittelbar mit dem Entstehen dieses Auffälligkeitsyndroms in Verbindung gebracht werden kann. Beim ersten werden die Kinder in ihren verschiedenen Grundbedürfnissen zu wenig beachtet, bis hin zur massiven Vernachlässigung. Es handelt sich dabei oft um >ungewollte< Kinder, die nicht selten in Fremdunterbringung (sprich etwa Erziehungsheimen) erzogen werden. Eine erfolgversprechende Elternarbeit ist hier aufgrund unzureichender Mitarbeitsmotivation oft schwierig.

Die angedeutete Art von Kontaktarmut und Bindungslosigkeit findet sich auch beim zweiten Elterntypus, wenngleich diese Kinder nicht vernachlässigt aufwachsen. Die Eltern schaffen es nur nicht (oft übrigens aus einer falsch verstandenen progressiven Erziehungsideologie), das Kind mit einem Mindestmaß an Regeln und Gewohnheiten zu konfrontieren. Den Bedürfnissen und Interessen wird in einer Art erzieherischem laisser-faire (d.h. alles ungeordnet und nicht bewertet geschehen zu lassen, was geschieht) begegnet. So kann sich im Kind kein „innerer Halt" (Paul Moor 1965) entwickeln. Fehlender innerer Halt zeigt sich nach Moor zum einen in einer leichten Beeinflußbarkeit und Ablenkbarkeit von außen, zum anderen in einer starken objektbezogenen Gefühlszerrissenheit.

Die pädagogischen und therapeutischen Mittel im Umgang mit hyperaktiven Kindern ergeben sich zumindest teilweise aus den beschriebenen Ursachenfaktoren. Die wohl wichtigste Grundregel war bereits durch das Zitat von Violet Oaklander angesprochen worden: *Hyperaktive Kinder sind in erster Linie Kinder wie andere auch.* Sie haben lediglich ein eigenes Tempo. Es gilt, ihnen auch in ihrer schwierigen Art der Auseinandersetzung mit der Umgebung immer wieder Kontakt anzubieten und Respekt und Wertschätzung entgegenzubringen. Diagnostisch interessant ist die Frage, welche Bedürfnisse hinter dem ruhelosen, unkonzentrierten und gehetzt wirkenden Verhalten stehen. Gelingt es, diese Bedürfnisse zu identifizieren und soweit wie möglich Befriedigung zu schaffen, so werden aus den größten >Zappelphilippen< manchmal für durchaus längere Zeitspannen interessierte, ruhige und konzentrationsfähige Kinder. Wichtig ist also ein erzieherisches Angebot, welches die Kinder dort abholt, wo sie stehen. Dies gilt sowohl für emotionale und motivationale Aspekte der Persönlichkeit als auch für den Aspekt der motorischen und kognitiven Leistungsfähigkeit.

Traditionellerweise umstritten innerhalb der humanistischen Pädagogik ist der Grad der Strukturierung der Erziehung. Für den erzieherischen Umgang mit hyperaktiven Kindern bietet sich erfahrungsgemäß die Einführung einiger weniger Regeln und Gewohnheiten an, auf deren Einhaltung konsequent geachtet werden sollte.

Generell wichtig ist die Zusammenarbeit mit den Eltern, sei es im Rahmen von Elternberatung, sei es als Familientherapie. Dabei ist darauf zu achten, keine Schuldzuweisungen für die Entstehung der Auffälligkeit an ihre Adresse zu verteilen. Dies ist aus mehreren Gründen ein besonders kniffliges Unterfangen: wie beschrieben sind die Eltern aufgrund ihres schlechten Gewissens und des Leistungsdrucks bei Erziehungsfragen sehr anfällig für eine >Opferhaltung<, zum anderen liegt ohne Frage zumindest eine Teilverantwortung in den tatsächlichen Erziehungsfehlern ihrerseits. Zur Vorbeugung von Beratungsfehlern muß auf die Notwendigkeit einer fundierten Beratungsausbildung verwiesen werden.

Als therapieunterstützend haben sich körperorientierte Methoden des Entspannungstrainings, des Autogenen Trainings oder des Biofeedbacks mit Kindern erwiesen. In Einzelfällen können auch bestimmte Diäten (etwa der Verzicht auf phosphathaltige Nahrungsmittel) hilfreich sein, wie überhaupt davon ausgegangen werden kann, daß eine gesunde Ernährung generell nützlich in puncto Wohlfühlen im eigenen Körper ist. Allerdings sollten von Nahrungsumstellungen und Diäten keine Wunderdinge erwartet werden. Bedeutsamer ist die Kontaktqualität zwischen Erzieher und Kind, hier speziell eine akzeptierende und unterstützende Erziehungshaltung, welche das Kind in seiner Bewußtheit für die eigenen Bedürfnisse stärkt und Ausdrucksmöglichkeiten für Bedürfnisse und Gefühle fördert. Dies betrifft sowohl die Vorbeugung als auch die >Behandlung< von Hyperaktivität. Kinder, denen ein gewisses Maß an Entscheidungsfreiheit in sie betreffenden Angelegenheiten zugebilligt wird und die sich so in Selbstverantwortung üben können, lernen erfahrungsgemäß von selbst, was ihnen gut tut und was nicht.

Literaturverzeichnis:

Goetze, H./Neukäter, H.: Beurteilung und Beratung bei speziellen Auffälligkeiten: Hyperaktivität. Studienbrief der Fernuniversität Hagen 3552/1/01/S1. Hagen 1981.

Moor, P.: Heilpädagogik. Bern 1965.

Oaklander, V.: Gestalttherapie mit Kindern und Jugendlichen. 5. Auflage. Stuttgart 1989.

Vernooij, M.: Hampelliese - Zappelhans. Bern 1992.

Voß, R.: Anpassung auf Rezept. Die fortschreitende Medizinisierung auffälligen Verhaltens von Kindern und Jugendlichen. Stuttgart 1992.

Gerd Hansen

Hörbehinderung

Der Begriff Hörbehinderung ist unscharf und mehrdeutig; er wird teilweise verwandt für Schwerhörige im Gegensatz zu Gehörlosigkeit (vgl. den Beitrag zu *Sehbehinderung und Blindheit)*, teilweise als Oberbegriff für alle Beeinträchtigungen des Hörens. In der sonderpädagogischen Literatur hat sich der kausale Begriff Hörschädigung durchgesetzt. Hörbehinderung schließt die psychischen und sozialen Auswirkungen der Hörschädigung ein. Die eigentliche Behinderung bei Hörgeschädigten ist nicht - wie bei Sehbehinderten - die Einschränkung oder der Ausfall eines Sinnes, sondern die daraus resultierende eingeschränkte Kompetenz in Sprachwahrnehmung, Sprachverfügbarkeit und Sprechfähigkeit mit allen Folgen auf die psychische und soziale Entwicklung. Hörbehinderte Menschen sind also nicht normale Menschen mit reduziertem oder ohne Gehör, sondern Menschen, die in der Kommunikation mit Hörenden behindert und in ihrer gesamten Entwicklung gravierend beeinflußt sind.

Üblicherweise werden Hörbehinderte nach dem Grad des Hörverlustes in Schwerhörige und Gehörlose unterteilt:

Schwerhörige sind Menschen, bei denen die sprachliche Verständigung wegen eingeschränkten Hörvermögens anhaltend gestört ist, die aber noch gesprochene Sprache wahrnehmen können unter Verwendung technischer Hilfsmittel und Hörgeräte. Es werden Schwerhörige in geringgradig (Hörverlust 20 bis 40%), mittelgradig (Hörverlust 40 bis 60%), hochgradig (Hörverlust 60 bis 80%) und an Taubheit grenzend (Hörverlust 80 bis 95%) unterschieden. Die Grenzen zwischen diesen Graden sind fließend und schwer zu ziehen.

Gehörlose (Hörverlust 95 bis 100%) sind Menschen, die gesprochene Sprache nicht mehr - auch unter Ausnutzung technischer und apparativer Hilfsmittel - wahrnehmen können.

Man unterscheidet zwischen *prälingualen* Gehörlosen, die von Geburt an bzw. seit früher Kindheit (vor der Sprachentwicklung) geschädigt sind, und *postlingualen* Gehörlosen, die erst nach der Phase des Spracherwerbs gehörlos wurden (ertaubten), etwa nach dem vierten bis sechsten Lebensjahr. Die Unterscheidung prälingual und postlingual hörgeschädigt ist pädagogisch äußerst bedeutsam für Förderziele und -methoden. Hat ein Hörgeschädigter unter natürlichen Bedingungen die Sprache erlernt und damit ein Gefühl entwickelt für Wortinhalte, Wortklangbilder, Satzstrukturen, Sprachmelodie und -rhythmus, dann liegt das sonderpädagogische Ziel in der Erhaltung der bereits erworbenen Sprachkompetenz.

Mit *Spätertaubten* bezeichnet man Hörbehinderte, die erst im Erwachsenenalter gehörlos werden.

Anatomisch-physiologisch werden Schalleitungsstörungen (konduktive), Schallempfindungsstörungen (sensorineurale), sowie kombinierte Schalleitungs-Schallempfindungs-Hörstörungen unterschieden. Schalleitungsstörungen sind im Außen- und Mittelohr zu lokalisieren und betreffen die mechanische Reizleitung zum sensorischen Teil des Hörorgans. Sie können meist konservativ-medikamentös oder operativ behandelt werden. Schallempfindungsstörungen betreffen im Innenohr die Umwandlung der mechanischen Schallenergie in neurale Reizimpulse und deren Weiterleitung zu den Hörzentren im Gehirn. Sie sind dagegen nur selten günstig zu beeinflussen, abgesehen von einer Versorgung mit Hörgeräten.

In den letzten Jahren hat die Medizin große Fortschritte mit dem Cochlear Implant erzielt. Es handelt sich dabei um ein sehr kompliziertes operatives Verfahren, bei dem eine Art „Innenohrprothese" die ausgefallene Funktion des Innenohrs übernimmt. Das Verfahren ist in Pädagogenkreisen sehr umstritten, da in keiner Weise ein normales Hören erreicht wird, sondern eine häufig als sehr unangenehm empfundene Geräuschwahrnehmung, die selten zu befriedigender Sprachwahrnehmung genutzt werden kann.

Die Hörschäden sind zum Teil erblich bedingt, zum Teil Folgen frühkindlicher Hirnschädigungen, weiterhin auf Mißbildungen und Erkrankungen zurückzuführen. Außerdem gibt es immer noch eine große Anzahl nicht geklärter Ursachen (ca. 25%).

Angaben über die Verbreitung von Hörbehinderungen divergieren erheblich, je nachdem welcher Grad von Hörschädigung zugrundegelegt wird. So ergab sich in einer Untersuchung auf der Basis einer repräsentativen Stichprobe von ca. 3000 Personen zwischen 15 und 75 Jahren für die Bevölkerung der Bundesrepublik Deutschland der hohe Anteil von 26,8% Personen mit beeinträchtigtem Hörvermögen (Deutsches Grünes Kreuz, 1986). Jedoch bezogen auf die Schulbevölkerung ist lediglich von einer Häufigkeit pädagogisch bedeutsamer Hörschädigungen von etwa 0,3% für mittel- bis hochgradige Schwerhörigkeit und von 0,05% für Gehörlosigkeit auszugehen (zum Vergl. Blinde und Sehbehinderte 0,1%, Geistigbehinderte 0,5%, Körperbehinderte 0,5%).

Hörbehinderungen werden selten im ersten Lebensjahr festgestellt. Es ist erschreckend, wie spät Hörbehinderungen - meist von den Eltern - erkannt werden, pädoaudiologisch diagnostiziert werden und eine Versorgung mit Hörgeräten vorgenommen wird. 1988 wurden die gehörlosen Kinder im Durchschnitt 20 Monate alt, bis eine fachärztliche Diagnose vorlag, und mit 27 Monaten waren sie erst mit Hörgeräten versorgt (vgl. Hartmann 1990). Für schwerhörige Kinder sind die erhobenen Daten noch ungünstiger.

Diagnose und Anpassung von Hörgeräten sind Voraussetzungen für die Frühförderung, die schon im Säuglingsalter beginnen kann. Die Frühförderung wird in der Regel bis zum dritten Lebensjahr als Hausspracherziehung von den Eltern unter Beratung eines Hörgeschädigtenlehrers durchgeführt. Aufgabe der Früherziehung ist eine ganzheitliche Förderung, die die soziale und emotionale Entwicklung des Kleinkindes, insbesondere die Gestaltung der Mutter-Kind-Beziehung zum Ziel hat und in die die Sprachförderung mit Hörerziehung und Sprachanbahnung integriert ist. Durch die Zusammenarbeit von Pädaudiologe, Hörgeräteakustiker und Hörgeschädigtenpädagoge können nach neuesten Erkenntnissen selbst minimale Hörreste für die Hör- und Sprecherziehung genutzt werden.

Ab dem dritten Lebensjahr besucht das hörbehinderte Kind den Sonderkindergarten, eine Einrichtung, die neben den Zielen eines normalen Kindergartens eine gezielte Hör-Sprech- und Spracherziehung verfolgt.

Sonderschulen für Schwerhörige und Gehörlose werden von dem überwiegenden Teil hörbehinderter Kinder und Jugendlicher besucht. Zunehmend wird von der Möglichkeit einer integrierten Beschulung an einer Regelschule Gebrauch gemacht. Dies ist allerdings nur sinnvoll, wenn der hörbehinderte Schüler über hohe Sprachkompetenz verfügt und akzeptable technische Voraussetzungen und fachmännische Beratung für eine befriedigende Kommunikation im Unterricht vorfindet.

Die grobe Einteilung nach dem Hörverlust eines Hörgeschädigten ist wenig aussagekräftig für die eigentliche Hörbehinderung. Vielmehr ist die Art und das Ausmaß der durch die Hörschädigung bedingten Kommunikationsbehinderung determiniert von einer Fülle von Faktoren wie Zeitpunkt der Diagnosestellung und Versorgung mit Hörgerät, Beginn und Art der Frühförderung sowie Lernfähigkeit und Persönlichkeit des Hörgeschädigten. So ist beispielsweise mancher spät geförderte Schwerhörige besser in der Schule für Gehörlose aufgehoben.

Die Schwerhörigenschulen orientieren sich curricular an den Regelschulen und bieten darüber hinaus Hörtraining, Artikulationsübungen und Absehschulung als behinderungsspezifische Hilfen an. Bildungseinrichtungen für Gehörlose blicken auf eine fast 200 Jahre alte Tradition zurück; sie sind die ältesten Behinderteneinrichtungen. Die Geschichte der Gehörlosenpädagogik ist seit dieser Zeit mehr oder weniger bis in die Gegenwart geprägt von oralistischem Denken: Erziehungsziel war die ausschließliche Anpassung des Hörgeschädigten an die Welt des Hörenden durch Spracherziehung in Verstehen, Sprechen, Schreiben, Lesen. Gebärden galten als störend für den Prozeß des Lernens der Lautsprache und des Ablesens, sie wurden konsequent untersagt, selbst in der Freizeit, wenn die Gehörlosen unter sich waren. Gegner der ausschließlich oralen Erziehung führen ins Feld, daß für Gehörlose die Sprache der Hörenden eine Fremdsprache ist und daß für sie die Gebärdensprache als natürliche Sprache im Sinne der Muttersprache anzusehen ist. Sie fordern eine bilinguale Sprachentwicklung vom Kleinkindalter an. Sie wollen die Vorbereitung des Hörgeschädigten auf ein Leben in zwei Welten: der Welt der Hörenden und der Gehörlosengemeinschaft.

In der gegenwärtigen Fachdiskussion werden beide Positionen dogmatisch und mit unüberbrückbarer Schärfe geführt. Es besteht kein Konsens darüber, welche Kommunikationsmodi im schulischen Lernprozeß Vorrang haben sollen. Die *Lautsprache* in Wort und Schrift ist an allen Schulen für Hörgeschädigte uneingeschränkt Unterrichtsinhalt und Kommunikationsmittel. Die *Deutsche Gebärdensprache* (DGS), eigenständige gehörlosenspezifische Sprache mit eigenen grammatikalischen und semantischen Gesetzmäßigkeiten, dient insbesondere der Kommunikation Gehörloser untereinander und hat in den Schulen bisher fast keinen Eingang gefunden. Die *lautsprachbegleitende Gebärde* (LBG), eine Visualisierungsform der Lautsprache, gebärdete Lautsprache, wird in der Schule -

zwar nicht unumstritten - eingesetzt, wird aber keineswegs von Gehörlosenlehrern beherrscht. Für das *Fingeralphabet,* ein Zeichensystem, das Lautsprache unterstützt und insbesondere zur Differenzierung der Lautsprache bei Eigennamen, schwierigen Begriffen und Flexionsmorphemen benutzt wird, gilt ähnliches.

Ob bilinguale Früherziehung oder unisensorisch hörgerichtete Erziehung, ob primär gebärdensprachorientierte Erziehung oder Hörsprecherziehung mit Gebärdenbegleitung im Sinne der totalen - multidimensionalen - Kommunikation, es geht immer um die Frage, wie die Integration des Hörgeschädigten und seine Identitätsfindung besser gelingt, durch das Erlernen der Lautsprache oder der Gebärdensprache.

In der Realität kommunizieren Gehörlose in zwei unterschiedlichen Kommunikationswelten mit unterschiedlichen Kommunikationsmitteln: In der Welt der Hörenden - in Schule und Beruf - mit der Lautsprache, in der Gehörlosengemeinschaft mit der Gebärde. Integration in die Gesellschaft schließt dementsprechend die Integration in die Gemeinschaft der Gehörlosen ein.

Die Bedeutung der Deutschen Gebärdensprache für den Gehörlosen darf nicht übertragen werden auf die anders gearteten Gruppen der Schwerhörigen und Spätertaubten, für die die Lautsprache Muttersprache ist.

Häufig haben Spätertaubte und Schwerhörige besondere Schwierigkeiten, ihre Identität zu finden, wenn sie weder zur Gruppe der Gehörlosen gehören, noch sich von Hörenden akzeptiert fühlen. Sie sind häufig isolierter als Gehörlose, besonders im Erwachsenenalter.

Gehörlose suchen überall die Gesellschaft ihresgleichen. Als Erwachsene pflegen sie ein intensives Vereinsleben, schließen sich zu >Schicksalsgemeinschaften< zusammen. Sie treffen sich in ihrer Freizeit, plaudern, treiben Sport, reisen zusammen, gehen Freundschaften und Partnerschaften ein. Für den Gehörlosen ist sein Verein ein Stück Heimat.

Zwar haben auch die Schwerhörigen und Spätertaubten ihren Selbsthilfeverband, das Vereinsleben ist aber ungleich ärmer, Mitgliederzahlen sind erheblich geringer (1980: 5000 gegenüber 22000).

Literatur:

Fengler, J.: Hörgeschädigte Menschen. Stuttgart 1990.

Jussen, H./Kröhnert, O. (Hrsg.): Handbuch der Sonderpädagogik, Bd. 3. Pädagogik der Gehörlosen und Schwerhörigen. Berlin 1982.

Wisch, F.-H.: Lautsprache und Gebärdensprache. Hamburg 1990.

Meinhard Kiesbye

Integration und integrative pädagogische Praxis

Die Integration behinderter Menschen im Sinne der uneingeschränkten Eingliederung in die Gesellschaft und der vollwertigen Teilnahme und Teilhabe an deren institutionellen Angeboten und materiellen Ressourcen ist schon immer als *die grundsätzliche sonderpädagogische Aufgabe* verstanden worden (vgl. Haupt 1985, Eberwein 1988, Begemann 1992). Integration als *Ziel* ist in der sonderpädagogischen Fachdiskussion unumstritten. Über den *Weg* zu diesem allgemein akzeptierten Ziel gibt es allerdings nach wie vor noch keinen allgemein geltenden Konsens.

Insbesondere die jahrzehntelange sonderpädagogische Praxis der schulischen Separation behinderter Kinder aufgrund einer traditionellen sonderpädagogischen Klassifikation in verschiedene diagnostisch zu differenzierende *Behinderungsarten* und das darauf basierende bildungsbürokratische Sonderschulüberweisungsverfahren stehen in einem schwer aufzuhebenden dialektischen Widerspruch zum Integrationspostulat. Dem konservativen schulpädagogischen Konzept eines im Sinne der äußeren Differenzierung ausgebauten Sonderschulsystems mit möglichst leistungshomogenen Lerngruppen, zielgleichem Lernen, interindividuellem Leistungsvergleich und objektivierbarer Leistungsbeurteilung steht die pädagogisch progressive Idee gemeinsamen Lebens, zieldifferenten Lernens und intraindividueller Leistungsbeurteilung in heterogenen Gruppen relativ unversöhnlich gegenüber. Schulische Separation behinderter Kinder ist nach Auffassung der bundesweiten Elterninitiative „Gemeinsam leben - Gemeinsam lernen" und zahlreicher Pädagogen wie Sonderpädagogen nicht länger aufrechtzuerhalten, denn schon rein logisch gilt:„Eingliederung kann nicht durch Ausgliederung erreicht werden" (Eberwein 1988, 45).

Bis heute ist es nicht gelungen, diesen pädagogischen Widerspruch zwischen dem theoretischen Integrationspostulat und der nach wie vor herrschenden Separationspraxis aufzulösen. In zwanzig Jahren - seit Mitte der siebziger Jahre die Flämig-Grundschule in Berlin erstmalig radikal dazu überging, Kinder jedweder Behinderungsart ihres Schulbezirks in ihre allgemeinen Grundschulklassen aufzunehmen - ist es nicht gelungen, die schulische Integration behinderter Kinder pädagogisch und schulrechtlich allgemein durchzusetzen. Und dies, obwohl das pädagogische und sonderpädagogische Expertenteam der Bildungskommission des Deutschen Bildungsrates bereits 1973 gleich im Einführungskapitel zu seiner Empfehlung „Zur pädagogischen Förderung behinderter und von Behinderung bedrohter Kinder und Jugendlicher" ganz eindeutig der schulischen Integration behinderter Kinder den Vorzug vor einer isolierten und isolierenden Sonderbeschulung gab: „Für diese neue Empfehlung mußte die Bildungskommission davon ausgehen, daß behinderte Kinder und Jugendliche bisher in eigens für sie eingerichteten Schulen unterrichtet wurden, weil die Auffassung vorherrschte, daß ihnen mit besonderen Maßnahmen in abgeschirmten Einrichtungen am besten geholfen werden könne. Die Bildungskommission folgt dieser Auffassung nicht. Sie legt in der vorliegenden Empfehlung eine neue Konzeption zur pädagogischen Förderung behinderter und von Behinderung bedrohter Kinder und Jugendlicher vor, die eine weitmögliche gemeinsame Unterrichtung von Behinderten und Nichtbehinderten vorsieht und selbst für behinderte Kinder, für die eine gemeinsame Unterrichtung mit Nichtbehinderten nicht sinnvoll erscheint, soziale Kontakte mit Nichtbehinderten ermöglicht. *Damit stellt sie der bisher vorherrschenden schulischen Isolation Behinderter ihre schulische Integration entgegen*" (Deutscher Bildungsrat 1973, 15 f., kursive Hervorhebung von mir).

Pädagogik, Sonderpädagogik und die Schulbürokratie haben weder die Empfehlung des Bildungsrates noch die Herausforderung durch die Eltern und deren behinderte und nichtbehinderte Kinder entschlossen genug aufgenommen. Nach wie vor bewegt sich der gemeinsame Unterricht von behinderten und nichtbehinderten Kindern auf der zaghaften Ebene von Modellprojekten oder Schulversuchen. Und dies, obwohl seit Jahren in vielen Einzelbeispielen selbst für Skeptiker überzeugend gezeigt werden konnte, daß eine nicht aussondernde gemeinsame Bildung und Erziehung aller Kinder in sogenannten heterogenen Lerngruppen zieldifferent nicht nur möglich ist, sondern sich in mehrfacher Hinsicht - insbesondere im Hinblick auf soziale Lernprozesse - sogar als wesentlich effektiver erwiesen hat (vgl. Feuser/Meyer 1987, Wocken/Antor 1987, Wocken/Antor/Hinz 1988, Schley/Boban/ Hinz 1992).

1994 hat sich nun endlich die Kultusministerkonferenz der Länder für die Integration der sonderpädagogischen Kompetenzen in alle allgemeinbildenden Schulen und des damit möglichen gemeinsamen Unterrichts durchgerungen: „Die Bildung behinderter junger Menschen ist verstärkt als gemeinsame Aufgabe für grundsätzlich alle Schulen anzustreben. Die Sonderpädagogik versteht sich dabei immer mehr als eine notwendige Ergänzung und Schwerpunktsetzung der allgemeinen Pädagogik" (3).

Die besonderen didaktischen und methodischen Innovationsmöglichkeiten, die nicht zuletzt durch die prinzipielle personelle Doppelbesetzung in Integrationsklassen eröffnet werden, überzeugen viele Eltern, indem sie unmittelbar erleben können, daß ein individualisierender und differenziert strukturierter Unterricht in einer heterogenen Lerngruppe gegenüber dem traditionellen „Frontalunterricht" mit seinem Lernen im „Gleichschritt" für die Persönlichkeitsentwicklung und -bildung jedes einzelnen Kindes wesentlich günstiger ist. Es sind viel öfter noch die Lehrerinnen und Lehrer, die aufgrund ihrer institutionell meist sehr einschränkenden Arbeitsbedingungen Skepsis und Zurückhaltung gegenüber Theorie und Praxis gemeinsamen Unterrichts üben.

Der Berliner Sonderpädagoge Hans Eberwein sieht in der uneingeschränkten schulischen Integration behinderter Kinder die konsequente Weiterführung und Umsetzung der reformpädagogischen Ideen der ersten Jahrzehnte unseres Jahrhunderts. Durch eine neu zu etablierende „Integrationspädagogik" möchte er die Sonderpädagogik gewissermaßen dialektisch aufheben: „Integrationspädagogik ist ein Substitutionsbegriff; in ihm ist die Aufhebung der Sonderpädagogik begriffslogisch enthalten. Als Ziel verfolgt Integrationspädagogik die Überwindung aussondernder Einrichtungen sowie deren pädagogischer Konzeptionen zugunsten gemeinsamen Lernens und Lebens. Damit verbinden sich weitreichende strukturelle Veränderungen im Schul- und Bildungswesen der Bundesrepublik. Ernstmals nach einhundert Jahren stehen eigenständige Sonderschulen grundsätzlich zur Disposition" (Eberwein 1988, 45).

Die von Eberwein theoretisch intendierte „Integrationspädagogik" verlangt notwendigerweise ein Umdenken: Die traditionell in der Sonderpädagogik immer noch verbreitete defektologische Sichtweise muß einer radikal dialogischen Haltung (vgl. Boban/Hinz 1993) im Umgang mit behinderten Kindern weichen, wobei die als geistig behindert bezeichneten Kinder uneingeschränkt einzubeziehen sind. Und die in der Pädagogik weithin verbreiteten reduktiven Verständnisweisen von Bildung, Erkenntnis, Unterricht und Erziehung müssen zugunsten einer neuen integrativen pädagogischen Praxis aufgehoben werden (vgl. Krawitz 1995, 1997):

– *Bildung* muß im Hinblick auf die schulische Integration behinderter Kinder wieder unteilbar ganzheitlich (in-dividual-pädagogisch) verstanden werden als Enfaltung, Prägung, Verwandlung und Umwendung des *ganzen* Menschen mit all seinen Möglichkeiten nach *innen* und *außen,* darf nicht reduziert werden auf die reine Geistesbildung des intellektualistischen Bildungsverständnisses des 19. Jahrhunderts.

– *Erkenntnis* als zentrale Aufgabe schulischen Unterrichts muß in seiner schon von Kant herausgearbeiteten umfassenden Bedeutung als subjektiver Akt der Wechselwirkung zwischen Sinnlichkeit und Verstand, Anschauung und Begriff, Empfindung und Erscheinung begriffen werden. Der traditionell immer noch übliche Schulunterricht reduziert den Erkenntnisprozeß oft lediglich auf die kognitive Komponente reinen Begriffslernens. Statt subjektive Empfindungen durch Erfahrung im Wechselspiel von Sinnlichkeit und Verstand und der Dynamik von Anschauung und Begriff zuzulassen, wird vom Schüler lediglich eine rationale Übernahme von Begriffswissen gefordert. Und das, obwohl für die Lehrerinnen und Lehrer selbst die Erfahrung unmittelbar evident sein dürfte, daß kindliche Neugier zunächst einmal anfassen, sehen, hören, spüren, fühlen, riechen, schmecken will, ehe überhaupt ein Interesse an begrifflicher Fassung der je subjektiven Anschauung geweckt werden kann.

– *Unterricht* - gemeinsam mit behinderten Kindern - ist immer ein aktiver (selbsttätiger) Prozeß des Sich-Kundigmachens. Dies geschieht ganz invididuell und von Kind zu Kind sehr unterschiedlich. Statt des lehrerzentrierten Lehrgangs setzt integrativer Unterricht auf den hermeneutischen Dreischritt von „Erlebnis - Ausdruck - Verstehen". Jedes Kind ist unmittelbar fähig, seinen subjektiven Erlebnissen in irgendeiner Form Ausdruck zu verleihen und darüber zu einem individuellen Verstehen vorzudringen. Diesen Prozeß individuellen Lernens zu fördern ist eine zentrale Aufgabe integrativen Unterrichts.

– *Erziehung* ist auch für die Schule wieder als Aufgabe zu erkennen und anzunehmen, besonders in einer Zeit der gesellschaftlichen Herausforderung durch Gewalt, Neofaschismus und Fremdenhaß im wortwörtlichen Sinne notwendig. Gemeint ist damit keineswegs jener „Mut zur Erziehung", den konservative Bildungspolitiker, Pädagogen und Philosophen Ende der siebziger Jahre den Reformbemühungen einer sich damals zaghaft etablierenden kritisch-kommunikativen Pädagogik entgegenzusetzen versuchten, sondern vielmehr jene Hilfe zur Selbsterziehung, die Heinrich Rombach (1979, 144) darin sieht, daß mit pädagogischer Unterstützung *jedem (auch dem behinderten)* Kind „zu seiner eigenen strukturellen Klarheit" verholfen werden kann.

Zur Gestaltung einer neuen integrativen pädagogischen Praxis, in der der didaktischen Wissensvermittlung gegenüber der pädagogischen Handlungsorientierung eine untergeordnete Bedeutung zukommt, habe ich in meiner Arbeit „Pädagogik statt Therapie" prinzipielle Aspekte zur Diskussion gestellt, durch die in vielfacher Hinsicht individualpädagogisch (d. h. bezogen auf die jeweilige Situation des einzelnen Kindes) konkrete Hilfe für die befriedigende Gestaltung einer behinderten oder nichtbehinderten Existenz geleistet werden könnte (ausführlich in Krawitz 1997):

− *Integrative pädagogische Praxis als allgemeines Grundprinzip:* Die alltägliche Lebenswelt ist als pädagogische Praxis zu begreifen und anzunehmen. Die verschiedenen Interaktionspartner sind die verantwortlichen Träger dieser pädagogischen Praxis.

− *Integrative pädagogische Praxis als Ersatz für Primärerfahrungen:* Eine Pädagogisierung der verschiedenen gesellschaftlichen Interaktionsfelder ist aufgrund der veränderten Lebens- und Aufwuchsbedingungen der behinderten wie nichtbehinderten Kinder und Jugendlichen unumgänglich.

− *Integrative pädagogische Praxis als Lebenshilfe:* Integrative pädagogische Praxis bedeutet konkrete Lebenshilfe für Heranwachsende in ihren alltäglichen Erfahrungs-, Bewährungs- und Krisensituationen.

− *Integrative pädagogische Praxis als Erlebnisfeld:* Vielfältige subjektive Erlebnisse sind in ihrer pädagogischen Bedeutung zu sehen und zu respektieren; verlorengegangene Erlebnisfelder sind mit Hilfe neuer kreativer Ideen pädagogisch zu ersetzen.

− *Integrative pädagogische Praxis als Experimentier- und Erprobungsfeld:* Eine neue pädagogische Praxis ist wesentlich als ein breites und offenes Experimentier- und Erprobungsfeld zu verstehen und zu organisieren.

− *Integrative pädagogische Praxis als Spielfeld und Freiraum:* Intentionale pädagogische Maßnahmen sind in einer pädagogischen Praxis zugunsten freier Spielräume zu relativieren.

− *Integrative pädagogische Praxis als Bewährungsfeld:* Integrative pädagogische Praxis ermöglicht selbstverantwortete Bewährung der Heranwachsenden in konkreten Lebenssituationen.

− *Integrative pädagogische Praxis als Kommunikationsfeld:* Integrative pädagogische Praxis gibt gegenüber dem Sachaspekt von Erziehung und Unterricht dem Interaktions- und Kommunikationsaspekt Priorität.

− *Integrative pädagogische Praxis als Feld der Selbsterfahrung:* Integrative pädagogische Praxis hat meditative und reflektierende Selbsterfahrung des Individuums zu ermöglichen.

- *Integrative pädagogische Praxis als philosophische Praxis:* Integrative pädagogische Praxis versteht sich als Ort philosophischen Fragens und Antwortens, an dem Heranwachsende Wege (Sinn) für ihre eigenen Gehversuche (Ansichten und Einsichten) finden können.

Literatur:

Regemann, E.: Gesellschaftliche Integration „behinderter" Menschen erfordert eine solidarische Kultur, in: Behinderte in Familie, Schule und Gesellschaft, 15. 1992, Heft 6, 5 - 26.

Boban, I./Hinz, A.: Geistige Behinderung und Integration. Überlegungen zum Verständnis der „Geistigen Behinderung" im Kontext integrativer Erziehung, in: ZfHeilpäd. 44. 1993, 327 - 340.

Deutscher Bildungsrat (Hrsg.): Zur pädagogischen Förderung behinderter und von Behinderung bedrohter Kinder und Jugendlicher, Bonn 1973 und in ZfHeilpäd., Beiheft 11, 1974.

Eberwein, H. (Hrsg.): Behinderte und Nichtbehinderte lernen gemeinsam. Handbuch der Integrationspädagogik, Weinheim/Basel 1988.

Eberwein, H.: Integrationspädagogik als Weiterentwicklung (sonder-)pädagogischen Denkens und Handelns, in: Eberwein, H. (Hrsg.), 45 - 53.

Feuser, G./Meyer, H.: Integrativer Unterricht in der Grundschule, Solms-Oberbiel 1987.

Haupt, U.: Die schulische Integration von Behinderten, in: Bleidick, U. (Hrsg.), Handbuch der Sonderpädagogik, Bd. 1, Theorie der Behindertenpädagogik, 152 - 197, Berlin 1985.

Krawitz, R.: Pädagogik statt Therapie. Vom Sinn individualpädagogischen Sehens, Denkens und Handelns, Bad Heilbrunn 1997 (3. Aufl.).

Krawitz, R. (Hrsg.): Die Integration behinderter Kinder in die Schule. Ein Schulversuch von der Grundschule zur Sekundarstufe I, Bad Heilbrunn 1995.

Kultusministerkonferenz: Empfehlungen zur sonderpädagogischen Förderung in den Schulen der Bundesrepublik Deutschland, Bonn 1994.

Lersch, R./Vernooij, M. (Hrsg.): Behinderte Kinder und Jugendliche in der Schule. Herausforderungen an Schul- und Sonderpädagogik, Bad Heilbrunn 1992.

Rombach, H.: Phänomenologische Erziehungswissenschaft und Strukturpädagogik, in: Schaller, K. (Hrsg.), Erziehungswissenschaft der Gegenwart. Prinzipien und Perspektiven moderner Pädagogik, 136 - 154, Bochum 1979.

Sander, A./Raidt, P. (Hrsg.): Integration und Sonderpädagogik. Referate der 27.Dozententagung für Sonderpädagogik in deutschsprachigen Ländern im Oktober 1990 in Saarbrücken, St. Ingbert 1991.

Schley, W./Boban, I./Hinz, A. (Hrsg.): Integrationsklassen in Hamburger Gesamtschulen. Erste Schritte zur Integrationspädagogik im Sekundarbereich, Hamburg 1992 (2. Aufl.).

Schöler, J.: Integrative Schule - Integrativer Unterricht. Ratgeber für Lehrer und Eltern, Reinbek 1993.

Wocken, H./Antor, G. (Hrsg.): Integrationsklassen in Hamburg. Erfahrungen - Untersuchungen - Anregungen, Solms-Oberbiel 1987.

Wocken, H./Antor, G./Hinz, A. (Hrsg.): Integrationsklassen in Hamburger Grundschulen. Bilanz eines Modellversuchs, Hamburg 1988.

Rudi Krawitz

Krankenpädagogik

Das sonderpädagogische Arbeitsfeld der Krankenpädagogik entstand aus dem Bemühen, Kindern mit schweren und langwierigen Erkrankungen den Anschluß an die Altersgruppe zu erhalten und ihnen zu ermöglichen, ihren Bildungsweg auch während der stationären Behandlung weiterzugehen. So wurden anfänglich beispielsweise Kinder mit Tuberkulose, Kinder mit schwerer Poliomyelitis, Kinder mit langwierigen orthopädischen Erkrankungen einzeln oder in Gruppen im Krankenhaus unterrichtet. In großen Kliniken entstanden Krankenhausschulen mit einem Stammkollegium aus Sonderschullehrern. Je nach Bildungsgang und Schulstufe der Schüler wird das Stammkollegium erweitert um Lehrer anderer Schularten, die stundenweise Schulfächer unterrichten, die zum Curriculum der Klasse gehören, aus der der Schüler kommt.

Generell gilt heute, daß Schüler, die voraussichtlich länger als vier bis sechs Wochen klinisch-stationär behandelt werden müssen, Anspruch auf Krankenhausunterricht haben. Diese Grundregel wird in einzelnen Bundesländern unterschiedlich gehandhabt. Nordrhein-Westfalen verfügt beispielsweise über ein gutes Förderangebot. Dort wird die Grundregel z. B. so zugunsten der betroffenen Kinder angewendet, daß auch Kinder, die über einen längeren Zeitraum zwei- bis dreimal pro Woche wegen schweren Nierenversagens ambulant zur Dialyse-Behandlung in die Universitätsklinik kommen, während dieser jeweils mehrstündigen Behandlung Unterricht und sonderpädagogische Förderung erhalten. In anderen Bundesländern wie z. B. Rheinland-Pfalz ist noch ein erheblicher Ausbau der sonderpädagogischen Fördermöglichkeiten im Krankenhaus erforderlich, um dem vorhandenen Bedarf Rechnung zu tragen.

Krankenpädagogik hat von jeher einen Schwerpunkt in der Unterrichtsarbeit mit lang liegenden Kindern in Kliniken. Ebenso wichtig ist die Bereitstellung von Hilfen zur Verarbeitung der durch Krankheit oder Trauma veränderten Lebenssituation und Hilfen für die Bearbeitung von Konflikten z. B. bei Kindern, die wegen psychosomatischen Erkrankungen, wegen Suizidgefährdung, Mißhandlung oder Mißbrauch längere Zeit in klinischer Behandlung sind. Ein weiterer Schwerpunkt liegt in spezifischen sonderpädagogischen Fördermaßnahmen, z. B. nach traumatischer Querschnittslähmung oder nach schwerem Schädel-Hirn-Trauma mit Verlust von Kompetenzen in verschiedenen Entwicklungsbereichen.

Krankenpädagogik soll in zwei Beispielen skizziert werden: in der Arbeit mit Kindern nach schwerem Schädel-Hirn-Trauma und in der Arbeit mit Kindern mit Krebserkrankungen.

Ein schweres Schädel-Hirn-Trauma im Kindergarten- oder Schulalter verändert schlagartig die Lebenssituation eines Kindes und seiner Familie. Das Kind, das in seinem bisherigen Leben vielfältige Kompetenzen wie selbständige Fortbewegung, differenzierte Wahrnehmung, Bewegungsgeschick, Selbständigkeit, Sprachverständnis, Sprachgebrauch, Kommunikation, Beziehungsverhalten erworben hat, ist plötzlich aus seinem Entwicklungskontinuum, aus seinen familialen und sozialen Beziehungen herausgerissen. Es ist hilflos, ist vielleicht nicht bewußtseinsklar, irritiert. Seine Wahrnehmung ist gestört. Vielleicht ist es gelähmt, sein Körper gehorcht ihm nicht mehr. Vielleicht ist es der Sprache nicht mehr mächtig (Aphasie). Es weiß vermutlich nicht (Amnesie), wie es in diese Situation gekommen ist. Es weiß nicht, wo es sich befindet, warum all diese Maßnahmen geschehen, warum fremde Menschen es anfassen und pflegen, warum die Eltern so betroffen sind.

Das Kind hat nicht nur seine vitalen Bedürfnisse nach Überleben, Beschwerdefreiheit und Wiedergewinn seiner Kompetenzen. Es hat ein großes Bedürfnis nach emotionaler Sicherheit, nach vertrauten Menschen, nach Verstehen der Situation, nach Verstandenwerden. Es ist für Eltern und Fachkräfte nicht leicht, Kinder, die sich nach einem Unfall kaum bewegen und verständigen können und vom Unfallgeschehen mit seinen Folgen noch sehr verstört sind, zu verstehen und sich ihnen so zuzuwenden, daß sie sich psychisch beruhigen können. Es ist heute keine Frage mehr, daß es sehr bedeutsam ist, die Kinder auch in Phasen von Bewußtlosigkeit, Koma oder apallischem Syndrom freundlich anzusprechen. Veränderungen der Atemfrequenz, Schwitzen, Stöhnen, Laute, Bewegungen können als Signale, als kommunikative Zeichen verstanden werden und im Dialog Antwort erfahren. Bei anhaltendem apallischem Syndrom können Angebote von Beziehung, von Körperkontakt, Angebote für alle Wahrnehmungsbereiche entsprechend den Fördermöglichkeiten, die für schwerstbehinderte Kinder entwickelt wurden, und behutsame Bewegungserleichterung Hilfen für das Wieder-Aufwachen sein.

Die Wiedererholung des Kindes muß in allen Entwicklungsbereichen sorgsam unterstützt werden. Für beeinträchtigte Funktionen braucht es spezifische Hilfen, z. B.

– Schulung der Grob- und Feinmotorik nach neurophysiologisch orientierten Behandlungsmethoden; u. U. muß auch die Graphomotorik wieder entwickelt werden

– Schulung beeinträchtigter Wahrnehmungsbereiche

– Förderung des Sprechens und des Verstehens von Sprache

– Förderung kognitiver Funktionen.

Es braucht Hilfen bei der Auseinandersetzung mit dem Unfallgeschehen und seinen Folgen und Hilfen bei Schwierigkeiten in Kontaktaufnahme und Kontaktgestaltung mit Kindern und Erwachsenen, zu denen es vor dem Unfall Beziehung hatte.

Je jünger das Kind ist und je schwerer die Unfallfolgen sind, desto mehr braucht das Kind ganzheitliche Förderung und nicht isoliertes Training einzelner Funktionen in additiver Form. Konkrete Situationen, in denen Ereignisse, Vorgänge, Zusammenhänge leib- und sinnenhaft erlebt und erfahren werden können, in denen das Kind in Handlungen einbezogen ist, sind für die Förderung besonders geeignet. Zur sonderpädagogischen Förderung im Krankenhaus gehört für diese Kinder gegebenenfalls auch die Hilfsmittelversorgung mit Schreibmaschine, Computer, Rollstuhl etc. Sie sollte im Team beraten und mit dem Kind erprobt werden. Vor der Entlassung aus der Klinik ist es wichtig abzuklären, welche Bildungseinrichtung die Förderangebote machen kann, die ein Kind anschließend braucht. Vielleicht braucht es Hilfen/sonderpädagogische Förderstunden für eine integrative Beschulung. Vielleicht ist zuerst eine Förderung in einem Rehabilitationszentrum oder einer Körperbehindertenschule nötig, ehe der Besuch einer allgemeinen Schule wieder sinnvoll wird.

Fortlaufende Gespräche mit den Eltern sind ein notwendiges Angebot in einer Klinik, sei es als Einzelgespräche, sei es als Gespräche in Gruppen ähnlich betroffener Eltern. Es dauert oft lange Zeit, bis die Eltern ihren Unfallschock, ihre Betroffenheit, ihre möglichen Schuldgefühle, ihre Ängste verarbeitet haben und sich auf die neue, veränderte Situation des Kindes einstellen können. Dies gilt vor allem, wenn ein Kind lange Zeit Rehabilitation braucht oder bleibende Schäden erlitten hat.

Wird eine Krebserkrankung diagnostiziert, löst diese Diagnose bei Betroffenen und Angehörigen die Frage aus, ob es überhaupt Überlebenschancen gibt. Mehr als 50% aller Krebserkrankungen bei Kindern und Jugendlichen sind heilbar (Gutjahr 1987). Jedoch erleben nicht wenige Kinder und Jugendliche durch eine Krebserkrankung existentielle Krisen. Die Erkrankungen können schwere Verläufe haben. Manche Behandlungen haben zumindest vorübergehend erhebliche Nebenwirkungen, langfristige Beeinträchtigungen und Spätfolgen sind möglich (s. dazu Gutjahr 334f.).

Eltern und Kinder können nach der Diagnose Phasen von Angst, Verleugnung, Wut, Trauer, Hoffnung, Verzweiflung, Resignation erleben. Besserungen und Verschlechterungen treten auf. Manchmal ist die Prognose offen. Manchmal kann die Progredienz der Erkrankung nicht aufgehalten werden. Mit zunehmendem Fortschritt in der Behandlung wird es für mehr Kinder möglich, die Krankheit zu überwinden und eine altersentsprechende Entwicklung fortzusetzen.

Häufig sind eine Reihe von Klinikaufenthalten im Verlauf der Behandlung nötig. Betroffene Kinder erhalten im Krankenhaus Unterricht in Absprache und nach dem Lehrplan der Heimatschule. Befindlichkeit und Behandlungsverlauf entscheiden jeweils über Intensität und Umfang der unterrichtlichen Förderung. Der Sonderpädagoge ist aber nicht nur Lehrer. Er ist auch Gesprächspartner für die Kinder und ihre Angehörigen. Er hilft den Kindern auszudrücken, was sie bewegt oder was sie bedrückt: in Sprache, in Zeichnungen, im Spiel, in Gestaltungen. Er ist bemüht um alters- und entwicklungsspezifische Anregungen über den schulischen Rahmen hinaus. Er erleichtert Kontakte. Sonderpädagogik hat hier sowohl die Aufgabe der Entwicklungsförderung in allen relevanten Bereichen als auch der mitmenschlichen Begleitung von Kindern und Jugendlichen in einer schwierigen Lebensphase. Bei einigen von ihnen wird sie zur Begleitung bis zum Sterben, bis zum Tod.

Wie diese Arbeit aussehen kann, welche Inhalte sie haben kann, wird z. B. in den Berichten der Kinder aus der Kinderklinik Tübingen „Tränen im Regenbogen" eindrucksvoll deutlich.

Krankenpädagogik hat von ihrer Tradition her einen Schwerpunkt in der Arbeit mit langliegenden Schülerinnen und Schülern. Sie braucht dringend die Ausweitung über diesen Bereich hinaus.

Vordringlich ist die heute noch oft brachliegende Förderung betroffener Kinder im Vorschulalter im Krankenhaus im Sinne sonderpädagogischer Früh- und Elementarförderung.

Von großer Bedeutung ist auch das Angebot von Hilfen und Gesprächen für Eltern, deren Kind mit einer Behinderung oder schweren Erkrankung geboren wurde, schon in den Tagen nach der Geburt des Kindes bzw. nach der Diagnose der Behinderung oder Erkrankung (z. B. Spina bifida, schwere Muskelerkrankung, schwere Erkrankung des Immunsystems, schwere Hirnschädigung, Fehlbildungssyndrom, Mukoviszidose).

Ein weiterer wichtiger Schritt ist die Beteiligung an Fortbildungsveranstaltungen für Fachkräfte der Klinik und der fortlaufende fachliche Austausch. Wichtige Themen sind dabei z.B.: Verhinderung des Deprivations-Syndroms bei Kindern; alters- und entwicklungsgerechte Anregungen für Kinder verschiedener Altersstufen im Krankenhaus; Arbeit mit Menschen im Koma, im apallischen Syndrom; Gespräche mit Menschen nach Unfall, Trauma, nach Diagnostik einer schwerwiegenden oder unheilbaren Erkrankung; Sterbebegleitung; Zusammenarbeit mit Angehörigen schwerkranker oder behinderter Kinder.

Literatur:

Biermann, G./Biermann, R.: Das kranke Kind und seine Umwelt. München 1982.

Gutjahr, P.: Krebs bei Kindern und Jugendlichen. Köln, 2. Aufl. 1987.

Haupt, U.: Sonderpädagogische Aufgaben bei verletzten Kindern. In: Sauer, H. (Hrsg.): Das verletzte Kind. Stuttgart 1984, 58-70.

Klemm, M./Hebeler, G./Häcker, W. (Hrsg.): Tränen im Regenbogen. Tübingen 1989.

Planck, E.: Hilfen für Kinder im Krankenhaus. München 1973.

Robertson, I.: Kinder im Krankenhaus. München 1974.

Wienhues, I.: Die Schule für Kranke. Rheinstetten 1979.

Ursula Haupt

Körperbehinderung

Eine Körperbehinderung ist eine überwindbare oder anhaltende Beeinträchtigung der Bewegungsfähigkeit eines Menschen infolge einer Schädigung, die sich auf seine Stütz- und Bewegungsfunktionen auswirkt.

Ein spezifischer pädagogischer Auftrag ist dann ableitbar, wenn die organische Schädigung oder die Bewegungsbeeinträchtigung auch erhebliche Auswirkungen auf Erleben,

Befindlichkeit, Selbstwertbewußtsein, Verhalten, Wahrnehmung, Gestaltung sozialer Beziehungen, Kommunikation, Kognition hat. Etwa 0,3% aller Kinder sind nach Expertenschätzungen körperbehindert im Sinne dieser Definition.

Zur größten Gruppe unter ihnen gehören die Kinder mit cerebralen Bewegungsstörungen infolge frühkindlicher Hirnschädigungen. Cerebrale Bewegungsstörungen sind charakterisiert durch eine veränderte Muskelspannung und die gestörte Koordination von Bewegungsabläufen. Das Hauptproblem ist für betroffene Kinder die Schwierigkeit bzw. die Unfähigkeit, die Willkürmotorik zu beherrschen. Bei willentlichen Anstrengungen verstärkt sich die Bewegungsstörung. Auch das Sprechen kann mitbetroffen sein. In leichteren Fällen ist das Sprechen schlecht verständlich. Bei extremen Bewegungsstörungen können die Kinder gar nicht sprechen. In seltenen Fällen liegen zusätzlich zentrale Sprachstörungen vor. Verzögerungen der Sprachentwicklung können auftreten bei Problemen in der kognitiven Entwicklung oder bei sehr ungünstigen Sozialisationsbedingungen. Bei manchen Kindern ist die kognitive Entwicklung durch die hirnorganische Schädigung oder durch Mangel an altersentsprechenden Erfahrungen beeinträchtigt. Manche Kinder haben Schwierigkeiten mit Wahrnehmung und Wahrnehmungsverarbeitung.

Cerebrale Bewegungsstörungen treten in unterschiedlichen Schweregraden auf. Extreme Ausprägungsgrade sind minimale cerebrale Bewegungsstörungen und schwerste Formen mit der Unfähigkeit, sich willentlich zu bewegen.

Eine weitere Gruppe sind die Kinder mit Querschnittslähmung infolge einer Spina bifida. Bei der Spina bifida liegt eine Fehlbildung des Rückenmarks unbekannter Ursache vor, bei der das fehlgebildete Mark und seine Hüllgewebe durch einen Wirbelbogendefekt nach außen treten. Es kommt in schweren Fällen zu motorischen und sensiblen Lähmungen der Beine, zu Störungen der Funktionen von Urogenitaltrakt und Mastdarm. Die Ausbildung eines Hydrocephalus kann in vielen Fällen durch die Anlage eines Ventils mit Ableitung von Liquor in das Kreislaufsystem verhindert werden. Besonders belastend sind für die Kinder dieser Gruppe die zur Behandlung häufig erforderlichen Klinikaufenthalte und Operationen vom ersten Lebensjahr an, weiterhin die Lähmung der Beine und die fortdauernde Inkontinenz.

Andere Körperbehinderungen im Kindes- und Jugendalter, die besondere Förderbedürfnisse zur Folge haben können, sind z.B.:

– fortschreitender Muskelschwund

– cerebrale Bewegungsstörungen nach schwerem Schädel-Hirn-Trauma

– erworbene Querschnittslähmungen nach Unfällen

– Gliedmaßenfehlbildungen, Entstellungen.

Zu Entwicklungsproblemen kann es auch im Zusammenhang mit schweren chronischen Erkrankungen kommen wie z.B. Mukoviszidose, Rheuma, Hämophilie, AIDS, Krebserkrankungen und durch schwere Organschäden.

Wissenschaftliche Untersuchungen haben gezeigt, daß viele Kinder, die von Geburt an körperbehindert sind, deutliche Entwicklungserschwerungen haben. Kinder mit schweren cerebralen Bewegungsstörungen oder Spina bifida lernen z.B. selbständiges Hantieren, Fortbewegung im Raum oft viel später als nichtbehinderte Kinder. Das kann bedeuten, daß sie weniger oder andere Erfahrungen machen, mehr Zeit brauchen, Hilfen beanspruchen müssen. So kommt es, daß ihre Entwicklungen anders verlaufen können oder daß bestimmte Ausdifferenzierungen ausbleiben. Minderleistungen im Vergleich zur Altersnorm kommen vor, stehen aber oft nicht in einem linearen Zusammenhang mit der Bewegungsbehinderung.

Körperbehinderte Kinder erhalten heute zumeist von der Diagnosestellung an viele Anregungen, Hilfen und Trainingsprogramme, um Bewegungsmuster zu lernen, Wahrnehmungsprozesse auszudifferenzieren, Erfahrungen zu machen und zu lernen. Die Problemseite dieser Förderung ist aber gerade bei schwerer behinderten Kindern nicht selten ein außerordentliches Maß an Fremdbestimmtheit in allen Lebensbereichen. Sie macht es betroffenen Kindern schwer, eigene Impulse zu entwickeln, eigene Interessen zu vertreten, sich auf eigene Weise beobachtend, handelnd, spielend zu beschäftigen und auseinanderzusetzen. Manche Kinder entwickeln gerade bei sehr intensiver Förderung wenig eigene Interessen oder eigene Lösungsversuche. Sie verhalten sich eher abwartend, passiv. Ihr eigentliches Potential wird oft unterschätzt. Der Zugang dazu kann durch zuviel Fremdbestimmtheit wie verschüttet sein.

Ein wesentliches Problem ist für betroffene Kinder, daß eine Körperbehinderung sich in vielfacher Weise als Ausdrucksbehinderung auswirkt. Am stärksten ist das bei cerebralen Bewegungsstörungen der Fall. Bei den schwereren Formen sind Grob- und Feinmotorik, Gestik, Mimik, Sprechen, Hantieren, Malen, Zeichnen, Gestalten behindert. Es wird heute immer deutlicher, wie intensiv auch schwer- und schwerstbehinderte Kinder von frühester Zeit an erleben, wieviel Wahrnehmung und leibhafte Erinnerung auch auf frühen Entwicklungsstufen möglich ist. Es ist eine außerordentliche Lebenserschwerung, wenn so vieles nicht ausgedrückt, nicht mitgeteilt werden kann, weil differenzierte Ausdrucksmöglichkeiten nicht zur Verfügung stehen. Die Ausdrucksbehinderung ist eine wesentliche Ursache für Fehleinschätzungen körperbehinderter Kinder.

Körperbehinderung ist nicht selten verbunden mit Beziehungserschwerungen. Dazu kann es kommen durch behindertes Ausdrucksverhalten auf der Seite des Kindes und mühsames Verstehen seiner Situation, seiner Wünsche und Anliegen auf der Seite der Interaktionspartner. Belastet werden Beziehungsaufnahme und -gestaltung durch gesellschaftliche Vorurteile gegenüber Hirngeschädigten, Körperbehinderten, Kranken, die sich auch auf den einzelnen auswirken. Von Bedeutung sind auch belastende Beziehungserfahrungen, wie sie viele körperbehinderte Kinder von frühester Zeit an machen. Sie können, wenn sie nicht hinreichend durch andere, positive Erfahrungen ausgeglichen werden, die gesamte emotionale und soziale Entwicklung nachteilig beeinflussen. Bedeutsam sind z.B. frühe, wiederholte Trennungen von der Mutter als Hauptbezugsperson durch notwendige klinisch-stationäre Maßnahmen. Verlassenheitserfahrungen können sich als schwere anhaltende Grundstörung in der Befindlichkeit des Kindes auswirken mit entsprechenden Auswirkungen auf das Selbstwertgefühl und das Kontaktverhalten. Auch anhaltende Verarbeitungsprobleme der Eltern wegen der durch das Kind veränderten Familiensituation und Lebensperspektive können sich ungünstig auswirken. Eine wichtige Rolle spielen auch schwierige Interaktionserfahrungen des Kindes bei sehr unangenehmen Therapie- oder Fördermaßnahmen, bei zu hoher Fremdbestimmung mit erzwungenem Verzicht auf eigene Impulse. Das sind Erfahrungen, in denen das Kind erlebt, daß es nicht verstanden, als Person nicht wertgeschätzt, nicht akzeptiert ist. Treten solche Situationen so gehäuft und intensiv auf, daß das Kind sie nicht mehr verarbeiten kann, entwickelt es ein negatives Selbstkonzept mit ungünstigen Auswirkungen auf seine Befindlichkeit, sein gesamtes Lern- und Sozialverhalten.

Entmutigte körperbehinderte Kinder mit verändertem Lernverhalten werden nicht selten für kognitiv beeinträchtigt oder behindert gehalten. Dies kann in den Konsequenzen verhängnisvoll sein. Die entsprechende Einstufung für die Förderung bringt diesen Kindern selten die beabsichtigte Entlastung. Sie erleben mehr die Bestätigung ihrer eigenen negativen Meinung über sich selbst und ihre Leistungsfähigkeit. Das verstärkt ihre Entmutigung und ist keine Hilfe. Ein Ausweg aus dieser Konstellation ist möglich, wenn ein solches Kind Wertschätzung als Person erlebt, Akzeptanz und aktives Bemühen, seinen Entwicklungsprozeß so zu unterstützen, daß es seine Möglichkeiten entfalten kann und sich nicht nur nach fremdgesetzten Zielen ausrichten muß.

Die möglichen Probleme und Entwicklungsdefizite betroffener Kinder, die möglichen Schwierigkeiten ihrer Bezugspersonen standen viele Jahre so sehr im Mittelpunkt des wissenschaftlichen Interesses, daß der Eindruck entstehen konnte, als sei Körperbehinderung immer mit Problemen in der emotionalen, sozial-kommunikativen und kognitiven Entwicklung verbunden. Dazu trug auch bei, daß nicht wenige wissenschaftliche Untersuchungen mit besonders schwer beeinträchtigten, mehrfachbehinderten Kindern aus Rehabilitationseinrichtungen durchgeführt werden. So fehlen in den Untersuchungen häufig leichter behinderte Kinder mit günstigeren Entwicklungsverläufen, die Einrichtungen und Schulen des allgemeinen Bildungssystems besuchten.

Auch die erleichternden Bedingungen für gute Entwicklungen sind bekannt. Dazu gehören Hilfen durch die Medizin, z.B. gute Schwangerschaftsbetreuung und Geburtshilfe, um Risiken und Schädigungen zu vermeiden oder zu verringern, gute Behandlungsangebote für die Kinder. Zugewandte, einfühlsame Bezugspersonen zu Hause und Mitarbeiter in der Förderung sind von außerordentlicher Bedeutung für die gute Entwicklung eines körperbehinderten Kindes. Manche Eltern, manche Mitarbeiter in der Förderung brauchen Hilfe und Unterstützung, um eine gute Beziehung zu den Kindern aufbauen und gestalten zu können: Hilfen durch Wertschätzung, partnerschaftliche Akzeptanz, durch personenzentrierte Gespräche, Hilfen durch häusliche Arbeitsentlastung, Hilfen durch eine befriedigende Lebensqualität. Von größter Bedeutung sind Therapie- und Förderangebote, die die vorhandenen Entwicklungsmöglichkeiten der Kinder unterstützen und nicht nur auf die Verringerung von Defiziten und Problemen ausgerichtet sind.

Fortschritte in der Förderung körperbehinderter Kinder sind für die nächsten Jahre vor allem durch ein Umdenken von einer mehr defizitorientierten zu einer mehr kompetenzorientierten Förderung möglich. Ein solches Umdenken hat erhebliche Auswirkungen auf Inhalte und Formen der Förderung, auf die Qualität der Beziehungen miteinander, auf die Lebensqualität.

Literaturverzeichnis:

Haupt, U./Jansen, G.W. (Hrsg.): Pädagogik der Körperbehinderten. Berlin 1982.

Haupt, U.: Didaktik bei Körperbehinderten. In: Bergeest, H./Haupt, U. (Hrsg.): Sonderpädagogen helfen lernen. Pfaffenweiler 1993.

Bundesverband für Körper- und Mehrfachbehinderte (Hrsg.): Kinder mit cerebralen Bewegungsstörungen. Düsseldorf 1993.

Arbeitsgemeinschaft Spina bifida und Hydrocephalus (Hrsg.): Spina bifida und Hydrocephalus. Menden 1990.

Ursula Haupt

Legasthenie / Lernprobleme beim Schrifterwerb

„Eigenartig, dass man selbst eine Krankheit im Zusammenhang mit Rechtschreibung - einer Erfindung - bemüht: Legasthenie. Sie sei heilbar, sagt man, aber leider würden nicht alle Kranken erfasst, und es seien viele. Weshalb behandelt man nicht alle wie bei den Pocken?" (Peter Bichsel)

Das psycho-pathologische Konstrukt „Legasthenie", in traditioneller medizinisch-terminologischer Begriffsbildung zusammengesetzt aus dem lateinischen „legere" (lesen) und dem griechischen „astheneia" (Schwäche), von Ranschburg 1916 eingeführt, ist aus pädagogischer Sicht problematisch. Aus diesem Grund spricht beispielsweise Marion Bergk, die sich intensiv mit den Problemen des Schriftspracherwerbs und dessen Behinderungen aus sonderpädagogischer Sicht auseinandergesetzt hat, statt von „Legasthenie" pädagogisch angemessener von „Schrifterwerbsstörung". In Pädagogenkreisen geläufig ist auch die neutralere, am neuropsychologischen Konzeptverständnis der sogenannten „Teilleistungsschwächen" orientierte Bezeichnung „Lese-Rechtschreib-Schwäche (LRS)".

Die Problematik der apädagogischen Begriffskonstruktion „Legasthenie" liegt vor allem darin, daß sie zu einer Pathologisierung (vgl. Bühler-Niederberger 1991) von relativ weit verbreiteten Lernproblemen führt: den ätiologisch und phänomenologisch äußerst vielfältigen und manchmal höchst unterschiedlichen Ursachen- und Erscheinungsformen von Schwierigkeiten beim Lesen- und Schreibenlernen. Schlechte Lese- und Rechtschreibleistungen von Kindern mit einem sonst normalen Schulleistungsniveau (d. h. mit nicht un-

116

terdurchschnittlichen Intelligenztestwerten, eine spezifische Form des psychologisch so genannten „underachievement") werden quasi als Krankheit definiert. In naheliegender Analogie dazu gibt es sogar Versuche, Lernschwierigkeiten im mathematischen Bereich pathologisierend als „Arithmasthenie"(Ranschburg 1916) oder „Dyskalkulie"(Grissemann / Weber 1989) zu bezeichnen.

Die testpsychologisch gewonnene Einsicht von der auffallenden Diskrepanz zwischen Intelligenztestwerten und Lese-Rechtschreib-Leistungen bei den sogenannten „legasthenischen"Kindern führte in der Psychologie und in deren Fahrwasser auch in der Pädagogik zu einer Flut unterschiedlicher Hypothesenbildungen. Dabei wurde das Konstrukt „Legasthenie" oft lediglich auf ein mögliches davorliegendes, als „Ursache" zu identifizierendes Konstrukt zurückgeführt: „Vererbung"; „hirnorganische Schädigungen"; „Linkshändigkeit"; „Wortblindheit"; „Raum-Lage-Labilität"; „Gliederungs- und Differenzierungsschwäche"; „Trennschärfenschwäche" im sprechmotorischen Bereich"; „Gestaltgliederungsschwäche"; „Speicherschwäche"; „Teilleistungsschwäche"(vgl. Kluczny 1981). Wollten oder konnten sich die psychologischen oder pädagogischen Experten nicht auf ein bestimmtes Ursachenkonstrukt einigen, war es naheliegend, „Legasthenie"als „multikausales Syndrom" auszulegen.

„Legasthenie"wird nicht zuletzt von den Eltern der betreffenden Kinder sehr oft bereitwillig als ätiologisch und phänomenologisch gesicherte „medizinische Diagnose" angenommen; eine „Krankheit"wird offensichtlich eher akzeptiert als Lernschwierigkeiten oder gar ein Versagen beim Erwerb der traditionellen Kulturtechniken in der Schule.

Ein vor Jahren eigens etablierter, internationale Kongresse ausrichtender „Bundesverband Legasthenie" versteht sich als Lobby jener Kinder mit der „unsichtbaren Behinderung" (Lisa Dummer-Smoch 1993) „Legasthenie" und verschafft ihnen Therapie- und Förderprogramme vom Vorschulalter bis zum Gymnasium. Lediglich *nur* „lernbehinderten"Kindern, d. h. jenen, die neben dem Lese-Rechtschreib-Test auch bei der Bearbeitung des Intelligenztests schlecht abschneiden und daher per Definition keine „Legastheniker"sind, steht diese Förderung nicht zu.

Die „Diagnose Legasthenie" führt dazu, daß der eigentlich pädagogisch und didaktisch relevante Kontext des Lese- und Schreib-Lehr-Lernprozesses verlassen und stattdessen der Umgang mit dem Kind gewissermaßen therapeutisch rationalisiert wird (vgl. dazu Krawitz 1992, 58 ff.). Therapie kann dann an Stelle von Pädagogik treten. Was der Pädagogik als Interaktionssystem nicht mehr zugetraut wird, oder nicht zugemutet werden soll, kann so abgegeben werden an spezielle Interventionssysteme, denen spezifisch wirksame Kompetenzen zuerkannt werden. Isolierte funktionelle Förderkonzepte werden rational konstruiert und in einem therapeutischen Sinne isoliert und, vom regulären Unterricht abgetrennt, rationell eingesetzt. Kleber (1982, 19) spricht im Zusammenhang mit der „Legasthenie-Therapie"recht treffend karikierend vom „Lesedoktor"; der den Schüler wie ein Spezialarzt aus dem regulären pädagogischen Interaktionszusammenhang herausholt, behandelt und später geheilt (oder auch nicht geheilt) wieder zurückschickt. Besonders

Schlee (1974) und Sirch (1975) wandten sich schon in den siebziger Jahren mit ihrer radikalen pädagogischen Kritik am „Legastheniekonzept" zu Wort. Sirch hatte seinerzeit angesichts der geradezu inflationären Fachdiskussion zum Thema „Legasthenie" den nicht unberechtigten Verdacht, daß künftige Lehrerinnen und Lehrer in ihrem Studium „mehr über das Mißlingen eines Lernprozesses erfahren, als über dessen didaktische Fundierung" (Sirch 1975, 8). Und Schlee versucht seither, Lehrerinnen und Lehrer mehr darauf zu besinnen, ihren Blick auf den unterrichtlichen didaktisch-methodischen Vermittlungsprozeß sowie die je subjektiv unterschiedlichen Lernmöglichkeiten und Lernvoraussetzungen im Sinne der jeweils spezifischen „subjektiven Theorien" (Schlee 1992) der Kinder zu richten, statt auf deren intraindividuelle Unzulänglichkeiten und die dahinter vermuteten möglichen psycho-physischen Ursachen zu starren.

Eine rein funktionelle „Legasthenie-Therapie" auf der Basis losgelöster visueller und auditiver Wahrnehmungs- und Diskriminationsübungen wird von pädagogisch orientierten Didaktikern immer wieder kritisiert und in Frage gestellt. An deren Stelle fordern sie eine neue didaktisch-methodische Orientierung des Erstlese- und Schreibunterrichts, in dessen Mittelpunkt die Vermittlung der Einsicht von Sinn und Bedeutung der Schriftsprache als von der gesprochenen Sprache grundsätzlich zu unterscheidenden Symbolsystems steht.

Die deutsche Schriftsprache ist eine lautorientierte Konventionsschrift. Das heißt zwar einerseits, daß fast alles, was sich mündlich aussprechen läßt, auch durch graphische Zeichen dargestellt werden kann. Doch ist immer zu beachten, daß gesprochene Sprache und Schriftsprache zwei völlig verschiedene Zeichensysteme darstellen. Phoneme als Sprechlaute lassen sich immer nur unzulänglich durch Grapheme in Schriftzeichen (Buchstaben) >übersetzen<. Phoneme und Grapheme sind nie deckungsgleich. Eine vollständig reine >Lautschrift< ist nicht zu realisieren. An diesem Problem wird letztlich auch jede noch so gut gemeinte radikale Rechtschreibreform scheitern müssen.

Sirch formulierte bereits in seinem kritischen Buch über den „Unfug mit der Legasthenie" von 1975 grundlegende Voraussetzungen für eine didaktisch vernünftige (nicht bloß methodisch rationale) Organisation des Leselernprozesses, die später in modifizierter Form von anderen Didaktikern immer wieder eindringlich betont wurden (vgl. z. B. Böhm 1983; Brügelmann 1985, 1989; Meiers 1986):

– Lesen und Schreiben muß vom lernenden Kind als sinnvolle Tätigkeit und Bereicherung seiner individuellen Kompetenz erlebt werden;

– die zum Lesen- und Schreibenlernen notwendigen Techniken und Strategien müssen didaktisch, methodisch und lernpsychologisch fundiert sein;

– Zusammenhang und Differenz von Sprache und Schrift müssen dem lernenden Kind einsichtig werden;

– Sinnhaftigkeit und Notwendigkeit der Realisierung von Schrift am Beispiel kindgemäßer Anwendungen müssen dem Kind erfahrbar gemacht werden;

- Lesen muß vom Kind als Dekodierungsvorgang, Schreiben als Kodierungsvorgang verstanden und mit der gesprochenen Sprache verglichen, aber auch von ihr abgegrenzt werden können.

Sirch (1975, 55 ff.) beschreibt seine Vorstellungen von einem didaktisch vernünftigen Lese- und Rechtschreiblernprozeß in der in den siebziger Jahren üblichen Form eines „Lernzielkataloges" mit zehn Aspekten zur Didaktik des Lesenlernens und acht Aspekten zur Didaktik der Rechtschreibung, die bis heute tragfähig geblieben sind, jedoch nach wie vor im Anfangsunterricht der Grundschule und in den Standardfibeln zu wenig berücksichtigt werden. Dabei kommt es ihm im wesentlichen darauf an, daß das Kind jeweils durch eigene Einsicht subjektiv und individuell erkennen und lernen kann, wenn ihm durch ein individualisierendes und differenzierendes didaktisches Arrangement des Unterrichts dazu Gelegenheit gegeben wird.

Jedem einzelnen Kind soll im *Leselernprozeß* ermöglicht werden,

- zu „erkennen, daß zur Kommunikation auch graphische Zeichen verwendet werden können."

- zu „erkennen, daß graphische Zeichen immer an einen bestimmten Inhalt gebunden sind."

- zu „lernen, graphische Zeichen zu ordnen."

- zu „lernen, graphische Zeichen dazu zu benützen, um anderen etwas mitzuteilen oder für sich selbst Notizen zu machen."

- zu „erkennen, daß eine Gruppe graphischer Zeichen, die Schrift, wie gesprochene Sprache gebraucht wird."

- zu „erkennen, daß >Schrift< von der gesprochenen Sprache abgeleitet ist."

- zu „lernen, die zum Lesen notwendigen restriktiven Strategien zu entwickeln und anzuwenden"(semantische Restriktion - „viele Wörter werden gar nicht exakt fixiert, weil man sie aus inhaltlichen Gründen ganz einfach erwartet", syntaktische Restriktion - „viele Wörter werden nur überflogen, weil sie auch sprachlichen Erfahrungen vorprogrammiert sind").

- zu „lernen", die im „Leselernprozeß erworbenen Fertigkeiten und Kenntnisse sinnvoll in seinen Lebensplan einzubauen."

Im Rechtschreiblernprozeß sollte dem Kind ermöglicht werden,

- zu „erkennen, daß man Inhalte (Gedanken, Vorhaben usw.) auch graphisch fixieren kann."

- zu „erkennen, daß es vorteilhaft ist, für den gleichen Inhalt immer das gleiche Zeichen zu setzen."

- zu „erkennen, daß jedes graphische System bestimmte Eigenheiten hat."

- „graphische Fixierungen in differenzierter Form vollziehen zu lernen."

- zu „erkennen, daß graphische Kommunikation fast immer an gewisse Vereinbarungen gebunden ist."
- zu „erkennen, daß es vorteilhaft ist, zur Kommunikation geschriebene Wörter zu verwenden."
- „die vereinbarte Schreibweise von Wörtern unmittelbar reproduzieren" zu lernen.
- „jene Schreibvereinbarungen, die über die Darstellung des Einzelwortes hinausgehen, kennen und sinnvoll anwenden" zu lernen.
- „beim Schreiben restriktive Strategien" anzuwenden.
- zu „lernen, seine orthographischen Fertigkeiten sinnvoll in seinen Lebensplan einzubauen."

Marion Bergk kommt auf der Basis ihres 1980 veröffentlichten dialektisch-materialistischen und aneignungstheoretischen Ansatzes zum Leselernprozeß zu ähnlichen Vorschlägen für eine didaktische Revision des Lese- und Schreibunterrichts der Grundschule. Wie schon Sirch, beklagt sie die rein methodische Organisation einzelner Fachaspekte des Grundschulunterrichts und die damit einhergehenden isolierten Formen der „Legasthenie-Therapie". Die sogenannten Kulturtechniken >Lesen< und >Schreiben< werden im Grundschulunterricht sehr oft in gesonderten Lehrgängen, über standardisierte Fibeln, fern ab von jedem Realitätsbezug und sogar abgetrennt vom übrigen Unterricht, rein methodisch-mechanistisch vermittelt und >trainiert<.

In ähnlicher Weise wie Böhm, Brügelmann, Meiers und Sirch fordert auch Bergk nach dem Prinzip „Pädagogik statt Therapie" (Krawitz 1992) eine grundlegende schüler- und problemzentrierte Neuorientierung des Deutschunterrichts und des Anfangsunterrichts der Grundschule, um „Schrifterwerbsstörungen" von vornherein wirksam zu begegnen:

- Der untrennbare Zusammenhang von Lesen, Schreiben und Rechtschreibung beim Schriftspracherwerb muß im didaktischen Vermittlungsprozeß des Anfangsunterrichts unbedingt erhalten und den Kindern einsichtig gemacht werden.
- Durch Methodenintegration statt starrem Festhalten an einem lehrgangzentrierten methodischen Konzept erfahren die lernenden Kinder unmittelbar, daß Analyse und Synthese stets zusammengehören. Es sind gewissermaßen zwei logische Seiten desselben Sachverhalts. Lernen die Kinder Lesen durch Schreiben, erwerben sie im synthetischen Kodieren von Schrift in Texten die analytische Fähigkeit des Dekodierens von Wörtern und Texten.
- Das einzelne Kind selbst bestimmt den Fortgang seines individuellen Lerngangs. Die lehrgang- und lehrerzentrierte Systematik tritt in den Hintergrund. Die Kinder schreiben, notieren und diktieren sich gegenseitig, ordnen ihren je eigenen Bestand an Wörtern. Alle anderen Schulfächer, in denen es immer ganz konkrete Notwendigkeiten zum Schreiben gibt, werden damit in Zusammenhang gebracht. Schreiben und Lesen gewinnt so als einsichtig-problemlösendes Lernen unmittelbar Ernstcharakter (vgl. dazu im weiteren Zusammenhang auch Böhm 1987).

Im übrigen sollte durch eine individualpädagogische Orientierung (Krawitz 1992) ganz besonders des Anfangsunterrichts der Grundschule grundsätzlich eine starre methodische Fixierung auf einen bestimmten Lehrgang zugunsten einer kreativen, flexiblen und individuellen Orientierung an den Lernmöglichkeiten und -grenzen des einzelnen Kindes aufgegeben werden.

Ursula Baumann und Arno Börtzler konnten im Rahmen des Unterrichts der Lernbehindertenschule und bei der Vermittlung des Schrifterwerbs bei erwachsenen Analphabeten überzeugend zeigen, wie durch eine einfache pragmatische Umorientierung der an sich hoch differenziert und kompliziert erscheinende Lese- und Schreibprozeß in seiner Komplexität stark reduziert werden kann. In der Orientierung an der sogenannten „Morphemmethode" lassen sie die Kinder wie die erwachsenen Analphabeten mit „Wort-Bausteinen" spielen, konstruieren und experimentieren. Als kleinste *wortbildende* Einheit werden dabei nicht das Graphem (der Buchstabe) oder das Phonem (der Laut) angesehen, sondern das Morphem (als die kleinste *sinntragende* Einheit im Wort). In hohem Maße kann dabei die Komplexität des Wortbestandes der deutschen Sprache reduziert werden. Es kann davon ausgegangen werden, daß mit ungefähr 200 Morphemen bereits etwa 85 % des Anteils aller Texte vollständig konstruiert werden können.

Durch solche und viele mögliche andere offene schüler- und problemzentrierte, von didaktischer Phantasie getragene pädagogische Hilfen bei Problemen des Schrifterwerbs werden therapeutische Interventionen im Sinne einer vom didaktischen Kontext des Unterrichts losgelösten besonderen „Legasthenietherapie" wohl überflüssig. Es wäre dabei pädagogisch wünschenswert, das wissenschaftlich nicht haltbare problematische Konstrukt „Legasthenie" aufzugeben. Den von Marion Bergk vorgeschlagenen, durchaus sinnvollen Begriff der „Schrifterwerbsstörung" würde ich dabei gerne noch weiter pädagogisch >entschärfen<, um die betroffenen Kinder vor unangemessenen Stigmatisierungen zu schützen und schlicht von *Lernproblemen beim Schrifterwerb* sprechen.

Literaturverzeichnis:

Baumann, U./Börtzler, A.: Lesenlernen mit Sinnbausteinen - Morphemsichtweise von Schriftsprache, in: Praxis Sonderschule 1986, H. 12, 13 - 16.

Bergk, M.: Leselernprozeß und Erstlesewerke. Analyse des Schriftspracherwerbs und seiner Behinderungen mit Kategorien der Aneignungstheorie, Bochum 1980.

Bergk, M.: Legasthenie (LRS), in: Reichwein, E. (Hrsg.): Handbuch der Behindertenpädagogik, 396 -402, Solms-Oberbiel 1984.

Bichsel, P.: Schreiben ist nicht ohne Grund schwer, in: Bichsel, P., Geschichten zur falschen Zeit, 102 - 106, Darmstadt/Neuwied 1979.

Böhm, O.: Handlungsorientierte Kulturtechniken in der Unterstufe der Schule für Lernbehinderte, in: ZfHeilpäd. 38. 1987, 17 - 24.

Böhm, O./Kornmann, R.: Lesen und Schreiben in der Sonderschule, Weinheim 1983.

Brügelmann, H.: Kinder auf dem Weg zur Schrift, Konstanz 1989 (3. Aufl.).

Brügelmann, H.: Erkennen und Fördern, was Kinder schon können. Zur Bedeutung naiver Erfahrung mit Schrift für das Lesen- und Schreibenlernen, in: Bergk, M./Meiers, K. (Hrsg.), Schulanfang ohne Fibeltrott, Bad Heilbrunn 1985.

Bühler-Niederberger, D.: Legasthenie. Geschichte und Folgen einer Pathologisierung, Opladen 1991.

Duhmer-Smoch, L.: Vorwort im Programmheft zum 10. Fachkongreß Bundesverband Legasthenie (30. Sept. bis 3. Okt. 1993) in Berlin.

Grissemann, H./Weber, A.: Grundlagen und Praxis der Dyskalkulietherapie, Bern 1989.

Kleber, F.: Sonderpädagogik - eine Interventionspädagogik? Betrachtungen zum Handlungskonzept im Bereich der Lernbehindertenpädagogik, in: Heese, G./ Reinartz, A. (Hrsg.), Aktuelle Beiträge zur Lernbehindertenpädagogik, 8 - 22, Berlin 1982.

Krawitz, R.: Pädagogik statt Therapie. Vom Sinn individualpädagogischen Sehens, Denkens und Handelns, Bad Heilbrunn 1992.

Meiers, K. (Hrsg.): Fibeln und erster Leseunterricht, Frankfurt/M. 1986.

Ranschburg, P.: Die Leseschwäche (Legasthenie) und Rechenschwäche (Arithmasthenie) der Schulkinder im Lichte des Experiments, Berlin 1916.

Schlee, J.: Zur Erfindung der Legasthenie, in: Bildung und Erziehung 27. 1974.

Schlee, J.: Das Forschungsprogramm Subjektive Theorien. Innovative Impulse für die Sonderpädagogik, in: Haupt, U./Krawitz, R. (Hrsg.), Anstöße zu neuem Denken in der Sonderpädagogik, 140 - 161, Pfaffenweiler 1992.

Sirch, K.: Der Unfug mit der Legasthenie, Stuttgart 1975.

Rudi Krawitz

Lernbehinderung

Ähnlich der Schizophrenie stellt der Begriff der >Lernbehinderung< hinsichtlich seiner inhaltlichen Heterogenität im Grunde eine Art Restkategorie dar. So fassen beispielsweise Haeberlin u.a. in einem aktuellen Buch zur Integrationsfrage zusammen: „Eine allgemein akzeptierte Definition des Begriffs 'Lernbehinderung' gibt es bis heute nicht."[1] (1991, 21) Für den angloamerikanischen Sprachraum definierte Kirk (in: Hallahan/Cruickshank 1979) den entsprechenden Begriff der „learning disabilities" (übersetzt als „Lernbehinderung") für Kinder, „... die Entwicklungsstörungen aufweisen in der Sprache, im Sprechen und Lesen und bei den damit verbundenen Kommunikationsfertigkeiten, die für soziale Interaktionen erforderlich sind" (a.a.O., 12). Er nimmt dabei sowohl Kinder mit sensorischen Behinderungen als auch „Kinder mit allgemeiner Verzögerung der geistigen Entwicklung" (a.a.O., 12) aus. Im deutschen Sprachraum gilt es als Konvention, die Feststellung einer >Lernbehinderung< an zwei Bedingungen zu knüpfen: ein „generalisiertes Schulversagen" über die zentralen Schulfächer hinweg sowie eine „Intelligenzminderung", meßbar über Testverfahren (vgl. zu dieser Definition etwa Kleber 1980 oder Haeberlin 1991). So sprechen Haeberlin et al. für die Schweiz von IQ-Werten zwischen 75 und 90 - für das deutsche Vorgehen gilt etwa ein Spektrum von 60 bis 90.

Dabei kann es sich allerdings allenfalls um eine pragmatisch gemeinte Definition handeln, die zudem das Risiko in sich birgt, mögliche Ursachen (Intelligenzdefizit) und Folgen (Schulversagen) des Phänomens in einem Begriff zu konfundieren. Im Grunde besitzt der Begriff der >Lernbehinderung< rein phänomenologische Bedeutung, er stellt eine Zustandsbeschreibung dar[2], womit er dem angloamerikanischen >learning *disability*< immerhin voraus ist, denn er gibt (jedenfalls theoretisch) Raum für Veränderungsprozesse weg von der >Behinderung< - wohingegen eine >disability< veränderungsresistent scheint, denn wo kein Quentchen Fähigkeit ist, kann auch nichts aufgebaut werden. Historisch gesehen hat der Lernbehinderungs-Begriff allerdings keinen beschreibenden, sondern vielmehr einen ätiologisch orientierten Hintergrund, der vorgibt, etwas über die Ursachen auszusagen:

Bevor Mitte des 19. Jahrhunderts die ersten Nachhilfeklassen für Schulschwache gegründet wurden, existierten bereits die sogenannten Armenschulen. Kleber (1980, 86) sieht zwischen diesen und den späteren Hilfsschulen und Schulen für Lernbehinderte zwei Parallelen:

„- die Schüler der Armenfreischule kamen alle aus der Unterschicht

- der Lehrplan wurde auf die Ausbildung ungelernter Arbeiter abgestellt, es wurden entsprechend reduzierte inhaltliche Ziele der Schule fixiert."

Dabei wurde noch lange das Ziel verfolgt, aus den Nachhilfeklassen heraus eine Rückversetzung in die reguläre Schule zu erreichen. Seit 1835 gründete man „Schwachsinnigenanstalten" und „Idiotenanstalten", in denen jedoch sehr unterschiedliche Problemfälle Aufnahme fanden. Grundlage war ein erbbiologisch orientiertes Schwachsinnskonzept, unter das nach Expertenmeinung alle diese „Schwachsinnigen", „Blödsinnigen" und „Idioten" fielen (vgl. Kleber 1980, 84 ff.); es lag auch im wesentlichen den „Hilfsschulen" des 20. Jahrhunderts zugrunde und wurde insbesondere in der Zeit des Faschismus dankbar aufgenommen und weiterverfolgt. Allmählich (bereits vor und weiter nach dem Dritten Reich) gliederte man die Schwächsten aus und schuf für sie eigene Einrichtungen; die Hilfsschule wurde den leicht schwachbegabten Kindern vorbehalten. In den 60er Jahren des 20. Jahrhunderts kam dann der Begriff der >Lernbehinderung< auf und ersetzte jenen der >Hilfsschulbedürftigkeit< (vgl. Kanter 1977, 34).

Aus dieser Geschichte sowie der begrifflichen Problematik heraus ist es erklärbar, daß zumal unter Laien (aber nicht nur dort!) hinsichtlich der Lernbeeinträchtigung und Sonderbeschulung immer noch und breitflächig das Schwachsinnskonzept grassiert. Hier wird die >Lern-< mit der geistigen Behinderung vermischt und von der Lernproblematik auf (organische) Ursachen geschlossen. Allein unter diesem Gesichtspunkt kann nicht mehr von einer Wahrung der Würde der betroffenen Menschen gesprochen werden - vielmehr erfolgt durch den Begriff eine Stigmatisierung, selbst wenn das Phänomen auf professioneller Seite als multikausal bedingt bzw. rein beschreibend gesehen wird. Dies hängt sicher auch mit dem Sonderstatus der >Lernbehinderung< zusammen, eine Form der >Behinderung< ohne (klar diagnostizierbares) organisches Substrat zu sein. Daher verwundert es nicht, wenn angesichts der Begrifflichkeit allzu schnell die Suche nach einem solchen organischen Substrat einsetzt: Niemand würde beispielsweise einem erfolgreichen Akademiker, bei dem Geburtskomplikationen wie etwa eine Sauerstoffnot bekannt sind, eine Hirnschädigung unterstellen - wird eine solche Geburtsproblematik allerdings bei einem Sonderschüler bekannt, taucht sie in allen Akten auf, und nur allzuleicht zieht man den Schluß, daß hier wohl in der Tat eine Hirnschädigung durch perinatalen Sauerstoffmangel vorliege.

Neben den pragmatischen Kriterien, auf die im folgenden noch zurückgekommen werden soll, definieren heutige, wissenschaftliche Konzeptionen von >Lernbehinderung< diese so, „daß hemmende Momente im Lerngeschehen - und kumulativ im Lernaufbau - die psychische Entwicklung eines Menschen, seine Bildungsgenese und letztlich seine Persongenese beeinträchtigen" (Kanter 1977, 46). Offen zutage tritt dies im Schulversagen. Lernbeeinträchtigungen werden situativ differenziert gesehen: Schwierigkeiten treten bei bestimmten Aufgaben auf, können sich allerdings auch häufen (a.a.O., 47). Da es also keine globale Lernfähigkeit gibt, kann man nicht von einem globalen Mangel sprechen. Lernstörungen, Lernschwäche und Lernbehinderung werden als verschiedene Abstufungen von Lernschwierigkeiten unterschieden (Kleber 1980, 36). Lernbehinderung resultiert also (nach Kanter 1977, 51) aus einem komplexen Bedingungsgefüge von

– Anlagegegebenheiten (Konstitution, Reifung, organische Schädigungen),

– sozialen und kulturellen Umweltwirkungen (differenziert als psycho-soziale, sozio-kulturelle und sozio-ökonomische Bedingungen),

– primärem Lernen (gemeint ist damit der frühe Aufbau von sensorischen und motorischen Kompetenzen, die dann Weiter-Lernen ermöglichen und erleichtern) sowie den

– Stabilisierungstendenzen (im Sinne einer sich entwickelnden und Lernprozesse steuernden -oder störenden- Persönlichkeitsstruktur). - Häufig muß bei Lernbeeinträchtigungen allerdings zunächst von Destabilisierungstendenzen ausgegangen werden, da eine in der Regel lange Geschichte individueller Mißerfolge zu Aversionen und Vermeiden typischer Lernsituationen führt.

Grissemann (1989, 103 ff.) unterscheidet hinsichtlich des letztgenannten Faktors weiter zwischen Merkmalen der kognitiven und der sozial-emotionalen Persönlichkeit. All diese genannten Bedingungsfaktoren sind in Form eines komplexen Systems miteinander vernetzt und beeinflussen sich folglich wechselseitig. Insofern ist eine Lernbeeinträchtigung kein festgefügter Zustand, sondern ein „dynamisches Geschehen" (Kanter 1977, 52) - also durchaus offen für pädagogische Interventionen und Entwicklungsprozesse.

Damit ist auch gleichzeitig der bedeutende Fortschritt umrissen, den solche Modelle für die praktische Arbeit darstellen: Insofern nicht mehr von einem organischen Schaden und einem statischen Zustand ausgegangen wird, fallen auch die üblichen, z.T. erheblichen Beschränkungen von Lernangeboten (Dinge, die der Betreffende ja >sowieso< nicht lernen könnte) weg - Lernbeeinträchtigung stellt ein Kontinuum und nichts Besonderes mehr dar; der Lernbeeinträchtigte kann durch ein entsprechendes, nach >oben< offenes Angebot aus dieser Kategorie befreit werden bzw. sich selbst befreien. Dies bedeutet natürlich den Versuch, aus einem Teufelskreis auszubrechen, denn im Sinne des oben erwähnten Aufbaues einer Persönlichkeit („Stabilisierungstendenzen" nach Kanter), die die Erfahrung gemacht hat, daß Lernsituationen fast ausnahmslos zu Mißerfolgen und Enttäuschungen führen, ist es nicht verwunderlich, wenn Lernbeeinträchtigte im späteren Verlauf ihrer Entwicklung auf Lernsituationen ablehnend und vermeidend reagieren. Jedoch: „Wenn die Umwelt unterstützend und verständnisvoll ist (...) - dann sind die äußeren Bedrohungen beseitigt, und das gibt dem Jungen die Möglichkeit, Fortschritte zu machen, weil er nicht mehr durch Angst gelähmt ist" (Rogers 1988, 172).

Dazu gehört auch ein angemessenes, nicht eingeschränktes Lern-Angebot. Wissen ist in unserer Gesellschaft (v.a. über den Beruf) sehr eng verknüpft mit ökonomischer Stärke und Macht sowie sozialem Prestige - aufgrund eines (genetischen) Defizit-Modells Wissen vorzuenthalten, das gelernt werden *könnte*, arbeitet somit sozialer Unterdrückung zu bzw. neutralisiert zumindest Potentiale für soziale Etablierung und sozialen Aufstieg. Ohnehin rangieren Sonderschüler aufgrund der engen Verknüpfung von Wissen mit Status, sozialem Prestige und Wohlstand größtenteils in den unteren gesellschaftlichen Kategorien (vgl. Mühlfeld 1984, 87 ff.).

Umso problematischer erscheint angesichts dieser heutigen, komplexen Sicht der Lernbeeinträchtigung allerdings der Begriff der >Behinderung<[3] des Lernens sowie seine pragmatische Verknüpfung mit dem Intelligenzquotienten. Die Intelligenzmessung wird nach wie vor als Instrument zur Diagnose von >Lernbehinderung< eingesetzt, „... bis man ein besseres vorzuweisen hat" (Kanter 1977, 55). Leider liegt dem Intelligenzquotienten allerdings wiederum, ebenso wie dem Behinderungs-Begriff, ein statisches Modell zugrunde - er wird dem Betroffenen als scheinbar unveränderbares Merkmal zugeschrieben. Folgt man Kanter (a.a.O.) sowie eigenen Erfahrungen (vgl. Stein 1994), so ist jedoch festzustellen, daß sich Intelligenzquotienten durchaus individuell verändern können und dies auch häufig geschieht. Außerdem liegt ohnehin ca. ein Drittel der >Lernbehinderten< hinsichtlich ihrer IQ-Werte mindestens im Durchschnittsbereich der Bevölkerung (vgl. Schrader 1991). Somit scheint der Intelligenzquotient als Diagnostikum für pädagogische Maßnahmen bedeutungsvoll - seine Rolle zur *Definition* einer *Behinderung* ist jedoch abzulehnen, da er lediglich eine Momentaufnahme leistet. Wenn eine Intelligenzmessung eingesetzt wird, sollte allerdings wenigstens die Konfundierung mit dem zweiten Kriterium der >Lernbehinderung<, dem Schulversagen, weitestmöglich vermieden werden. Da für den Erfolg in der Schule die Beherrschung der Sprache eine entscheidende Rolle spielt, hieße das, auf relativ sprachfreie Verfahren zurückzugreifen. Leider wird dies in der Praxis allzu häufig nicht beachtet, so daß unter Umständen eine >Lernbehinderung< aufgrund zweier Kriterien festgestellt wird - die in Wahrheit eigentlich nur eines darstellen.

Auslöser und pragmatisch sinnvolles Kriterium für eine spätere Sonderschul-Zuweisung ist und bleibt damit das Schulversagen über die wesentlichen Schulfächer hinweg, also die Sonderschulbedürftigkeit (oder früher >Hilfsschulbedürftigkeit<, siehe oben). Es ist jedoch zu berücksichtigen, daß ein Versagen in den wichtigsten schulischen Fächern wenig über die individuelle Lernfähigkeit an sich aussagt: „... Nichtübereinstimmung wird mit

'Abweichen' sozial übersetzt, die sektorale Nichtentsprechung auf die Gesamtpersönlichkeit ausgedehnt." - Dies stellt Mühlfeld (1984, 90) zur Problematik der Diagnose fest. Und es ist damit weiterhin über Ursachen oder Behinderungen im Grunde nichts ausgesagt, wohl jedoch über die Problematik, daß die (Grund- oder Haupt-) Schule die Lernschwierigkeiten eines bestimmten Schülers nicht aufzufangen in der Lage ist. Es folgt in der Regel die Prüfung von Möglichkeiten, den Schüler doch in der Schule zu halten. Entscheidend ist hier das Urteil der unterrichtenden Lehrer sowie der untersuchenden Psychologen. Liegen bereits Rückstufungen vor und reichen flankierende Maßnahmen wie etwa Stützunterricht nicht aus, um das Defizit aufzufangen, so erfolgt die Entscheidung der Sonderschulzuweisung. - Die Frage, welche Maßnahmen neben dem Schulwechsel möglich sind (auch eine Zeit- und Kostenfrage), führt zur Thematik der Integration (siehe dazu auch den Beitrag von Krawitz in diesem Band).

Die Integration Lernbeeinträchtigter in Regelschulen ist seit Jahren heiß umstritten. Dabei rückte eine einfache Lösung (*für* Integration oder *für* Segregation) in weite Ferne. Sicherlich spricht gegen die Unterbringung Lernbeeinträchtigter in Sonderschulen deren Undurchlässigkeit nach oben (die Rückführungsquoten an reguläre Schulen sind äußerst gering) sowie das Stigma, dem diejenigen ausgesetzt sind, welche in Sonderschulen geraten. Andererseits darf man keinesfalls übersehen, welche leistungsmäßige und (schul-) soziale Entlastung der Wechsel hin zur Sonderschule für die betroffenen Schüler in vielen Fällen bedeutet. Der Zwiespalt wird sehr anschaulich wiedergegeben in einer Untersuchung von Haeberlin et al. (1990) in der Schweiz, die deutlich diese zwei Aspekte aufzeigte: in der Regel Leistungsanstieg bei Integration in der Regelschule (durch höhere Anforderungen und höheren Vergleichsmaßstab), hingegen in der Regel höhere Zufriedenheit (durch Entlastung) und sozial-emotionale Integration in der Sonderschule. „Nicht die Sonderschule als Institution ist das bildungspolitische Problem, sondern die derzeit oft nicht ausreichenden Möglichkeiten und Voraussetzungen der Volks- und Hauptschulen, behinderte Kinder angemessen zu fördern ..." bemerken Gruber und Ledl (1992, 53) zu diesem Thema. Das bedeutet, daß man >Sonderschulen für Lernbehinderte< benötigt, solange reguläre Schulen nicht in den Stand geraten, sich um individuelle Lernprobleme angemessen zu kümmern, eine soziale und leistungsbezogene Integration aller Schüler zu ermöglichen und damit deren ausreichendes Wohlbefinden in der Schule zu erreichen. Eine wenigstens langfristige Lösung dieses Integrations-Segregations-Dilemmas wäre möglicherweise im Rahmen eines nach >unten< ausgedehnten Gesamtschulmodells denkbar, in dem Lernschwache fächerbezogen in eigenen Kursen beschult würden, jedoch an der gleichen Schule wie alle und in anderen (unproblematischeren) Fächern gemeinsam mit insgesamt Leistungsstärkeren.

Obwohl das behandelte Phänomen ein hinsichtlich seiner Erscheinung recht klar umschreibbares Syndrom darstellt, ist die Erörterung der jeweils individuellen Ursachenfrage komplex und schwierig. Von daher scheint der Begriff der Lern->Behinderung< höchst problematisch - allenfalls bietet er den rechtlichen Zugriff auf besondere Maßnahmen und Gelder. Bei Erhaltung dieses Nutzenaspektes wären ihm die Begriffe der >Lernbeeinträchtigung< oder auch einfach >Sonderschulbedürftigkeit< vorzuziehen. Der Behinderungs-

Begriff bringt in der Regel eine Kränkung der Betroffenen mit sich. Dies verstärkt eine ohnehin vorliegende Kränkung, denn im allgemeinen ist das Verhältnis der Betroffenen zur Lernumwelt (Schule), unabhängig von einer Ursachen-Folgen-Diskussion, gestört. Dies bedeutet keineswegs, daß Lernen *an sich* schwierig oder unmöglich wäre, denn jedem Individuum wohnen die Kraft und das Bedürfnis inne, zu lernen und sich in Auseinandersetzung mit der Umwelt zu entwickeln. Diese Potentiale sind auch bei Lernbeeinträchtigten vorhanden, oft jedoch aufgrund einer langen Geschichte von Kränkungen, Mißerfolgen und Frustrationen gehemmt oder verborgen. Die Rolle des Lehrenden kann nur darin bestehen, sie je individuell zu entdecken und zu fördern.

Anmerkungen:

[1] Aufgrund der Problematik des behandelten Begriffs sah ich als Autor nur zwei Möglichkeiten: die >Lernbehinderung< im ganzen Beitrag in Anführungszeichen zu stellen - oder so häufig wie möglich auf den von mir bevorzugten Begriff der >Lernbeeinträchtigung< auszuweichen. Ich entschied mich für letztere Variante.

[2] „... lernbehindert ist, wer als lernbehindert etikettiert wird..." (Mühlfeld 1984, 91)

[3] Eine Diskussion des >Behinderungs<-Begriffs kann an dieser Stelle nicht erfolgen; vgl. den entsprechenden Beitrag von Hansen im vorliegenden Band. Im Sinne der pragmatischen Handhabung wird >Behinderung< im vorliegenden Beitrag allerdings als eine statische Definition betrachtet.

Literaturverzeichnis:

Grissemann, H.: Lernbehinderung heute. Bern 1989.

Gruber, H./Ledl, V.: Allgemeine Sonderpädagogik. Wien 1992.

Haeberlin, U./Bless, G./Moser, U./Klaghofer, R.: Die Integration Lernbehinderter. Versuche, Theorien, Forschungen, Enttäuschungen, Hoffnungen. Bern 1990.

Hallahan, D.P./Cruickshank, W.M.: Lernstörungen bzw. Lernbehinderung. München 1979.

Kanter, G.O.: Lernbehinderungen und die Personengruppe der Lernbehinderten. In: Kanter, G.O. / Speck, O. (Hrsg.): Handbuch der Sonderpädagogik, Bd. 4: Pädagogik der Lernbehinderten. Berlin 1977. 34-64.

Kleber, E.W.: Grundkonzeption einer Lernbehindertenpädagogik. München 1980.

Mühlfeld, C.: Sonderschule, Chancengleichheit und Lernbehinderung. In: Mühlfeld, C. / Plüisch, K. / Engler, M.: Qualifikation Lernbehinderter. Frankfurt a.M. 1984.

Rogers, C.R.: Lernen in Freiheit. Frankfurt a.M. 1988.

Schrader, W.: Heilpädagogische Heimerziehung bei Kindern und Jugendlichen mit Verhaltensstörungen und Lernbehinderung. Frankfurt a.M. 1991.

Stein, R.: Lernbeeinträchtigte nach der Schule - Arbeit oder Sozialhilfe? In: Zeitschrift für Heilpädagogik 45(8) 1994, 505-519.

Roland Stein

Lernen

Die Eigenschaft, sich an ihre Umwelt anzupassen und in Wechselwirkung mit der Umwelt zu entwickeln, kennzeichnet alle lebenden Wesen. Besonders ausgeprägt ist diese Lernfähigkeit als ein Aufbau von Wissensstrukturen beim Menschen und gewinnt in Form der Intelligenz eine neue, kreative Dimension. Bei Beschränkung auf das tatsächlich Beobachtbare definiert die Psychologie Lernen als Verhaltensänderungen, die relativ stabil und überdauernd ausfallen (vgl. z.B. Manis 1974). Diese Sichtweise wird besonders konsequent verfolgt von den behavioristischen Lerntheorien, welche die im Individuum ablaufenden kognitiven Prozesse als >black box< unbeachtet, weil nicht beobachtbar, belassen.

Auf reiner Verhaltensebene lassen sich jedenfalls zwei Grundformen des Lernens untersuchen und beschreiben - das Lernen über klassisches und operantes Konditionieren. Das klassische Konditionieren beinhaltet, daß zunächst ein bestimmter Reiz (A) eine bestimmte Reaktion (A') nach sich zieht. Tritt parallel zu A ein neutraler Reiz (B) auf, so vermag auch dieser (natürlich je nach der Häufigkeit des gemeinsamen Auftretens) in der Folge die Reaktion (A') auszulösen, er wird zum konditionierten Stimulus. - Im Falle des operanten Konditionierens werden bestimmte Verhaltensweisen belohnt oder bestraft. In der Folge zeigt sich für den ersten Fall eine Verfestigung des belohnten Verhaltens - es tritt häufiger auf und wird auf die Belohnung hin ausdifferenziert. Im Falle der Arbeit mit Bestrafung ergibt sich eine entgegengesetzte Entwicklung (vgl. etwa Herkner 1981, 24ff.). - Beiden Formen der Konditionierung kommt sicher auch für menschliches Lernen eine große Bedeutung zu. Problematisch ist allerdings unter anderem, daß hier eine ganz bestimmte Situation vorausgesetzt wird: So wird etwa das Verhalten der zu >konditionierenden< Person von außen bestimmt, es liegt also immer ein Machtgefälle vor, in dem der zu Konditionierende nur reagiert (vgl. Portele 1975, 9ff.) - und eventuelle gedankliche Prozesse, welche die Situation verkomplizieren könnten, werden völlig ausgeschlossen.

Man kommt, entgegen den Ansichten der Behavioristen, bei der Betrachtung von menschlichem Lernen nicht ohne die Berücksichtigung kognitiver Prozesse, also interner Informationsverarbeitung als etwas nicht direkt Beobachtbarem, aus - will man die Formen und Bedingungen des Lernens möglichst vollständig beschreiben und die Ebene der reinen Konditionierung verlassen. So definiert Portele (1975) Lernen als Informationsverarbeitung, „wobei unter Informationsverarbeitung die Aufnahme, Bearbeitung, Umformung, Speicherung und eventuell Wiedergabe von Informationen verstanden werden soll" (a.a.O., 15). Damit ist allerdings noch nichts gesagt über die Bedingungen, unter denen Lernen stattfindet. Das assoziative Lernen spiegelt jedenfalls nur einen Teil, mithin die einfache Basis, der Lernformen wider. Maslow meint (1981, 319): „Bei selbstverwirklichenden Menschen wird Wiederholung, Nähe und zufällige Belohnung immer weniger wichtig."

Unter entwicklungspsychologischer Sichtweise teilt Piaget (1966; 1969) die Entwicklung des Lernens und Denkens als der Verarbeitung von Informationen in vier Phasen auf:

- In der *sensumotorischen Phase* lernt das Kind, daß es von der Umwelt verschieden ist. Bereits in dieser Phase entwickeln sich erste Vorstellungen (interne Abbilder von externen Vorgängen), wobei jedoch wohl noch nicht erfaßt wird, daß diese unabhängig von eigenen Handlungen Bestand haben.

- Das *präoperationale Denken und Lernen* siedelt Piaget im Alter von etwa zwei bis sieben Jahren an. In dieser Phase werden die entwickelten internen Repräsentationen nutzbar gemacht, allerdings noch vereinfacht und unvollständig. Die möglichen Vorstellungen sind von Egozentrismus geprägt.

- Es folgt zwischen etwa sieben und elf Jahren die Phase *konkreter Operationen*. Erstmals können in Denkprozessen beispielsweise mehrere Dimensionen überblickt werden. Dabei erfolgt das Lernen allerdings vornehmlich an konkreten Objekten, also nicht im abstrakten Bereich (d.h. in der Regel, daß noch nicht auf rein sprachlicher Ebene operiert werden kann).

- Ab etwa elf Jahren werden *formale Operationen* möglich. Denken und Lernen werden in ersten Ansätzen abstrakt und theoretisch; z.B. ist das Kind zunehmend in der Lage, Hypothesen aufzustellen und zu testen.

Diese Phasen bauen aufeinander auf, was heißt, daß erst das erfolgreiche Durchlaufen einer Lernphase den Eintritt in die nächste möglich macht. Es ist natürlich von Faktoren der Person, ihrer Umwelt und deren Interaktionen abhängig, ob alle Phasen vollständig und in der durchschnittlich zu erwartenden Zeit durchlaufen werden. Eine sehr wichtige Rolle spielt dabei der Spracherwerb, denn der Symbolcode der Sprache ermöglicht erst den Schritt zur Stufe des abstrakten Denkens, die über die konkrete Repräsentation von Handlungen und Bildern hinausgeht und durch Symbolbildung das Lernen komplexerer Inhalte erlaubt bzw. vereinfacht. Die drei hier nebeneinandergestellten Formen der Repräsentation von Wissen - als Handlungen, als Bilder und als abstrakte Inhalte - beschreibt Bruner (1966) als *enaktive, ikonische* und *symbolische* Repräsentation. Diesen Phasen wohnt zwar (vgl. Piaget) ein entwicklungspsychologisches Moment inne - was jedoch keineswegs ausschließt, daß ein erwachsener, normal entwickelter Mensch *nicht* auch Inhalte auf enaktiver oder symbolischer Ebene lernen könnte und würde: „Den Ursprung jedes geistigen Prozesses bilden äußere Handlungen" (Leontjew 1972, 25f.). Ob die symbolische Stufe tatsächlich im Sinne einer Wertung als die höchste anzusehen ist, wird auch dadurch in Frage gestellt, daß es in unserer Gesellschaft starke Tendenzen gibt, zumindest in Teilbereichen von der symbolischen zur ikonischen Ebene zu wechseln - etwa im Bereich der Kommunikation und Arbeit mit Computern (über icons, die jedoch in Form von Logos und Piktogrammen auch in vielen anderen Bereichen unseres täglichen Lebens auftauchen).

Eine gewisse Verbindung zu Bruners Repräsentationsebenen bietet die Frage nach der Rolle der Sinneskanäle für Lernen. Informationen können über den Tast-, den Riech-, den Geschmackssinn, über das Hören oder das Sehen aufgenommen werden. Obwohl unsere Gesellschaft primär visuell ausgerichtet ist, unterscheiden sich Menschen zum Teil erheblich in ihren Präferenzen für bestimmte Sinneskanäle - diesbezüglich spricht Vester (1975) von „Lerntypen", etwa ein „... verbal-auditiver Typ mit schwachem Kurzzeit-Gedächtnis, der sich am besten alles gleich notiert" (a.a.O., 106). Dies weist keineswegs auf Ausschließlichkeiten hin, jedoch darauf, daß Menschen durch unterschiedliche Lernpräferenzen gekennzeichnet sind. Um optimale Bedingungen für Lernprozesse zu schaffen, ist es daher unerläßlich, die jeweils individuellen Präferenzen für Lernen (und die optimalen Lern-Sinne) zu ermitteln und über Gestaltung entsprechender Lernsituationen zu fördern. Es kann jedenfalls nicht falsch sein, im Prozeß des Lehrens stets verschiedene Sinneskanale anzusprechen.

Für erfolgreiche Lernprozesse spielt sicher auch das Erregungsniveau eine Rolle. Dabei scheint ein mittleres Erregungsniveau dem Lernen förderlich zu sein. Im Rahmen der Erforschung dieser Fragestellung wurde allerdings in der Regel weder die Interaktion zwischen Lerner und Lerngegenstand (s.u.) noch die Qualität der Erregung (v.a.: positiv <> negativ) in Betracht gezogen. Ein Lernen unter angstvollem Erregungsniveau kann aus ethischen Gründen nicht befürwortet werden - und ein erforderlicher Aktivationspegel kann am einfachsten durch Interesse und Freude am Tun hervorgerufen werden - wobei sich wiederum Interesse daraus bestimmt, inwiefern der Lernende einen Bezug zwischen seiner Person und dem Lerngegenstand erkennt. Hier handelt es sich um eine Bedingung, die beispielsweise in Lernsituationen Lernbeeinträchtigter häufig nicht gegeben ist.

Eine besondere, entscheidende Rolle für das Zustandekommen und den Erfolg höherer Lernprozesse spielt also die *Interessegeleitetheit* - oder auch Motivation, etwas zu lernen. Ganz prinzipiell kann davon ausgegangen werden, daß eine natürliche Lernfähigkeit und Lernbereitschaft vorhanden ist. „Menschen besitzen ein natürliches Potential zum Lernen" (Rogers 1988[1]). Der Lernende muß allerdings einen Bezug zwischen sich und dem zu Lernenden erkennen können, er muß die Sinnhaftigkeit des Lerngegenstandes erfassen. Dann wird auch eine Motivation zu lernen auftreten, die nicht notwendig von außen (etwa durch Belohnung) geweckt oder gefördert werden muß. Portele (1975, 163) spricht in diesem Zusammenhang von „entfremdetem" und „nicht entfremdetem" Lernen und folgert auch, „daß intrinsisch motiviert mehr von einer gegebenen Informationsmenge aufgenommen, verarbeitet und gespeichert wird als extrinsisch motiviert." Dies beinhaltet zugleich eine *sachliche Begründung* dafür, daß im Zentrum des Lernprozesses der Mensch und nicht der Lerngegenstand stehen muß (vgl. Kleber 1980). Eine Mißachtung der Motivation und höherer kognitiver Prozesse für Lernen führte zu sehr mechanistischen, mit eintönigen Lerninhalten und eintönigen Belohnungen arbeitenden Modellen wie etwa der *programmierten Instruktion* (Correll 1965). Soweit Computer-Lernprogramme nach der gleichen Philosophie arbeiten, vermögen sie auch in gleicher Weise Lernen für Schüler zu einem >aversiven Reiz< werden zu lassen. Neben der Berücksichtigung von intrinsischer Motivation, Abwechslungsreichtum und Komplexität darf auch beim Lernen am und mit dem Computer die Wichtigkeit der Rolle sozialer Kommunikation nicht außer acht gelassen werden.

Menschliches Lernen unterscheidet sich nach Leontjew (1972, 21f.) von tierischem auch dadurch, daß Menschen Arterfahrungen bzw. gesellschaftlich-historische Erfahrungen machen, die sie in Form individueller Aneignung aufnehmen. Das heißt, daß u.a. spezifisch menschliche Verhaltensformen, über andere Menschen wie etwa die Eltern vermittelt, gelernt werden. Dies verleiht dem Lernen in sozialen Situationen, beispielsweise in der Schule, eine ganz besondere Bedeutung, die über die Rolle des Beobachtungslernens (Lernen am Modell, z.B. des Lehrers) hinausgeht. Neben den Mit-Lernenden, im Beispiel also die anderen Schüler der Klasse, spielt dabei der *Lehrende* und seine Beziehung zum Lernenden eine entscheidende Rolle. Lernen wird durch positive soziale Situationen zwischen Lehrenden und Lernenden gefördert, welche durch die Rogers'schen Personvariablen der Akzeptanz, der Empathie und der Kongruenz auf Lehrerseite (und als ein eigenes Lernziel zunehmend auch auf Schülerseite) gekennzeichnet sein sollten (vgl. z.B. Gruber und Ledl 1992 sowie Seite 37f. im vorliegenden Band).

Schlußfolgerungen für Lehrende:

1. Lernen ist ein Prozeß, der sich im Interaktionsgefüge Lerner - Lernobjekt - Situation (Lehrender) abspielt.

2. Es besteht ein natürliches, starkes Bedürfnis und die Bereitschaft, zu lernen. Diese dürfen nicht gehemmt oder zerstört werden. Für Fälle, in denen diesbezüglich bereits eine Beeinträchtigung der Lernsituation vorliegt, vgl. 4. und 6.

3. Auch unabhängig von der Gestaltung der Lern-Situationen gibt es individuell verschiedene Präferenzen für Lernende, die der Lehrende sorgfältig ermitteln und fördern sollte. Dies betrifft sowohl Situationen als auch Sinneskanäle.

4. Dem Lernenden muß es ermöglicht werden, einen Bezug zwischen seiner Person und dem Lerngegenstand herzustellen, also eine persönliche Bedeutsamkeit zu erkennen. Dies hat sowohl Konsequenzen für die Auswahl von Lerninhalten als auch für deren Präsentation.

5. In unserem Kulturkreis spielt das Symbolsystem der Sprache für Lernen eine bedeutende Rolle - zum einen, weil Lernen durch Symbolbildung ökonomisiert werden kann, zum anderen, weil Lernsituationen zumeist vom Spracheinsatz geprägt sind. Lernfähigkeit ist also in erheblichem Maße von der Beherrschung dieses Systems Sprache abhängig.

6. Stets sollte versucht werden, personübergreifend ein positives, unterstützendes, von persönlichem Kontakt zwischen Lerner und Lehrendem geprägtes Klima herzustellen. Der Kontakt zwischen Lehrendem und Lernendem spielt eine entscheidende Rolle für die Förderung oder Erschwerung von Lernprozessen. Dies gilt in besonderem Maße für den sonderpädagogischen Bereich. Eine positiv akzeptierende, empathische, kongruente Lehrperson ist zudem auch in der Lage, solche individuell und sozial hochbedeutsamen Kompetenzen als eigene Lerninhalte an Lernende weiterzugeben (vgl. Rogers 1988).

Anmerkung:
[1] Die Ausführungen von Carl Rogers zum Lernen und vor allem auch hinsichtlich der Rolle des Lehrenden seien an dieser Stelle zur Vertiefung des Themas empfohlen.

Literaturverzeichnis:

Bruner, J.S.: On cognitive growth, I and II. In: Bruner, J.S./Olver, R.R./Greenfield, P.M. (Eds.): Studies in cognitive growth. New York 1966.

Correll, W.: Programmiertes Lernen und schöpferisches Denken. München 1965.

Gruber, H. / Ledl, V.: Allgemeine Sonderpädagogik. Wien 1992.

Herkner, W.: Einführung in die Sozialpsychologie. 2. Aufl. Bern 1981.

Kleber, E.W.: Grundkonzeption einer Lernbehindertenpädagogik. München 1980.

Leontjew, A.N.: Das Lernen als Problem der Psychologie. In: Galperin, P.J. / Leontjew, A.N. u.a.: Probleme der Lerntheorie. Berlin 1972.

Manis, M.: Lernen und Denken. Eine Darstellung kognitiver Prozesse. Zürich, Köln 1974.

Maslow, A.H.: Motivation und Persönlichkeit. Reinbek 1981.

Piaget, J.: Psychologie der Intelligenz. 2. Aufl. Zürich 1966.

Piaget, J.: Das Erwachen der Intelligenz beim Kinde. Stuttgart 1969.

Portele, G.: Lernen und Motivation. Weinheim 1975.

Rogers, C.R: Lernen in Freiheit. Frankfurt a.M. 1988.

Vester, F.: Denken, Lernen, Vergessen. Stuttgart 1975.

Roland Stein

MCD

Die Diagnose >minimale cerebrale Dysfunktion< (MCD) gibt es etwa seit den frühen 60er Jahren; mittlerweile wird sie sehr häufig eingesetzt - ist jedoch durchaus auch umstritten. In aller Regel erscheinen die Begriffe der MCD sowie der >Teilleistungsschwächen< gemeinsam und werden synonym gebraucht. Eine enge Verbindung wird auch immer wieder zu den Phänomenen der >Hyperaktivität< (Hyperkinesie, hyperkinetisches Syndrom HKS, vgl. den Beitrag von Hansen im vorliegenden Band) und der >Lernstörungen< hergestellt. Manche Autoren (etwa Davison und Neale 1984) stellen MCD und Hyperaktivität als ein Phänomen dar - beide sind allerdings nicht als völlig identisch zu sehen, da MCD beispielsweise auch *Hypo*aktivität beinhalten kann. Hier herrscht allgemein wenig Einigkeit, was sicher auf verschiedene Probleme hinsichtlich der symptomatologischen und ätiologischen Konturen beider Syndrome zurückzuführen ist - anders gesagt: Es scheint unklar und umstritten, was eine MCD oder eine Hyperaktivität ist, welches Bild sie bietet und warum sie auftritt.

Berger (1977a, 14) definiert >Teilleistungsschwächen< und damit MCD wie folgt: *„Teilleistungsschwächen sind Störungen der Wahrnehmung, der Motorik bzw. der Integrationsprozesse in beiden Bereichen (intermodal und sensomotorisch), die oft nicht als solche, sondern in Form von Zustandsbildern scheinbarer geistiger Behinderung oder Verhaltensstörung zutage treten.* Es handelt sich um Erscheinungsformen einer minimalen cerebralen Dysfunktion, die sowohl auf einem primär organischen Defekt, als auch auf sensorischer Deprivation in der frühkindlichen Entwicklung beruhen kann." (Kursivsetzung im Original)

Dabei hat sich der MCD-Begriff aus dem der >minimal brain damage< entwickelt - dieser Diagnose lag stets die Annahme eines Hirnschadens zugrunde. Hingegen beinhaltet das Anfang der 60er Jahre eingeführte Syndrom der >minimal brain dysfunction< die Zusammenfassung einer Symptomkonstellation, wobei über die Ätiologie, also die Herkunft, nichts ausgesagt werden soll - neben einem Hirnschaden kommen auch eine Hirn-Entwicklungsstörung oder -verzögerung oder psychoreaktive Ursachen in Betracht (vgl. Berger et al. 1977, 13ff.). Fraglich ist, warum man dann nicht auf die mehr beschreibenden Termini wie etwa >Teilleistungsschwäche< oder >Hyperaktivität< zurückgriff, da der MCD-Begriff aufgrund seiner Historie und Konnotation problematisch erscheinen muß.

Das Verhaltensmuster, das der MCD-Diagnose zugrundeliegt, ist durch die folgenden Aspekte charakterisiert (vgl. Hanke, Huber und Mandl 1976; Friedrich 1980; Davison und Neale 1984; Berger 1977b; Grissemann 1986):

- Spezifische Lernschwierigkeiten in einzelnen Fächern und insbesondere bezogen auf abstrakte Inhalte.

- Probleme im Auffassen, Erkennen und Unterscheiden von Sinneseindrücken; Wahrnehmungsdefizite und -probleme (z.B. Schwierigkeiten bei der Figur-Grund-Differenzierung oder in der räumlichen Wahrnehmung).

- Auffälliges, abweichendes Aktivitätsniveau, v.a. im Sinne der Hyperaktivität als motorischer Unruhe und starker Ablenkbarkeit (Konzentrationsschwächen, explosive/aggressive Ausbrüche); jedoch wird auch gegenteilig mögliche Hypoaktivität im Sinne der Verlangsamung verschiedener kognitiver und Handlungs-Abläufe erwähnt (wiederum rasche Erlahmung der Konzentration und schnelle Ermüdung).

- Werkzeugstörungen - dies bezeichnet Schwierigkeiten beim Entwurf von Handlungsplänen sowie bei der Umsetzung dieser Pläne in einen Ablauf, wobei die Fähigkeit zur nötigen Informationsaufnahme in der Regel recht ungestört vorliegt. Friedrich (1980, 28) liefert eine einfache Unterscheidung: „ ... perzeptiv-kognitive Störungen des >know-what<, Werkzeugstörungen des >know-how<." Als >motorische Werkzeugstörungen< gelten auch die folgenden:

- Motorische Ungeschicklichkeiten - Störungen der Grob- oder Feinmotorik sowie der Bewegungskoordination, weiterhin links-rechts-Verwechslungen.

- Auffälligkeiten im emotional-affektiven Bereich:

- emotionale Unansprechbarkeit und Probleme, Gefühle zu zeigen bis zur Unnahbarkeit oder -gegenteilig-

- Gefühlsausbrüche und mangelnde Affektkontrolle bis zur Distanzlosigkeit.

- Allgemeiner Entwicklungsrückstand (auch als Komplex verschiedener o.g. Aspekte).

Es sei auch darauf hingewiesen, daß sich einige Symptome - v.a. Beziehungsstörungen - sekundär als Reaktion auf die aus primären Auffälligkeiten entstehenden Probleme entwikkeln und damit das vorliegende Bild natürlich erheblich komplexer gestalten können. Alle diese Aspekte werden nun zwar fast durchweg als typisch für eine MCD benannt - allerdings bleibt eine entscheidende Frage ungeklärt: Müssen alle diese Verhaltensmuster auftreten, um eine MCD-Diagnose zu rechtfertigen - oder genügen einige, und wenn ja: welche? Für einen der Aspekte nennt Friedrich (1980, 29) Bedingungen: „Nur in snyoptischer Sicht mit Werkzeugstörungen und kognitiven Auffälligkeiten ist bei emotionaler und affektiver Störung von MCD-Symptomatik zu sprechen." Leider bleibt die Frage der Kardinalsymptome, die vorliegen *müssen*, weitestgehend ungeklärt.

Im Rahmen der MCD-Diagnose wird die mangelhafte Entwicklung eines „funktionellen Hirnorgans" zur Steuerung komplexer cerebraler Prozesse (Leontjew 1973) festgestellt, und die o.g. Symptome und Verhaltensweisen werden zurückgeführt auf wenige mögliche Ursachen:

– einen minimalen Hirnschaden

– eine Hirn-Entwicklungsstörung

– sensorische und/oder soziale Deprivation in der Kindheit

Damit wird auch inbegriffen, daß möglicherweise *kein* organischer Schaden vorliegt: „Wie bereits erwähnt, sind als mögliche Ursachen der zugrundeliegenden minimalen cerebralen Dysfunktion sowohl primäre organische Schädigungen als auch Einflüsse sensorischer Deprivation in der frühkindlichen Entwicklung in Betracht zu ziehen" (Berger 1977a, 17).

Dabei kann der Begriff der >Dysfunktion< einmal ein Unvermögen, zum anderen jedoch lediglich einen größeren Zeitbedarf zur Erbringung bestimmter Leistungen bezeichnen (vgl. Berger et al. 1977, 17).

Selbstverständlich kann die Möglichkeit von Hirnschädigungen nicht ausgeschlossen werden, und cerebrale Entwicklungsstörungen treten mit Sicherheit durchaus häufiger auf; ihre Existenz soll keineswegs bestritten werden. Aufgrund der schwerwiegenden Bedeutung einer solchen Diagnose, vor allem im Blick auf Laien und die betroffene Person selbst, muß jedoch sehr sorgfältig mit der Zuschreibung einer MCD umgegangen werden. Im Sinne eines >in dubio pro reo< kann sie im Grunde verantwortungsvoll lediglich in sehr eindeutigen Fällen eingesetzt werden - das hieße etwa: wenn alle beschriebenen Symptome, oder jedenfalls die kardinalen, auftreten. Weiterhin muß dafür gesorgt werden, daß die Diagnose einen *situativen* Charakter hat - das hieße, daß sie im Sinne einer Entwicklung des Individuums wieder aufgehoben werden kann. Bekanntlich ist das menschliche Gehirn ein enorm flexibles Organ, das nicht nur Entwicklungsrückstände, sondern durchaus auch Schädigungen aufzufangen vermag. Angesichts dieses Gedankenganges scheint es höchst bedenklich, wenn herausgestellt wird, daß etwa 30-40 % der lernbehinderten Kinder oder auch 10-12 % aller Kinder Anzeichen und Beeinträchtigungen entsprechend einer MCD zeigten (vgl. Friedrich 1980, 17 und Lempp 1978). Ein böser Verdacht, daß die Ver-Medizinisierung der Gesellschaft >Kranke< produziert, kann dementsprechend auch angesichts des Klappentextes eines Buches aufkommen: „Die Auswirkungen der minimalen cerebralen

Dysfunktion (MCD) gewinnen für den Schulalltag zunehmend an Bedeutung" (Friedrich 1980).

Pädagogische Schlußfolgerungen und Handlungsrichtungen aus humanistischer Sicht:

- Es existieren verschiedene Förderkonzepte und -systeme, v.a. zur Förderung von motorischen und sensorischen Funktionen (etwa Ayres 1979/1984; Frostig 1979; Kiphard 1986/1987) - vgl. die angegebene Literatur, z.B. Bruschek 1980.

- Unser Schulsystem verlangt ganz spezifische Formen der Anpassung, auf die Kinder, bedingt durch ihr Vermögen oder auch Wollen, je unterschiedlich eingehen. Es sollte unbedingt der individuellen Verschiedenheit möglichst viel Platz eingeräumt werden, um möglichst wenige Kinder auszugrenzen, weil sie nicht in die Struktur und das Schema des Systems passen. Unter anderem haben Kinder auch verschiedene Arbeitstempi - vgl. dazu auch den Beitrag *Hyperaktivität* von Hansen im vorliegenden Band. Ein pädagogisches System sollte sich verstärkt bemühen, auf solche individuellen Unterschiede (quantitativer und qualitativer Art) und Eigenheiten einzugehen, anstatt auszusondern und als >lernbehindert< oder >cerebral dysfunktional< zu deklarieren.

- Erst bei hoher Sicherheit sollte eine MCD diagnostiziert werden - das heißt im Grunde, wenn alle Kardinalsymptome vorhanden sind, wobei vor allem die Werkzeugstörungen und die Störungen der Wahrnehmung und kognitiver Funktionen eine besondere Rolle spielen. (Solche Hinweise auf Vorsicht und auf die Priorität der Prüfung anderer Diagnosen verstärken allerdings den Charakter einer >Restkategorie MCD<.)

- Bei Vorliegen einer MCD-Diagnose muß stets berücksichtigt und erinnert werden, daß diese als eine *Momentaufnahme* zu betrachten ist, nicht etwa als ein lebenslanges Etikett. Im Sinne der Flexibilität des menschlichen Gehirns ist Entwicklung möglich und daher unbedingt förderungswürdig.

- Der Einsatz von Psychopharmaka ist gerade bei Kindern höchst problematisch und sollte daher äußerst sorgfältig erwogen und in den seltensten Fällen sowie möglichst kurzzeitig realisiert werden.

- Gleichgültig, ob eine MCD vorliegt oder nicht, sollte möglichst viel Energie auf eine sensible Untersuchung der Hintergründe und Folgen aufgewendet werden. Hier ist der individuellen Geschichte des Kindes oder Jugendlichen, seiner Familie und sozialen Umstände sowie seiner gegenwärtigen sozialen sowie schulischen oder beruflichen Situation besondere Aufmerksamkeit zu widmen: In vielen Fällen läßt sich auf diese Weise ein vertieftes, individuelles Verständnis von Entwicklungsrückständen, affektiven und Verhaltensauffälligkeiten sowie Lernproblemen gewinnen - gleich, ob es sich nun um *primäre* oder *sekundäre* Probleme handeln mag.

Das tief verwurzelte menschliche Bedürfnis, immer möglichst umfassend erklären zu wollen, sollte zurückstehen hinter einer Förderung und Annahme, die individuellen Eigenheiten Raum gibt, sie aufnimmt und nicht in eine Form zu pressen versucht. Dies bedeutet das stete Bemühen, Lernsituationen an Kinder anzupassen - und nicht umgekehrt.

Angegebene und weiterführende Literatur:

Ayres, A.J.: Lernstörungen - sensorisch-integrative Dysfunktion. Berlin 1979.

Ayres, A.J.: Bausteine der kindlichen Entwicklung - die Bedeutung der Integration der Sinne für die Entwicklung des Kindes. Berlin 1984.

Berger, E.: Das Problem der Teilleistungsschwächen in seiner Bedeutung für die Schule. In: Berger, E. (Hrsg.): Teilleistungsschwächen bei Kindern (Beiträge zur minimalen zerebralen Dysfunktion, Bd. 1.) Bern 1977a, 12 - 22.

Berger, E. (Hrsg.): Minimale cerebrale Dysfunktion bei Kindern. (Beiträge zur minimalen zerebralen Dysfunktion, Bd. 1.) Bern 1977b.

Berger, E. / Schuch, B. / Spiel, G.: MCD - Theoretische Konzeptionen und Modellgedanken. In: Berger, E. (Hrsg.): Minimale cerebrale Dysfunktion bei Kindern. (Beiträge zur minimalen zerebralen Dysfunktion, Bd. 1.) Bern 1977b, 11 - 88.

Bruschek, B.: Zur differenzierten Diagnostik und Therapie von Teilleistungsschwächen. In: Friedrich, M.H. (Hrsg.): Teilleistungsschwächen und Schule. Bern 1980, 107-128.

Davison, G.C. / Neale, J.M.: Klinische Psychologie. 2. Auflage. München 1984.

Friedrich, M.H.: Minimale cerebrale Dysfunktion und Schule. In: Friedrich, M.H. (Hrsg.): Teilleistungsschwächen und Schule. Bern 1980, 15-54.

Frostig, M.: Visuelle Wahrnehmungsförderung. Übungs- und Beobachtungsfolge für den Elementar-und Primarbereich. 3 Übungshefte und 1 Anweisungsheft. Hannover 1979.

Grissemann, H.: Hyperaktive Kinder. Kinder mit minimaler zerebraler Dysfunktion und vegetativer Labilität als Aufgabe der Sonderpädagogik in der allgemeinen Schule. Ein Arbeitsbuch. Bern 1986.

Hanke, B. / Huber, G.L / Mandl, H.: Aggressiv und unaufmerksam. München 1976.

Kiphard, E.J.: Motopädagogik. Psychomotorische Entwicklungsförderung. Bd. 1. 3.Auflage. Dortmund 1987.

Kiphard, E.J.: Motopädagogik. Psychomotorische Entwicklungsförderung. Bd. 2 u. 3. 2. Auflage. Dortmund 1986.

Lempp, R.: Frühkindliche Hirnschädigung und Neurose. 3. Auflage. Bern 1978.

Lempp, R.: Medizinische Grundlagen der Verhaltensstörungen. In: Goetze, H./ Neukäter, H. (Hrsg.): Pädagogik bei Verhaltensstörungen. Handbuch der Sonderpädagogik. Bd. 6. Berlin 1989, 887-907.

Leontjew, A.: Probleme der Entwicklung des Psychischen. Frankfurt 1973.

Roland Stein

Mutismus

1. Begriff, Klassifikation, Häufigkeit

Der Terminus Mutismus ist vom lateinischen Wort >mutus< (stumm) hergeleitet. „Mutismus ist eine Störung der sprachlichen Kommunikation, die sich darin zeigt, daß Personen, die bereits Sprache erworben haben, nicht mehr sprechen, ohne daß organische Ursachen sie daran hindern" (Knura 1980, 42).

In der älteren Fachliteratur finden wir die Begriffe >Aphrasia voluntaria< (d.h. freiwilliges Nicht-Sprechen, Kussmaul 1877), >freiwillige Stummheit< (Gutzmann 1893), >freiwilliges Schweigen< (Nadoleczny 1912; Fröschels 1926; Heinze 1932) und >sprachlicher Negativismus< (Huldschinsky 1925). Die genannten Autoren betonen, daß die von ihnen beschriebenen Menschen sprechen können, aber nicht reden wollen; die Freiwilligkeit ihres Schweigens wird hervorgehoben.

Der Terminus >freiwilliges Schweigen< hat heute nur noch historische Bedeutung. Spieler (1944), Asperger (1968) und Böhme (1983) wenden sich von dem Begriff ab. „Das Schweigen ist keineswegs freiwillig, sondern der Ausdruck und das Symptom einer reaktiven Sprechhemmung" (Böhme 1983, 379). Das Schweigen mutistischer Kinder beruht nicht auf einem freien Willensentschluß; es ist nicht verstandesmäßig motiviert, sondern gefühlsmäßig! Mutistische Kinder haben negative Dialog- und Beziehungserfahrungen solcher Art gemacht, daß ihnen das Risiko des eigenen Stellung-Beziehens so sehr zum subjektiven Problem geworden ist, daß es ihnen in verschiedenen Situationen und/oder bei verschiedenen Personen für ihr Gefühl vorteilhafter erscheint, ganz oder teilweise zu schweigen (vgl. Kroppenberg 1983, 159).

Der heute übliche Begriff >Mutismus< bzw. >*elektiver Mutismus*< geht auf Tramer zurück. Tramer (1934) bezeichnet die partielle Stummheit gegenüber bestimmten Personen bei Kindern mit bereits vorhandener Sprachfähigkeit als >elektiven Mutismus< (lat. elektiv = auswählend). Schweigt ein Mensch andauernd, d.h. bei allen Personen und in allen Situationen, spricht man von *totalem Mutismus*. Ein totaler Mutismus kommt sehr selten vor. Er tritt meist schlagartig bei schockauslösenden Erlebnissen auf.

Die grobe symptomatologische Klassifikation in elektiven (teilweise auch >selektiven Mutismus<) und totalen Mutismus hat sich sowohl in der deutschen wie auch der anglo- amerikanischen Fachliteratur durchgesetzt. Mutistisches Verhalten kann auch Begleit- oder Folgeerscheinung bei Psychosen, Taubheit, geistiger Retardierung und hirnorganisch bedingter Wesensänderung sein. Im folgenden soll jedoch ausschließlich der >originäre<, in der frühen Kindheit entstehende Mutismus betrachtet werden.

Die >griffige<, aber wenig differenzierende Einteilung in elektiven und totalen Mutismus bringt Probleme mit sich. Es ist schwer zu definieren, wieweit Sprechhemmungen, Sprechängste, scheues oder schamhaftes Sich-Zurückhalten und situatives Schweigen >normal< sind und wann ein elektiver Mutismus beginnt.

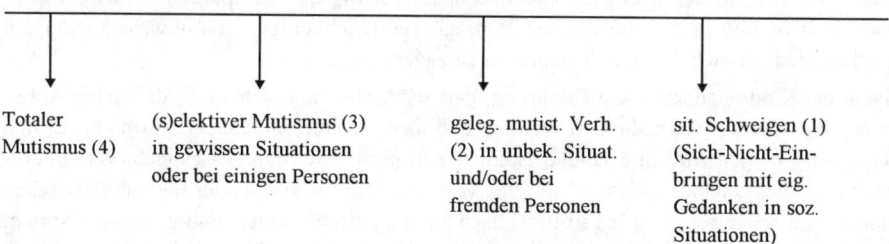

Totaler Mutismus (4)	(s)elektiver Mutismus (3) in gewissen Situationen oder bei einigen Personen	geleg. mutist. Verh. (2) in unbek. Situat. und/oder bei fremden Personen	sit. Schweigen (1) (Sich-Nicht-Einbringen mit eig. Gedanken in soz. Situationen)

Die Grenzen zwischen situativen sprachlichen Unzulänglichkeiten eines jeden Menschen (siehe Schaubild (1)), Sprachauffälligkeiten (2) und sprachlichen Beeinträchtigungen unterschiedlicher Schweregrade (3 und 4) sind fließend.

Die statistischen Angaben zur Häufigkeit des Mutismus im Kindesalter sind wegen der genannten Abgrenzungsproblematik, aber auch mangels umfassender Querschnittsuntersuchungen sehr unzuverlässig. Für den deutschen Sprachraum liegen bisher nur Zahlen vor, die den Anteil mutistischer Kinder an sprach- und verhaltensgestörten Kindern ausdrücken: Lorand (1960) nennt 0,5%, Muchitsch (1979) 7%. Muchitsch betont dabei ausdrücklich: Die 7% sind sicher nur die Spitze eines Eisberges, nicht aber repräsentativ für den Prozentsatz der Kleinkinder oder Schulkinder mit mutistischem Verhalten.

Über das Verhältnis von Jungen und Mädchen in der Gruppe der mutistischen Kinder liegen auch keine verläßlichen Angaben vor: Spieler (1944) hatte unter seinen Patienten etwa gleichviel Jungen und Mädchen, Luchsinger/Arnold (1970) und Rösler (1981) berichten von einem häufigeren Auftreten bei Mädchen.

2. Erscheinungsbild

Das auffälligste Symptom, das wir bei mutistischen Kindern feststellen können, ist ihr Schweigen; dieses Schweigen ist in der Regel elektiv. Die meisten mutistischen Kinder sprechen mit ihren Eltern, Geschwistern, den nahen Verwandten sowie mit gleichaltrigen FreundInnen altersadäquat. Am konsequentesten >durchgehalten< wird das Schweigen in der Schule, zum Teil auch schon im Kindergarten. Zuckrigl (1982) spricht hier vom „Schulmutismus". Das Lebensalter, das hinsichtlich des Beginns von mutistischem Verhalten am häufigsten genannt wird, ist

1. Das dritte und vierte Lebensjahr („Frühmutismus")
2. Das fünfte bis siebte Lebensjahr („Spätmutismus").

Der „Frühmutismus" (Kurth/Schweigert 1972) entsteht in der Phase des Dialogerlernens (vgl. Westrich 1984, 1987): Das ca. drei Jahre alte Kind kann sich sprachlich schon recht gut ausdrücken, aber es muß noch dialogische Verhaltensweisen erlernen (siehe unten). Der „Spätmutismus" (Kurth/Schweigert 1972) fällt mit der Einschulung zusammen (vgl. Asperger 1968; Zuckrigl 1982 u.a.). Das Sich-Einbringen und Sich-Behaupten in einer großen Gruppe, in der man mit einer neuen, fremden >Autoritätsperson< (Lehrer) konfrontiert wird und in der die eigenen Beiträge beurteilt werden, ist für viele Kinder ein Problem, dem sie sich durch Schweigen zu entziehen versuchen.

Macht ein Kind wiederholt die Erfahrung, daß seine Meinung nichts gilt, daß seine Äußerungen als >dumm< abqualifiziert werden, daß mehr auf die sprachliche Form als auf den Inhalt eingegangen wird und schulmeisterlich korrigiert wird, dann ist es nicht verwunderlich, wenn dieses Kind in Zukunft auf das Wie seines Sprechens achtet und sein Sprechen dadurch unrhythmisch wird (es stottert), sich an den Partner verliert und überhastet spricht (poltert) oder eben mit Rückzug reagiert und gar nichts mehr sagt (mutistisch reagiert).

Das gemeinsame Problem stotternder, polternder und mutistischer Menschen ist nicht das Sprechen (sie können in vielen Situationen völlig normal sprechen), sondern das Sich-Einbringen und Sich-Behaupten im Dialog. Die Auffälligkeiten beim Reden treten nur in

Dialogsituationen auf, in denen die jeweilige Person nicht genügend Sicherheit und Selbstvertrauen besitzt, sich zu öffnen und die eigenen Bewußtseinsinhalte dem Gegenüber mitzuteilen (vgl. Westrich 1984; 1987). Sprechen ist ein „motiviertes Sich-äußern-über-sich-zu-jemand" (Westrich 1986, 11), wobei die Person jedoch nicht bei jeder Äußerung in gleicher Weise gefordert ist: „*Sprechen*" meint lediglich, daß Gebrauch von der Sprache gemacht wird, wobei das Inhaltliche weitgehend offen und unverbindlich ist (z.B. über`s Wetter sprechen); „*Reden*" meint, daß jemand über etwas Bestimmtes spricht, sich zu einem Sachverhalt äußert; „*Sagen*" meint, daß jemand seine Sicht der Dinge darstellt, also persönlich Stellung nimmt (vgl. Westrich 1986, 11f). Sagen hängt gänzlich von den Selbstsicherheitsgefühlen ab, vom Vertrauen in die eigene Person.

Allen Redebeeinträchtigungen (Stottern, Poltern, Mutismus) liegt eine durch entsprechend negative Dialogerfahrungen verursachte *Sageangst* zugrunde (vgl. Westrich 1986; 1987). Die Angst vor der *Selbstoffenbarung* (Schulz von Thun 1981, 99), der Selbstdarstellung äußert sich im gesamten Ausdrucksverhalten des mutistischen Kindes. Meist wird Blickkontakt gemieden; häufig unterbleiben auch mimische und gestische Äußerungen; Weinen und Lachen können aphonisch sein oder werden gar nicht gezeigt. In schweren >Fällen< sind keinerlei emotionale Reaktionen erkennbar, das Kind drückt weder Freude noch Wut oder Angst aus, wirkt nach außen kühl und distanziert. Situationen, die mit einem Exponiertsein in der Gruppe und mit Selbstdarstellung einhergehen, wie Spielen und Sprechen im Stuhlkreis, Theaterspielen, Sport oder Tanz werden gemieden. Es ist natürlich individuell unterschiedlich, welche Ausdrucks- und Darstellungsmöglichkeiten noch genutzt werden. Immer aber ist ein mutistisches Kind in seinem gesamten Erleben und Verhalten blockiert! Folgende Wesenszüge mutistischer Kinder werden am häufigsten genannt: Angst, passives Rückzugsverhalten, Scheu, Neigung zu Depressionen, ausgeprägte Sensibilität, Selbstunsicherheit, Konzentrations- und Leistungsstörungen (vgl. Böhme 1983; Dührssen 1988; Rösler 1981; Spieler 1944).

Durch sein Rückzugsverhalten isoliert sich das Kind immer mehr, und die Schwelle, das Schweigen zu durchbrechen, wird immer höher. Das Kind erhält auf seine Fragen und Gedanken keine Antwort und kann deshalb nicht sicher werden in seiner Sichtweise der Dinge. Die Hauptbrücke zum Du, das sprachliche Sich-Mitteilen, ist abgebrochen.

3. Ursachen- und Bedingungsgeflecht

Das Sprachlichwerden des Kindes erfolgt in einem dialogischen Lernprozeß: im Austausch mit seinen Bezugspersonen und in der handelnden Auseinandersetzung mit den Dingen der Umwelt wird das Kind sprachlich. Wenn das Kind die Sprache seiner Sprachgemeinschaft hinsichtlich Wortschatz, Artikulation und Grammatik weitgehend beherrscht, muß es noch dialogische Verhaltensweisen erlernen. Das drei- bis vierjährige Kind muß lernen, *was* es zu *wem*, *wann* und *wie* sagen darf. Es muß lernen, sich je nach Partner einzubringen und sich zu behaupten. Mit ca. drei Jahren beginnt ein Kind, sich selbst als >Ich< zu bezeichnen und seine eigene Meinung zu äußern. Es hat ein Bewußtsein von sich selbst entwickelt (Ich-

Bewußtsein) und erlebt sich als Person mit einem eigenen Sinn und Wert. Der Zusammenprall der kindlichen Bedürfnisse mit den Forderungen und Erwartungen seiner Bezugspersonen ist unvermeidlich; das Kind gerät in den existentiellen Konflikt von „Selbstsein oder Mitsein" (Pongratz 1962, zit. nach Westrich 1987, 43). Dieser Konflikt kann und soll dem Kind nicht erspart werden, denn Konflikte sind notwendig, weil sie zur Stellungnahme zwingen. Aber das Kind ist darauf angewiesen, daß es bei seinen Bezugspersonen Geborgenheit und Sicherheit, Zuwendung und Anerkennung erfährt, Entscheidungsfreiräume eingeräumt bekommt und Antworten auf seine Fragen und Taten erhält. Nur so kann das Kind *Eigeninitiative* und *Selbstvertrauen* entwickeln, ein stabiles *Selbstwertgefühl* aufbauen und *Eigenverantwortung* erlernen.

Hier stoßen wir auf die zentralen Probleme mutistischer Kinder: Sie haben kein gesundes Vertrauen in die eigenen Fähigkeiten entwickelt, kein stabiles Selbstwertgefühl aufgebaut, und ihre Eigenaktivität ist außerhalb des sicheren Schonraums Familie stark gehemmt. Scham und Zweifel überwiegen anstelle von Autonomie (vgl. Erikson 1966). Das habitualisierte Schweigen des mutistischen Kindes ist das Resultat dialog- und individuationshemmender Erfahrungen in der Sozialisation. Die Auswertung zahlreicher Biographien zeigt, daß folgende Erziehungsstile, familiäre Kommunikationsmuster und Beziehungsmuster in Familien mit mutistischen Kindern vorherrschen:

− überbehütendes und ängstlich-besorgtes Erziehungsverhalten der Mutter (Muchitsch 1979; Rösler 1981; Spieler 1944)

− autoritärer Erziehungsstil mit oftmals überhöhten Leistungserwartungen (Lorand 1960; Kurth/Schweigert 1972)

− geringe sprachliche Kommunikation bei zurückhaltender Persönlichkeit vorrangig auf Seite der Väter (Muchitsch 1979; Rösler 1981; Werder 1992)

− starke intrafamiliäre Bindungen und wenig außerfamiliäre Kontakte (Rösler 1981)

− symbiotische Beziehung zwischen Mutter und mutistischem Kind (Katz-Bernstein 1992; Werder 1992).

Das mutistische Kind macht sich selbst klein, es regrediert. Es bemüht seine Unfähigkeit als Schutz, so daß weniger von ihm erwartet und verlangt wird. In Gesprächen mit Familien mutistischer Kinder kann man häufig beobachten, daß die Mutter >automatisch< für das Kind antwortet (Zusammenhang Overprotection und symbiotische Mutter-Kind-Beziehung!).

4. Pädagogische Aufgaben

Ansatzpunkte der pädagogischen Arbeit mit mutistischen Kindern sind eine partnerschaftliche Arbeit mit den Hauptbezugspersonen mit dem Ziel der Relativierung der Engen in der Erziehungsatmosphäre und ein personzentriertes-dialogisches Arbeiten mit dem mutistischen Kind mit dem Ziel, ihm sprachliches Sich-Äußern wieder gefühlsmäßig interessant und wichtig werden zu lassen. Dem Kind müssen neue, positive Dialogerfahrungen ermöglicht werden. Das ist nur in einer Atmosphäre des *Vertrauens* möglich. Das Kind muß das Gefühl haben, daß es so akzeptiert wird, wie es ist, d.h. es darf auf keinen Fall zum baldigen Sprechen gedrängt werden! Zum Aufbau eines gesunden Selbstwertgefühls ist es nötig, daß der Pädagoge/die Pädagogin dem Kind *Wertschätzung* entgegenbringt. Er/sie muß das Kind spüren lassen: Du hast etwas zu sagen, und ich bin an Deiner Meinung interessiert! Zunächst müssen dem Kind nonverbale Ausdrucksmittel bereitgestellt werden, und es müssen nonverbale Dialogformen gesucht werden. Bei der Auswahl der Spiel- und Handlungsangebote muß immer das Plazet des Kindes abgewartet und eingefordert werden. Das Kind soll lernen, Entscheidungen zu treffen und eigenverantwortlich zu handeln.

Literaturverzeichnis:

Asperger, H.: Heilpädagogik. Wien, New York. 5. Auflage. 1968.

Böhme, G : Klinik der Sprach-, Sprech- und Stimmstörungen. Stuttgart, New York. 2. Auflage. 1983.

Dührssen, A.: Psychogene Erkrankungen bei Kindern und Jugendlichen. Göttingen. 14. Auflage. 1988.

Erikson, E.H.: Identität und Lebenszyklus. Frankfurt/M. 1966.

Fröschels, E.: Stimme und Sprache in der Heilpädagogik. 1926.

Gutzmann, H.: Vorlesungen über Störungen der Sprache und ihre Heilung. 1893.

Heinz, H.: Freiwillig schweigende Kinder. In: Zeitschrift für Kinderforschung 1932, Band 40, 235-256.

Huldschinsky, K.: Bericht über den 4. Kongreß für Heilpädagogik. 1925, 202 ff.

Katz-Bernstein, N.: Aufbau der Sprach- und Kommunikationsfähigkeit bei redeflußgestörten Kindern. Luzern. 5. Auflage. 1992.

Knura, G.: Grundfragen der Sprachbehindertenpädagogik. In: Knura, G. / Neumann, B. (Hrsg.): Pädagogik der Sprachbehinderten (Handbuch der Sonderpädagogik, Bd. 7). Berlin 1980, 3-67.

Kroppenberg, D.: Sprachliche Beeinträchtigung unter sonderpädagogischem Aspekt. Berlin 1983.

Kurth, E./Schweigert, K.: Ursachen und Entwicklungsverlauf des Mutismus bei Kindern. In: Psychiatrie, Neurologie und Medizinische Psychologie 24 (1972), 741-749.

Kussmaul, A.: Die Störungen der Sprache. Leipzig 1877.

Lorand, B.: Katamnese elektiv mutistischer Kinder. In: Acta Paedopsychiatrica 27 (1960), 273-289.

Luchsinger, L./Arnold, G.E.: Handbuch der Stimm- und Sprachheilkunde, 2. Bd.: Die Sprache und ihre Störungen. Wien, New York. 3. Auflage. 1970.

Muchitsch, E.: Der Mutismus aus psychologischer Sicht. In: Der Sprachheilpädagoge 11 (1979) 3, 8-14.

Nadoleczny : Lehrbuch der Stimm- und Sprachheilkunde. 1912.

Rösler, M.: Befunde beim neurotischen Mutismus der Kinder. In: Praxis der Kinderpsychologie und Kinderpsychiatrie 30 (1981), 187-194.

Schulz von Thun, F.: Miteinander reden. Bd. 1: Störungen und Klärungen. Allgemeine Psychologie der Kommunikation. Reinbek bei Hamburg 1981.

Spieler, I.: Schweigende und sprachscheue Kinder. Thymogener Mutismus. Olten 1944.

Tramer, M.: Elektiver Mutismus bei Kindern. In: Zeitschrift für Kinderpsychiatrie 1 (1934), 30-35.

Werder, H.: Kasuistik zum Mutismus. In: Grohnfeldt, M. (Hrsg.): Störungen der Redefähigkeit (Handbuch der Sprachtherapie Bd. 5). Berlin 1992, 508- 528.

Westrich, E.: Der Stotterer. Psychologie und Therapie. Bonn. 5. Auflage. 1984.

Westrich, E.: Die Sprechangst als dialogisches Problem. In: Lotzmann, G. (Hrsg.): Sprechangst in ihrer Beziehung zu Kommunikationsstörungen. Berlin 1986, 1-22.

Westrich, E.: Zur Phänomenologie der Sprechangst. In: Heilpädagogik. Fachzeitschrift der österreichischen Gesellschaft für Heilpädagogik 30 (1987), 40-47.

Zuckrigl, A.: Kommunikation zwischen Partnern - Sprachbehinderte. Herausgegeben von der Bundesarbeitsgemeinschaft „Hilfe für Behinderte e.V." 4. 1982.

Dorothea Valerius

Neurose

Der Begriff >Neurose< ist in der heutigen Zeit den meisten Menschen ein Begriff, verschiedene Assoziationen werden damit verknüpft. In der Regel wird Neurose in enger Verbindung mit psychischer Erkrankung gesehen, im schlimmsten Fall mit >Verrücktsein<.

In der Wissenschaft finden sich unterschiedlichste Erklärungs- und Entstehungsmuster, eine einheitliche Lehrmeinung gibt es hier nicht. Im Rahmen der klassischen Psychiatrie wurde bislang von einer Dreiteilung ausgegangen, in der die Neurosen von den sogenannten >Endogenen Psychosen< wie der >Manisch-depressiven Erkrankung< oder der >Schizophrenie< auf der einen Seite und den >Organischen Psychosen< (z.B. im Rahmen einer Hirnverletzung) auf der anderen Seite abgegrenzt werden. Neurosen gelten hier als psychische Fehlentwicklungen, die im Gegensatz zu endogenen oder organischen Psychosen psychotherapeutisch und nicht in erster Linie medikamentös zu behandeln sind. Eine Abgrenzung fällt hier jedoch häufig genauso schwer wie die Abgrenzung zum sogenannten gesunden Menschen.

Die Psychoanalyse geht im klassischen Sinn davon aus, daß neurotisches Verhalten als Defekt oder Entwicklungsrückstand anzusehen ist. Peters (1984) beschreibt im Wörterbuch der Psychiatrie und medizinischen Psychologie Neurose aus psychoanalytischer Sicht als eine psychisch bedingte Gesundheitsstörung, deren Symptome unmittelbare Folge und symbolischer Ausdruck eines krankmachenden seelischen Konfliktes sind, der unbewußt bleibt. Zur engeren psychoanalytischen Begriffsumschreibung gehört ferner, daß der Konflikt in der Kindheit verwurzelt und die jeweilige Symptomatik aus einem Kompromiß zwischen Triebwünschen und einer ihre Realisierung verhindernden Abwehr entsteht.

Die Lerntheorie im Gegensatz dazu verwirft alle bisherigen Neurosetheorien und betrachtet neurotische Symptome einfach als gelernte Gewohnheiten. Es gibt keine Neurose, die dem Symptom zugrunde liegt, sondern nur das Symptom selbst. Im DSM 3 (Diagnostic and Statistical Manual of Mental Disorders) wurde in der letzten Überarbeitung der Begriff Neurose ganz fallengelassen zugunsten einer neuen, an Störungsbildern orientierten Einteilung.

Aus humanistischer und speziell gestalttherapeutischer Sicht läßt sich Neurose eher als eine Schutzfunktion des Menschen bezeichnen, die in der Kindheit entwickelt wird, um das physische und psychische Überleben des Kindes zu sichern. Solche Schutzmechanismen entstehen, wenn grundlegende Bedürfnisse des Kindes fortlaufend unbefriedigt bleiben und das Kind beim Versuch der Bedürfnisrealisierung wiederholt Verletzungen (z.B. in Form von Verachtung, Demütigung, Ignorieren etc.) erfährt. Neurose bezieht sich folglich nicht auf eine bestimmte traumatische Situation, sondern auf andauernde Verletzungen. Da ein Kind nicht dauerhaft mit solchen Verletzungen leben kann, vermeidet es in der Folge, Bedürfnisse zu zeigen, für die es von seinen Eltern Ablehnung, in welcher Form auch immer, erfahren hat. Erhält ein Kind z.B. für Hilflosigkeit oder Weinen von seinen Eltern Verachtung, wird es bemüht sein, Gefühle von Hilflosigkeit oder Verzweiflung nicht mehr zu zeigen, um die Verachtung der Eltern nicht mehr spüren zu müssen. Je nach Art der Verletzung entstehen so unterschiedliche neurotische Mechanismen, die den Menschen in seiner gegenwärtigen Umwelt vor Verletzung, Ausgestossenwerden oder sogar Vernichtung schützen.

Neurose kann so also als eine notwendige und daher sinnvolle und kreative Form menschlichen Handelns verstanden werden, die dem betreffenden Menschen die Möglichkeit bietet, in seiner spezifischen Umwelt überleben zu können. Diese individuelle Form der Anpassung liegt darin begründet, daß der betreffenden Person keine adäquate Ausdrucksform ihrer Gefühle, Bedürfnisse und Lebensziele möglich ist. Vielmehr handelt sie bestimmt durch ihr auferlegte Ge- oder Verbote, Wünsche und Erwartungen der Umwelt, repräsentiert durch die entsprechende Ursprungsfamilie. Es handelt sich dabei um einen im wesentlichen normalen Erziehungs- und Entwicklungsprozeß, der den Menschen in seinem Verhalten und Empfinden prägt und die Persönlichkeit mitgestaltet. Eine Neurose ist letztlich nur schwer abzugrenzen von den vielen neurotischen Tendenzen und Verhaltensweisen, die jeder aus seinem Alltagsleben kennt (wie z.B. Ängste vor bestimmten Situationen, Festhalten an alten Verhaltensmustern, zwanghafter Übergenauigkeit, Abhängigkeitsproblemen etc.). In der Therapie, auf die an dieser Stelle nicht eingegangen werden soll, sollte dem Klienten Wertschätzung und Verständnis für seine Form der Auseinandersetzung mit seiner Umwelt entgegengebracht werden. Nur so kann er im Kontakt mit dem Therapeuten alte Verhaltensmuster aufgeben und langfristig Wachstum und Veränderung erlangen und zu einem selbstbestimmteren und damit zufriedeneren Leben kommen. Im folgenden möchte ich meine Ausführungen an einem Beispiel verdeutlichen:

Rita B. wird als zweitälteste Tochter im Abstand von drei Jahren zur älteren Schwester geboren, es folgen in kürzerem Abstand zwei Brüder. Sie wächst auf in einer eher emotionsarmen Atmosphäre. Die Mutter wird als kühl und leistungsbezogen erlebt. Gleichzeitig ist sie die dominierende Person in der Familie, wird von der Tochter als allwissend und übermächtig erlebt. Die Mutter kann alles und handelt nach dem Motto: >Man kann alles schaffen, wenn man es nur wirklich will<. Der Mutter entgeht auch in der Beziehung zu den Kindern nichts; sie übt Kontrolle aus. Es erscheint nicht möglich, ein Geheimnis vor ihr zu haben. Die kleine Rita wächst mit dem Gefühl auf, nur dann wirklich etwas wert zu sein, wenn sie sich den Wünschen der Mutter entsprechend verhält, diese zu ihrem Vorbild macht. Achtung und Aufmerksamkeit erfährt sie von ihrer Mutter nur, wenn sie sich besonders selbständig und brav verhält, also den Erwartungen ihrer Mutter entspricht. Daß sie ihrer Mutter ähnlich ist, wird ihr dabei immer wieder vermittelt, und sie ist stolz darauf. Wenn ihre Geschwister bei einem Gewitter Angst haben, so wie sie selbst auch, versucht sie ihnen Mut zu machen. Sie selbst darf keine Angst zeigen. Sie hat schon so oft gehört: >Du brauchst doch keine Angst zu haben, du schaffst das schon alleine, dir macht doch so ein kleines Gewitter nichts aus.< Rita lernt auf diese Weise schnell, daß sie ihre Angst nicht zeigen darf. Sie würde ihre Mutter sonst enttäuschen und ihre Liebe und Aufmerksamkeit verlieren. Sie verbirgt ihre wahren Gefühle mehr und mehr und zeigt nach außen Stärke und Furchtlosigkeit. Für Angst und Unsicherheit erwartet sie Ablehnung und Verachtung.

Als 18jährige verläßt Rita ihr Elternhaus, zieht gemeinsam mit ihrem Freund jedoch in eine Wohnung unweit der Eltern. Beruflich arbeitet sie sich hoch zur Chefsekretärin, nachdem sie ihren eigentlichen Berufswunsch zugunsten der Vorstellungen ihrer Mutter aufgegeben hat. An ihrem Arbeitsplatz wird Rita als engagierte, zuverlässige und korrekte Mitarbeiterin geschätzt, die persönlich jedoch unerreichbar erscheint, unnahbar wirkt.

Während eines Urlaubs mit dem Ehemann in Südamerika kommt es zu einem extremen Angsterlebnis, von dem sich die junge Frau (25jährig) nicht wieder erholt. Sie erkrankt im Anschluß an einer langwierigen Infektion, wird zunehmend unsicherer, leidet mehr und mehr unter Angstgefühlen, die sie ständig zu verbergen sucht. In ihrer Lebensführung wird sie zunehmend eingeengt; schließlich kann sie aus Furcht vor den nun immer häufiger und intensiver auftretenden Angstgefühlen ihrer Berufstätigkeit nicht mehr nachgehen. Im weiteren verläßt sie alsbald das Haus nicht mehr ohne Begleitung ihrer Mutter oder ihres Mannes. Als letzterer eine mehrtägige berufliche Fortbildung im Ausland wahrnehmen will, kommt es zum endgültigen Zusammenbruch, und eine Aufnahme in eine Klinik wird notwendig.

In der längerfristigen stationären Psychotherapie weiß die junge Frau zunächst nur wenig mit ihren Gefühlen und Ängsten anzufangen, erlebt diese als bedrohlich, fürchtet einen vollständigen Kontrollverlust. Es fällt ihr schwer, sich als hilflos und schwach zu erleben. Sie kann diese Seite zunächst nicht akzeptieren, fürchtet die früher erlebte Ablehnung und Verachtung. Im Verlauf der mehrmonatigen Therapie geht es für die junge Frau darum, in einer geschützten und unterstützenden Atmosphäre Zugang zu ihren bislang verborgenen Bedürfnissen und Gefühlen zu finden. Es kann für sie sehr wichtig sein zu erfahren, daß sie als Person liebens- und achtenswert ist, gerade auch dann, wenn sie sich abhängig oder schwach fühlt und dies auch zeigt. In einem langen und möglicherweise schmerzhaften Prozeß können dabei alte Verletzungen und Bedrohungen wiedererlebt werden. Letztlich kann sie so jedoch zu mehr Flexibilität, Lebendigkeit und damit Zufriedenheit gelangen, in ihrem Leben neue und eigene Wege gehen.

Das kurze und damit natürlich unvollständige Fallbeispiel soll veranschaulichen, wie ein junger Mensch durch seine Umwelt oder Familie geprägt wird und so mehr oder weniger gravierende neurotische Mechanismen ausbildet. Es wird deutlich, daß für das kleine Mädchen die Verleugnung der Angst lebensnotwendig war; nur so konnte sie den möglicherweise vernichtenden Energien ihrer Mutter oder auch ihrer Eltern entgehen. Vielleicht bedingt durch das extreme Angsterlebnis im Urlaub wurde die bislang so erfolgreiche Überlebensstrategie der jungen Frau in Frage gestellt; einerseits mit gravierenden Folgen, gleichzeitig jedoch auch mit der nunmehr gegebenen Möglichkeit, in einer veränderten Umgebung neue wichtige Erfahrungen zu machen und von erlebten Verletzungen Abschied zu nehmen.

Literaturhinweise:

Hansen, G. / Hansberg-Schröder, D.: Analytische Gestalttherapie. Bad Heilbrunn/Obb. 1990.
Menzos, S.: Neurotische Konfliktverarbeitung. München 1982.
Peters, U.-H.: Wörterbuch der Psychiatrie und Medizinischen Psychologie. München 1984.
Staemmler, F. / Bock, W. : Neuentwurf der Gestalttherapie. München 1987.

Edgar Eckerskorn

Psychotherapie

Um was geht es in der Psychotherapie?

Es geht nicht darum, herauszufinden, wer oder wie der Klient sein sollte und sein könnte, oder wie er sein müßte, um irgendjemandes Erwartungen zu erfüllen, sondern es geht darum, herauszufinden, wer und wie der Klient ist und ihn dabei zu unterstützen.

Psychotherapie heißt niemals reparieren oder passend machen, sondern den eigenen Weg finden, einen Weg, der der Person mit ihren Eigenarten entspricht.

In den humanistischen Psychotherapieformen vollzieht sich das über die gleichberechtigte Beziehung zwischen Therapeut und Klient; indem der Therapeut dem Klienten Respekt und Wertschätzung für seine Art des In-der-Welt-seins entgegenbringt, lernt der Klient, auch seine nichtgeliebten Anteile wertzuschätzen.

In der Verhaltenstherapie lernt der Klient neues Lernen, festgefahrene Verhaltensmuster und Denkmuster abzulegen und neue Möglichkeiten aufzubauen.

In tiefenpsychologischen Therapieformen geht es ebenfalls um die Loslösung von festgefahrenen Mustern, hier jedoch mehr durch das Aufdecken von Zusammenhängen mit frühkindlichen Erfahrungen.

Für mehr Informationen über die klassischen Psychotherapieformen sei auf Linster/Wetzel (1980) verwiesen. Wissenswertes auch über neue Formen der Psychotherapie bietet der Therapie-Führer von Schwertfeger/Koch (1991). In der Praxis sieht es meist so aus, daß Psychotherapeuten integrative Methoden aus den verschiedenen von ihnen gelernten Psychotherapieformen anbieten. Wichtiger als theoretische Indikationsfragen ist dabei m.E. die Wahrnehmung des Klienten selbst (und natürlich auch die des Therapeuten), ob er mit diesem Menschen arbeiten kann.

Warum kommt ein Mensch in die Psychotherapie? Er ist an einem Punkt angekommen, an dem er spürt, daß die alten Bewältigungsstrategien nicht mehr ausreichen, aber noch keine neuen Möglichkeiten zur Verfügung stehen. Die Person hat oft das Gefühl, sich im Kreis zu drehen und/oder sich in einer ausweglosen Situation zu befinden.

Es besteht oft der Eindruck des Steckenbleibens; die Person hat das Gefühl, weder vorwärtszukommen noch zurückzukönnen. Das Streben nach der Sicherheit des Gewohnten, Vertrauten und das Bedürfnis nach Weiterentwicklung und Veränderung halten sich an diesem Punkt die Waage.

An einem solchen Punkt, einem solchem Engpaß, entsteht das Bedürfnis, die Notwendigkeit oder der Leidensdruck, die gewohnten und sicheren Bahnen zu verlassen und etwas Neues zu wagen.

In der Psychotherapie geht es dann zunächst nicht darum, den Hilfesuchenden weiterzubringen oder voranzutreiben (denn das tut er schon von selbst), sondern zunächst einmal die Problematik, die zum aktuellen Steckenbleiben, Leiden, Auffälligwerden oder Kapitulieren geführt hat, zu beleuchten. Die konkrete Vorgehensweise beim Beleuchten, beim Diagnostizieren, ist je nach theoretischer Ausrichtung des Therapeuten wieder recht verschieden. In den humanistischen Psychotherapieformen erfolgt die Diagnostik hauptsächlich anhand der Wahrnehmung des Therapeuten: Was drückt der Klient durch seine verbalen und nonverbalen Mitteilungen über sein Problem und dessen Hintergründe aus? Was erfahre ich aus der Art und Weise, wie der Klient seine Beziehung zu mir gestaltet, darüber, wie er sich und seine Umgebung erlebt? Was sagen mir meine eigenen gefühlsmäßigen Reaktionen auf den Klienten über dessen Biographie und seine Art des In-der-Welt-seins? In der Verhaltenstherapie erfolgt die Diagnostik hauptsächlich konkret auf das Problemverhalten bezogen: Wann und in welchen Situationen tritt das Problem auf? Was sind die Konsequenzen des problematischen Verhaltens und Erlebens, d.h. wodurch wird das Problem aufrechterhalten?

Welche Gedanken und Gefühle machen aus einer an sich unproblematischen Situation einen Auslöser für eine neurotische Reaktion?

In den tiefenpsychologischen Therapieformen kommt bei der Diagnostik der Deutung eine große Bedeutung zu: Welche Symbolik repräsentieren die Symptome des Klienten? Was sagt das Symptom, was sagen die Einfälle, Äußerungen und Träume des Klienten über den zugrundeliegenden (Trieb-)Konflikt?

Natürlich ist diese Darstellung der diagnostischen Fragestellungen sehr verkürzt und pauschalisiert formuliert und wird der Bandbreite der genannten therapeutischen Richtungen in keiner Weise gerecht. Mein Anliegen ist es, zu zeigen, daß ein Therapeut je nach seiner theoretischen Ausrichtung und Ausbildung schon das Problem, mit dem der Klient in die Therapie kommt und damit auch den Klienten selbst unter einem bestimmten Blickwinkel betrachtet, der sich dann auch im weiteren Therapieverlauf fortsetzt. Es ist wichtig zu wissen, wenn jemand eine Psychotherapie beginnen will, daß die Sichtweisen des Therapeuten und des Klienten übereinstimmen. Einige Probesitzungen können Aufschluß darüber geben, ob der Klient für sich etwas mit dem Blickwinkel des Therapeuten anfangen kann und umgekehrt.

Was geschieht in der Psychotherapie? Wie schon mehrmals betont wurde, wird der Klient hier nicht repariert (denn er ist nicht >defekt<) und nicht verbessert (denn er ist so gut, wie er unter seinen Lebensbedingungen und mit seinen Möglichkeiten eben sein kann), sondern er wird darin unterstützt, ermuntert und begleitet, einen für ihn passenden eigenen Weg zu finden.

In einer humanistisch orientierten Psychotherapieform spielt dabei die Unterstützung eine entscheidende Rolle; indem der Klient Unterstützung für bislang nicht akzeptierte Anteile seiner Person erfährt und entwickelt, kann er sie besser integrieren und damit vollständiger, bewußter und selbstverantwortlicher leben.

In einer Verhaltenstherapie lernt der Klient, mehr Kontrolle über sein Problemverhalten durch eine aktive Beeinflussung von Auslösebedingungen, Gedankenabläufen, Reaktionen oder Verhaltenskonsequenzen auszuüben.

In einer tiefenpsychologisch orientierten Psychotherapieform wird der Klient Erkenntnisse über Zusammenhänge zwischen seinen frühen Erfahrungen und seinen jetzigen Schwierigkeiten gewinnen und dadurch seine Lebensart besser verstehen und seine Lebensmöglichkeiten erweitern lernen.

Es ist natürlich wiederum sehr verkürzt, mit wenigen globalen Sätzen beschreiben zu wollen, was in einer Psychotherapie abläuft.

Konkret wird jede Psychotherapie sich so individuell, so einzigartig gestalten, wie jeder Klient (und auch jeder Therapeut) ein einzigartiges Wesen ist.

Jedoch soll die in der Psycho-Szene so groß geschriebene Individualität nicht darüber hinwegtäuschen, daß Psychotherapie immer auch in einem sozialen Zusammenhang stattfindet und eine politische Dimension hat:

Je mehr die Gesellschaft vom Menschen perfektes Funktionieren erfordert, je weniger Platz in der alltäglichen Lebenswelt für unsere Bedürfnisse, Unzulänglichkeiten, Ängste und Gefühle bleibt, um so mehr werden unsere ursprünglich menschlichen Eigenschaften als problematisch in die Psychotherapie getragen. Wir Psychotherapeuten dürfen hier nicht die uns zugedachte Aufgabe als Reparaturwerkstatt oder emotionale Erholungsinsel fraglos übernehmen, denn viele der psychischen Probleme unserer Zeit (Sucht, Gewalt, Angst) sind nicht nur in einer individuellen Lebensgeschichte gewachsen und auf diesem Hintergrund zu verstehen, sondern auch durch die gesellschaftliche, politische und ökologische Entwicklung (Konsumexplosion, Umweltzerstörung, Machtkumulation in Wirtschaft und Politik) beeinflußt.

Langfristig reicht die individuelle Bearbeitung gesellschaftlich gewachsener sozialer und psychologischer Probleme nicht aus, und es werden auch als Antwort auf seelische Leiden und psychische Störungen politische Arbeit und gesellschaftliche Veränderungen notwendig, die über genuin psychotherapeutische Arbeit hinausgehen.

Literaturhinweise:
Chu, V.: Krisenzeit. Nach Tschernobyl: Meditationen eines Psychotherapeuten. Köln 1991.
Linster, W. / Wetzel, H.: Veränderung und Entwicklung der Person. Hamburg 1980.
Schwertfeger, B. / Koch, K.: Der Therapie-Führer. München 1989.

Michaele Esser

Schwerste Behinderung

Schwerste Behinderung umfaßt nach derzeitigem Sprachgebrauch Behinderungen, die die ganze Persönlichkeitsentwicklung in allen Bereichen nachhaltig und schwerwiegend beeinträchtigen. Es handelt sich also um Mehrfachbehinderungen, die vor allem auch die sogenannte geistige Entwicklung miteinbeziehen. Die Ursachen sind, wie bei anderen Behinderungsformen auch, im prä-, peri- und postnatalen Bereich zu suchen. Nach derzeit vorliegenden internationalen Ursachenforschungen dürfte der Anteil der genetischen Störungen relativ hoch liegen (vgl. Bender 1993); meist kommt es zu einer Schädigungskaskade (vgl. Krebs 1991), d.h., das vorgeschädigte Kind erfährt während der Schwangerschaft insbesondere bei der Geburt und möglicherweise bei der nachgeburtlichen Anpassung zusätzliche weitere Schädigungen. Es werden allerdings auch Kinder durch Infektionskrankheiten bzw. durch Unfälle so schwer geschädigt, daß sie nach dem Abheilen der akuten Krankheitsphase als >schwerstbehindert< bezeichnet werden müssen.

Zunächst läge es nahe, den Personenkreis durch eine Auflistung all dessen zu beschreiben, was nicht oder nicht mehr gekonnt wird. Diese Negativ-Listen widersprechen einer humanistisch-pädagogischen Sichtweise und sollen daher durch den Versuch ersetzt werden, das vorhandene Potential dieser Kinder zu beschreiben:

– Sie nehmen andere Menschen durch Haut und Körperkontakt wahr;

– sie können mit ihrem Körper unmittelbar Erfahrungen sammeln und bewerten;

– sie erleben sich selbst, Menschen und Dinge in unmittelbarer emotionaler Betroffenheit;

– sie benutzen ihre gesamte Körperlichkeit, um sich auszudrücken und mitzuteilen.

Betrachten wir uns selbst, so können wir feststellen, daß wir in vielen Lebenssituationen auf diese elementaren Möglichkeiten zurückgreifen, sie sehr häufig erfüllender erleben als die >spezifisch menschlich< höheren Funktionsmöglichkeiten. In unserer Beziehung zu kleinen Kindern, im Austausch zwischen Liebenden, in emotional aufwühlenden Situationen etc. greifen wir auf diese Grundmuster menschlichen Verhaltens zurück, ohne daß wir dabei das Gefühl hätten, auf Menschliches oder Menschen-typisches zu verzichten.

Aus dieser elementaren Lebens- und Erlebensweise entstehen natürlich besondere Bedürfnissituationen, deren Befriedigung das Hauptziel der unmittelbaren pädagogischen und therapeutischen Bemühungen sein muß. So lassen sich allgemeinste Rahmenbedingungen beschreiben, unter denen diese Kinder, Jugendlichen oder Erwachsenen ihre Entwicklung stabil halten oder auch Entwicklungsfortschritte einleiten können: sie brauchen

- viel körperliche Nähe, um direkte Erfahrungen machen zu können;
- körperliche Nähe, um andere Menschen wahrnehmen zu können;
- Menschen, die ihnen die Umwelt auf einfachste Weise nahebringen;
- Menschen, die Fortbewegung und Lageveränderung ermöglichen;
- Menschen, die sie auch ohne Sprache verstehen, sie zuverlässig versorgen und pflegen.

Diese spezifischen Bedürfnisse machen deutlich, daß im Umgang mit schwerstbehinderten Menschen konventionelle Begegnungs- und Anregungsformen überwunden werden müssen. Gerade für den Bereich der schulischen Förderung kann auf tradierte Unterrichtsformen - auch auf solche der Sonderpädagogik - kaum zurückgegriffen werden. Der Verzicht auf sprachlich-inhaltliche Vermittlung ebenso wie das Ungenügen einer visuell-auditiven Orientierung fordert die unmittelbare, körperliche Begegnung mit Dingen und Menschen. Der somatische Dialog (vgl. Fröhlich 1982) tritt anstelle der klassischen Vermittlung.

Ganzheitliche Entwicklungsförderung

Mit dem Konzept einer ganzheitlichen Entwicklungsförderung versucht die Sonderpädagogik eine Antwort auf die Förderbedürfnisse schwerstbehinderter Kinder, Jugendlicher und Erwachsener zu finden. Sie geht dabei davon aus, daß alle Entwicklungsbereiche gleich wichtig, gleich wirklich und gleichzeitig sind:

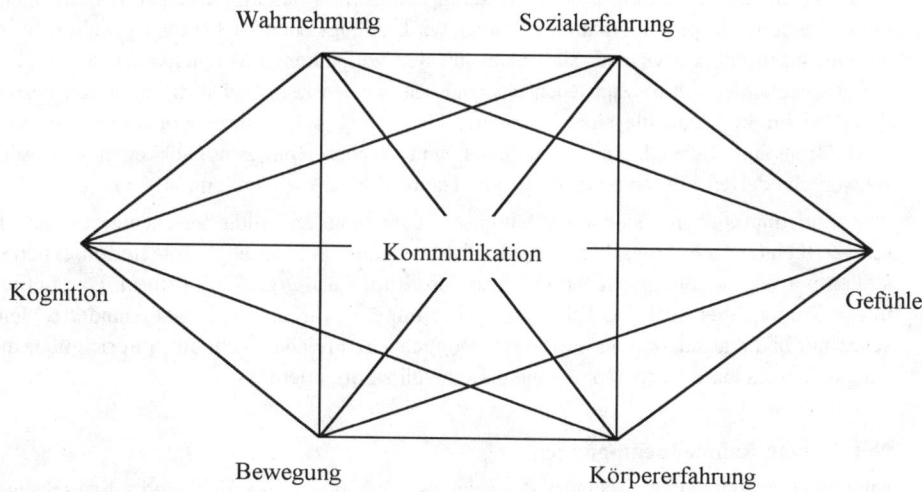

Im Sinne eines humanistischen Konzeptes gilt die Vorstellung, daß auch sehr schwer beeinträchtigte Menschen ihre Entwicklung selbst organisieren. Eine Förderung kann nur in der Schaffung möglichst günstiger Bedingungen bestehen, die dem Individuum helfen, Erfahrungen zu machen, Erfahrungen miteinander zu verknüpfen und daraus neue Strukturen zu entwickeln. Dies gilt auch für scheinbar allereinfachste Alltagshandlungen: Spüren unterschiedlicher Geschmackseindrücke im Mund; Wahrnehmen des eigenen Körpers bei Pflegehandlungen; Fixieren eines unmittelbar vor sich befindlichen Gesichtes, Lauschen auf eine Stimme; Registrieren einer Berührung an der Hand etc. Die möglichst eindeutige Vorstrukturierung solcher Eindrücke ist eine der wichtigsten pädagogischen Aufgaben. Mit dem Konzept der „Basalen Stimulation" (Fröhlich 1993) wird versucht, diesem Bedürfnis Rechnung zu tragen. Ein systematisches, an der frühen und elementaren Entwicklung orientiertes Angebot von einfachsten Erfahrungsmöglichkeiten bietet schwerstbehinderten Menschen die Möglichkeit, Informationen über sich selbst, den eigenen Körper und die unmittelbare Umwelt zu sammeln. Regelmäßig wiederkehrende Informationen für alle Sinnesbereiche, insbesondere die elementaren und körpernahen, ermöglichen den Aufbau einer Orientierungssicherheit. Ausgangspunkt ist der eigene Körper, der Aufbau eines Körper-Ichs, das zum aktiven Partner zu einem Dialog werden kann.

Integriertes Leben und Lernen

Ziel einer pädagogischen Förderung für schwerstbehinderte Menschen ist die Integration des Individuums in Familie und soziale Systeme. Dazu scheint es nicht zu genügen, die bloße Anwesenheit zu ermöglichen, sondern es kommt darauf an, das Alltagsgeschehen so zu strukturieren, daß es mit den elementaren Fähigkeiten des körpernahen Wahrnehmens dieser Personengruppe überhaupt erfahrbar wird. Alltagsleben ist häufig zu vielschichtig, zu dynamisch und verwirrend, als daß es mit den vorhandenen Möglichkeiten dieser Kinder, Jugendlichen und Erwachsenen entschlüsselt werden könnte. Daher ist es von besonderer Wichtigkeit, daß die nicht behinderte Umgebung sich in ihrer Kommunikation und Interaktion auf Schnelligkeit, Rhythmus und Wahrnehmungsmöglichkeiten der sehr schwerbehinderten Menschen einstellt (vgl. Haupt/Fröhlich 1983; Haupt 1993).

Nur eine unmittelbare, sinnlich erfahrbare Beteiligung an Alltagsgeschehnissen sichert schwerstbehinderten Menschen die Möglichkeit einer individuellen Integration. Hierbei stoßen wir an die pädagogischen Grenzen der Gruppe als Organisationsform. Das Lernen in der Gruppe, aber auch das Erleben in der Gruppe, ist für viele schwerstbehinderte Menschen nur bedingt tauglich; ihre Erfahrensmöglichkeiten reichen nicht aus, um sich über die eigene, unmittelbare Körpersphäre hinaus sinnvoll zu orientieren.

Notwendige Rahmenbedingungen

Menschen mit schwerster Behinderung, seien es nun Kinder, Jugendliche oder Erwachsene, brauchen eine qualitätsvolle Unterstützung im täglichen Leben. Hierzu gehört die körperliche Pflege, die insbesondere auf die Gefahr von Druckgeschwüren in Folge einseitiger Lagerung Rücksicht nehmen muß. Ein häufiger, qualifizierter Lagerwechsel ist ebenso wichtig wie die Bereitstellung geeigneter und individuell angepaßter Lagerungshilfen.

Der Nahrungsaufnahme, d.h. dem Trinken und Essen, kommt eine besondere Bedeutung zu. Die meisten schwerstbehinderten Menschen müssen die Nahrung gereicht bekommen; ihre Aufnahme ist häufig mit erheblichen motorischen Schwierigkeiten verbunden. Die Nahrung muß deshalb im Hinblick auf ihre qualitative Zusammensetzung unbedingt überprüft und kontrolliert werden, das >Füttern< selbst verdient höchste Aufmerksamkeit und beansprucht sowohl Konzentration wie Zeit bei beiden Partnern (vgl. Svendsen 1988, 51ff./163).

Aber auch die Sicherung von Ruhe und Rückzugsmöglichkeiten für schwerstbehinderte Menschen muß erwähnt werden, insbesondere dann, wenn sie ihre Tage in Vollzeiteinrichtungen verbringen. Ruhe und Rückzug meint nicht, daß diese Menschen unbeschäftigt und anregungsarm Stunden des Tages verbringen. Vielmehr ist eine aktive Rückzugsmöglichkeit gemeint, eine ruhige, abgeschirmte und entlastende Phase im Alltag, die auch räumlich klar strukturiert ist. Nur auf dem Hintergrund von Stille und Ruhe kann auch wieder aktiv Information aufgenommen werden, kann Wahrnehmung verarbeitet werden. Für Menschen mit schwerster Behinderung ist ein relativ eintöniges Gleichmaß von Eindrücken außerordentlich gefährlich, da hier die Gefahr am größten ist, daß Desorientierung und ein Verwischen aller Erfahrungen zum Aufbau von selbststimulierenden Verhaltensweisen führt. Diese stehen dann häufig wie eine Mauer zwischen dem betreffenden Menschen und seiner Umwelt.

Schlußbemerkung

Alle Menschen haben ein Recht darauf, sich im Rahmen ihrer Möglichkeiten zu entfalten. Menschen mit schwerster Behinderung können sich ebenfalls entfalten, können Erfahrungen mit sich, Dingen und anderen Menschen machen. Sie benötigen dazu besondere Hilfen, eine intensive Zuwendung und verläßliche Pflege. Es steht uns nicht an, über den >Lebenswert< dieser Menschen zu diskutieren. Jedes Leben trägt seinen Wert in sich. Die Arbeit in den vergangenen 20 Jahren hat gezeigt, daß durch pädagogische und therapeutische Gestaltungsmöglichkeiten das Leben schwerstbehinderter Menschen bereichert werden kann. Die ständig steigenden Lebenserwartungen schwerstbehinderter Menschen, ihre Fähigkeit, mit medizinischer und pflegerischer Unterstützung Krisen zu überwinden und am Leben zu bleiben, zeigen, daß dieses Leben für sie wichtig ist. Wir erleben mit ihnen glückliche und traurige Momente, Phasen der Angst und Phasen der Zufriedenheit, Bedürfnis nach Ruhe und Bedürfnis nach Anregung. In der Begegnung mit schwerstbehinderten Menschen haben wir die Chance, menschliches Leben in seiner Intensivform zu erleben.

Literaturhinweise:
Bender, S.: Formen und Ursachen schwerster Behinderung. Wissenschaftliche Hausarbeit. Heidelberg 1993.
Dank, S.: Individuelle Förderung Schwerstbehinderter. 1987.

Fröhlich, A.: Der somatische Dialog. In: Behinderte in Familie, Schule, Gesellschaft. Linz 1982.
Fröhlich, A. (Hrsg.): Pädagogik bei schwerster Behinderung. Handbuch der Sonderpädagogik, Bd. 12. Berlin 1991.
Fröhlich, A.: Basale Stimulation. 3. Auflage. Düsseldorf 1992.
Haupt, U.: Projekte in der fortlaufenden Zusammenarbeit mit schwerstbehinderten Schülern. In: Bergeest, H. / Haupt, U. (Hrsg.): Sonderpädagogen helfen lernen. Pfaffenweiler 1993.
Haupt, U. / Fröhlich A.: Integriertes Lernen mit schwerstbehinderten Kindern. Mainz 1982.
Krebs, H.: Sozialmedizinische und medizinische Aspekte zur Situation sehr schwer behinderter Menschen. In Fröhlich, A. (Hrsg.): Pädagogik bei schwerster Behinderung. Berlin 1991.
Svendsen, F. u.a. : L'enfant deficient mental polyhandicapé. 2. Auflage. Paris 1988.

Andreas Fröhlich

Sehbehinderung und Blindheit

In der Fachsprache verschiedener Bereiche, wie der Augenheilkunde, dem Sozialrecht und der Sonderpädagogik, werden >Sehbehinderung< und >Blindheit< unter dem Oberbegriff >Sehschädigung< zusammengefaßt. Die Sehschädigung wird nach Schweregraden der Beeinträchtigung des Sehens in Gruppen unterteilt. Bei Sehbehinderung wird mit einer erheblichen Herabsetzung des Sehvermögens gerechnet, die auf Veränderungen des Sehorgans (Auge, Sehnerv, Sehzentren im Gehirn) beruht und in der Regel eine dauerhafte, gravierende und umfängliche Behinderung in verschiedenen Lebensbereichen nach sich zieht. Blindheit liegt nach landläufiger Meinung vor, wenn jemand kein Licht wahrnehmen kann und demzufolge gar nichts sieht. In der Praxis, zum Beispiel in der Schule, im Beruf oder im Verkehr, reicht eine so enge Festlegung der Blindheit jedoch nicht aus. Personen, die sich in diesen Bereichen wie blinde Menschen verhalten müssen, obwohl sie noch ein geringes Sehvermögen besitzen, gelten ebenfalls als blind und werden Blinden gleichgestellt.

Die *Häufigkeit von Sehbehinderung* wird mit 0,3 bis 0,4 % (mit zunehmendem Anteil bei älteren Menschen) angegeben. Die *Blindheitsrate* liegt in Deutschland zwischen 0,15 und 0,25 %. Der Anteil an blinden Kindern und Jugendlichen ist vergleichsweise sehr gering, die Zahl der Altersblinden steigt stetig an. Eine aktuelle Erfassung zeigt, daß es 6 % blinde Kinder und Jugendliche im Alter bis zu 17 Jahren gibt; 71% der blinden Menschen sind über 60 Jahre alt, davon 38% bereits über 80.

Ursachen von Sehschädigungen sind in Deutschland und in anderen Ländern mit vergleichbar guten Gesundheitsdiensten, die Augenentzündungen unter Kontrolle halten können und in denen heilbare Schäden behandelt werden, mit zunehmender Häufigkeit durch erbliche und angeborene Veränderungen des Auges, Unfälle, Zivilisationsschäden und Altersleiden bedingt.

Sehbehinderung kann mit Hilfe von augenärztlichen Meßwerten bestimmt werden. Solche Angaben allein sind jedoch unter pädagogischem oder rehabilitativem Aspekt unzurei-

chend. Sie werden daher mehr und mehr durch eine funktionale Beschreibung eingeschränkten Sehvermögens ergänzt, die darauf abzielt, festzustellen, wie sehbehinderte
Menschen mit ihrer verbliebenen Sehfähigkeit umgehen.

Neuerdings wird einmütig herausgestellt, daß jeder Fall von beeinträchtigtem Sehen spezifische Charakteristika aufweist, zum Beispiel in bezug auf den Grad der Sehfunktionsein-
buße, die Schädigung des Sehorgans oder die individuelle Anpassung an den Sehverlust.
Hinzu kommt, daß in den meisten Fällen das Sehvermögen instabil ist. Die Betroffenen sind
oft nicht in der Lage, vorherzusagen, was sie in der nächsten Stunde, am nächsten Tag, in
der nächsten Woche werden sehen können. Lichtwandel kann die Situation sogar von Minute zu Minute ändern.

Manche sehgeschädigten Menschen sehen am besten im hellen Sonnenlicht, andere erreichen ihre beste Sehleistung in der Dämmerung. Einige verhalten sich im Dunkeln wie
Vollblinde, können aber bei bestimmter Beleuchtung kleingedruckte Schrift lesen. Häufig
leiden Menschen mit einer Sehbeeinträchtigung unter Blendungsempfindlichkeit. Dies kann
irritieren und stören, ohne daß die Betroffenen die Ursache erkennen. Lichteinfall von
oben, von unten oder von den Seiten kann ebenso verwirren wie Licht, das direkt von vorn
in die Augen fällt.

Menschen mit wechselnder Sehleistung können zu bestimmten Zeiten das Lächeln eines
anderen oder den Fleck auf der eigenen Kleidung nicht sehen, nehmen beides aber eine
Stunde später oder am nächsten Tag ohne weiteres wahr. Sehbehinderte Menschen mit
einem extrem eingeschränkten Gesichtsfeld sind unter Umständen in der Lage, mit der erhaltenen zentralen Sehschärfe Teile von Gegenständen oder gedruckte Wörter gut zu erkennen; sie benötigen jedoch im Straßenverkehr Hilfen, wie sie Blinde benutzen. Menschen
mit einem zentralen Ausfall des Sehens und erhaltenem seitlichen Gesichtsfeld können dagegen nicht oder nur mit größten Schwierigkeiten Schrift erkennen, bewegen sich aber
nahezu unauffällig im Raum und auf der Straße.

Bestimmte Schädigungen der Augen, schlecht angepaßte sowie zerkratzte Brillengläser, die
das bestmögliche Sehen verhindern, können auffallende Verhaltensweisen verursachen wie
zum Beispiel häufiges Blinzeln und Zusammenkneifen der Augen, ständige Schräghaltung
des Kopfes, wiederholtes Stolpern, übermäßige Beschäftigung mit der eigenen Behinderung und falsche Interpretation von Handlungen, Ereignissen, Gegenständen und Personen
der Umwelt.

Sehbehindertenspezifische Hilfen sind grundsätzlich für alle Menschen mit Sehproblemen
zur Verfügung zu stellen, unabhängig vom Alter und von Art und Grad der zugrundeliegenden Schädigung des Sehorgans. Auch der Besuch spezieller Einrichtungen, etwa einer
Schule für Sehbehinderte oder eines Berufsbildungswerkes, ist nicht Voraussetzung für die
Gewährleistung solcher Hilfen. Umfang und Art sehbehindertenspezifischer Hilfen sind
dementsprechend sehr unterschiedlich.

Eine vordringliche rehabilitative Aufgabe in bezug auf Sehbehinderte ist es, dafür zu sorgen, daß es dem Betroffenen möglich wird, den behinderungsspezifischen Mehraufwand an

Kräften so gering wie möglich zu halten, sich zu entlasten. Das kann durch Kompensation geschehen, das heißt durch optimale Aktivierung der im Bereich der Sehschädigung noch vorhandenen Funktionsreserven. Für die Kompensation unmittelbarer Auswirkungen von Sehbehinderungen sind vielfältige, spezielle Medien vorgesehen, die in der Schule, am Arbeitsplatz und in der Freizeit sehbehinderter Menschen eine große Rolle spielen. Sie erleichtern durch Vergrößerung des Netzhautbildes das Sehen und werden in der Regel unter der Bezeichnung Sehhilfen zusammengefaßt. Vergrößerung des Netzhautbildes kann auf drei Wegen erreicht werden:

– Durch Annäherung des Gegenstandes an das Auge des Beobachters;

– durch Veränderung der Größe des Gegenstandes, zum Beispiel durch Anwendung von vergrößerten Drucken;

– durch Benutzung optischer und elektronischer Hilfsmittel: optische Hilfsmittel wie Lupen, Lupenbrillen und Fernrohrbrillen; elektronische Sehhilfen wie das Bildschirmsichtgerät (synonym: Fernsehlesegerät).

Wichtige Aufgaben im Hinblick auf Kompensation durch den Einsatz von Sehhilfen sind Beratung und Unterstützung beim Finden der geeigneten Sehhilfen und beim Einüben von deren Handhabung.

Die Aufgabe, sehbehinderte Menschen von den erhöhten Anforderungen zu entlasten, kann auch durch substituierende Maßnahmen geschehen, das heißt durch Maßnahmen, die bestmögliches Ausnutzen intakter Funktionen fördern. Beispiele für Medien, die der Substitution dienen, sind Reliefkarten, die es dem Sehbehinderten ermöglichen, seine Seheindrücke durch Tasteindrücke zu ergänzen, oder Hörbücher, die das intakte Gehör beanspruchen.

Blindheit oder der Blindheit gleichzustellende Ausfälle des Sehvermögens führen dazu, daß die betroffenen Personen in der Regel in Bildungs- und Ausbildungssituationen auf Medien und Methoden des Blindenunterrichts, in Beruf und Alltag auf die sogenannten Blindentechniken angewiesen sind. Sie sind in Lernvollzügen, die auf visuellen Eindrücken beruhen, behindert. Bei blinden Menschen schränkt das Fehlen des visuellen Umweltkontaktes die Möglichkeiten der zwischenmenschlichen Kommunikation und der Teilhabe am sozialen Leben erheblich ein; es beschränkt die Mobilität auf eine gut bekannte Umgebung und bedingt auch nach rehabilitativen Maßnahmen in unbekannter Umgebung Abhängigkeit von Begleitpersonen. Die Selbstversorgung ist durch fehlende Möglichkeiten der optischen Kontrolle selbst in der gewohnten Umgebung erschwert. Eine Vielzahl von spezifischen Hilfen und Techniken kann diese Beeinträchtigungen und Behinderungen mildern oder teilweise ganz aufheben.

Blinde Menschen müssen sich die Informationen aus der Umwelt, die Sehende visuell aufnehmen, vollständig oder überwiegend über andere Wahrnehmungssysteme - insbesondere Gehör und Tastsinn - aneignen. Die Funktionsfähigkeit der verbliebenen Sinne kann durch günstige Lernbedingungen gesteigert werden. Lerninhalte und -prozesse erfahren durch die Blindheit Veränderungen, deren Art und Grad von verschiedenen Bedingungen abhängen, wie zum Beispiel vom Alter beim Eintritt der Schädigung, von der Dauer des Bestehens der Blindheit, von der verbliebenen Sehfähigkeit, von eventuellen zusätzlichen Schädigungen.

Blindenspezifische Hilfen müssen allen Betroffenen unabhängig vom Alter und von eventuellen zusätzlichen Behinderungen zur Verfügung gestellt werden. Art und Intensität der speziellen Förderung sind den individuellen Bedürfnissen anzupassen. Manchmal kann eine gelegentliche fachkundige Beratung ausreichen, in anderen Fällen wird eine stationäre Intensivschulung erforderlich sein. Es müssen folglich didaktische Konzepte und Programme für kleine blinde Kinder im Früh- und Elementarbereich ebenso vorliegen wie für Schüler und Schülerinnen an Blindenschulen sowie an allgemeinen Schulen und Sonderschulen jeglichen Typs. Blindenpädagogische Angebote müssen grundsätzlich in allen Bildungseinrichtungen vom Frühbereich bis zum Bereich der Erwachsenenbildung verfügbar sein.

Für Menschen, die als Erwachsene erblinden, sind besondere Hilfen als soziale Grundrehabilitation und Maßnahmen der beruflichen Rehabilitation vorgesehen.

Waltraud Rath

Selbstkonzept

Unter Selbstkonzept versteht man einen besonderen Anteil der Selbstbildes, d.h. der subjektiven Auffassung der Person von sich selbst. Neben dem eher affektiv geprägten Anteil des Selbstbildes (wie z.B. durch >Selbstliebe< oder >Selbsthaß< im Sinne der Psychoanalyse), neben dem Anteil des Selbstbildes, der sich aus den Wahrnehmungen des eigenen Verhaltens ergibt (wie z.B. gemäß der behavioristisch orientierten Theorie der Selbstwahrnehmung nach Bem, 1979), bezieht sich das Selbstkonzept auf die kognitive Repräsentanz der Person. Im Selbstkonzept macht die Person als erkennendes Subjekt sich selbst gleichzeitig zum Objekt.

Diese Auffassung des Bildes der Person von sich selbst findet sich vor allem in der sogenannten >humanistischen Psychologie< (z.B. bei Rogers) und in der kognitionspsychologischen Perspektive der Psychologie (vgl. dazu Filipp 1979; 1985). Dabei definiert Rogers (1981, 35f.) das Selbstkonzept als eine „... strukturierte konsistente Vorstellungsgestalt, die sich aus den auf das Selbst bezogenen Wahrnehmungen und den dazu gehörigen Wertvorstellungen zusammensetzt."

Filipp bezeichnet das Konzept der Person als „internes Selbstmodell" (1975, 4f.), als „... nach bestimmten kognitionspsychologischen Gesetzmäßigkeiten aufgebaute Wissensbestände über die eigene Person" (1985, 348). Epstein (1979, 15f.) sieht im kognitionspsychologischen Sinne im Selbstbild eine „Selbsttheorie", die für die Steuerung des Verhaltens notwendig ist. In dieser Theorie organisiert der Mensch seine Erfahrungen zu einem System, das auch dazu dient, der Welt Sinn zu verleihen.

Somit läßt sich das Selbstkonzept als Ergebnis der Reflexion einer Person über sich selbst, als eigenes kognitives Konzept darüber, wie sie ist, wozu sie aufgrund ihrer Fähigkeiten in der Lage ist, wie sie von anderen gesehen wird, was sie will und was sie soll, beschreiben. Dabei ist nicht von einem globalen, sondern von mehreren bereichsspezifischen Konzepten des Selbst auszugehen, wie z.B. dem Körper-Konzept (etwa hinsichtlich des Aussehens und der körperlichen Tüchtigkeiten), dem Konzept der eigenen Fähigkeiten und Begabungen, dem Konzept des Selbst als Gruppen-Mitglied („soziales Selbst"). Im Hinblick auf (sonder-)pädagogisches Handeln sei auch ausdrücklich auf die Möglichkeit eines Selbstkonzepts als Erzieher hingewiesen (vgl. dazu Seitz 1988). Die verschiedenen Einzel-Konzepte entwickeln sich zunächst unabhängig voneinander als Ergebnis jeweils spezifischer Entwicklungs- und Erfahrungsbedingungen und verbinden sich in einem späteren Zeitpunkt der individuellen Entwicklung zu einer Einheit von mehr oder weniger hohem Integrationsgrad. Sofern die inhaltlichen Kategorien des Selbstkonzepts zu stabilen Bewertungs- und Orientierungsmustern geworden sind (zu sog. „Selbstschemata"), gewährleisten sie die Einordnung neuer Erfahrungen und ermöglichen das Erleben der Kontinuität und Identität.

Für die Entwicklung des(r) Selbstkonzepte(s) und des Identitätsbewußtseins sind die Erfahrungen des Individuums in den Gruppenbeziehungen und in seinem Rollenverhalten verantwortlich. Dabei eröffnen sich nach Neubauer (1976, 38) dem Individuum im Hinblick auf die eigene Person folgende Informationsquellen: Beobachtungen der eigenen Innerlichkeit im Wege der Introspektion, direkte Informationsgewinnung über die sensorischen Systeme, mittelbare Informationen über Beobachtung und interpretative Schlußfolgerungen der Wirkung der eigenen Person, direkte Zuordnung von Eigenschaften (durch die Interaktionspartner, wie z.B. Eltern, Lehrer, Mitschüler) im Wege der Kommunikation.

Die Entwicklung des Selbstkonzeptes auf der Grundlage solcher selbstbezogener Informationen beschreibt Filipp (1979, 139 ff.) als mehrphasigen kognitiven Prozeß. Zunächst erfolgt das Erkennen und Herausfiltern der selbstbezogenen Informationen aus dem Gesamt aller Informationen. Dabei werden selbstbezogene Informationen rascher als andere entdeckt und haben eine hohe emotionale Bedeutung. In Abhängigkeit davon, ob die neuen Informationen dem bisherigen Selbstbild entsprechen oder nicht, erfolgt eine Aufmerksamkeitszuwendung oder Wahrnehmungsabwehr.

In der nächsten Phase erfolgt die bedeutungsmäßige Einordnung der Informationen in vorhandene Gedächtniskategorien und die Speicherung im Gedächtnis. Im weiteren Entwicklungsprozeß kommt es nach den Mechanismen der Assimilation und Akkomodation nach Piaget zur Stabilität und Veränderlichkeit des gespeicherten Selbstbildes.

Assimilation bezeichnet dabei die Einordnung neuer Erfahrungen in die vorhandenen kognitiven Strukturen. So wird eine Person, die der Meinung ist, sie sei eine freundliche Person, Informationen, die dies bestätigen, in ihr Selbstbild assimilieren. Das gespeicherte Selbstbild bleibt solange stabil, als Informationen assimiliert werden können. Ist dies nicht mehr der Fall, dann kommt es zur Akkomodation, d.h. zur Veränderung, Weiterentwicklung und Differenzierung der kognitiven Struktur, als Anpassung an weitere reale Gegebenheiten. Begegnet beispielsweise die vorgenannte Person einer unsympathischen Person, zu der sie nicht freundlich sein kann, dann wird sich durch Akkomodation das Selbstbild auf partielle Weise erweitern oder differenzieren, z.B.: „Ich bin nur zu den Personen freundlich, die mir sympathisch sind." Neben solch schrittweiser Akkomodation und partiellen Veränderungen kann sich das Selbstkonzept aber auch von Grund auf erneuern, etwa als Folge kritischer Lebensereignisse (wie etwa Verlust des Arbeitsplatzes, Ehescheidung) oder als Folge des Wechsels des Lebensraums.

Das Selbstkonzept wird trotz zunächst sich stabilisierender Strukturen und Selbstschemata nicht als starr und unveränderlich verstanden, sondern als ständig im Prozeß befindlich und offen für neue Erfahrungen. Ob es im Laufe eines Entwicklungsprozesses zu einer „Kongruenz" zwischen den von den Bedürfnissen des Kindes ausgehenden Bewertungen bestimmter Erfahrungen und den Bewertungen der Bezugspersonen kommt, gilt dabei nach Rogers als Kriterium für psychische Gesundheit. Die hierfür verantwortlichen Sozialisationsbedingungen sind darin zu sehen, daß die wichtigen Bezugspersonen, vor allem die Eltern, die Gefühle und Sichtweisen des Kindes akzeptieren und sich dem Kind wertschätzend zuwenden. Eltern können dabei zwar durchaus ihre Ablehnung für ein bestimmtes Kind-Verhalten zu erkennen geben, sollten sich aber gleichzeitig in die Erlebniswelt des Kindes einfühlen und Verständnis für die Situation des Kindes zeigen. Nur unter diesen Voraussetzungen kann das Kind die Werthaltungen der Eltern zu seinen eigenen machen und dann seine Bedürfnisse diesen Werthaltungen angleichen.

Eine (anhaltende) „Inkongruenz" zwischen den Bewertungen entsprechend den Bedürfnissen des eigenen Organismus und den Werthaltungen der Umgebung ergibt sich dann, wenn aufgrund von Erziehungsfehlern der Eltern der Ausgleich zwischen beiden Bewertungen nicht gelingt, wenn zu viele Werthaltungen (im Sinne von Kriterien dafür, ein eigenes Verhalten akzeptieren zu können) aufgebaut werden, die den Bedürfnissen und Handlungsmöglichkeiten des Kindes nicht gerecht werden, oder auch dann, wenn eine Person den Lebensraum wechselt oder durch kritische Lebensereignisse die bisherigen sozialen Beziehungen unterbrochen wurden. Dann kann es beispielsweise geschehen, daß früher mögliche angenehme Erfahrungen nicht mehr gemacht werden können oder daß neue Erfahrungen gemacht werden können, die nach dem persönlichen Bedürfnis als angenehm erlebt werden, die aber im früheren Lebensrahmen nicht möglich waren und daher in das Selbstkonzept nicht integriert sind.

Im Falle der Inkongruenz führt die Tendenz nach Selbstwertschätzung und nach Geltung der bisherigen Werthaltungen dazu, daß die dem Selbstkonzept widersprechenden Erfahrungen und Gefühle durch defensive Wahrnehmung (wie Verleugnung, Verzerrung, Einschränkung, Verallgemeinerung der Wahrnehmung) abgewehrt werden. Gleichzeitig ergeben sich aus der Starre und Rigidität des Selbstkonzepts zwanghafte Einstellungen und Verhaltensweisen.

Neben den bisherigen grundsätzlichen Feststellungen zu den für die Entwicklung des Selbstkonzeptes verantwortlichen Bedingungen und Prozessen stellt sich auch die Frage nach spezifischen Bedingungen für die Entwicklung des Selbstkonzeptes bestimmter Personengruppen. Dabei interessiert hier zum einen das Selbstkonzept bei verschiedenen Gruppen von behinderten Personen (z.B. geistig-, körper-, lern-, sinnes-, sprach-, verhaltensbehinderten Personen) und zum anderen das bei Sonderpädagogen vorhandene Selbstkonzept als Erzieher.

So wäre etwa bei geistig behinderten Personen im Rahmen des Entwicklungsmodells von Piaget davon auszugehen, daß eine Konzept-Bildung auf dem Niveau der formaloperationalen Stufe (durch Reflexion und abstrakte Organisation des Selbstbildes) nicht möglich ist, sondern von Fall zu Fall nur bis zur sensorischen Stufe (z.B. sich selbst im Spiegel wiedererkennen, Selbstbeschreibung nach Alter, Geschlecht, Kompetenzen), bis zur präoperationalen Stufe (einzelne, gegenseitig nicht organisierte Vorstellungen über sich selbst, gemäß konkreter Wahrnehmungen, vor allem über den Körper und seine Handlungen, z.B. „ich bin klein", „ich kann gut rennen") oder bis zur konkret operationalen Stufe gelangen kann (Zusammenfassung mehrerer Attribute des Selbst in Klassen, z.B. „ich bin gut im Sport, denn ich kann gut rennen, springen, klettern usw.", und Vergleich mit anderen, z.B. „ich renne schneller als Conrad").

Für das Selbstkonzept weiterer Gruppen von Behinderten sei nicht auf das kognitive Niveau der Konzept-Bildung hingewiesen, sondern auf die jeweiligen Inhalte des Selbstkonzeptes in Abhängigkeit von jeweiligen besonderen Existenz- und Entwicklungsbedingungen (z.B. körperliche Mißbildungen oder Bewegungsbeeinträchtigungen bei Körperbehinderten, Sprachfehler bei Sprachbehinderten usw.). Daß zur Entwicklung einer gesunden Persönlichkeit im Sinne der Kongruenz zwischen den Bedürfnissen und Bewertungen der (behinderten) Person und den Werthaltungen der Bezugspersonen gerade hier der vermittelnden Haltung der Bezugspersonen eine enorme Bedeutung zukommt, liegt auf der Hand. Bei fehlendem Verständnis für die Erlebnissituation der (behinderten) Person kommt es bei dieser entweder zu einer (kompensatorischen) Überanpassung (Verlust der persönlichen Identität) oder zu einer Außenseiterrolle.

Aber auch für das vom Sonderpädagogen zu entwickelnde Selbstkonzept als Erzieher sind die zurückliegenden Erfahrungen über die sozialen Bewertungen seines eigenen erzieherischen Verhaltens, wie etwa die Erfahrungen des Akzeptiertwerdens, der Zustimmung durch wichtige Bezugspersonen (wie Vorgesetzte, Kollegen, Ehepartner, zu erziehende Kinder) ausschlaggebende Bedingungsfaktoren.

Der Prozeß der Entwicklung des Selbstkonzeptes wird auch mitgesteuert durch die Funktion, die das Selbstkonzept für die Person erfüllt. Das Selbstkonzept als konsistentes System von Annahmen über sich selbst ermöglicht das Erleben der Identität. Daraus ergibt sich die Tendenz, neue Erfahrungen dem Selbstkonzept zu assimilieren und die Tendenz, das Verhalten so auszurichten, wie es dem Selbstkonzept entspricht.

Als Orientierungsleitlinie für aktuelles Denken, Fühlen und Handeln in bestimmten konkreten Situationen sind die vorhandenen konsistenten Selbstschemata dann aber aktuell jeweils zu überprüfen und auf das in der jeweiligen Situation ebenfalls zu aktualisierende Umweltkonzept abzustimmen.

Die Orientierungsfunktion des Selbstkonzeptes gilt zum einen im Hinblick auf grundsätzliche Aspekte der Selbstkontrolle (z.B. normativ-empathischer Aspekt, Aspekt der Bewußtheit, Aspekt der emotionalen Kontrolle), zum anderen für die Handlungskontrolle in den einzelnen Phasen des Ablaufs einer Handlung, wie Antizipation und Planung, Realisation, Bewertung der Handlung im Nachhinein (vgl. dazu Filipp 1979, 144 ff.).

Dabei werden sich bei der Abstimmung des Handelns auf konkrete Situationen verschiedene Personen danach unterscheiden, ob sie sich eher die Frage stellen: „Wie kann ich in dieser Situation am besten ich selbst sein?" oder eher die Frage: „Was ist das ideale Verhalten bzw. die ideale Person für diese Situation und wie kann ich mich am besten der Situation gemäß verhalten?"

Der Beitrag des Selbstkonzeptes zur Anpassung an bestimmte Situationen richtet sich nach verschiedenen Kriterien des Selbstkonzeptes wie Geltungsbereich, interne Konsistenz u.a. (vgl. Epstein 1979, 24). Dies sei am Beispiel des Selbstkonzeptes als Erzieher verdeutlicht. So wird ein Erzieher mit einem Selbstkonzept von nur geringem Geltungsbereich (es sind darin nur bestimmte Bereiche von Erziehungsfragen berücksichtigt) nur eine geringe Anzahl von erzieherischen Situationen und Erfahrungen bewältigen. Er wird leicht Bedrohungen erleben und rigide und defensiv reagieren, wenn er mit Ereignissen konfrontiert wird, die nicht an seine Theorie zu assimilieren sind. Wenn es dem Selbstkonzept an interner Konsistenz mangelt, wird der Erzieher Angst und Anpassung erleben und konfuses und desorganisiertes Verhalten zeigen (wie z.B. bei Eltern im Falle der Kindesmißhandlung). Eine brauchbare Selbsttheorie ermöglicht die Assimilation von Erfahrungsdaten, die Beibehaltung einer günstigen Lust-Unlust-Balance und die Aufrechterhaltung des Selbstwertgefühls. Im Falle professioneller Erzieher trägt sie somit auch zur Berufszufriedenheit bei.

Für die sonderpädagogische Praxis stellt sich demgemäß die Aufgabe der pädagogisch-therapeutischen Förderung des Selbstkonzeptes sowohl im Hinblick auf das Selbstkonzept behinderter Personen als auch im Hinblick auf das Selbstkonzept von Sonderpädagogen. Dabei können sich in beiden Aufgabenbereichen Ausbilder und Berater vor allem an den Prinzipien kognitiver Therapieansätze orientieren, wie etwa denen von Beck (1976), Ellis (1962), Meichenbaum (1974). Allerdings dürfen die Kognitionen nicht isoliert betrachtet werden, sondern eingebettet in die individuelle Gesamtpersönlichkeit und auch verknüpft mit dem emotionalen Erleben (vgl. Epstein 1979, 22). Auch Neubauer (1976, 131) weist über das kognitive Medium (Mitteilung von Informationen und Interpretationen an den Klienten) hinaus auf weitere therapeutische Ansätze zur Änderung der Selbstwahrnehmung (z.B. Sensitivitäts-Gruppe, klientenzentrierte Therapie nach Rogers). Prinzipiell sollten dabei neue Erfahrungen in einer dosierten Diskrepanz zu vorhandenen Schemata stehen.

Dann fühlt sich das Individuum genügend sicher, seine Selbsttheorie weiter zu entwickeln, das Risiko der Ungewißheit einzugehen.

Literaturverzeichnis:

Beck, A.T.: Cognitive therapy and the emotional disorder. New York 1976.

Bem, D.J.: Theorie der Selbstwahrnehmung. In: Filipp, S.A. (Hrsg.): Selbstkonzept-Forschung. Stuttgart 1979, 97-127.

Ellis, A.: Reason and emotion in psychotherapy. New York 1962.

Epstein, S.: Entwurf einer integrativen Persönlichkeitstheorie. In: Filipp, S.H. (Hrsg.): Selbstkonzept-Forschung. Stuttgart 1979, 15-45.

Filipp, S.H.: Korrelate des internen Selbstmodells: Situation, Persönlichkeit und elterlicher Erziehungsstil. Trier 1975.

Filipp, S.H.: Entwurf eines Bezugsrahmens für Selbstkonzept-Forschung. In: Filipp, S.H. (Hrsg.): Selbstkonzept-Forschung. Stuttgart 1979, 129-152.

Filipp, S.H.: Selbstkonzept. In: Herrmann, Th. / Lantermann, E.D. (Hrsg.): Persönlichkeitspsychologie. München 1985, 347-353.

Meichenbaum, D.H.: Cognitive behaviour modification. Morristown 1974.

Neubauer, W.: Selbstkonzept und Identität im Kindes- und Jugendalter. München 1976.

Rogers, C.R.: Therapeut und Klient. München 1981.

Seitz, W.: Das Selbstkonzept des Erziehers als Grundlage für (sonder-)pädagogisches Handeln. In: Blikkenstorfer, J. u.a. (Hrsg.): Ethik in der Sonderpädagogik. Berlin 1988, 301-343.

Willi Seitz

Sexualität

Sexualität ist eines unserer größten Energiepotentiale. Ob bewußt oder unbewußt, gepflegt oder unterdrückt, schmerzhaft oder freudig, behindert oder nichtbehindert: Wir sind Sexualität! *Ziele* dieser Lebensdynamik sind angeboren und bestimmt durch Lustmaximierung, Fortpflanzung, Partnerschaftlichkeit und soziale Geborgenheit (vgl. Nijs 1984). *Wege* dorthin werden von Geburt an gelernt; d.h. die Art und Weise, wie wir mit dieser Energie umgehen, ist individuell verschieden. Der Schwerpunkt dieses Lernprozesses liegt in der Zeit der >Abbildung der Welt< durch unsere neuronalen Systeme in den ersten Lebensjahren. Dort werden körperliche Lustempfindungen eingespeichert (über besonders empfängliche Regionen wie Mund, Haut etc.) und mit Emotionen (Freude, Angst, Wut, Schmerz), Denkstrategien (Wie wird es noch lustvoller?) und sozialem Kontext verbunden. Diese Muster gehen nicht irgendwann wieder verloren, sondern bleiben als Engramme oder Skizzen in größerem Umfang bestehen. Sie bilden die Grundausstattung für individuelles Sexualverhalten, das in der Pubertät mit großer Energie aufbricht.

Die Engramme weisen den Weg, welcher soziale Kontext (allein, mit dem anderen Geschlecht, dem gleichen Geschlecht oder mit wem auch immer) und welche Spielart der Sexualität gesucht (oder unterdrückt) wird (vgl. Isay 1990; Lütkehaus 1992; Mertens 1992;

Reinelt 1989; Siegel 1992). Der Weg kann dabei mit schönen (oder weniger schönen) *Bildern* individuell ausgestaltet werden (vgl. Amendt u.a. 1990). Schöne Bilder haben dabei zur Voraussetzung, daß die eigenen Bedürfnisse und die des Partners gespürt werden (weniger schöne Bilder wären die eigene Überforderung, Befriedigung auf Kosten anderer oder jedweder Schaden, der dabei entsteht).

Die Bilder weisen darüber hinaus noch *kulturabhängige Kennzeichen* auf, die mit bestimmten Geboten, Verboten und Tabus zu tun haben (vgl. Parrinder 1991) und daraus resultierenden Konflikten und Aggressionen, Identifikationen und Selbstwertempfindungen, sozialen Rollen und Partnerschaften, Kommunikation und Sprache, Sublimierung und Kunst.

Behinderte Sexualität

Die Qualität von Zielen, Wegen und Bildern der Sexualität behinderter Menschen unterscheidet sich grundsätzlich nicht von der nichtbehinderter Menschen: es sind die gleichen Bedürfnisse, Empfindungen und Entwicklungsprozesse. Es kommt jedoch in vielen Fällen aufgrund spezifischer Behinderungs- und Rehabilitationsproblematik zu Verzögerungen und Unvollständigkeiten (vgl. Paeslack u. a. 1983). Vor allem trägt aber die Stellungnahme der Gesellschaft (bzw. Sprachlosigkeit) dazu bei, daß aus einer Sexualität von Behinderten eine *behinderte Sexualität* wird (vgl. Klee 1980; Dechesne u.a. 1981).

Sexuelle Norm für körperlich und geistig behinderte Menschen in unserer Gesellschaft ist die *Enthaltsamkeit.* Es konnte sich keine selbstverständliche sexuelle Identität Behinderter entwickeln, aus Mangel an Modellen, wie sie für alle Spielarten der nichtbehinderten Sexualität seit Jahrtausenden vorhanden sind (von Ödipus bis Leda, von Gilgamesch bis Daphne). Sexualität in Verbindung mit Behinderung war nicht so recht vorgesehen! Erotische Normen sind historischem Wandel unterworfen, jedoch immer primär gekennzeichnet durch äußerliche Schönheit, Unversehrtheit und Leistungsfähigkeit; eine >innere Schönheit< ist zunächst sekundär, letztendlich aber das bestimmende Kennzeichen von erfüllter Sexualität (und somit für Menschen, die >äußerlichen Kriterien< nicht völlig entsprechen, von extremer Bedeutung). Darüberhinaus förderten die primäre Sexualfeindlichkeit der Gesellschaft und die Stigmatisierung und Isolation der Behinderten ein Sexualtabu und das Wunschbild eines >Menschen ohne Sexualität<.

In der Rehabilitationspraxis konnte man sich der tagtäglichen sexuellen Realität Behinderter nie verschließen. Es dauerte jedoch bis Mitte der 70er Jahre, daß sich Fachleute im Zuge allgemeiner Liberalisierung von Sexualität und Erotik auch diesbezüglich über Behinderte Gedanken machten (vgl. Bach 1971; de la Cruz 1975; Klöcker 1976; Wolfgart 1977; Fuchs 1978; Hartmann 1978; Walter 1980). Praxisrelevante Forschungsergebnisse lagen in größerem Umfang erst Ende der 80er Jahre vor (vgl. Kluge u. Sander 1987; Weinwurm-Krause 1990; Walter 1992).

Es stellte sich heraus, daß statistisch gesehen 30-50 % behinderter Menschen nie einen Koitus erleben (je stärker die Behinderung, desto geringer die Chance), daß Masturbation für die meisten die einzige Möglichkeit ist, zum Höhepunkt (und damit zur Entspannung) zu gelangen. Der Masturbation kommt daher besondere Bedeutung zu (viele Behinderte können es nicht richtig!). Und vor allem ist pädagogisch bedeutsam, daß die meisten Eltern der Betroffenen das Thema Sexualität vermeiden und so den Pädagogen eine entscheidende Rolle der Aufklärung und Vorbereitung auf das spätere Leben zukommt (vgl. Kluge u. Sander 1987; Weinwurm-Krause 1990; Walter 1992).

Die Diskussion über >die Behinderten< wurde ergänzt durch Arbeiten über die spezielle psychosexuelle Situation behinderter Frauen, die noch in besonderer Weise benachteiligt sind (vgl. Eggli 1982; Ewinkel u.a. 1988). Sie werden doppelt behindert: durch weniger Chancen im Beruf (wie auch für nichtbehinderte Frauen) und weniger Chancen, in der Familie mit Kindern ihre Erfüllung zu finden und Selbstwert aufzubauen (wie es wenigstens nichtbehinderten Frauen möglich ist). Arnade (1992) nennt es: >Weder Küsse noch Karriere<.

Bis heute herrscht unter den Beteiligten der Rehabilitation Behinderter bei Problemen von Sexualität und Partnerschaft noch weitgehend Hilflosigkeit. Walter hat zwar schon Ende der 70er Jahre große Toleranz der Mitarbeiter in Geistigbehinderteneinrichtungen gegenüber sexueller Aktivität der Bewohner festgestellt (Walter 1980), es fehlt jedoch besonders im Bereich der Körperbehindertenpädagogik immer noch an schlüssigen Konzepten pädagogischer Intervention (diese Tatsache ist umso bedauerlicher, als gerade viele körperbehinderte Menschen zur Entwicklung einer sexuellen Identität pädagogische Hilfestellung brauchen). Bezeichnend dafür ist, daß selbst Pädagogen, die jahrelang in diesem Bereich tätig waren, in Fortbildungen bei Darstellungen oder Filmen über sexuelle Betätigung von Menschen mit körperlichen Besonderheiten befremdet reagieren (wobei ihnen eine sexuelle Darstellung nichtbehinderter Menschen vertraut ist).

Die sozialen Normen und Bedingungen, die zu einer >behinderten Sexualität< beitragen, werden durch die Betroffenen (als Teil der Gesellschaft) automatisch übernommen (viele Behinderte sind gar nicht in der Lage, sie kritisch zu hinterfragen) und dadurch eher verstärkt. Sie orientieren sich oft an Normen von körperlicher Unversehrtheit und Leistung, die für sie geradezu utopisch erscheinen, und konnten es nicht lernen, sich realistische individuelle Ziele zu setzen (>Lieben mit Handicap<!). Ihr sexuelles Rollenverhalten bleibt erschwert. Es finden keine Selbstverständlichkeiten und Automatismen sexueller Partnerschaft statt. Durch die Behinderung und die Reaktion der Gesellschaft kommt es auf allen Seiten zu >Anstrengungen<, vorhandene sexuelle Energien in lebbare Bahnen zu lenken.

Pädagogische Aufgaben in diesem Bereich liegen in dem Versuch, die gesellschaftlichen Bedingungen (also die Basis des eigenen sexualpädagogischen Handelns) zu verändern: Aufklärung der Öffentlichkeit durch Medien (wie es in den 80er Jahren begonnen hat), Mitarbeit in Selbsthilfegruppen, Gewerkschaft und Parteien, Veränderung der Ausbildung von Pädagogen und Betreuern, Elternarbeit und nicht zuletzt Hilfe zur Selbsthilfe der behinderten Menschen (Förderung von Solidarbewußtsein, soziales Kompetenz- und Durchsetzungstraining).

Neben diesen sozialen Bedingungen gibt es noch eine Vielzahl individueller Faktoren, die behindernd auf Entwicklung und Ausübung von Sexualität der Betroffenen wirken können. Die wichtigsten Bereiche sind: *Bewegungsbeeinträchtigung, Rückenmarksverletzungen* und *geistige Behinderung*.

Bewegungsbeeinträchtigung

Im Hinblick auf *Bewegungsbeeinträchtigung* sollen hier Cerebralparese (Bewegungsstörung durch Hirnschädigung) und Muskeldystrophie (Bewegungsstörung aufgrund von Stoffwechselstörungen) betrachtet werden. Bei beiden liegt keine Störung der primären Sexualfunktion vor (vgl. Offenhausen 1985). Es bestehen die gleichen Bedürfnisse nach Liebe, Erotik und Sexualität wie bei Nichtbehinderten. Bei der Cerebralparese kann es jedoch zu Besonderheiten der psychosexuellen Entwicklung kommen: Aufgrund pathologischer Muskelspannung (meist spastisch) und Erschwerung willentlicher Bewegung von Geburt an (bei gleichen expansiven Bedürfnissen wie nichtbehinderte Babys) kommt es zu Erfahrungseinschränkungen, die sich auf viele Lebensbereiche auswirken können. Die Auswirkungen auf die Psychosexualität sind weitgehend ungeklärt. Es kann zu Problemen beim Berühren und Berührtwerden kommen (ungewohnte und deshalb angstauslösende Empfindungen). Vermutlich werden sie jedoch in den meisten Fällen vollständig kompensiert.

Viel schwerer wiegen jedoch (notwendige) physiotherapeutische Rehabilitationsmaßnahmen, die noch ohne Einsicht und oft gegen den Willen der Kinder sehr früh einsetzen und einen körperlich-lustvollen Identitätsaufbau erschweren. Die Betroffenen sprechen später von ihrem >enteigneten< Körper (wenn es ihnen überhaupt bewußt wird), den sie sich unter großen Mühen dann im Erwachsenenalter erst >aneignen< müssen. Es ist vor allem dieser problematische Entwicklungsprozeß, der über die Primärbehinderung hinaus den Weg zu einer befriedigenden Sexualität erschwert.

Pädagogische Aufgaben liegen hier schwerpunktmäßig bei körperlich-sinnlicher Anregung beim Lernen, dem Aufbau eines lustvollen und liebevollen Bezugs zum eigenen Körper sowie vor allem auch der Förderung des Ausdrucks und der Kommunikation eigener Bedürfnisse.

Bei sehr hoher spastischer Muskelspannung kann es zu großen Problemen bei Masturbation, Zärtlichkeit und Beischlaf kommen, die im Extrem nicht ohne fremde Hilfe möglich sind. Ähnlich gelagert ist die Situation bei Muskeldystrophikern, die ohne Einschränkung ihrer Sexualität körperlich immer schwächer werden und nach der Pubertät oft schon nicht mehr in der Lage sind, ein selbständiges sexuelles Leben zu führen.

Die Notwendigkeit einer Hilfestellung z.B. bei Masturbation ist das größte Problem bei der *Betreuung und Sexualpädagogik* behinderter Menschen. Masturbation ist eine wichtige Voraussetzung zur Erlangung eines positiven Bezugs zum eigenen Körper, insbesondere bei körperlicher Behinderung (vgl. Klee 1980). Jede Hilfestellung ist dabei jedoch eine Intimität und kann entsprechende Emotionen auslösen. Hier gibt es keinen eindeutigen Weg;

die einzige Vorgabe für Betreuer von seiten der Pädagogik ist die, Sprachlosigkeit zu überwinden zu versuchen.

Rückenmarksverletzungen

Rückenmarksverletzungen können angeboren sein (Spina bifida), durch ein Unfalltrauma erworben sein oder durch fortschreitende Prozesse (Multiple Sklerose) entstehen. Unterhalb der Verletzung kann die nervöse Versorgung beeinträchtigt werden bis hin zur totalen Querschnittslähmung. In den meisten Fällen kommt es zu einer sensiblen und Funktionsstörung im Sexualbereich.

Das manifestiert sich beim Mann über die sensible Störung hinaus insbesondere in Erektionsstörungen und Ejakulationsstörungen unterschiedlichen Ausmaßes. Bei partieller Schädigung sind noch Restinnervationen vorhanden mit günstigerer Prognose für eine (Stimulations-)Therapie; bei vollständigem Querschnitt ist die Störung irreparabel (abgesehen von Prothetik; vgl. Stöhrer u.a. 1984). Auch die Lokalisation der Verletzung auf der Wirbelsäule spielt eine Rolle, da die primäre Sexualfunktion auf verschiedene Rückenmarkssegmente verteilt ist: Eher psychische Funktionen liegen zwischen Th 11 und L 2, eher reflexhafte körperliche Funktionen liegen zwischen S 1 und S 5. Daneben kommt es bei erwachsenen Rückenmarksverletzten aufgrund von Unfallfolgen und fortschreitenden Erkrankungen sehr häufig zu großen psychischen Problemen aufgrund des Verlusts ihrer Sexualfunktionen (vgl. Stöhrer 1979; Stöhrer u.a. 1984).

Pädagogische Aufgaben liegen hier mit Schwerpunkten auf der verständnisvollen Stützung ihrer emotionalen Befindlichkeit und vor allem auf Hilfe zum Umlernen von genitalfixierter Sexualität auf mehr ganzheitliche Empfindung.

Über das sexuelle Empfinden rückenmarksverletzter Frauen ist bezeichnenderweise wesentlich weniger geforscht worden als über betroffene Männer. Über sie bleiben die Besonderheiten anzumerken, daß die Regelblutungen über Monate aussetzen können; die Empfängnisfähigkeit bleibt erhalten (Wehen werden kaum gespürt; häufig Kaiserschnittgeburten). Die Notwendigkeit eines Umlernens der Sexualempfindung ist bei mehr ganzheitlich geprägtem Empfinden der Frau meist nicht gegeben (vgl. Paeslack 1984; Eicher u. Müller-Holve 1979).

Die besondere Situation angeborener Rückenmarkskomplikationen der Spina bifida-Betroffenen ist gekennzeichnet durch mögliche Erfahrungseinschränkung während der Entwicklung, vor allem aber durch sehr große Schwierigkeiten des Aufbaus psychosexueller Identität aufgrund einer Vielzahl notwendiger frühkindlicher Rehabilitationsmaßnahmen (>Enteigneter Körper<).

Pädagogische Aufgaben liegen hier schwerpunktmäßig bei körperlich-seelischem Identitätsaufbau und einer Erziehung zu Selbständigkeit und Selbstverantwortung (vgl. Bergeest 1993).

Bei der psychosexuellen Situation von Rückenmarksverletzten können wir davon ausgehen, daß Erotik und Sexualität auch bei schwerer körperlicher Beeinträchtigung und Empfindungseinschränkung ganzheitlich gesehen in allen sensiblen Teilen des Organismus genauso empfunden werden wie bei Menschen ohne Behinderung.

Geistige Behinderung

Das Problem von Sexualität und Partnerschaft Geistigbehinderter ist vor allem eines mangelnder Steuerungsfähigkeit und sozialer Kontrolle der freiwerdenden Energie. Die Sexualität hat im Leben geistigbehinderter Menschen (oder auch mehrfachbehinderter Menschen) den gleichen vitalen Stellenwert wie bei Nichtbehinderten. Die körperlich-sexuelle Entwicklung verläuft analog zu diesen. Es kommt jedoch bei einigen spezifischen (oft chromosomal bedingten) Behinderungen zu Entwicklungsverzögerungen (vgl. Riegel 1984).

Die sexuelle Betätigung geistigbehinderter Menschen kann durch eine Reihe von *Verhaltensauffälligkeiten* gekennzeichnet sein, deren Schwierigkeiten vor allem darauf beruhen, daß soziale Rollenmuster nicht hinreichend übernommen werden (obwohl die meisten sehr schnell internalisieren, was gut und böse ist, und vor allem, was körperlich-sozial Spaß macht); daß z. B. Tics sich auf Sexualität ausweiten können (z.B. auch sexuelle Stimulation durch Gegenstände); daß sexuelle Höhepunkte manchmal nicht erreicht werden und es so zu keiner Entspannung kommt; daß bei intimen Verrichtungen viel mehr Öffentlichkeit besteht (wie es auch bei Körperbehinderten der Fall ist) und deshalb vieles sichtbar wird, was bei Nichtbehinderten >unter der Decke< bleibt.

Pädagogische Aufgaben liegen hier schwerpunktmäßig in modellhafter Vermittlung des liebevollen Umgangs mit dem eigenen Körper, der Information über den Körper und sozial angemessenes sexuell-partnerschaftliches Verhalten (z.B. Rollenspiele) und Angstabbau (vgl. Hoyler-Herrmann u. Walter 1987; lernen konkret 1988; Walter u.a. 1992).

Daneben gibt es eine Vielzahl sozialer und organisatorischer Probleme im Umgang mit der Sexualität Geistigbehinderter: Fragen von Vererbung und Empfängnisverhütung; Fragen von Betreuung, Aufsichtspflicht und Verantwortung und eine Reihe weiterer rechtlicher Probleme (vgl. Riegel 1984; Neuer-Miebach u. Krebs 1988). Hier werden auch *ethische Fragen* tangiert. Dabei läßt sich feststellen, daß zur Lösung anstehender Probleme bei Familien und Betreuern eine Tendenz besteht, schnelle und radikale Wege zu gehen (z. B. Sterilisation, Medikamente). Diese Wege sind meist nicht die >günstigsten< für die Lebensqualität der behinderten Menschen. Hier ist behutsames Vorgehen angezeigt - unter Berücksichtigung der Meinung vieler Beteiligter.

Sexualpädagogik

Eine Systematik der Sexualerziehung behinderter Menschen hat (über die beschriebenen Schwerpunkte hinaus) aufgrund der Komplexität unterschiedlichster Behinderungen keine eindeutigen >Patentrezepte< anzubieten. Es läßt sich jedoch ein *pädagogischer Weg* beschreiben, um behinderten Menschen notwendige Hilfestellung zu bieten.

Sexualpädagogik wird als körperzentriert-sinnliches und sozial-emotionales Lernen bewußt in den pädagogischen Alltag integriert (vgl. Thomasky 1981; Bergeest 1992) und nicht als >exotische< Aufgabe in großen Abständen absolviert. Das Kennzeichen dieses Weges ist *Transparenz*: Transparenz der emotionalen Vorgänge sozialer Lernsituationen (Das Kind ist wütend; wie sieht Wut aus? Wie drückt man Wut aus, ohne jemandem weh zu tun?); Transparenz der kognitiven Vorgänge (Informationen über Körper, Behinderung, Spielarten der Liebe); Transparenz der körperlichen Vorgänge (Welche Sinne sind alle beim Lernen beteiligt? Wie gehe ich liebevoll mit meinem Körper um?); Transparenz der sozialen Handlungen (Kontakt zu anderen aufnehmen, Berührungen, Wünsche und Bedürfnisse ausdrücken).

Der *Pädagoge* trifft dabei die Entscheidung, wie weit er bei seiner Sexualerziehung gehen will (und kann). Dazu ist es notwendig, sich bewußt mit der eigenen Einstellung zu Sexualität und Partnerschaft auseinanderzusetzen. Um herauszufinden, welche Probleme nicht bei den Kindern, sondern >nur< im eigenen Kopf existieren, hilft auch das Gespräch mit Kollegen oder in Supervisionsgruppen (siehe dort).

Literatur:

Amendt, G.: Das Sex Buch. Frankfurt 1990.

Arnade, S.: Weder Küsse noch Karriere. Frankfurt 1992.

Bach, H.: Sexuelle Erziehung bei Geistigbehinderten. Berlin 1971.

Bergeest, H.: Körperzentriertes Lernen. In: Haupt, U. / Krawitz, R. (Hrsg.): Anstöße zu neuem Denken in der Sonderpädagogik. Pfaffenweiler 1992.

Bergesst, H.: Ablösungsprozesse. In: ASbH (Hrsg.): Menschen mit Spina bifida und Hydrocephalus. Dortmund 1993.

de la Cruz, F. / Laveck, G.: Geistig Retardierte und ihre Sexualität. München 1975.

Dechesne, B. / Pons, C. / Schellen, T. (Hrsg.): ....aber nicht aus Stein. Weinheim 1981.

Eggli, U.: Herz im Korsett. Bern 1982.

Eicher, E. / Müller-Holve, W.: Gynäkologisch-geburtshilfliche Probleme. In: Stöhrer (1979) a. a. O.

Ewinkel, C. / Hermes, G. (Hrsg.): Geschlecht behindert, besonderes Merkmal Frau. München 1988.

Fuchs, F.: Sexualverhalten und Partnerbeziehungen junger Körperbehinderter. Freiburg (Schweiz) 1978.

Hartmann, N. (Hrsg.): Sexualpädagogik bei Behinderten. Rheinstetten 1978.

Hoyler-Herrmann, A. / Walter, J. (Hrsg.): Sexualpädagogische Arbeitshilfe für geistigbehinderte Erwachsene. Heidelberg 1987.

Isay, R.: Schwul sein. München 1989.

Klee, E.: Behindert. Frankfurt 1980.

Klöcker, H.: Der Körperbehinderte und seine Sexualität. Rheinstetten 1976.

Kluge, K. / Sander, E.: Körperbehindert - und deswegen soll ich >anders< sein als du? München 1987.

Lernen konkret. Heft 4, 7. Jahrgang 1988.

Lütkehaus, L.: >O Wollust, o Hölle<. Die Onanie. Frankfurt 1992.

Mertens, W.: Entwicklung der Psychosexualität und der Geschlechtsidentität. Stuttgart 1992.

Neuer-Miebach, T. / Krebs, H. (Hrsg.): Schwangerschaftsverhütung bei Menschen mit geistiger Behinderung - notwendig, möglich, erlaubt? Marburg 1988.

Nijs, P.: Sexualität und Körperbehinderung. In: Stöhrer (1984) a. a. O.

Offenhausen, H.: Behinderung und Sexualität. Bonn 1985.

Paeslack, V. (Hrsg.): Sexualität und körperliche Behinderung. Heidelberg 1983.

Paeslack, V.: Sexualität der querschnittgelähmten Frau. In: Stöhrer (1984) a.a.O.

Parrinder, G.: Sexualität in den Religionen der Welt. Olten 1991.

Reinelt, T.: Mensch und Sexualität. Berlin 1989.

Riegel, U.: Sexualität bei geistigbehinderten Erwachsenen. Bonn 1984.

Siegel, E.: Weibliche Homosexualität. München 1992.

Stöhrer, M. (Hrsg.): Urologie bei Rückenmarkverletzten. Berlin 1979.

Stöhrer, M. / Palmtag, H. / Madersbacher, H. (Hrsg.): Blasenlähmung. Stuttgart 1984.

Thomasky, I.: Lernziel Zärtlichkeit. Weinheim 1981.

Walter, J.: Zur Sexualität Geistigbehinderter. Rheinstetten 1980.

Walter, J. (Hrsg.): Sexualität und geistige Behinderung. Heidelberg 1992.

Weinwurm-Krause, E.: Soziale Integration und sexuelle Entwicklung Körperbehinderter. Heidelberg 1990.

Wolfgart, H. (Hrsg.): Körperbehinderte und Sexualität. Berlin 1977.

Harry Bergeest

Sonderpädagogik

Sonderpädagogik kann als Disziplin verstanden werden, die übergreifend alle erzieherischen Phänomene bearbeitet, die im Zusammenhang mit einer Beeinträchtigung eines Menschen stehen. Neben der Bezeichnung Sonderpädagogik finden sich im deutschsprachigen Raum die Bezeichnungen *Pädagogik der Behinderten*, *Behindertenpädagogik, Rehabilitationspädagogik, Heilpädagogik* und neuerdings auch *Integrationspädagogik*. Sonderpädagogik hat den weithin üblichen Terminus *Heilpädagogik* in den 70er Jahren abgelöst, weil mit dem Wortbestandteil „Heil" uneinlösbare Versprechungen gemacht würden. Mittlerweile ist Sonderpädagogik selbst als Begriff fragwürdig geworden, die Assoziation zu Absonderung und Aussonderung drängt sich immer stärker auf. Hinzu kommt, daß Anklänge an nationalsozialistisch geprägte Begriffe wie Sonderaktion, Sonderkommando etc. unangenehmste Erinnerungen wecken. So gewinnt in den letzten Jahren der Name Heilpädagogik wieder erneut Anhänger. Von diesen wird weder eine besondere Nähe zum medizinischen Heilen noch zu weltanschaulichen Heilsversprechungen gesucht, sondern eher ein Anklang an *heilsame Pädagogik* erhofft. Inhaltlich hat sich bei dieser Namensdiskussion gezeigt, daß die verschiedenen Strömungen sich nicht ohne weiteres an den unterschiedlichen Namen festmachen lassen. Lediglich bei der neueren *Integrationspädagogik* ist ganz klar, daß Weg und Ziel in einer Integration bestehen.

Heilpädagogik ist andererseits in der Bundesrepublik Deutschland ein Studienfach an Fachhochschulen, und somit sind Heilpädagogen in der Regel Absolventen einer solchen Fachhochschule; der Titel Diplom-Heilpädagoge kennzeichnet diese Berufsgruppe. Andererseits, so stellt Haeberlin (1996, 81) fest, hat sich in der Bundesrepublik Deutschland die universitäre Sonderpädagogik fast ausschließlich zu einer Sonderschulpädagogik entwikkelt. Die außerschulische Sonderpädagogik führt eher ein Dasein am Rande. Dies ist in anderen deutschsprachigen Ländern nicht so. Diplomstudiengänge an deutschen Universitäten existieren zwar, haben aber rein zahlenmäßig gegenüber den Lehramtsstudiengängen (Sonderschulen) nur eine nachrangige Bedeutung.

Sonderpädagogik/Heilpädagogik (bzw. die anderen Benennungen) ist ein relativ junges Fach- bzw. Berufsgebiet. Zwar haben sich schon seit hunderten von Jahren Menschen mit der Förderung behinderter Kinder, Jugendlicher und Erwachsener befaßt, zu einer eigentlichen beruflichen Identität kam es jedoch erst relativ spät. Georgens und Deinhard haben 1861 den Begriff Heilpädagogik geprägt; ein erster universitärer Lehrstuhl wurde in den frühen 40er Jahren unseres Jahrhunderts in Zürich eingerichtet. Gerade die deutsche Sonderpädagogik hat durch das sog. Dritte Reich ganz erhebliche Entwicklungsrückstände hinnehmen müssen.

Für die Sonderpädagogik als Fachdisziplin stellt sich immer wieder die Kernfrage, ob sie überhaupt ein eigenes, eigenständiges Fachgebiet ist. Ist sie nicht vielmehr Bestandteil einer allgemeinen Pädagogik; gelten nicht die Gesetze der Entwicklung, des Wachsens, des Lernens, des Dialoges zwischen Kind und Erzieher für alle Menschen unabhängig vom Grad ihrer aktuellen Entwicklungsfähigkeit? Bedarf es einer eigenen Pädagogik für Menschen mit einer Beeinträchtigung, für Menschen mit besonderen Bedürfnissen? Eberwein (1994) und Feuser (1996) z.B. lehnen eine eigenständige Sonderpädagogik ab; sie fordern deren Übergang in die Allgemeine Pädagogik, was natürlich umgekehrt bedeutet, daß die Allgemeine Pädagogik sich endlich der Lern- und Entwicklungsfragen aller Kinder und Jugendlichen annehmen muß.

Andererseits wird argumentiert, daß in allen Fachgebieten besondere Fragestellungen eigenständige Zweige einer Wissenschaft hervorgerufen haben. Kinder und Jugendliche mit besonderen Entwicklungsvoraussetzungen benötigen pädagogische Antworten, die nicht für alle gleichermaßen gelten können. Sie haben ein Recht darauf, daß ihren spezifischen Bedürfnissen wissenschaftlich wie praktisch entsprochen wird. Dies ist die derzeit wohl herrschende Meinung, wenn sich auch bei einzelnen Autorinnen und Autoren unterschiedlichste Abstufungen finden lassen.

Sonderpädagogik als Wissenschaft ist, wie Kanter formuliert, eine „Integrationswissenschaft". „Wenn von Integrationswissenschaft gesprochen wird, so soll damit herausgestellt werden, daß pädagogische Reflexion und Theoriebildung zwar als zentrale Instanz der pädagogischen Wissenschaft fungieren, Ergebnisse und Erkenntnisse aus Nachbardisziplinen aber als wesentliche Bestandteile in die Erkenntnisgewinnung eingehen" (Kanter 1985, 352).

So wird sie auch an einigen Hochschulen als eine übergreifende Wissenschaft gelehrt. Diese Allgemeine Sonderpädagogik (auch Allgemeine Behindertenpädagogik) befaßt sich neben grundsätzlichen Fragen der Förderung und der Fördersysteme auch mit wissenschaftstheoretischen Fragen, historischen, philosophischen, insbesondere ethischen Fragestellungen. Andererseits erscheint es sinnvoll, von sonderpädagogischen Fachrichtungen zu sprechen, die sich der spezifischeren Bedürfnisse betroffener Kinder, Jugendlicher und Erwachsener annehmen. In der Bundesrepublik Deutschland hat sich hier eine sehr starke Ausdifferenzierung ergeben, wie sie keineswegs in allen Ländern gleichen Entwicklungsstandes zu finden ist. Es handelt sich um: Blindenpädagogik, Gehörlosenpädagogik, Geistigbehindertenpädagogik, Körperbehindertenpädagogik, Lernbehindertenpädagogik, Schwerhörigenpädagogik, Sehbehindertenpädagogik, Sprachbehindertenpädagogik, Verhaltensbehindertenpädagogik. Hinzu kommt Krankenhauspädagogik; für Menschen mit autistischen Zügen und für sog. nichtsprechende Menschen entwickeln sich in der letzten Zeit zunehmend eigene Fachkompetenzen. (In den einzelnen Bundesländern werden diese verschiedenen Fachrichtungen oft unterschiedlich benannt.)

Die Bereiche der Frühförderung und der Erwachsenenbildung bilden besondere Schwerpunkte einer nichtschulischen Sonderpädagogik. Im Bereich der Verhaltensbehindertenpädagogik gehören natürlich auch Fragen der außerschulischen Betreuung, der Heimpädagogik etc. mit hinzu.

Es wird also sehr schnell deutlich, daß es sich um ein insgesamt heterogenes Fachgebiet handelt, das sowohl in der Wissenschaft wie auch in der Praxis entsprechende unterschiedliche Nachbardisziplinen hat. Kooperieren Sonderpädagogen im Bereich der Körperbehindertenpädagogik vornehmlich mit Krankengymnasten und Ergotherapeuten, so werden dies im Bereich der Verhaltensbehindertenpädagogik viel mehr Psychologen, Sozialarbeiter und ggf. auch Psychiater sein.

Es fällt auf, daß diese starke Unterteilung im wesentlichen für die Bereiche der Sonderpädagogik gilt, die an Hochschulen studiert werden können. Betrachtet man hingegen die Berufsgruppen der Erzieher, Sondererzieher, der heilpädagogischen Fachkräfte (auch hier wechseln die Bezeichnungen von Bundesland zu Bundesland deutlich), so zeigt sich sehr schnell, daß in diesen stärker praxisorientierten Berufen eine so detaillierte Aufteilung nicht stattfindet.

Als übergeordnetes Ziel einer jeden sonderpädagogischen Bemühung gilt das Ziel einer „Selbstverwirklichung in sozialer Integration". Aus Sicht einer ganzheitlichen Pädagogik kann dies nur bedeuten, daß individuelle und gesellschaftliche Bedürfnisse in ein möglichst harmonisches Gleichgewicht gebracht werden müssen. Es kann nicht angehen, daß behinderte Menschen Anpassungsleistungen an die Anforderungen einer normorientierten Gesellschaft bringen müssen, um dann erst Anerkennung zu erfahren. Auf der anderen Seite gilt die Überzeugung, daß auch die Entfaltung aller persönlichen Fähigkeiten nur dann Sinn macht, wenn sie in einem sozialen Gefüge, in persönlichen Beziehungen und gesellschaftlicher Akzeptanz stattfinden. Darüber hinaus gehen wir davon aus, daß therapeutisch-pädagogische „Machbarkeit" als Konzept fragwürdig geworden ist. Die noch so gut vorbereitete geplante Intervention angesichts einer drohenden oder bereits vorhandenen Behinderung kann Schädigungen nicht ungeschehen machen. Darüber hinaus ist kein Mensch, sei er Kind, Jugendlicher oder Erwachsener, durch andere Menschen pädagogisch so zu beeinflussen, daß er einen vorbestimmten Weg seiner Entwicklung einschlägt. Der Entwicklungsgedanke und damit das Konzept einer Entwicklungsförderung wird immer mehr zum zentralen Punkt moderner Sonderpädagogik. Sie versteht sich also nicht mehr als die Institution, die für ein Kind den Weg und die Ziele bestimmt, die Etappen plant und die einzelnen Schritte anleitet, sondern vielmehr als eine ganzheitliche Unterstützung all der Möglichkeiten, die einem Menschen zur Verfügung stehen. Entwicklungsforderung meint, daß es die Aufgabe von Fachkräften ist, die optimalen Bedingungen zu schaffen, unter denen ein Mensch seine Möglichkeiten im aktiven Umgang mit der dinglichen und menschlichen Umwelt entfalten kann. Die Aktivität des Kindes, des Jugendlichen, des Erwachsenen steht im Mittelpunkt; sie gilt es zu stützen. Das Kind als „Akteur seiner Entwicklung" ist zu respektieren und gleichzeitig mit allem fachlich Notwendigen zu versehen, so daß es *mit* seiner Beeinträchtigung und nicht *gegen* seine Beeinträchtigung leben kann. Gerade dieser Gedanke wurde in der letzten Zeit intensiv von betroffenen Menschen selbst vorgetragen, die sich eine „assistierende Sonderpädagogik" wünschen, die nicht in alle Lebensbereiche hinein den Anspruch auf Kompetenz und Bestimmung erhebt.

Wir stehen möglicherweise vor einem ganz entscheidenden Perspektivenwechsel in der Sonderpädagogik, von einer Pädagogik der Bestimmung hin zu einer Pädagogik der Assistenz.

Aus diesen Gedanken heraus wäre es sicherlich wünschenswert, letztlich zwingend, wenn sonderpädagogische Gedanken in sehr viel stärkerem Maße in Allgemeine Pädagogik einflössen - nicht nur zugunsten von Kindern und Jugendlichen mit einer Beeinträchtigung, sondern für einen humaneren Umgang mit Kindern überhaupt.

Literatur:

Bleidick, U.: Einführung in die Behindertenpädagogik, Bd. 1-3. Stuttgart, Berlin, Köln 1992.

Eberwein, H.: Konsequenzen des gemeinsamen Lernens behinderter und nichtbehinderter Kinder für das Selbstverständnis der Sonderpädagogik. In: Zeitschrift für Heilpädagogik 45,5. Nienburg 1994.

Feuser, G.: „Geistigbehinderte gibt es nicht!" In: Geistige Behinderung 1/96. Marburg 1996.

Georgens, J.D. / Deinhardt, H.M.: Die Heilpädagogik mit besonderer Berücksichtigung der Idiotie und der Idiotenanstalten, Bd. 1. Leipzig 1861.

Gröschke, D.: Praxiskonzepte der Heilpädagogik. München 1989.

Haeberlin, U.: Heilpädagogik als wertgeleitete Wissenschaft. Bern, Stuttgart, Wien 1996.

Hagmann, Th. (Hrsg.): Heil- und Sonderpädagogik. Luzern 1995.

Kanter, G.O.: Ansätze zu einer empirischen Behindertenpädagogik. In: Bleidick, U. (Hrsg.): Handbuch der Sonderpädagogik, Bd. 1: Theorie der Behindertenpädagogik. Berlin 1985.

Kobi, E.: Heilpädagogische Daseinsgestaltung. Luzern 1988.

Mürner, Chr. / Schriber, S. (Hrsg.): Selbstkritik der Sonderpädagogik? Luzern 1993.

Andreas Fröhlich

Sonderschule

Schüler mit sonderpädagogischem Förderbedarf

Bis zu 6% aller schulpflichtigen Kinder haben Entwicklungsprobleme, die im schulischen Unterricht besondere Hilfen erfordern (Verband Deutscher Sonderschulen, VDS, 1994, 700f). Die Konferenz der Kultusminister (KMK) definiert 1994: „Sonderpädagogischer Förderbedarf ist bei Kindern und Jugendlichen anzunehmen, die in ihren Bildungs-, Entwicklungs- und Lernmöglichkeiten so beeinträchtigt sind, daß sie im Unterricht der allgemeinen Schule ohne sonderpädagogische Unterstützung nicht hinreichend gefördert werden können."

Sonderpädagogischer Förderbedarf kann entstehen durch individuelle Gegebenheiten beim Kind (z.B. Krankheit, Verletzung, organische Schädigung), durch Entwicklungsbedingungen (z.B. traumatische, schädigende Einwirkungen, erschwerte mitmenschliche Beziehungen, unzureichende Entwicklungsunterstützung), durch institutionelle Bedingungen (z.B. unzureichende Förderung in Kindergarten oder Schule, fehlende Hilfen). Sonderpädagogischer Förderbedarf kann in einem oder mehreren Bereichen deutlich werden: Lernverhalten, kommunikatives Handeln, emotional-soziale Entwicklung, kognitive Entwicklung, motorische Entwicklung, auditive und visuelle Wahrnehmung.

Bedeutsam ist, daß Behinderungen wie Blindheit, Sehbehinderung, Schwerhörigkeit, Gehörlosigkeit, Körperbehinderung nicht zwingend sonderpädagogischen Förderbedarf zur Folge haben. Solche Behinderungen können Entwicklungen erschweren oder gefährden. Ob das geschieht, ist aber abhängig von einer Vielzahl unterschiedlicher Entwicklungsbedingungen und von der Arbeitsweise der Bildungsinstitutionen. Es gibt nicht wenige schwerhörige, sehbehinderte, körperbehinderte, sprachbehinderte Kinder, die allgemeine Schulen mit Erfolg besuchen. Bleidick spricht von 50% (1995, 68).

Die KMK beschreibt 1994 unterschiedliche Möglichkeiten, sonderpädagogischem Förderbedarf von Schülern zu entsprechen. Sie nennt: vorbeugende Maßnahmen in allgemeinen Schulen, sonderpädagogische Hilfen im gemeinsamen Unterricht in allgemeinen Schulen, Förderung in Sonderschulen, Hilfen durch sonderpädagogische Förderzentren und im berufsbildenden Bereich.

Etwa 4% aller schulpflichtigen Kinder besuchen Sonderschulen (VDS 1994, 700f). Die größte Gruppe unter ihnen sind Schüler mit Lernbehinderungen (etwa 2%). Weitere Gruppen sind Schüler mit geistiger Behinderung (etwa 0,5%), Schüler mit Sprachbehinderungen (etwa 0,3%), Schüler mit Körperbehinderungen (etwa 0,2%), Schüler mit Verhaltensproblemen (etwa 0,1%), Schüler in Krankenhausschulen (etwa 0,1%), schwerhörige (etwa 0,08%) und gehörlose Schüler (etwa 0,04%), sehbehinderte (etwa 0,03%) und blinde Schüler (etwa 0,02%).

Einrichtung von Sonderschulen

Spezielle Bildungseinrichtungen für Kinder mit Behinderungen entstanden vom Ende des 18. Jahrhunderts an als Antwort auf Kindernöte: Kinder, die in der Schule nicht mitkamen; Kinder, die keine Chance für eine berufliche Ausbildung hatten; Kinder, für die es keine Schule gab, da man sie nicht für bildungsfähig hielt. Ziele dieser neuen Bildungseinrichtungen für behinderte Kinder waren von Anfang an die volle gesellschaftliche Integration, eine Berufsausbildung, die persönliche und wirtschaftliche Unabhängigkeit.

Ende des 18. Jahrhunderts entstanden die ersten eigenständigen Schulen für Taubstumme und Blinde. 1832 gründete Kurz in München die erste Bildungseinrichtung für Körperbehinderte. Interessant ist, daß es schon zu Beginn des 19. Jahrhunderts Bemühungen gab, blinde und gehörlose Kinder in Regelschulen integriert zu unterrichten. Das Bemühen um Integration ist von Anfang an Teil sonderpädagogischen Denkens und Handelns.

Zu Beginn des 19. Jahrhunderts wurden sogenannte Nebenklassen für Schüler eingerichtet, die im Unterricht nicht mitkamen. Es war das erklärte Ziel, die Kinder nach entsprechender Zeit in die Regelklassen rückzuführen. Das stieß aber z.T. auf erhebliche Schwierigkeiten. Die Klassen hatten damals bis zu 80 Schüler. Es gab zu wenig Lehrer (vgl. Speck 1988, 46f). Ende des 19. Jahrhunderts wurde die erste Hilfsschule eingerichtet. Die Hilfsschulen nahmen von Anfang an auch Kinder mit geistiger Behinderung auf (vgl. Speck 1979, 57f). Das wurde 1938 durch ein Gesetz unterbunden. Kinder mit geistiger Behinderung wurden als nicht bildungsfähig bezeichnet und von der Schulpflicht ausgenommen. Dann wurde ihnen auch das Lebensrecht abgesprochen. 1939 begann das Euthanasieprogramm.

Auch nach 1945 wurden Kinder mit geistiger Behinderung zunächst von der Schulpflicht ausgenommen.

Erst ab etwa 1960 gibt es reguläre Klassen und Schulen für Schüler mit geistiger Behinderung. In den Körperbehindertenschulen wurden etwa ab diesem Zeitpunkt auch Kinder mit Anarthrie, die wegen schwerster Bewegungsstörungen nicht sprechen können, aufgenommen. Auch sie galten vorher als bildungsunfähig.

Ab Mitte der 70er Jahre erfolgte allmählich die Aufnahme schwerst mehrfachbehinderter Schüler in Schulen für Körperbehinderte oder Schulen für Geistigbehinderte. Vorher waren die Kinder entweder zu Hause oder in Pflegeeinrichtungen.

Nach dem 2. Weltkrieg wurde zunächst der Aufbau und Ausbau eines differenzierten Sonderschulsystems als vorrangig angesehen, um für alle Kinder mit Behinderungen Bildung zu verwirklichen. Es darf aber nicht übersehen werden, daß vom Beginn der 50er Jahre an auch Integrationsschulen auf- und ausgebaut wurden. Frühe Beispiele sind das Gymnasium in Hessisch-Lichtenau, das ab 1953 körperbehinderte Schüler integriert förderte und das Lohmühlengymnasium in Hamburg, das ab 1961 auch hörgeschädigte Schüler aufnahm.

Nach dem 2. Weltkrieg wurden verschiedene Sonderschultypen weitergeführt oder neu eingerichtet. Nebenstehende Tabelle gibt einen Überblick über die Sonderschulen, ihre Bildungsgänge und die möglichen Schulabschlüsse.

Sonderschule für	Altersstufen		Bildungsgänge mögliche Abschlüsse						Besonderheiten
	alle	nicht alle	G	L	GS	HS	RS	GY	
Lernbehinderte	x			x		2			
Geistigbehinderte	x		x						Hessen: Schule für Praktisch Bildbare
Sprachbehinderte		x			x				Durchgangs- schule, meist Grundschule
Körperbehinderte	x		x	x	x	x	1	1	
Erziehungshilfe (verhaltensgestörte Schüler)	1	x			x	x			als Durchgangs- schule konzipiert
Kranke	x		x	x	x	x	x	x	nicht in allen Bundesländern Sonderschule
Schwerhörige	x		x	x	x	x	1	1	manchmal in ei-
Gehörlose	x		x	x	x	x	1	1	ner Schule zu- sammengefaßt
Sehbehinderte	x		x	x	x	x	1	1	manchmal in ei-
Blinde	x		x	x	x	x	1	1	ner Schule zu- sammengefaßt

Bildungsgänge: G -   Geistigbehindertenschule   L -   Lernbehindertenschule
                  GS -   Grundschule   HS -   Hauptschule
                  RS -   Realschule   Gy -   Gymnasium

Durchgangsschule: Schüler werden bis zum Abklingen ihrer Beeinträchtigungen gefördert und dann zur Allgem. Schule überwiesen

1 - in einigen Schulen;   2 - Abschluß in einigen Schulen möglich

Die Schulordnungen der einzelnen Bundesländer regeln die Aufnahmekriterien und -ver- fahren für die einzelnen Sonderschulen. Sie enthalten u.a. Bestimmungen über Rückschulung in die allgemeine Schule, Zeugnisse, Schulabschlüsse. Die Regelungen sind nicht einheitlich.

In einigen Bundesländern gehören Frühfördereinrichtungen zu den Sonderschulen.

Die Arbeit von Sonderpädagogen und Sonderschulen ist von großer Bedeutung. Durch sie konnten erstmals in der Geschichte Bildungsangebote für alle Kinder erarbeitet und bereitgestellt werden - auch für Kinder mit schwersten Behinderungen. Sie zeigen, daß auch bei Kindern, die vorher für bildungsunfähig gehalten wurden, durch systematische Förderung Entwicklungen möglich werden, die man vorher für ausgeschlossen hielt. Es werden neue Lernwege erarbeitet und ausdifferenziert. Nicht wenige Kinder entwickeln in Sonderschulen Identität und Selbstwertbewußtsein. Für nicht wenige Schüler werden auf diesem Weg Schulabschlüsse, soziale Integration und berufliche Tätigkeit möglich. Gleichzeitig werden Voraussetzungen geschaffen für die verstärkte Integration behinderter Kinder in allgemeinen Schulen.

Sonderschule in der Kritik

Seit den 80er Jahren wächst die Kritik an der Sonderschule. Sie gipfelt in der Forderung, Sonderschulen vollständig aufzulösen zugunsten der integrierten Förderung aller behinderten Kinder in allgemeinen Schulen. Dabei wird erwartet, daß die Kinder dadurch in ihrer sozialen und kognitiven Entwicklung stärker gefördert werden.

Den Sonderschulen wird zur Last gelegt, daß sie ihre Ziele nur mit einem Teil der Schüler erreichen: anerkannte Bildungsabschlüsse, Berufsausbildung, selbständige Lebensführung, gesellschaftliche Integration. So ist zu fragen, was der Erreichung dieser Ziele entgegensteht, die auch eine integrierte Beschulung nicht gewährleisten kann.

Die Leistungsanforderungen in den allgemeinen Schulen steigen. Mehr Schüler als früher sollen mit Erfolg das Gymnasium besuchen. Der Leistungsdruck ist bereits in der Grundschule hoch. Wegen knapper Länderfinanzen müssen größere Klassen gebildet werden. Lehrer erhalten höhere Unterrichtsverpflichtungen. Förderstunden stehen nicht in hinreichendem Maß zu Verfügung. Das ist insgesamt für Kinder mit Behinderungen und für ihre Lehrer keine einfache Situation.

In den Sonderschulen ist der Anteil der Schüler mit schweren und schwersten Behinderungen erheblich größer geworden. Schüler mit leichteren Beeinträchtigungen besuchen heute eher allgemeine Schulen. So ist es nicht erstaunlich, daß betroffene Schüler einzelne oder mehrere der o.a. Ziele nicht erreichen. Es ist z.B. nicht realistisch anzunehmen, daß schwerst mehrfachbehinderte Schüler durch den Besuch einer Sonderschule selbständig und berufstätig werden können. Das macht aber die Förderung dieser Schüler nicht sinn- oder wertlos. Denn sie haben Anspruch darauf, daß die ihnen mögliche Entwicklung in der Schule systematisch unterstützt wird. Ihre Förderung dient den allgemeinen Bildungszielen: Selbstbestimmung, Mitbestimmung, Solidaritätsfähigkeit (Klafki), auch wenn Ziele wie bestimmte Abschlüsse oder Berufstätigkeit wegen des Schweregrades der Mehrfachbehinderung nicht erreichbar sind.

Ob Menschen mit Behinderungen eine Berufstätigkeit finden, hängt vor allem von gesamtgesellschaftlichen Gegebenheiten ab. Das ist derzeit bei zunehmender allgemeiner Arbeitslosigkeit ein größer werdendes Problem. Seine Lösung kann nicht der Schule allein abverlangt werden.

In der starken Kritik an der Sonderschule schwingt die gesellschaftliche Enttäuschung mit, daß Sonderpädagogik ebensowenig wie Medizin machen kann, daß schwere Behinderungen aufhören oder gänzlich überwunden werden können. Der Wunsch nach „Normalität" im Sinne von „nicht behindert sein" steckt zutiefst in unserer Gesellschaft. Dazu spielt die Vorstellung eine Rolle, der Gleichwertigkeit aller Menschen sei dann entsprochen, wenn alle Gleiches erhalten, z.B. die gleiche Schule. Gleichzeitig ist es aber gerade das Leistungs- und Konkurrenzdenken unserer Gesellschaft, das Unterschiede schafft und verfestigt. Leistungsdenken, Konkurrenz, Vergleichbarkeit prägen auch die Schulen, unser ganzes Bildungssystem - nicht die ganz reale Normalität des Verschiedenseins.

Dieses Spannungsfeld kann nicht wegorganisiert werden durch „eine Schule für alle Kinder". Schule ist Spiegel der Gesellschaft. Bildungssysteme entstehen und verändern sich im gesellschaftlichen Konsens. Als Spiegel und Ausdruck einer Gesellschaft kann Schule nur sehr begrenzt ihr Korrektiv sein.

Zunehmende Integration ist für die Weiterbildung des gesamten Bildungssystems und der Gesellschaft sehr bedeutsam. Aber dieser notwendige Prozeß erfordert weit mehr als Organisationsregelungen. Eine intensive Auseinandersetzung mit Werthaltungen in unserer Gesellschaft ist unumgänglich, und in Konsequenz daraus die inhaltliche Neugestaltung des gesamten Bildungssystems. Dieser Prozeß kann und muß auch durch Sonderpädagogik unterstützt werden (vgl. Haupt 1985). Sein mögliches Ergebnis kann nicht vorweg organisiert werden.

Entwicklungen

Sonderschule ist immer Schule in Entwicklung entsprechend den sich ändernden Förderbedürfnissen ihrer Schüler und ihrer Stellung im gesamten Bildungssystem mit seinen gesellschaftlich definierten Aufgaben.

Gegenwärtig zeichnen sich mehrere Entwicklungen ab. Vorrangig ist das Bemühen um Überwindung der Orientierung an Behinderungen oder Defiziten der Schüler. Das zeigt sich zum Beispiel in den neuen Bezeichnungen der Schulen und in neuen Organisationsformen (VDS 1994, 700f). In einigen Bundesländern wurde der Begriff „Sonderschule" durch „Förderschule" ersetzt. So gibt es z.B. in Bayern Förderschulen zur individuellen Lernförderung, zur individuellen Sprachförderung, zur Erziehungshilfe, zur individuellen Lebensbewältigung. In mehreren Bundesländern besuchen Kinder mit Behinderungen zuerst Diagnose- und Förderklassen an Förderschulen, in denen sie spezifische Hilfen bekommen. Erst danach wird über ihren weiteren Bildungsweg entschieden. In anderen Bundesländern ist die Förderschule die gemeinsame Schule für lernbehinderte, sprachbehinderte und verhaltensgestörte Kinder - eine Schulform, die umstritten ist.

In einigen Bundesländern werden Sonderschulen zu Sonderpädagogischen Förderzentren weiterentwickelt. Zu ihren Aufgaben gehört die Förderung behinderter Kinder in der Sonder- bzw. Förderschule. Sie sind darüber hinaus Kompetenzzentren für die Region und unterstützen mit Beratung und Förderstunden die Integration behinderter Kinder in allgemeinen Schulen.

Ein anderer wesentlicher Bereich, in dem sich Sonderschule verändert, ist die unmittelbare Arbeit mit den Kindern. Neue Erkenntnisse über die Entwicklung von Kindern erfordern ihre Umsetzung in die Alltagsarbeit mit den Kindern. Sie bedeuten eine Abkehr von der Orientierung an Funktionen (wie Förderung von Bewegung, von Sprachhandeln, Wahrnehmung, Kognition, Sozialverhalten) zugunsten einer Unterrichtsarbeit in relevanten und vernetzten Lebensbezügen.

Auch der Emotionalität der Kinder wird in der schulischen Arbeit sehr viel größere Bedeutung zukommen müssen, da sie in sehr viel höherem Maße als bisher angenommen über Schulerfolg und Lebensbewährung mitentscheidet (vgl. Goleman 1995).

Literatur:

Bleidick, U.: Allgemeine Übersicht: Begriffe, Bereiche, Perspektiven. In: Zeitschrift für Heilpädagogik 10, 1994, 650-657.

Bleidick, U.: Selbstreferenz, Krisengerede und selektives Zitieren. In: Zeitschrift für Heilpädagogik 2, 1996, 68-70.

Goleman, D.: Emotionale Intelligenz. München 1995.

Haupt, U.: Die schulische Integration von Behinderten. In: Bleidick, U. (Hrsg.): Theorie der Behindertenpädagik. Berlin 1985, 152-197.

Kultusministerkonferenz (KMK): Empfehlungen zur sonderpädagogischen Förderung in den Schulen der BRD (Beschluß vom 6.5.94).

Speck, O.: Geschichte. In: Bach, H. (Hrsg.): Pädagogik der Geistigbehinderten. Berlin 1979, 57-73.

Speck, O.: System Heilpädagogik. München 1988.

Verband Deutscher Sonderschulen, VDS (Hrsg.): Informationen über die Sonderpädagogische Förderung in der BRD. In: Zeitschrift für Heilpädagogik 10, 1994.

Ursula Haupt

Spieltherapie

Unter >Spieltherapie< wird ein therapeutisches Verfahrenspaket verstanden, das sich vornehmlich an Drei- bis Zwölfjährige richtet und bei dem das kindliche Spiel den primären therapeutischen Zugang bildet. >Verfahrenspaket< bedeutet, daß daneben auch andere Medien und Methoden wie das Sprechen, Malen, Modellieren, Dramatisieren, Entspannen,

Musizieren, Interagieren eingesetzt werden. Insofern herrscht Unklarheit, ob >Spieltherapie< als Synonym für >Kindertherapie< oder Spieltherapie als eine Unterkategorie der Kindertherapie zu gelten hat. Das kindliche Spiel ist nicht zufällig zum Hauptmedium der Spieltherapie geworden, scheint es doch aufgrund spieltheoretischer Erkenntnisse eine Basis für die psychohygienisch gesunde Entwicklung von Kindern darzustellen. Im therapeutischen Kontext herrscht die Lehrmeinung vor, daß man zur Erlebniswelt des Kindes einen vergleichsweise leichteren Zugang gewinnen kann, wenn das Medium des kindlichen Spielens einbezogen wird. Therapiekinder kommen also im Spiel ihren traumatischen Erfahrungen näher, wenn sie spielen, und nicht etwa durch das Explorationsgespräch. Allerdings darf man sich die Einbeziehung des Spiels nicht als therapeutisches >Additiv< vorstellen, das den Ausdruck der vom Kind geäußerten Inhalte und Probleme lediglich erleichtert. Vielen Kindern ist nämlich therapeutisch die Entäußerung innerer Belastungen allein durch das Spiel möglich, häufig nur indirekt und verschlüsselt. Die Aufgabe einer Spieltherapeutenperson ist es, die im Spiel symbolisch ausgedrückten Erlebnisinhalte zu entschlüsseln, zu verstehen und therapeutisch weiterzuführen. Damit ist zugleich ein erhebliches Problem der Spieltherapieausbildung angesprochen: Erwachsene haben in aller Regel die Symbolsprache kindlichen Spielens verlernt und müssen sie in mühsamen Trainingsstunden erst wieder erlernen.

Hinsichtlich der Unterscheidung von verschiedenen Spieltherapie-*Typen* hat man früher gemäß der therapeutischen Trias nach psychoanalytischen, verhaltenstherapeutischen und klientenzentrierten Zugängen unterschieden. Diese Typisierung scheint der gegenwärtigen Realität nicht mehr voll zu entsprechen. Man findet vielmehr die folgenden Ausformungen von Spieltherapien vor:

Strukturiert: Eine Rahmenstruktur wird entwickelt, innerhalb derer das Kind spielt, nachdem die Probleme des Kindes diagnostiziert sind. Basis für ein solches Vorgehen ist ein Vertrauenskontrakt mit dem Kind.

Non-direktiv: Diese Spieltherapieform wird unten genauer charakterisiert: Sie ist v.a. dadurch gekennzeichnet, daß das Kind weitgehend die Struktur setzt. Vorteil, insbesondere bei nach innen gerichteten Störungen, ist der permissive Charakter des gesamten Settings. Problematisch in der Wahrnehmung des Therapiekindes könnte sein, daß der Therapeut sich - bezogen auf die Erfahrungen des Kindes mit sonstigen Erwachsenen - erwartungswidrig verhält.

Filial-Therapie: Im Elternhaus des Kindes wird ein besonderer Spielraum eingerichtet. Die ganze Familie als Eltern-Kind-Gruppe wird zum nicht-direktiven Spielen angehalten und anschließend zu Supervisionssitzungen eingeladen. Der Vorteil eines solchen Vorgehens ist, daß Therapieerfahrungen des Kindes in der natürlichen Lebensumgebung stattfinden und damit Generalisierungsübungen nicht notwendig sind. Als problematisch könnte die hier räumlich und zeitlich besonders hervorgehobene Elternrolle gesehen werden.

Angeleitete Spieltherapie: Eine Mutter wird z.B. über Kopfhörer angeleitet, sich in Spielsituationen anders zu verhalten als bisher.

Verhaltens-Spieltherapie: In Form einer angeleiteten Spieltherapie wird das Elternverhalten systematisch umkonditioniert, nachdem eine Baseline erstellt worden ist. (Typische Kind-Reaktion innerhalb einer solchen Therapie: „Hier bist du viel netter zu mir als zu Haus, wie kommt das?")

Entwicklungsbezogene Spieltherapie: Ziel ist es, das Kind bewußt seine Existenz erfahren zu lassen; entsprechend werden Kontaktübungen, z.B. Augen-, Hand- und Gesichtskontakt, eingeführt. Es wird also dabei angezielt, Körper und Erfahrung des Kindes zu nutzen. Besondere Indikation sind Kontaktstörungen, Autismen.

„Theraplay" (Chicagoer Schule): Theraplay ist aktivitätsorientiert und direktiv, neurologisch und neurolinguistisch orientiert. Deshalb soll diese Form besonders bei Lern- und Sprachstörungen angezeigt sein.

Sandkastenspiel: Miniaturfiguren werden eingesetzt mit der Instruktion „Baue deine Welt." Methodisch kann das Sandkastenspiel entweder nur begleitet oder auf therapeutische Anweisung hin gezielt verändert werden. Am Ende steht jeweils eine fotografische Aufzeichnung.

Adlerianische Kindertherapie: Sie stellt ein mehr erzieherisches Modell dar. Man nimmt alle Szenarien des Kindes auf und arbeitet sie durch.

Hypno-Spieltherapie: Suggestionen werden in das Spielen einbezogen.

Spieltherapie bei Erwachsenen: Diese Form wird bevorzugt dann umgesetzt, wenn „das Kind im Manne" massiv verleugnet wird, bzw. bei altersregredierten Patienten, wenn andere Zugänge nicht mehr möglich sind.

Gestalttherapeutische Spieltherapie: Hier wird mit den grundlegenden Prinzipien der Gestalttherapie, Kontakt und Widerstand, gearbeitet; kennzeichnend ist weiterhin die Einbeziehung eines weiten Spektrums sogenannter kreativer Methoden.

Diesem Katalog von Spieltherapietypen und ihren Kurzbeschreibungen ist zu entnehmen, daß jede Form ihre Vorzüge und Probleme aufweist, und daß sich deshalb in Zukunft Integrationsformen durchsetzen werden. Die im weiteren darzustellende personenzentrierte Spieltherapie stellt einen solchen Integrationsversuch dar.

Unter der personenzentrierten Spieltherapie wird ein Verfahren verstanden, das auf dem Hintergrund des personenzentrierten Ansatzes von Carl Rogers Kindern/Jugendlichen zu vermehrter Selbstanpassung verhelfen soll. Eine wesentliche Grundlage des personenzentrierten Ansatzes ist die Annahme, daß jeder Mensch prinzipiell zur Selbststeuerung und Selbstverwirklichung fähig ist, wenn er in der Lage ist, alle wichtigen Erfahrungen angstfrei für sich zuzulassen. Ein „gestörtes Selbstkonzept" liegt vor, wenn Potentiale des Selbst nicht (mehr) realisiert werden können, wenn eine Person sich also aufgrund innerer Blockierungen in ihren Entfaltungsmöglichkeiten beschränkt sieht. Dann lassen fremdbestimmte Wahrnehmungen das ursprüngliche Erleben des eigenen Organismus nicht mehr zu. So ist schulisches Lernen häufig dadurch gekennzeichnet, daß einseitig fremdbestimmte kognitive

Lernziele von Schülern aufzusuchen sind; ursprüngliche Organismuserfahrungen, die sich in motorischer Unruhe oder dem Interesse an den Mitlernenden äußern und damit geradezu Signalcharakter haben können, werden dann leicht als Verhaltensstörungen etikettiert. Forschungsbezogen sind therapeutische Bedingungen herausgearbeitet worden, unter denen mehr „Selbstkongruenz" erreicht werden kann. Diese Bedingungen können nun auch auf die Arbeit mit Kindern übertragen werden, sind also auch für die Spieltherapie gültig: Von einem Erwachsenen, der in einer helfenden Beziehung zu einem Kind mit Verhaltensstörungen steht, sollten folgende drei Grundhaltungen eingebracht werden:

- Echtheit, Unverfälschtheit, Transparenz als enger Entsprechung oder Kongruenz zwischen dem körperlichen Erleben, den Bewußtseinsinhalten und den Mitteilungen an den Klienten durch den Helfer.
- Akzeptieren, Anteilnahme, Wertschätzung des Kindes.
- Empathisches, einfühlendes Verstehen des Kindes; d.h., daß der Therapeut die Gefühle und persönlichen Bedeutungsgehalte, die von dem Klienten erfahren werden, genau spürt und dieses Verständnis dem Klienten kommuniziert.

Diese drei Grundbedingungen sind in der Spieltherapie noch durch weitere Merkmale zu ergänzen, wie die Bereitschaft zum Mitspielen, die Herstellung eines kindangemessenen Angebotes in Form von Material, das Sich-Einbringen des Helfers und weitere, auf das Kind zugeschnittene Hilfen. Es geht die Annahme ein, daß es bei hinreichender Verwirklichung dieser Haltungen bzw. Qualitäten der Helferperson zu bestimmten erwünschten Änderungen im kindlichen Verhalten und Erleben kommen wird. Diese Änderungen sollen teilweise äußerlich beobachtbar und damit registrierbar sein, sich vor allem in einer veränderten Wahrnehmung und Einstellung des Kindes manifestieren. Sie werden sich von Kind zu Kind unterschiedlich auswirken, je nach Ausgangslage und Lerngeschichte des Klienten. Im Prinzip laufen sie darauf hinaus, daß neue Verhaltens- und Erlebensmöglichkeiten und damit Selbsterfahrungen aufgesucht, erschlossen und bewußt im Selbstkonzept symbolisiert werden.

Jede personenzentrierte Spieltherapie scheint bestimmte Prozesse zu durchlaufen: ein non-personales, ein non-direktives, ein klientenzentriertes und schließlich ein personenzentriertes Stadium, die so zu kennzeichnen sind:

- Non-personales Stadium:

Im non-personalen Stadium ist die Beziehung zwischen den Beteiligten (noch) unpersönlich, distanziert. Gefühlsmäßige Vorgänge können (noch) nicht sensitiv aufgenommen und verarbeitet werden. Es gibt jedoch eine starke Motivation, dieses non-personale Stadium baldmöglichst zu verlassen (positives Beispiel: persönliche Einführung in eine Gruppe durch Namensspiele; negatives Beispiel: Behandlung auf Ämtern, Vertretungsunterricht in Schulen).

- Non-direktives Stadium:

Hier bekommt der Klient das Gefühl für die eigenen Möglichkeiten in einer Atmosphäre der Freiheit, die durch den Helfer geschaffen wird. Dieses non-direktive Stadium ist bisher durch Axline (dt. 1972, 73ff.) am besten beschrieben worden. Axline führte in ihrer Veröffentlichung die folgenden Prinzipien an: die Gestaltung der Beziehung, die vollständige Annahme des Kindes, das Herstellen eines Klimas des Gewährenlassens, das Erkennen und Reflektieren von Gefühlen, die Achtung vor dem Kind, Wegweisung durch das Kind, Nicht-Beschleunigung, der Wert von Begrenzung. Dieses non-direktive Stadium stellt die engere Basis für jede personenzentrierte Spieltherapie dar. Das Kind kann unter diesen extrem freiheitlichen Bedingungen die Spielumgebung und die Person des Helfers explorieren, die Helferperson wiederum lernt Stärken und Schwächen des Kindes während des Beziehungsaufbaus kennen. Im Mittelpunkt steht eindeutig die Erlebnis- und Erfahrungswelt des Kindes, nicht dagegen diagnostische oder technische Detailplanungen.

- Klientenzentriertes Stadium:

Dieses Stadium ist vor allem dadurch gekennzeichnet, daß die Beteiligten einander besser kennengelernt haben. Der Helfer kann nun Erlebnisinhalte bzw. persönliche Schwierigkeiten des Kindes intensiver nachfühlen; er versteht also besser, was im Kind vorgeht; er hat eine differenzierte Wahrnehmung für die Vorgänge im Kind ausgebildet und kann entsprechend feinfühlig darauf reagieren. Das Verhältnis ist belastbar; d.h., vorsichtigere Versprachlichungen können zugunsten konfrontativer Verbalisierungen zurücktreten, wenn diese angebracht sind. In die Interventionen gehen nicht nur Hier-und-Jetzt-Situationen (wie im non-direktiven Stadium) ein; der Therapeut wird auch auf vergangene oder künftig zu erwartende Vorgänge Bezug nehmen, so daß die Zeitperspektive für das Kind erweitert wird. Im klientenzentrierten Stadium kann diagnostisches Wissen, das zuvor nicht einbezogen wurde, um eine originäre Beziehung nicht zu verfälschen, genutzt werden; diagnostische Fakten können zum Beispiel das Verständnis für den Helfer erleichtern, sich bestimmte Schwierigkeiten des Kindes zu vergegenwärtigen. Klientenzentriert wird dieses Stadium hinsichtlich der Interventionen auch deshalb genannt, weil genügend abgeklärt ist, in welchen Bereichen für das Kind weitere Hilfen indiziert erscheinen. Schmidtchen hat einen Versuch gemacht, die entsprechenden Ziele auf drei Ebenen zu lokalisieren: kognitive Ebene (das Problemlösungsverhalten betreffend), emotionale Ebene, aktionale bzw. phänomenologische Ebene. Schmidtchen hat damit einen Versuch unternommen, Ziele gemeinsam mit dem Kind auf eine differenziertere Weise als von Axline vorgesehen anzugehen.

- Personenzentriertes Stadium:

Im personenbezogenen Stadium wachsen die Spielpartner noch enger in ihrer Beziehung zusammen, so daß geradezu von einem partnerschaftlichen Verhältnis gesprochen werden kann. Partnerschaftlichkeit bedeutet dabei keineswegs die Nicht-Wahrnehmung von realen Unterschieden zwischen Personen unterschiedlichen Alters; vielmehr wird es möglich, zum Beispiel bei Konflikten den Standpunkt beider Seiten zur Geltung zu bringen, indem etwa Ich-Botschaften ausgetauscht und Konfliktlösungen ohne Verlierer eingeübt werden.

Abschließend sei festgestellt:

Fragen nach empirischer Effektivitätsforschung, nach engerer Indikation, nach Therapeutenausbildung sowie nach Anwendung in sonderpädagogischen Settings bedürfen differenzierterer Stellungnahmen. Das anzustrebende Berufsbild von Sonderpädagoginnen und Sonderpädagogen wird mehr und mehr implizieren, spieltherapeutische Basiskompetenzen in die Ausbildungsgänge einzuarbeiten.

Literatur:
Axline, Virginia: Spieltherapie im nicht-direktiven Verfahren. München 1972.
Benecken, J.: Kinderspieltherapie - Fallstudien. Stuttgart 1982.
Goetze, H. (Hrsg.): Personenzentrierte Spieltherapie. Göttingen 1981.
Goetze, H. / Jaede, W.: Die nicht-direktive Spieltherapie. München 1974.
Jernberg, Ann M.: Theraplay. San Francisco 1979.
Moustakas, C.: Children in play therapy. New York 1953; 1974.
Oaklander, V.: Windows to our children. Moab-Utah 1978. (dt.: Gestalttherapie mit Kindern und Jugendlichen. Stuttgart 1981.)
Rogers, C.: Counseling and Psychotherapy. Boston 1942. (dt.: Die nicht-direktive Beratung. München 1972.)
Rogers, C.: Client-centered Therapy. Boston 1952. (dt.: Die klientbezogene Gesprächstherapie. München 1973.)
Rogers, C.: Die Kraft des Guten. München 1978.
Schmidtchen, S.: Klientenzentrierte Spieltherapie. Weinheim 1974.
Schmidtchen, S.: Handeln in der Kinderpsychotherapie. Stuttgart 1978.
Tausch, R. / Tausch, A.: Kinderpsychotherapie im nicht-direktiven Verfahren. Göttingen 1956.
Tausch, R. / Tausch, A.: Gesprächspsychotherapie. Göttingen 1978.

Herbert Goetze

Sprachbehinderung

Nicht alles, was die Sinne registrieren, ist schon die ganze Wirklichkeit. Nach einer Binsenweisheit ist eine Sprachbehinderung eine Behinderung, Beeinträchtigung oder Störung der Sprache. Mit dem Wort Sprache werden aber verschiedene und unterschiedliche Sprachsachverhalte benannt. So ist z.B. die Sprache, mit der sich jemand verständlich macht, etwas anderes als eines Menschen Sprache, d.h. seine Fähigkeit, sich sprachlich verständlich zu machen.

Um Sprachbehinderungen zu verstehen, bedarf es somit zuerst einer Reflexion, was hier mit >Sprache< gemeint und was behindert ist, zumal Sprachbehinderungen als Störungen der Sprache und als Unzulänglichkeiten eines Menschen in seiner Sprachlichkeit gesehen und gedeutet werden können.

I.   Zur symptomatologischen Interpretation

Weil die empirisch-positivistischen Wissenschaften sich nur für das Objektivierbare interessieren, studieren sie die Sprache bei anderen und interpretieren deren Sprachunzulänglichkeiten als Störungsbilder der Sprache; als sei die menschliche Sprache ein angelegtes Funktionssystem, das für sich bzw. unabhängig vom Menschsein existiert. Die Medizin befaßt sich mit der Physiologie der Sprache, studiert die Sprechvorgänge und wie die einzelnen Sprachlaute gebildet werden, als bestände die menschliche Sprachfähigkeit nur in der Lautsprache. Die Linguistik kümmert sich um die Struktur der jeweiligen Sprache, d.h. ihre semantisch-lexikalischen, syntaktisch-morphologischen und pragmatischen Dimensionen, und interessiert sich - mit den Sozialwissenschaften - für den interpersonalen Informationsaustausch, wie er zwischen einem Sender und Empfänger mit dem Medium einer Sprache erfolgt. Daß Sender und Empfänger auch einen intrapersonalen Informationsaustausch betreiben, indem sie Selbstgespräche führen bzw. mit sich selbst kommunizieren in einem Eigendialog, wird dagegen ausgeklammert, weil man sich lediglich für die Sprache interessiert und nicht für den Menschen, der sich durch Sprache artikuliert.

Überzeugt, daß die bei anderen registrierten Unzulänglichkeiten der Sprache das >Leiden< sind, hinter denen nichts anderes steht, werden die einzelnen Symptombilder diagnostiziert, ohne nach den Unzulänglichkeiten des sprach-realisierenden Subjekts zu fragen.

So verwundert es nicht, daß in der sprachheilkundlich-logopädischen und patholinguistischen Literatur die Symptome der Sprache als Krankheitsbilder ausgewiesen, mit medizinischen Bezeichnungen versehen und aufgelistet werden in:

1. Zentrale Störungen der Sprache

– *Aphasien* (Verlust der Sprache), d.h. Verlust des Sprachverständnisses und des Wortschatzes,

– *Dysphasien* (Sprachentwicklungsstörungen), d.h. Beeinträchtigungen im semantisch-lexikalischen Bereich,

– *Dysgrammatismus* und *Dyssyntaxien* (Störungen auf der syntaktisch-morphologischen Ebene);

2. periphere Störungen der Aussprache

– *Dyslalien* (Stammeln), d.h. Störungen im phonetisch-phonatorischen bzw. artikulatorischen Bereich,

– *Dysarthrien* (Beeinträchtigungen der Aussprache bei cerebralen Bewegungsstörungen),

- *Rhinolalien* oder *Rhinophonien* (Näseln), d.h. Auffälligkeiten durch Unter- oder Überschreiten der normalen Nasalität;
3. Störungen der Rede
- *Dysphemien* (Stottern), d.h. Blockaden beim Sprechablauf,
- *Tachyphemien* (Poltern), d.h. Ver- oder Überhastungen beim Reden,
- *Mutismus* (wenn trotz Sprech- bzw. Redefähigkeit keine Aussage erfolgt);

als sei die Sprache und das Sprechen dasselbe wie eines Menschen Sprache und sein Sprechen und seine Unzulänglichkeiten.

Weil man die Sprachlichkeit des Menschen ignoriert, wird gar nicht bemerkt, daß man in Wahrheit nur die Wirklichkeit der Sprache registriert, in der sich jemand verständlich macht und nicht die Wirklichkeit seiner Sprache bzw. warum er sich unzulänglich verständlich macht.

In-der-Sprache-beeinträchtigt-sein ist etwas anderes als eine Sprache unzulänglich sprechen; weshalb z.B. Gastarbeiter, die unsere Sprache nicht beherrschen, zwar sprachauffällig, aber nicht sprachbehindert sind, wenn sie sich in ihrer Muttersprache verständlich machen können. Hier liegt der gravierende Unterschied zu den Sprachbehinderten, die ihrer Mutter Äußerungen oder die Sprachzeichen irgendeiner Sprachumwelt nicht adäquat verstehen und/oder sich mit deren Zeichen verständlich machen können. Objektiv sind die Symptombilder gleich, jedoch subjektiv besteht ein qualitativer Unterschied, ob jemand lediglich eine Sprache unzulänglich spricht oder ob er sprachbehindert ist. Eine Sprachbehinderung kann somit nur vom jeweiligen Menschen her - also phänomenologisch und nicht symptomatologisch - verstanden werden, was einen philosophisch-anthropologischen bzw. ganzheitlich-hermeneutischen Denkansatz erforderlich macht; denn nicht das Erscheinungsbild einer Sprache, sondern der in seiner Sprache beeinträchtigte Mensch bedarf einer Diagnose, wofür logisch rationale Argumente sprechen.

II.   Zum Verständnis der menschlichen Sprachlichkeit

1. Tatsache ist, daß kein Mensch eine Sprache spricht, sondern stets in einer Sprache spricht, d.h. seine Gedanken artikuliert mit den wahrgenommenen und begriffenen Zeichen einer Sprache als seine Sprache. Wir sprechen in Deutsch und nicht die deutsche Sprache; und können irgendeine Sprache nur erlernen, wenn wir bereits sprachlich sind, d.h. die Äußerungen unserer Primärbezugspersonen verstehen und Inhalte unseres Bewußtseins äußern lernten, mit den bei ihnen wahrgenommenen und begriffenen Zeichen. Der Mensch besitzt somit gar keine eigene Sprache, die sich entwickelt, sondern das Kind beginnt je nach seinem Bewußtseinsstand sich Sprache zu >entwickeln<, um sich und seine Partner zu verstehen und um verstanden zu werden. Es lernt die Äußerungen seiner Partner begreifen und mit den wahrgenommenen und begriffenen Zeichen Inhalte seines Bewußtseins zu artikulieren, ohne eine Sprache zu erlernen. Dies ist der Grund,   weshalb niemand - es sei denn, daß er sich später damit befaßt - die Struktur seiner Muttersprache kennt.

Die Sprache des Menschen ist somit kein angelegtes Funktionssystem, sondern eine ich-haft-ichbewußte Tätigkeit, die der Mensch als Mensch, d.h. als Person vollbringt, indem er sinntragende Zeichen begreifen lernt und mit den begriffenen Zeichen seine Gedanken sich und anderen artikuliert; weshalb auch Gehörlose sprachlich werden, indem sie den Sinn mimisch-gestischer oder manueller Zeichen begreifen lernen und sich ihrer bedienen, um an der Gedankenwelt ihrer Partner zu partizipieren und Lautsprache für sie immer eine >fremde< Sprache bleibt. Nicht also die Sprache ist angelegt im Menschen, sondern der Mensch als Mensch ist angelegt auf Sprache, und Sprachbehinderungen sind Symptome für unzulängliche Lern- bzw. Erfahrungsbedingungen der jeweiligen Person.

2. Die Linguistik definiert die Sprachzeichen als Sinnträger, ohne die Frage zu ventilieren, wer oder was diesen Sinnträgern den Sinn entnimmt. Ohne Sinnentnahme sind Wörter aber nur akustische Gebilde; ohne Sinnverständnis ist ein Nachplappern von etwas Vorgesprochenem Echolalie. Das Wort >Sinn< kommt etymologisch von (lat) sentire und meint das >Erspüren< bzw. das Erfassen dessen, was >hinter den Dingen< steht, den >geistigen Gehalt<, der in den Sprachzeichen verborgen liegt. Den Sinn von etwas zu erfassen vermögen jedoch keine neurophysiologischen Funktionen, die dazu lediglich die somatischen Substrate stellen.

Das Sinnerfassen ist das Ursprüngliche, die Begriffe bzw. die Worte das aus ihm Hervorgehende. Faktum ist, daß vor jedem Wortgebrauch das Begreifen steht. Nur das, was wir begriffen haben bzw. wovon wir Begriffe besitzen, läßt sich verbalisieren. Nicht alles Denken ist ein begriffliches Denken, jedoch jedes begriffliche Denken ist ein Denken in Sprache. Die Begrifflichkeit ist somit das Bedingungsgefüge und die Kehrseite unserer Sprachlichkeit; weshalb ein Kind mit dem Sprachlichwerden nicht nur ein Verständigungssystem erhält, sondern zugleich ein Verständnis von sich und seinen Partnern sowie der Welt seiner Kultur. Des Menschen Sprache ist demnach das primärste Bildungsgut; und sprachliche Unzulänglichkeiten verweisen auf Beeinträchtigungen in den >Bildungsmöglichkeiten< der jeweiligen Person.

3. Entgegen dem biologisch-medizinischen Sprachverständnis gilt es klarzustellen, daß im menschlichen Organismus kein einziges Organ existiert, das lediglich oder primär für die Sprache fungiert.

a) Die sogenannten >Sprechorgane< dienen primär der Nahrungsaufnahme und stellen das >Gelände< für den akustischen Ausdruck von Befindlichkeiten. Erst in ihrer >Sekundärfunktion< stehen diese Organe auch für die Sprache zur Verfügung; weshalb motorische Unzulänglichkeiten, die ausschließlich beim Sprechen zu diagnostizieren sind - wie z.B. alle >funktionellen Ausprache- und Redestörungen< -, ihre Ursache nicht in der Motorik der sogenannten Sprechorgane haben können. Das Darstellen von Gedanken mit Hilfe begriffener Zeichen als unsere Sprache ist etwas anderes als der Ausdruck von Befindlichkeiten, auch wenn die jeweilige Befindlichkeit in die sprachliche Darstellung mit einfließt. Nicht jede akustische Äußerung ist sprachlicher Natur.

b) Analoges gilt für die Annahme von sogenannten >Sprachzentren< bzw. der Lokalisationstheorie. Bei einer Aphasie liegen zwar immer Läsionen in bestimmten Zerebralbereichen vor, jedoch lassen sich neben der Aphasie zugleich immer auch andere Ausfälle wie: Agraphien, Alexien, Akalkulien und alle Arten von Apraxien und Asemien diagnostizieren. Das Gemeinsame dieser Ausfälle liegt in der Symbolisationsfähigkeit, d.h. Sinntragendem nicht mehr (oder nicht mehr hinlänglich) den Sinn entnehmen und/oder nach begriffenen Vorstellungsbildern handeln zu können. Nicht von ungefähr sprechen anerkannte Aphasiologen und Phoniater (z.B. Leischner 1974 und Luchsinger/Arnold 1971) bei einer Aphasie vom „Verlust der linguistischen Symbolisation" und nicht vom Verlust der Sprache.

Symbolisieren - d.h. den Sinn von etwas erfassen und Handeln nach dem begriffenen Sinn - ist kein wesentlicher Denkakt, sondern ein für das begriffliche Denken wesentlicher Akt. Menschen, die aphasisch werden, vermögen zu denken, jedoch nur das zu begreifen oder nach dem zu handeln, was noch ihrer Begrifflichkeit zugängig ist. Da wir nur versprachlichen können, was wir begriffen haben, signalisiert „unsere Sprache die Grenze unserer Welt" (Wittgenstein 1966).

Die ersten Symbolisationsleistungen des Kindes bestehen darin, daß es sich als >handelndes Ich< erkennt, wobei das Ichhafte eine Ichbewußtheit erfährt, wozu entsprechende Erfahrungen mit einem sprechenden Du erforderlich sind, das Bedeutsamkeiten vermittelt und deuten hilft. Das Kind kennt das Du, bevor es sich als Ich erkennt, und begreift sich als Ich nur durch ein Du (Buber 1979). Nicht nur das Sprachlichwerden und mit ihm das Weltbegreifen und das Begreifen unseres Selbst, sondern auch unser Selbstvertrauen, unsere Verantwortlichkeit und Selbstsicherheit etc. sind abhängig von der Ansprache und der Antwort, die uns andere geben.

Die Diagnose einer Sprachbehinderung verlangt somit nicht nur eine Reflexion der menschlichen Sprache, sondern auch eine Reflexion des Menschen als Person.

Versteht man seine Sprache als die Tätigkeit, wobei er Inhalte seines Bewußtseins mit Hilfe der bei seinen Partnern wahrgenommenen und begriffenen Zeichen sich und anderen artikuliert, dann verweisen - nachvollzieh- und nachweisbar - Sprachbehinderungen entweder auf unzulängliche Bewußtseinsinhalte oder auf Unzulänglichkeiten im Wahrnehmen und/oder Begreifen der Partnerzeichen oder auf Unzulänglichkeiten in den emotionalen Bereichen der Person, ihre Gedanken mit anderen teilen zu können; gleichgültig, ob die Ursachen der Beeinträchtigungen in Organvoraussetzungen, in der Umwelt- bzw. Partnerrelation oder in eigen-motivationalen Gründen liegen.

III. Zu den sprachlichen Unzulänglichkeiten

1. Unzulänglichkeiten im Zugang zur Sprache

Um Sprachlich-werden zu können, bedarf es entsprechender Bewußtseinsinhalte, weil jedes Wort zuerst gedeutet und etwas nur gedeutet werden kann auf dem Boden bereits gemachter Erfahrungen. Bewußtseins-Inhalte bauen sich hierarchisch über das Wahrnehmen, Handeln, Verstehen und Begreifen durch ichhaft-bedeutsame Lernerfahrungen auf; weshalb Beeinträchtigungen

a) im Wahrnehmen (durch Sinnesausfälle und Agnosien),

b) im Handeln (durch zerebrale Bewegungsstörungen),

c) im Verstehen (durch geistige Beeinträchtigungen),

d) im Begreifen (durch Hörstummheit oder Asymbolien),

e) im Partnerverhalten (durch Deprivationen oder Hyperprotektionen etc.)

einem Kind die Möglichkeit zum Sprachlichwerden nehmen oder diese reduzieren können. Da es sich bei sogenannten Sprachentwicklungsstörungen (reduziertes Sprachverständnis, verminderter Wortschatz, erschwerte Wortfindung) immer um unzulängliche Lernmöglichkeiten bzw. -erfahrungen handelt, sind spezifische Maßnahmen einer >Nacherziehung< erforderlich; zumal auch Neurologisches nur in Auseinandersetzung mit Lernmäßigem reift. Die sogenannten Sprachzentren ermöglichen in vorsprachlicher Zeit das ichhafte Erfahren von Bedeutsamkeiten und mit dem Begreifenlernen das ichbewußte Deuten des Bedeutsamen.

2. Unzulänglichkeiten beim Sprachlichwerden

Mit der Ichbewußtheit wird jeder Wahrnehmungsakt zugleich zu einem Deutungsakt. Alles Wahrnehmen und Begreifen erfolgt nach Lerngesetzlichkeiten im Sinne der >Aktualgenese<, d.h. von einem komplex-ungegliederten Erfassen bis zum gegliedert strukturierten Nachgestalten des Vorgegebenen; weshalb jedes Kind zunächst stammelt und dysgrammatisch spricht und nur durch sprachliche Umgangserfahrungen - in einem >Lernen durch Vergleich< - Form und Inhalt seiner Zeichen denen der Sprachvorlagen angleichen lernt.

a) Bei einem dysgrammatischen Sprechen werden entweder die Äußerungen der Partner nur in ihrem Sinn bzw. sinngemäß begriffen und nicht der Sinn des Geäußerten, oder durch unzulängliche Umgangserfahrungen ermangelt die sprachliche >Handlungsform<, um Sachverhalte wie die Partner darstellen zu können. Das Kind lernt keine Grammatik, sondern nach dem begriffenen Sinn der Äußerungen seiner Partner und wie diese mit Worten zu handeln.

b) Bei einem stammelnden Sprechen werden die Klangstrukturen bzw. die Klanggesichter der Äußerungen der Partner nicht oder nicht hinlänglich erfaßt, die eine Ausgliederung nach ihrer Hall- und Geräuschfähigkeit erfahren müssen; was nur über Diskrepanzerfahrungen zwischen dem eigenen Klangprodukt und dem der Vorlage gelingt. Da wir die Aussprache der Wörter nach den auditiv gespeicherten Vorstellungsbildern der wahrgenommenen und begriffenen Zeichen unserer Partner steuern, wissen wir nicht um Lautbildungsvorgänge; wie auch Kinder im Vorschulalter noch gar kein Einzellautbewußtsein besitzen. Wir artikulieren unsere Gedanken mit den Zeichen einer Sprache und nicht die Laute der Zeichen einer Sprache. Weil wir uns dazu für andere Aufgaben benötigter Organe bedienen, können natürlich auch unzulängliche Organvoraussetzungen und unzulängliche Sprachvorlagen die Aussprache beeinträchtigen.

c) Menschen, die aphasisch geworden sind, leiden unter dem >Verlust< ihrer Ichidentität bzw. sich und andere begreifen und/oder nach Begriffenem handeln zu können, und somit unter Formen einer >Asymbolie<.

Die Sanierung der neurophysiologischen Läsionen ist Aufgabe der Medizin; jedoch, um diesen Menschen wieder zu Symbolisationsleistungen zu verhelfen, bedarf es der Ansprache und des Gesprächs unter Berücksichtigung der jeweiligen prämorbiden Persönlichkeitsstruktur, weil Symbolisieren als eine ichhaft-ichbewußte Tätigkeit auf Umgangserfahrungen mit sprechenden Partnern angewiesen ist. Der >Verlust< an Sprachfähigkeit korreliert mit den Phasen des Sprachlichwerdens, das auch nicht ohne entsprechende Partner gelingt.

3. Unzulänglichkeiten der Rede

Wenn ein Kind sich mit Ich zu benennen beginnt, muß es sich selbst als ein Ich begriffen haben, denn nur etwas Begriffenes läßt sich verbalisieren. Mit dem erwachenden Ichbewußtsein lernt es eigene Gedanken zu vertreten bzw. zu sagen, wie es über etwas denkt, und erfährt das Du als ein Gegenüber bzw. als eine andere Welt - wobei es die Erfahrung macht, daß man nicht immer jedem *alles* anvertrauen kann, um nicht in Eigen- und Sozialkonflikte zu geraten. Nach dem Sprachlichwerden muß deshalb jedes Kind noch ein Dialogverhalten erlernen und will nun, daß man >es< mit seinen Worten versteht und nicht nur seine Wörter. Ein Dialog verlangt jedoch >Gleichberechtigung<.

Wen wundert's, daß fast jedes Kind in der Phase der Dialogerlernung vorübergehend >non fluency< spricht. Je nach >Enge< der >erzieherischen Rahmungsbedingungen< kann ein Kind >in personal-existentielle< Not geraten, was und wie es etwas sagen soll, um einerseits den Partnern zu >ent-sprechen< und andererseits als Person bestehen zu können, was zu Sageängsten und sprachlichen Konfliktlösungs-Verhaltensweisen führt. So lassen sich als Ausdruck

a) einer Konfliktabwehr - die Poltersymptome,

b) einer Konfliktabkehr - die Stottersymptome,

c) einer >Ohnmacht gegenüber dem Wort< - die mutistischen Reaktionen als sinnvolle Verhaltensweisen erklären.

Nicht von ungefähr treten Auffälligkeiten beim Reden erst um das dritte Lebensjahr - nur situativ - und nur in bestimmten Dialogsituationen auf.

Es sind die gemachten Dialogerfahrungen, weshalb jeder Mensch - je nach Gesprächssituation - Auffälligkeiten beim Reden zeigt, Sageängste kennt und so häufig zu Ausreden Zuflucht nimmt, weil er beim Sagen als Person in Frage gestellt werden kann und Fragen ein >Versagen-können< implizieren. Diese Redeauffälligkeiten unterscheiden sich nur quantitativ und nicht qualitativ von den Stotter-, Polter- oder mutistischen Symptomen.

Wo Worte eine Person verunsichern oder >verletzen<, können nur Worte sie wieder >sicher machen< und >Wunden< heilen, was Maßnahmen einer >Umerziehung< zum >freien Wort< bedingt.

Der Sinn des Sprachlichwerdens liegt nicht nur in der Kommunikation, sondern zugleich im Sich-darstellen der Person, um über entsprechende Fragen und Antworten sich- und sozial verantwortlich-werden und als Person bestehen zu können.

Sprachbehinderungen sind somit Symptome für eine unzulängliche Sprachlichkeit der jeweiligen Person; weshalb nicht Sprach- oder Sprechübungen, sondern Nach- oder Umerziehungsmaßnahmen als >Sprachtherapie< erforderlich sind.

Ausgewählte Literatur:

Bollnow, O.F.: Die Macht des Wortes. Sprachphilosophische Überlegungen aus pädagogischer Perspektive. In: Neue pädag. Bemühungen. Heft 17/18, Essen 1964.

Bollnow, O.F.: Sprache und Erziehung. 2. Auflage. Stuttgart 1969.

Buber, M.: Das dialogische Prinzip. Heidelberg 1979.

Kroppenberg, D.: Sprachliche Beeinträchtigung unter sonderpädagogischem Aspekt. Berlin 1983.

Leischner, A.: Aphasien und Sprachentwicklungsstörungen. Stuttgart 1974.

Luchsinger, R. / Arnold, G.E.: Stimm- und Sprachheilkunde. 3. Auflage. Wien/New York 1971.

Rodenwaldt, H.: Der dialogische Ansatz zur Diagnose und Förderung sprachbeeinträchtigter Kinder. Frankfurt (Main) 1990.

Westrich, E.: Zum Verständnis der Sprachbehinderten und ihre Förderung. In: Der Sprachheilpädagoge, Heft 2, Wien 1984. 1-26.

Westrich, E.: Grundsätzliches zum Sprachlichwerden und den Bedingungen sprachlicher Unzulänglichkeiten. In: VHN 57, 1988, 220 - 232.

Westrich, E.: Der Stotterer. Psychologie und Therapie. 5. Auflage. Bonn 1984.

Westrich, E.: Zur Phänomenologie der Sprechangst. In: Heilpädagogik, Heft 2, Wien 1987. 40-47.

Westrich, E.: Zum personenzentrierten Verständnis der Redeauffälligkeiten. Das Gespräch als Therapie. In: Grohnfeldt, M. (Hrsg.): Handbuch der Sprachtherapie, Bd. 5. Störungen der Redefähigkeit. Berlin 1992.

Westrich, E.: Sonderpädagogen helfen Lernen lernen - Zu den Hilfen bei Sprachbehinderten. In: Haupt, U. / Bergeest, H. (Hrsg.): Sonderpädagogen helfen Lernen. Pfaffenweiler 1993. 113-124.

Wittgenstein, L.: Tractatus logico - philosophicus. Frankfurt (Main) 1966.

Edmund Westrich

Stammeln

1.   Begriff, Klassifikation, Geschichtliches

Man spricht von einem Stammeln - Dyslalie - beim Kind, wenn es nach dem 5./6. Lebensjahr (Altersangaben schwankend) die Worte seiner Muttersprache phonologisch nicht adäquat nachgestaltet, so daß seine Aussprache mehr oder weniger unverständlich bleibt.

Die Unverständlichkeit bzw. Verständlichkeit der Aussprache ist ausschlaggebend für die Einteilung in partielles, multiples oder universelles Stammeln. Häufig findet man in der Fachliteratur auch die Anzahl der gestammelten Laute als Kriterium für die jeweilige Einteilung. Bei partiellem Stammeln liegt dann die Fehlbildung bzw. Ersetzung einzelner Laute wie S, R oder K vor, während bei multiplem bzw. universellem Stammeln zahlreiche Laute und Lautverbindungen, vornehmlich Konsonanten und deren Verbindungen, betroffen sind.

Schulthess (1830, 36ff.) hat erstmals zwischen den Symptomen Stottern und Stammeln eindeutig getrennt:

„Ich fasse daher diejenigen Fehler, wo einzelne oder mehrere Buchstaben nicht richtig oder gar nicht ausgesprochen werden können und deswegen in der Rede weggelassen oder mit anderen vertauscht, oder wenigstens fehlerhaft articuliert werden, unter der Benennung Stammeln zusammen, und unterscheide dieses *Stammeln* von dem *Stottern*." (Schulthess 1830, 36f.)

Bis heute findet man das Stammeln in dieser Form beschrieben und definiert.

Gutzmann (1893, 187) führt diese Unterscheidung weiter aus, indem er vom Stammeln „als Fehler der Aussprache" spricht im Gegensatz zum Stottern, das er als „Fehler der Rede" bezeichnet. Denn beim Stammeln sei die Rede flüssig und ohne unwillkürliche Muskelbewegungen, was hingegen beim Stottern der Fall sei. - Auch diese Unterscheidung hat sich durchgesetzt, so daß man heute Stammeln als Symptom einer Aussprachestörung/Artikulationsstörung betrachtet. Daneben gibt es noch das Näseln (Rhinophonie/Rhinolalie) und die Dysarthrie, die zu dieser Kategorie der sog. Sprachbehinderungen zählen.

Stammeln kann ebenfalls als Symptom einer Sprachentwicklungsverzögerung, -störung oder -behinderung gelten, wenn gleichzeitig zur beeinträchtigten Aussprache das Sprachverständnis und der Wortschatz eingeschränkt sind und das Kind dysgrammatisch spricht. Handelt es sich um ein multiples oder universelles Stammeln, ist dies in der Regel der Fall.

2.   Zum Erscheinungsbild: Symptomatologie

Atzesberger beschreibt die Symptomatologie einer fehlerhaften Aussprache wie folgt:

Es kommt in der Aussprache zum

„- Lautausfall: Einzelne Laute fehlen: 'abel' für Gabel.

- Lautersatz: Zwei Möglichkeiten treten auf: 1. Der Ersatzlaut ist *richtig* gebildet, (...) 'Dabel' für Gabel. Ein schwieriger, entwicklungsspäter Laut eines rückwärtigen Artikulationsgebietes wird durch einen leichter bildbaren früheren Laut eines vorgelagerten Artiku-lationsgebietes (...) ersetzt." (Atzesberger 1978, 43)

Diese Art fehlerhafte Aussprache findet sich häufig im Vorschul- und Kleinkindalter. At-zesberger (1978, 16) spricht deshalb vom „Entwicklungsstammeln", das mit ca. 5 Jahren abgeschlossen sein sollte. Ebenso findet man in der Fachliteratur den Begriff „physiologi-sches Stammeln" als Ausdruck dafür, daß jedes Kind zuerst unzulänglich spricht und mit der Zeit zur korrekten Aussprache gelangt (vgl. Biesalski 1978, 36; Seemann 1965, 13). Der Begriff ist kritisch zu betrachten, weil er verkennt, daß es sich um ein aktualgeneti-sches Lerngeschehen handelt und nicht um etwas defizitär Fehlerhaftes (vgl. dazu Krop-penberg 1983, 141 und Pkt. 3).

Hält die unzulängliche Aussprache nach dem 5. Lebensjahr weiter an (Altersangaben schwanken zwischen 3-6 Jahren), spricht die Medizin vom pathologischen Stammeln, wo-bei der Übergang zwischen Normbereich und „krankhaft[er]" Aussprachestörung (Biesalski 1978, 36) fließend ist.

Die zweite Möglichkeit des Lautersatzes ist ein „sprachfremd[er]" Ersatzlaut (Atzesberger 1978, 43), z.B. ein gelispelter S-Laut.

Folgende Fachbegriffe sind zur Benennung o.g. Symptomatologie üblich:

Wenn ein Kind bestimmte Laute bzw. Lautverbindungen nicht zu bilden vermag, spricht die medizinische Literatur von einer Mogilalie, bei Fehlbildung von einer Dyslalie - das Stammeln im engeren Sinne -, bei völliger Unverständlichkeit von Alalie (= universelle Dyslalie), bei Ersetzung von Paralalie. Die terminologische Einteilung der Symptomatolo-gie ist damit nicht beendet; jeder Laut, der gestammelt bzw. ausgelassen wird, erhält einen eigenen Terminus.

Auf diese Weise wird versucht, das Stammeln begrifflich zu fixieren und kategorial einzu-teilen, doch bleibt man am bloß äußerlich Beobachtbaren hängen. Denn hinter dem Er-scheinungsbild einer unzulänglichen Aussprache steht ein Mensch, oft noch ein Kind, das aufgrund seiner Lern- und Erlebensmöglichkeiten diese Symptomatologie zeigt.

Eine andere, erlebnispsychologische-personale Sichtweise bemüht sich darum, das Kind in seinem Sosein und Sogeworden-Sein zu verstehen (vgl. dazu die Beiträge von Westrich in diesem Buch).

Damit mögliche Ursachen- und Bedingungsgefüge sowie entsprechende Fördermöglichkei-ten gemäß dieser Sicht deutlich werden, bedarf es zunächst einer Skizzierung, wie ein Kind überhaupt (laut-)sprachlich wird und zur korrekten Aussprache gelangt.

3.   Erwerb der (normadäquaten) Aussprache

Entscheidender Prozeß dabei ist das auditive Wahrnehmen. Durch intensives Zuhören und Erfassen der Worte seiner Umwelt -sprich Bezugspersonen- schafft sich das Kind sozusa-gen eigene Klangvorlagen. Indem es diese inneren Klangvorlagen (Klangvorstellungen) nachzugestalten versucht, will es sich mitteilen. Das Kind, der Mensch überhaupt, kann aber etwas nur so nachgestalten, *wie* es dieses wahrgenommen und begriffen hat.

Einschub zur Selbsterfahrung: Betrachten Sie bitte einmal für 5-10 Sekunden ein Bild, und malen Sie es dann aus dem Gedächtnis nach. Vergleichen Sie das Original mit Ihrer Nachgestaltung. Sie haben wahrscheinlich die markanten Teile des Bildes wiedergegeben, weniger die Feinheiten. Ein getreues Abbild der Vorlage ist Ihnen sicher nicht gelungen. Dazu müßten Sie wieder und wieder hinsehen, vergleichen und sich korrigieren.

Genau dieser Prozeß, indem es zur „allmählich[en] Vereindeutigung des ursprünglich Vagen und Vieldeutigen" (Stern/Stern 1965, 123) kommt, spielt sich beim Kind im auditiven Bereich ab, wenn es um das erste Lebensjahr herum seine ersten Worte ausspricht. Die Klanggebilde (=Worte) seiner Partner nimmt es zuerst nicht in ihrer Differenziertheit auditiv wahr, sondern eher als ganzheitliche Gestalten (vgl. Westrich 1982). Diese Gestalten gliedert das Kind allmählich auditiv binnen; es differenziert die Klanggestalt immer detaillierter - ebenso wie wir das Bild immer genauer visuell differenzieren.

Westrich (1982) und Kroppenberg (1983) sprechen diesbezüglich vom aktualgenetischen Wahrnehmungs- und Erlebnisprozeß. Aus einer Etwas-Qualität wird eine klare Endgestalt.

Z.B.: „Lade" - „Tolade" - „Totolade" - „Sokolade" - „Schokolade".

Deshalb ist zunächst jedes Kind in seiner Aussprache unzulänglich, stammelt und spricht dysgrammatisch. Denn es muß seine inneren Klangvorstellungen, nach denen es ausspricht, erst hinreichend binnengliedern und durch ständiges Vergleichen mit der Partnervorlage korrigieren.

Für die Ausspracheerlernung sind demnach folgende Punkte festzuhalten:
- Das Kind gelangt zur Aussprache in einem *Lernprozeß durch Vergleichen*. Es spricht zunächst unzulänglich aus, entsprechend seiner noch unzureichenden Klangvorstellungen.
- Indem es jedoch selbst (aus-) spricht, hört es sich auch selbst (Eigenhören, *intrapersonaler Hörkreislauf*).
- Es bekommt nun als *Korrektur* von den Partnern unter prosodischer Betonung nochmals die normadäquate Vorgabe angeboten.
- Damit hört das Kind unmittelbar auf sein Gebrachtes die korrekte Vorgabe (Fremdhören, *interpersoneller Hörkreislauf*).
- Es spürt zwischen seinem Wort und der Vorgabe ein *Diskrepanzerleben* und wird versuchen, sich der Vorgabe in seiner Aussprache anzunähern. Es korrigiert seine innere Klangvorlage hin zur Norm, was nur allmählich im steten Vergleich gelingen wird (vgl. dazu van Riper/Irwin 1970: sog. Feedback-Theorie und Westrich 1989).

Daraus lassen sich

4. **Bedingungen für den Erwerb einer korrekten Aussprache** ableiten, bzw.
Möglichkeiten der Beeinträchtigung beim Aussprachelernen.

– Ein Kind braucht Zeit und Raum, um sich sprachlich zu äußern und dies zunächst in einer unzulänglichen Aussprache zu tun. Dies verlangt von den Bezugspersonen Akzeptanz und Einfühlungsvermögen. Durch aktives Zuhören, Zugewandtheit und wirkliches Interesse motivieren Eltern (o.a. Bezugspersonen) ihr Kind zum Sprechen.

– Diese *Motivation* ist entscheidend für den Fortschritt im Spracherwerb.

– Wichtig ist, auf welche Weise Bezugspersonen ihr Kind korrigieren. Die meisten tun dies intuitiv richtig, nämlich auf vom Kind unzulänglich Gebrachtes sofort unter prosodischer Betonung das korrekte Vorbild zu wiederholen. Solange das Kind zwischen seinem Sprechen und der Klangvorlage seiner Partner ein Diskrepanzerleben spürt, wird es nicht aufhören, sich zu vergleichen und zu korrigieren. *Korrektur* auf diese Weise empfindet das Kind nicht als Korrumptur seiner Persönlichkeit, sondern als Bereicherung, denn es verbessert sich ja selbst.

– Entscheidend ist folglich auch, daß Eltern mit ihren Kindern angemessen und ausreichend sprechen, um somit überhaupt erst Klangvorlagen zu bieten.

– Die *Vorbildfunktion* der Bezugsperson wird kritisch, wenn diese selbst in ihrer Aussprache beeinträchtigt ist und damit inadäquate Vorlagen gibt.

Zusammenfassend läßt sich festhalten, daß Bezugspersonen im Spracherwerb eine Motivations-, Korrektur- und Vorbildfunktion gegenüber dem Kind übernehmen (vgl. Kroppenberg 1983).

Hierin liegen die Risiken, die zu einer unzulänglichen Aussprache führen können.

Natürlich sind auch organische Voraussetzungen nötig, damit ein Kind zur normadäquaten Aussprache gelangt, so z.B. ein intaktes Gehör und Hörvermögen i.S. auditiver Wahrnehmungsfähigkeit. Doch sind diese organischen Beeinträchtigungen als Ursache für das Stammeln lange Zeit überbewertet worden.

Weitaus bedeutender scheint der Faktor der Eigenmotivation des Kindes zu sein, der allerdings nur selten Beachtung findet. Da es das Kind ist, das sich die klanglichen Vorlagen seiner Partner zu eigen macht, ist sein aktives und aufgeschlossenes auf-die-Welt-Zugehen nötig. Hierfür braucht es Zutrauen zu sich und Vertrauen in seine Umwelt. Es muß sich wagen können, auszusprechen und auszuprobieren. Wesentlich ist deshalb auch das elterliche Verhalten, die Erziehungs- und Familienatmosphäre, für das Sprachlichwerden des Kindes (vgl. Kroppenberg 1983; Westrich 1982).

Fazit:

Ein Kind, das unzulänglich ausspricht, hat in der entscheidenden Phase des Spracherwerbs (Sensibilität für auditives Feedback) entweder zu wenig auf sich selbst gehört (intrapersonaler Hörkreislauf) oder zu wenig auf das sprachliche Vorbild (interpersoneller H.) oder sich unzureichend verbessert. Die Gründe hierfür können vielfältig sein (vgl. o.g. Bedingungen). Fest steht, daß ein stammelndes Kind entsprechend seiner Klangbildvorlagen ausspricht, die eben nicht normadäquat sind. Seine Aussprache wirkt gliedverschliffen, inkorrekt, diffus und entspricht den inneren, ungenügend differenzierten Klangvorlagen (vgl. unser Bildeindruck und Wiedergabe bei einmaligem Ansehen).

D.h. umgekehrt, daß das Kind im Sprachlerngeschehen zu prägnanten (auditiven) Gestaltschemata kommen muß, um adäquat auszusprechen.

5. Blick auf die Gesamtproblematik

Kinder, die in ihrer Aussprache erheblich, d.h. multipel oder universell unzulänglich sind, sind nicht nur in einer Sinnesmodalität - dem auditiven Wahrnehmen - beeinträchtigt. Sie zeigen vielmehr in ihrem gesamten Differenzieren von Wahrnehmungsgestalten und in ihrer Motorik eine Reduzierung. Folglich scheint das Problem dieser Kinder noch „tiefer in der Art ihrer gesamten Erlebnisverarbeitung" (Westrich 1982, 145) zu liegen. Sie scheinen insgesamt ihre sensomotorischen Welteindrücke weniger durchzugliedern, eher oberflächlich zu verarbeiten, so daß sie diese auch nicht prägnant wiedergeben können (vgl. Westrich 1982).

Die Erklärung hierfür ist folgende:

Für das Sprachlichwerden ist nicht nur das auditive Wahrnehmen entscheidend, wenn es auch eine besondere Rolle im Aussprachelerngeschehen spielt. Vielmehr ist es das Wahrnehmen überhaupt, das dem Kind den Zugang zu sich und der Welt ermöglicht. Das Kind erschließt sich seine Welt im sinn-lichen Erleben, in aktiver Auseinandersetzung mit ihr und unter ihrem Einfluß, während der präverbalen Zeit und auch später. Das, was es sinnlich bemerkt und handelnd erlebt, was ihm daran zur bedeutsamen Erfahrung geworden ist, wird ihm zum Bewußtseinsinhalt (=Begriff). Es wird der Inhalt seiner Worte.

Diesen Boden an wahrnehmungsgebundener Erfahrung braucht das Kind, um Zusammenhänge elementar zu verstehen und schließlich zu begreifen. Erst dann ist es in der Lage, die Worte seiner Partner in ihrem Sinn zu erfassen, zu deuten und selbst Sinnhaftes zu verbalisieren (vgl. Kroppenberg 1983, 69; Westrich 1989, 13).

Folgender Zusammenhang ergibt sich:

Worte sind einerseits sinntragende Klanggebilde - „Lautkörper" (Kainz 1967, 76) - andererseits klangliche Sinngebilde - „Wortbedeutungen" (ebd.). Wenn man sich nun vor Augen führt, daß man nur solche Worte behält sowie normadäquat artikulieren kann, deren Sinn man auch begriffen hat, wird deutlich, daß die bedeutungsträchtigen multisensuellen Erlebnisse eines Kindes zum Bedingungskern für sein Lernen von (Aus-) Sprache werden.

Worte, mit denen wir -auch wir Erwachsene- keinen Sinn verbinden, können wir uns auf Dauer nicht oder nur annähernd merken, so daß wir sie auch fehlerhaft aussprechen.

Beides -Klanggesicht und Sinngehalt eines Wortes- muß das Kind wahrnehmend erfassen, durchgliedern zu einer spezifischen Endgestalt und begreifen. Nur dann gelangt es zu einer korrekten Aussprache.

6. Stichworte zur Förderung

Von einem solchen erlebnispsychologischen Verständnis aus läßt sich ableiten, daß auditive Wahrnehmungsförderung zur Sensibilisierung der beiden dargestellten Hörkreisläufe ein entscheidendes Standbein darstellt. Unter Umständen reicht dieses Vorgehen bei partiellen „Stammlern" aus, wenn man ein erneutes Diskrepanzerleben provoziert, so daß sich Selbstkorrektur einstellt. Doch bei multiplem/universellem Stammeln müssen Angebote in allen Wahrnehmungsbereichen erfolgen, um dem Kind erlebnishaftes Lernen zu ermöglichen (multisensuelle Wahrnehmungsförderung). Dabei ist stets vom Kind auszugehen, von seinen Interessen und Stärken. Ebenso sollte die Planung flexibel gestaltet sein und Bewegungselemente miteinbeziehen.

Es geht ausdrücklich nicht um ein Trainieren von Wahrnehmungsfunktionen. Vielmehr soll unter Einbeziehung intensiver Sinneseindrücke mehrerer Sinnesmodalitäten ein Thema dem Kind zum bedeutsamen Erlebnis werden.

Schlußwort:

„Nichts ist im Verstand, was nicht zuvor in den Sinnen war." (John Locke)

Literatur:
Atzesberger, M.: Sprachaufbau, Sprachbehinderungen, Pädagogische Hilfen. Stuttgart 1978.
Biesalski, P.: Ärztlicher Rat bei Sprachstörungen im Kindesalter. Stuttgart 1978.
Gutzmann, H.: Vorlesungen über die Störungen der Sprache und ihre Heilung. Berlin 1893.
Kainz, F.: Psychologie der Sprache. Bd. 1. Stuttgart, 4. Aufl. 1967.
Kroppenberg, D.: Sprachliche Beeinträchtigungen unter sonderpädagogischem Aspekt. Berlin 1983.
Riper, Ch. van / Irwin, J.V.: Artikulationsstörungen. Diagnose und Behandlung. Berlin-Charlottenburg 1970.
Schulthess, R.: Das Stammeln und Stottern. Über die Natur, Ursachen und Heilung dieser Fehler der Sprache. Zürich 1830.
Seemann, M.: Sprachstörungen bei Kindern. Berlin/Jena, 2. Aufl. 1965.
Stern, C. / Stern, W.: Die Kindersprache. Eine psychologische und sprachtheoretische Untersuchung. Darmstadt 1965.
Westrich, E.: Der Stammler. Der Erlebnisaspekt in der Sprachheilpädagogik. Bonn-Bad Godesberg, 3. Aufl. 1982.
Westrich, E.: Zum Sprachlichwerden - und den Bedingungen sprachlicher Unzulänglichkeiten. In: Der Sprachheilpädagoge 21, 1989, 1-24.

Gaby Hellwig

Stottern

Stottern zählt - neben Poltern und Mutismus - zu den Auffälligkeiten beim Reden, d.h. dem Darstellen von Bewußtseinssachverhalten mit den Zeichen einer Sprache, und unterscheidet sich vom Stammeln als einer Unzulänglichkeit in der Aussprache, d.h. dem >Klanggesicht< der Zeichen einer Sprache; obwohl man in der Umgangssprache beide Begriffe oft synonym gebraucht (siehe dazu auch den Beitrag zur *Sprachbehinderung*).

Mit Stottern wird jenes Symptombild bezeichnet, wenn jemand überraschend und unberechenbar, in unterschiedlichem Ausmaß und unterschiedlicher Intensität beim Reden ruckartig - einem Tonus ähnlich - sich verspannt und in seiner Aussage blockiert,

- (*als ob er die Mitteilung >stornieren< wolle*) und seine rhythmisch-individuelle Sprechweise eine Regression auf eine sprechmotorisch-determinierende Phase erfährt,
- (*als ob er Persönliches aus der Aussage >heraushalten< wolle*) so daß das Äußern den Charakter eines sprechphysiologischen Bemühens um die Laut- und Wortbildung erhält,
- (*als ob er das Sprechen >dokumentieren< wolle, aus Furcht etwas zu sagen*) und durch Reduplikationen von Lauten, Silben oder Wörtern - einem Klonus ähnlich - der Inhalt der Mitteilung unnatürlich und oft qualvoll in die Länge gezogen wird,
- (*als ob er >bezwecken< wolle, daß die Partner das Angedeutete interpretieren und ihn von weiteren Stellungnahmen >suspendieren<*),

ohne daß Ursachen ersichtlich sind. Merkwürdig ist, daß dieses Erscheinungsbild nur in bestimmten Gesprächs-Situationen und bei entsprechenden Partnern aufzutreten pflegt, und dies nicht immer und in allen Sprechsituationen, und kein Stottern einem anderen gleicht.

1.   Zum Symptombild

Wie keine andere Verhaltensauffälligkeit besitzt das Stottern eine eigentümliche Faszination, der sich kaum jemand entziehen kann. Nahestehende - nicht nur diejenigen, die dem Menschen, der stottert, nahe stehen - befällt unwillkürlich ein Beklemmungs- bzw. Bedrückungsgefühl, das sie zu >Sprechhilfen< animiert, während Fernerstehende das Symptombild >komisch< berührt und in Erheiterung versetzt durch das sichtbare Mißverhältnis von sprechmotorischem Aufwand und dem, was an Aussage erfolgt.

Neben der abwegigen Sprechmotorik und den Anzeichen von Sprechangst fallen noch andere Symptome ins Auge, wie z.B. Abwegigkeiten beim Atmen und der Stimmgebung, in Mimik und Gestik, gesamtkörperliche Verspannungen und tic-artige Mitbewegungen sowie vegetative Auffälligkeiten; was je nach Vorverständnis zu unterschiedlichen Meinungen über die Ursache dieses komplexen Erscheinungsbildes führt. Kein Wunder, daß über das Stottern viele Theorien existieren und jede Theorie Anspruch auf Richtigkeit erhebt, die wie alle Versuche, den Menschen zu definieren, daran leiden, daß man Teilaspekte richtig sieht, diese jedoch unter der Hand zur Totalbestimmung erhebt.

Das Wort Stottern kommt - bekanntlich - von (nd.) stotern bzw. stötern und benennt das optisch und akustisch Prägnante, das Anstoßen der Zunge beim Sprechen als das empirisch markante Verursachungsmoment. (Was in der Mitte des letzten Jahrhunderts den Chirurgen J. F. Dieffenbach dazu bewog - gemäß der Theorie: nur das Wahrnehmbare ist die Wirklichkeit -, die Zunge durch Herausschneiden von Keilen zu verkürzen, um das >Stottern< zu beheben. In zwei von sechs Fällen soll danach kein Stottern mehr aufgetreten sein. Der Erfolg stützte scheinbar die Theorie.)

Die lateinische bzw. medizinische Bezeichnung ist >balbuties< und hergeleitet von dem römischen Eigennamen Balbus. Wer - sozusagen - wie Balbus spricht, leidet an einer balbuties, so daß auch dieser Begriff nur das Symptombild nennt, das schon im Altertum bekannt und bei allen Völkern, in allen Schichten, nachgewiesen werden kann. Man schätzt, daß rund 1% aller Menschen mit einer Stottersymptomatik behaftet sind.

Nach populärem Verständnis scheint beim Stottern das Denken der Sprechmotorik vorauszueilen (im Unterschied zum Poltern, wo das Denken der Sprechmotorik nachzuhinken scheint). Weil man beim Stottern sieht und hört, daß der Betroffene etwas sagen will und ihn nur die schwerfällige Sprechmotorik daran hindert, erhält er meist einen >Bonus< eingeräumt, auch bei der Bewertung anderer Leistungen.

2.   Zur symptomatologischen Interpretation

Nach dem empirisch-positivistischen Verständnis der Medizin - das den Menschen gleichsam als eine >Summation angelegter Systeme< begreift - ist Stottern eine Dysfunktion der am Sprechakt beteiligten Funktionsbereiche von Atmung, Stimmgebung und Artikulationsmotorik. Die vor über hundert Jahren von Kußmaul geprägte Definition einer >spastischen Koordinationsneurose auf konstitutioneller Grundlage< wird - im wesentlichen - heute noch als gültig anerkannt. >Neurose< meint: eine >funktionelle Störung<, weil keine Organunzulänglichkeiten nachweisbar sind. Jedoch konnten bislang auch für eine >konstitutionelle Disposition< keine wirklich stichhaltigen Fakten nachgewiesen werden; was heißt, daß bei jemand der Sprechvorgang dyskoordiniert ist, ohne angeben zu können, warum.

Dem Hinweis, daß es sich beim Stottern um eine >Psychoneurose< handelt (z.B. um eine >prägenitale Konversionsneurose<), steht die Aussage Freuds entgegen, daß er niemand von seinem Stottern heilen konnte.

Alle vom Symptombild abgeleiteten Theorien gehen offensichtlich an der eigentlichen Stotterproblematik vorbei; wie man auch von der Sprache her die menschliche Sprachfähigkeit nicht erklären kann.

Der überkommenen Sprachheilpädagogik - sowie der später hinzugekommenen Logopädie - verbleibt nur eine Sprechübungsbehandlung, um die Sprechdyskoordination zu koordinieren. Obwohl man dies mit unterschiedlichen und verschiedenartigen Übungsmaßnahmen - bis hin zum Einsatz technischer Geräte (z.B. des Lee-Gerätes) - versucht, zeigt sich bei allen Methoden gleich, daß die Sprech- bzw. Redeblockaden alsbald schwinden, jedoch die Sprechweise unnatürlich bzw. ohne persönlichen Duktus bleibt und auch bei längerdauernden Übungen nur 1/3 >geheilt< und 1/3 gebessert werden kann, während 1/3 >unbeeinflußt< weiter Stottersymptome zeigt.

In einer >Laborsituation< ist oft sogar in kurzer Zeit ein völlig >normales< Sprechen zu erreichen, das jedoch außerhalb meist ein Rezidiv erfährt; was viele Therapeuten mutlos macht und zweifeln läßt, ob man Stottern überhaupt >heilen< kann.

Schon um die Jahrhundertwende fand A. Liebmann, daß den Sprechblockaden kein Spasmus zugrundeliegt, sondern ein >pathologisches Fixieren< der Sprechvorgänge die Blockaden verursacht. Weil bei allen Methoden die Aufmerksamkeit auf das >Methodische< gerichtet werden muß, vermögen sie vom >Sagen< abzulenken, was den >Teilerfolg< bedingt. Jeder Mensch zeigt - situativ - Blockierungen beim Gehen, Handeln oder Sagen als Folge einer >mentalen Dyspraxie<, wobei er das *Wie der Ausführung* fixiert, weil ihm das *Was* zum Problem geworden ist. Jede erlernte Tätigkeit ist nicht immer voll verfügbar und somit keine >statistische< Größe, weil alles >*Können*< abhängig ist von der emotionalen >Befindlichkeit< und der Sozialrelation der jeweiligen Person; weshalb jeder Mensch je nach Sprechsituation Rede-Auffälligkeiten zeigt, die sich nur quantitativ, jedoch nicht qualitativ von den Stottersymptomen unterscheiden.

3. Zum phänomenologischen Verständnis

Um dieses Phänomen zu verstehen, muß man den Menschen als eine ichhaft-ichbewußte, psycho-physische Einheit sehen, die wesenhaft eines Dus bedarf, um ganz zu sein. Wenn man zudem reflektiert, daß im Menschen kein eigenes Funktionssystem für seine Sprache existiert, sondern er sich bzw. Inhalte seines Bewußtseins artikuliert mit den wahrgenommenen und begriffenen Zeichen einer Sprache als seine Sprache, dann ist Sprechen das *Sich*-darstellen der Person und eine erlernte Tätigkeit, um Gedanken mit anderen teilen zu können.

Dazu bedarf es jedoch nicht nur entsprechender Bewußtseinsinhalte, sondern auch einer entsprechenden Partnerrelation und eines hinlänglichen Selbstvertrauens, um bei Aussagen als Person vor den Partnern bestehen zu können und nicht bloßgestellt oder als ein >*Ver*-Sager< abgestempelt zu werden.

Sprechen, Reden und Sagen werden meist als Synonyma verstanden, weil physiologisch kein Unterschied besteht. Für die Person ist es jedoch nicht unerheblich, ob sie nur spricht, d.h. Bewußtseinsinhalte benennt, oder ob sie redet, d.h. über Bewußtseinssachverhalte Mitteilung macht, oder ob sie etwas sagt, d.h. die eigene >Position< bekennt.

Jedes Bekennen ist ein Wagnis, weil man im voraus nicht wissen, jedoch aufgrund gemachter Erfahrungen sich vorstellen kann, wie möglicherweise die Partner auf das Gesagte reagieren; weshalb jeder Mensch, obwohl er sprechen kann, je nach Partner- und Gesprächssituation für sein Gefühl entweder nichts sagen kann oder zu Ausreden Zuflucht nimmt und, wenn Ausreden nichts fruchten, weil eindeutige Antworten erwartet oder gegeben werden müssen, seine Aufmerksamkeit auf die Motorik lenkt und eine motorisch-determinierte Sprechweise zeigt. Offensichtlich liegt hier der Schlüssel für das Verständnis der Stottersymptome.

Damit Stottern auftreten kann, muß der Betroffene sprechen können. Nicht von ungefähr tritt das Stottern erst frühestens um das dritte Lebensjahr auf, und weil nicht jede Gesprächssituation für die Person als gleich >belastend< erlebt bzw. empfunden wird, nur situativ und in Ausmaß und Stärke unterschiedlich.

Weil die einschlägige Literatur sich nur für die Entwicklung der Sprache und nicht für das Sprachlichwerden des Kindes interessiert, wird kaum irgendwo interpretiert, was es für das Kind bedeutet, wenn es sich selbst - um das dritte Lebensjahr - mit >Ich< benennt. Da wir nur verbalisieren können, was wir begriffen haben, muß das Kind sich als ein >Ich<, d.h. als eine *eigene Welt* mit einem eigenen Sinn und Wert, und das *Du* als eine *andere Welt* erfahren haben; wodurch sich die >Symbiose< von Mutter und Kind aufzulösen beginnt und das Kind das Konfliktfeld des >Selbst- und Mitseins< betritt. Auf die Fragen der Mutter muß es jetzt Antwort-stehen-lernen, um verantwortlich zu werden, wobei es verstanden werden will, und nicht nur seine Worte.

Eigenwert, Selbstsicherheit und Selbstvertrauen sind abhängig vom Fragen-können und den Antworten, die uns andere geben - wie das Vertrauen, uns ihnen anvertrauen zu können.

Sieht man jedoch bei Menschen, die stottern, nach den Erziehungsbedingungen, so trifft man - ohne lange suchen zu müssen - entweder auf

- ein ängstliches, zu besorgtes, oder auf
- ein strenges, zu autoritäres, oder auf
- ein widersprüchliches Erzieherverhalten,

denen eigen ist, die Individualität des Kindes >einzuengen<; wodurch verstehbar wird, warum es je nach Sprechsituation >Befangenheitssymptome< zeigt und bei Stellungnahmen nicht recht zu sagen weiß, was und wie es etwas sagen soll, um die Erzieher nicht (erneut) zu enttäuschen oder von ihnen (erneut) enttäuscht zu werden.

Weil das Kind seine >Nöte< durch die >Gefangenschaft der Liebe<, die der >autoritären Gewalt< oder die der >Orientierungslosigkeit< niemandem offenbaren bzw. anvertrauen kann, um nicht noch mehr Konflikte heraufzubeschwören, fixieren sich die Sageängste, und je nach Gesprächssituation entstehen >Sprechwilligkeitsgesten< bzw. Stotter- oder Poltersymptome oder ein >Gefühl der Ohnmacht<, etwas sagen zu können, als sprachliche Konfliktabwehr- oder abkehrverhaltensweisen. (Es sind nicht wenige Menschen, die zeitlebens unter >frusten Formen< von Sageängsten leiden.)

Weil *Sagen* die Person sozial kontrollierbar macht, muß das Kind nach dem Sprechenlernen noch ein Dialogverhalten erlernen, um nicht jeder Frage hilflos ausgesetzt zu sein; zumal kein Mensch jedem jederzeit alles sagen kann. Dies ist der Grund, weshalb die meisten

Kinder um das dritte Lebensjahr vorübergehend ein stockendes bzw. unflüssiges Reden zeigen. In der Literatur wird dies - unglücklicherweise - mit >Primär- oder Entwicklungsstottern< bezeichnet, unwissend, daß die Diagnose Stottern oft zu erzieherischen Maßnahmen verleitet, die das unflüssige Sprechen des Kindes erst eigentlich zu einem Stottern werden lassen.

4. Psychologische Begründungen für eine phänomenologische Interpretation

Daß es sich bei den Stottersymptomen um eine Verunsicherung im Sagen handelt - und somit unsere Interpretation keine reine Spekulation darstellt -, belegen ausdruckspsychologische Analysen des Zustandbildes.

- Situative Beeinträchtigungen der Sprechmotorik sind stets Indikatoren für eine Beeinträchtigung in der Partnerrelation bzw. für Gefühle des Überprüftwerdens der Äußerung durch eine andere Person.

- Situative stimmliche Auffälligkeiten sind immer Indikatoren der >Unstimmigkeit< einer Person zwischen ihrem eigentlichen Erleben und dem Zurschaugestellten. Unsere Stimme stimmt, wenn wir mit uns im reinen sind.

- Situative gesamtkörperliche Verspannungen sind immer Indikatoren für Erwartungsängste bzw. Zweifel der Person, in einer Situation bestehen oder nicht bestehen zu können.

- Situative Auffälligkeiten des Vegetativums sind immer Indikatoren für Entscheidungsängste einer Person, richtig oder falsch zu reagieren.

- Situative Anzeichen einer Sprechangst sind nicht Ängste vor dem physiologischen Sprechvollzug, sondern Ängste der Person, mit ihren Worten nicht verstanden bzw. als Person nicht an- bzw. ernstgenommen zu werden.

Wenn man die Stottersymptome nicht nur registriert, sondern vom jeweiligen Menschen her interpretiert, werden sie zu verstehbaren Anzeichen der jeweiligen Person, die durch entsprechende Partner- bzw. Dialogerfahrungen in ihrem Sagen beeinträchtigt ist bzw. - je nach Sprech- oder Gesprächsituation - ihre Gedanken nicht unbekümmert anzuvertrauen vermag. Es gibt somit nicht das Stottern, sondern nur Menschen, die beim Reden stottern als eine verstehbare Reaktion. Unzulänglichkeiten im interpersonalen Dialog ziehen jedoch immer auch den intrapersonalen Dialog in Mitleidenschaft.

Worte können verletzen. Die tiefsten Wunden werden mit der Zunge geschlagen - wie der Volksmund sagt.

Wo Worte >kränken<, können nur Worte >heilen<; weshalb nicht Sprechtechniken, sondern nur ein persönliches Wort, d.h. ein echtes Gespräch mit dem Menschen, der stottert, ihn von seinem situativ-motivierten Redeverhalten >befreien< kann. Seine personalen Probleme müssen angesprochen und die Person ermutigt werden, zu sagen, was sie bewegt und beengt, damit sie nicht mehr denken muß, wie sie etwas sagen soll oder was die Partner hören wollen und so über das >Wagnis des Sagens< zu einem entsprechenden Selbstvertrauen gelangt und die eigene >Position< vertreten lernt als >Stottertherapie<. Es gehört zu den menschlichen Paradoxien, daß man nur über das Bekennen seiner Unzulänglichkeiten eine Selbstsicherheit erreicht und nicht, daß man sich zum Beispiel zu seinem Stottern bekennt.

Empirisch scheint eine Sprechübungsbehandlung erforderlich zu sein. In Wirklichkeit können diese Menschen reden und bedürfen einer >Umerziehung< zum >freien Wort< als einer urpädagogischen Aufgabe, die allerdings die Pädagogik kaum mehr kennt. Nicht alles, was die Sinne registrieren, ist schon die ganze Wirklichkeit, speziell bei sprachlichen Unzulänglichkeiten.

Literaturverzeichnis:
Grohnfeldt, M. (Hrsg.): Handbuch der Sprachtherapie, Band. 5: Störungen der Redefähigkeit. Berlin 1992.
Westrich, E.: Der jugendliche Stotterer in seiner Selbstdarstellung. Köln 1968.
Westrich, E.: Der Stotterer. Bonn-Bad Godesberg. 5. Auflage 1984.
Westrich, E.: Was ist Stottern? In: Hinteregger, W. / Meixner, F. (Hrsg.): Stottern aus der Sicht der Betroffenen und der Therapeuten. Wien 1988. 19-32.

Edmund Westrich

Sucht

Als ich die Anfrage, etwas über die Sucht zu schreiben, annahm, war mir anfangs nicht deutlich, worauf ich mich einlasse. Als Experte angesprochen zu werden, schmeichelte mir. Von diesem Thema kenne ich etwas, war meine Überzeugung, warum nicht. Der Gedanke jedoch, in der zahlreich vorhandenen Literatur zu stöbern oder besser stöbern zu müssen - schließlich will man sich ja auch ernsthaft vorbereiten -, um auf andere Publikationen zu verweisen und damit die Bedeutsamkeit der eigenen Aussagen zu unterstreichen, mißfiel mir und scheiterte letztendlich an meiner Faulheit.

Die Idee, Sucht zu leben, bzw. mein Rauchen aufzugeben, um dann was über die Sucht zu schreiben, war mir auch nicht näher. So verwarf ich auch diesen Zugang zum Thema. Dieses, liebe Leser, waren meine Reaktionen und Überlegungen auf die Anfrage, einen Beitrag zum vorliegenden Reader zu erstellen.

Den Weg über die Begrifflichkeit zu wählen, schien mir zu diesem Zeitpunkt am ehesten zu entsprechen, wobei mir beim Nachdenken oder Nachfühlen über die Sucht >suchen<, >Sehnsucht<, >such mir mal das oder jenes, was ich nicht habe oder nicht finden kann< einfiel. Sucht - verstanden als Imperativ >sucht!< - als Anweisung desjenigen, der zuviel von irgendetwas eingenommen hat, an sein Gegenüber. Dies würde bedeuten, daß die Aktivität beim Gegenüber wäre, der sogenannte sucht!Kranke bliebe passiv, vielleicht solange, bis sein Gegenüber das gefunden hat, was gesucht werden soll. Hierbei wäre weiter zu fragen, was es denn nun ist, was gesucht werden soll. Hat es vielleicht der sucht!Kranke schon mal gehabt und nur verlegt, so daß er es nicht wiederfinden kann, oder ist es ihm selber völlig unbekannt? Was dazu führen könnte, daß beide nicht wissen, was gesucht werden soll; letztendlich könnte es der sucht!Kranke ja auch schon haben, ohne es zu wissen. Diesem Gedanken weiterfolgend wäre es eine wichtige Frage, welchen Suchauftrag Partner, Kinder, Suchtberater und Therapeuten etc. haben.

Sehnsucht - Sucht als besondere Form, seine Sehnsüchte zu leben, als Ausdruck einer unbekannten Sehnsucht. Sehnsucht nach was aber? Nach Ganzheit, Vater, Mutter, Nähe, Geborgenheit, Partnerschaft, Identität, Unabhängigkeit, Autonomie, Unverletztlichkeit? Allgemein formuliert vielleicht die Suche nach der Befriedigung einer ungestillten Sehnsucht?

An dieser Stelle möchte ich zwei sucht!Kranken das Wort geben. „Ich sehne mich nach einem Menschen, der mich lieb hat, der mich versteht, der mir vertraut. Ich sehne mich nach Geborgenheit, nach einem friedlichem Heim. Nach meinem Schäferhund, der tot ist. Ich habe Sehnsucht nach meinem Enkelkind, daß in Amerika ist. Ich sehne mich oft nach meiner Mutter, nach einem schönen Urlaub. Nach meinen Kindern. Oft sehne ich mich nach meinen Mann (der auch tot ist). Nach Offenheit, nach Vertrauen." (58jährige alkoholabhängige Frau)

„Sehnsucht ein schönes Wort, es lädt ein zum Träumen. Wünsche, Träume, Phantasien, alles verschmilzt in diesem Wort >Sehnsucht<. In meinem Leben gab und gibt es viele, große und kleine Sehnsüchte. Meine Drogenabhängigkeit war für mich der Weg, über den Kopf ins Reich der Phantasien, meine Sehnsucht nach dem >Ganz-Anderen< zu wecken und wachzuhalten. Eine Sehnsucht, die nie gestillt werden konnte. Als Jugendliche hatte ich eine Sehnsucht nach einer optimalen Welt. Nach Menschen, die sich verstehen und miteinander besser umgehen. Von einer gesunden Umwelt ohne Waldsterben, Ozonloch, einem richtigen Winter mit viel Schnee und einem richtigem Sommer. Kein Rassismus, keine Kriege, Volksseuchen, Hungersnöte. Ja, einer Welt, in der ich leben und existieren kann. Später beschränkte ich mich auf kleinere Sehnsüchte, die heute noch genauso aktuell und wichtig für mich sind. ... Die größte Sehnsucht in mir ist der Drang nach innerlicher Freiheit und Ausgeglichenheit, sowie Verständnis und Liebe anzunehmen, um sie gleichermaßen wieder auszustrahlen. ... Ohne meine Sehnsucht hätte ich bestimmt mein Ziel aus den Augen verloren und mich schon längst aufgegeben." (27jährige drogenabhängige Frau)

Zwei mich berührende Aussagen, die mir die Begrifflichkeiten näher bringen. Aber auch mehr und mehr Fragen türmen sich vor mir auf, je weiter ich mir Gedanken über diese Begriffe mache.

Eine andere Möglichkeit, das Thema Sucht anzugehen, wäre vielleicht der Weg über die bestehenden theoretischen Modelle. Aber welche soll ich anführen und welche weglassen? Aus welcher der vielen verschiedenen Richtungen soll ich mich diesem Begriff Sucht, der scheinbar vielen so geläufig ist, nähern? Aus der Sichtweise der unterschiedlichen psychotherapeutischen Schulen? Hier wäre es Fleißarbeit, die vielen unterschiedlichen Modelle, auch dann, wenn ich mich nur auf die humanistischen beschränke, vorzustellen.

Aus sozialmedizinischer, epidemiologischer Sicht? Die >Glaubwürdigkeit< meiner Aussagen mit Zahlen, Statistiken, oft bewußt als >harte Realität< benutzt, stützen?

Aus meiner individuellen Sicht - aus der Sichtweise eines Mitarbeiters einer Fachklinik für suchtkranke Frauen, mit über fünfjähriger Erfahrung, wohl eher Erfahrung im Umgang mit Institutionen, der eigenen und anderen, Kollegen und Kolleginnen, Beratungsstellen, Straßenbahnschaffnern, Gerichten und Jugendämtern - was konnte ich in diesen Jahren über das Phänomen Sucht erfahren? Ausgestattet mit der universitären Bescheinigung, lernen zu können und meinem Lehrer folgend, der mir den Satz mitgab >Psychotherapie muß Spaß machen und leicht sein, sonst machts du etwas falsch<, stürzte ich mich in die Welt der Therapeuten. Je mehr sucht!Kranken ich begegnen durfte, desto mehr erschienen mir diese nicht krank, sondern eher hochsensibel und damit auch eher gesund, denn sie hatten es geschafft, trotz vieler Hemmnisse, seien es Gewalterfahrungen jeglicher Art, ständige emotionale Über- oder Unterversorgung, psychische Verletzungen und Kränkungen und vieles andere mehr, zu überleben. Sucht entwickelte sich bei meinen Gegenübern als eine Art Überlebensstrategie aus einer Lebenssituation heraus, die von Gefühlszuständen wie Hilflosigkeit und Ohnmacht, tiefer Verzweiflung und Not sowie einer daraus resultierenden Aggressivität, die sich letztendlich gegen das eigene Selbst richtete, geprägt war.

Es entwickelte sich bei mir ein großer Respekt vor diesen Menschen und ihren Fähigkeiten, sich am Überleben zu halten. Wobei die Mittel und Wege, die sie für ihr Überleben konkret einsetzten, ihnen selbst häufig zur Lebensbedrohung wurden. Sucht erscheint mir heute als Lebens>krücke<, ähnlich meiner eigenen >Krücken<, die ich benötige. Vielleicht gehört dazu auch meine >Suchttheorie<. Als >Krücke< zum Kontakt mit sucht!Kranken.

Ich habe in der hier formulierten gedanklichen Auseinandersetzung mit dem Thema Sucht für mich etwas erfahren, von dem ich derzeit glaube, es könnte meiner therapeutischen Arbeit dienlich sein. Alle meine Gedanken über das, was Sucht ausmacht, sind einzig und allein meine Vorstellungen darüber. Sie sind geprägt von meiner Lebensgeschichte, als Kind, Student, Krankenpfleger, Ehemann, Freund, Vater, Lernender, Psychotherapeut, Kollege, Mann und auch als Suchtmittelkonsumierender und dienen mir als eine meiner Lebens>krücken<. Diese meine Vorstellungen über Sucht sind *meine* und *nicht* die meines Gegenübers, der seine eigene hat. Was aber seine ist, kann ich nur im Kontakt, in der Begegnung, verstanden im guten alten Sinne Martin Bubers, erfahren. Mit anderen Worten: wenn ich meine als meine und seine als seine begreife, verstehe, akzeptiere und fühle.

Jetzt zum Schluß wird mir auch deutlicher, was ich Ihnen, liebe Leser, ein Stück vermitteln möchte. Es ist ein wenig Bewußtheit darüber, daß wir alle Gedanken, Vorstellungen, Ideen, Glaubenssätze, Vorstellungen und Modelle, die wir in unseren Köpfen haben (schon wieder ein Modell, daß sich >Wichtiges< im Kopf befindet und nicht irgendwo anders), als

>Krücke< benötigen, dem Anderen - in meiner persönlichen Situation oft sucht!Kranken - zu begegnen. Und daß diese >Krücke< eine unserer eigenen Überlebensstrategien ist.

Wolfgang Cleve-Prinz

Suizid

Von Suizid sprechen wir, wenn jemand absichtlich sein eigenes Leben beendet. Jedes Jahr töten sich in den alten Bundesländern mindestens 12.000 Menschen, Die Dunkelziffer (häufig: plötzlicher Tod aus unbekannter Ursache) ist wahrscheinlich genau so hoch.

Die Anzahl der Selbstmordversuche beträgt nach Expertenschätzungen 60.000 bis 120.000 pro Jahr in den alten Bundesländern.

Die meisten Selbstmordhandlungen (80%) werden vorher angekündigt. Schwerpunkt des Kapitels soll der Umgang mit Selbstmordgefährdeten sein, d.h. es soll der Frage nachgegangen werden, was ich als Pädagoge, als Lehrer, Erzieher, als Bezugsperson eines Selbstmordgefährdeten tun kann.

Für Hintergrundinformationen über die seelische Situation des Suizidgefährdeten, über die Lebenssituation, die interpersonelle Dynamik und die Frage nach dem Suizidversuch als Tötungsabsicht oder Hilferuf möchte ich auf die Literatur am Ende des Kapitels verweisen.

Sicherlich ist es nützlich, in Teams, Konferenzen und Fallbesprechungen über die Hintergründe einer Suizidgefährdung zu beraten. Nichts ist aber wichtiger als das direkte Kontaktangebot und die konkrete Beziehung zum Suizidgefährdeten selbst.

Kontakt und Beziehung meint dabei, meine Reaktionen gegenüber dem Suizidgefährdeten ihm persönlich mitzuteilen, wie sie sind, ob es sich nun um Mitgefühl, Hilflosigkeit oder auch Ärger handelt. Nur eine echte Reaktion ermöglicht wirklichen Kontakt, und diese Anbindung kann bereits die erste Suizidprophylaxe darstellen.

Zum Mitteilen meiner Reaktion gehört auch immer, die Reaktion des anderen entgegenzunehmen. Um dem Suizidgefährdeten die Möglichkeit zu geben, mehr mit sich selbst und auch mit mir in Kontakt zu kommen, frage ich immer direkt nach seiner Reaktion. Habe ich z.B. mein Mitgefühl geäußert, frage ich „Wie ist das für dich, wenn ich so etwas sage?" Reaktionen wie „man sagt viel, wenn der Tag lang ist" oder „kann ich mir auch nichts dafür kaufen" drücken dann häufig das Mißtrauen oder die Hoffnungslosigkeit des Selbstmordgefährdeten aus, die ich dann als solche wieder anspreche, um mein Gegenüber weiter darin zu unterstützen, mehr mit sich in Kontakt zu kommen.

Immer geht es darum, Gefühle und Bedürfnisse direkt und klar anzusprechen, was gerade beim Thema Suizid oft schwierig ist, weil es sich um ein tabuisiertes Thema handelt und weil das Thema verständlicherweise Angst hervorruft.

Zur eigenen Unterstützung ist es daher gut, sich bei der Arbeit mit einem Suizidgefährdeten zwischendurch (bei Kollegen, Beratungsstellen, Freunden) selber Hilfe zu holen, um dann gestärkt wieder in den Kontakt treten zu können.

Im Mittelpunkt steht dabei das Wissen, daß ich nicht verantwortlich für das Leben des anderen bin, ein Gefühl, das im Umgang mit Selbstmördern schnell entsteht, dem Betroffenen aber keineswegs hilft und den Therapeuten oder Pädagogen in seiner Handlungs- und Beziehungskompetenz blockiert. In dem Moment, wo Sie sich für den anderen verantwortlich fühlen, werden Sie weniger offen für dessen Gedanken und Gefühle sein; Sie könnten versucht sein, negative Gefühle (z.B. Verzweiflung) nicht zu akzeptieren und wegzuwünschen; Sie werden in der Wahrnehmung und dem Ausdruck Ihrer eigenen Reaktionen beschnitten sein, aus Angst, etwas falsch zu machen. Mit der Gewißheit, daß der Klient für sein Leben selbst verantwortlich ist, ist es für Sie als Bezugsperson leichter, Ver-Antwortung zu übernehmen in dem Sinne, daß ich auf den Suizidgefährdeten antworte und in der Lage bin, dessen Antwort entgegenzunehmen.

Das Wichtigste für den Suizidgefährdeten ist der Kontakt: der Kontakt zu sich selbst, zu seinen Gefühlen, Ängsten, Wünschen und der Kontakt zu einer bzw. mehreren Bezugspersonen, die ihm helfen, mit sich in Verbindung zu bleiben.

Je mehr ich von mir und meiner Verzweiflung spüre, wenn mich jemand dabei begleitet, um so weniger muß ich mich umbringen, wenn ich nachher alleine bin. Konkreter bedeutet das: Ein Gespräch mit einem Suizidgefährdeten nicht *über* etwas zu führen, sondern immer wieder das *Hier und Jetzt*, das *augenblickliche Fühlen und Erleben*, den *aktuellen Kontakt* in den Vordergrund zu rücken. Das kann oft schwierig sein, denn ein Klient, der sich in dieser Situation verzweifelt und hoffnungslos fühlt, wird verständlicherweise alles tun, um von diesem Gefühl wegzukommen, lieber argumentieren und mir die Sinn- und Ausweglosigkeit seines Lebens zu beweisen versuchen, als etwas davon zu spüren.

Immer wieder gehe ich in die Falle, versuche zu argumentieren und zu beweisen, daß es noch einen Sinn gibt, bis ich schließlich die Hoffnungslosigkeit meiner Bemühungen spüre und aufgebe. An diesem Punkt entsteht eine neue Möglichkeit des Verständnisses, denn nun kann ich in mir etwas davon fühlen, wie es meinem Gegenüber geht und ihm das mitteilen.

Das kann beispielsweise heißen: „Ich merke jetzt, wie hoffnungslos Du Dich fühlen mußt", „ich verstehe jetzt, wie schrecklich es sich anfühlt, was Du erlebst" oder „Ich spüre die Stärke Deiner Hoffnungslosigkeit; sie ist so mächtig, daß ich davon erfaßt bin und sie körperlich wahrnehmen kann".

Solches Mitteilen meiner eigenen Empfindungen und Reaktionen kann dem Klienten wiederum helfen, Kontakt zu seinen Gefühlen und Reaktionen aufzunehmen. Auch, daß ich als Therapeut oder Pädagoge auf meine Bedürfnisse höre und für mich sorge, kann dem Suizidgefährdeten helfen.

Habe ich zum Beispiel während des Gesprächs das Gefühl, daß mir das alles zu viel wird, kann ich meine Reaktion mitteilen, meine Situation verbessern, ohne dabei mein Verständnis für den anderen aufzugeben. Ein konkretes Beispiel: „Mein Kopf ist jetzt so voll, ich fühle mich angespannt und unbehaglich, so kann ich etwas davon spüren, unter welcher Anspannung, unter welchem Druck Du stehst. Für mich möchte ich jetzt eine kurze Zeit des Schweigens (in der ich es mir bequem mache, mir ein Kissen oder eine Decke besorge, die Beine hochlege, damit ich zu meiner Ruhe zurückfinde), dann kann es weitergehen."

Je klarer ich die Verbindung zu meinen Bedürfnissen behalte, um so leichter wird es für den anderen, in Kontakt zu seinen Bedürfnissen und Gefühlen zu kommen, z.B. „ich möchte auch *einmal* Ruhe haben" ... Ärger - oder „ich brauche jemanden, der für *mich* sorgt".

Manchmal benötigen Suizidgefährdete in einer Krisensituation Hilfe, die über eine Therapiestunde oder den Beratungsalltag hinausgeht, also eine Möglichkeit, abends oder am Wochenende Kontakt aufzunehmen. Dabei ist es wichtig, zunächst zu prüfen, ob ich wirklich bereit dazu bin und keine spontanen Zusagen mache, die ich nicht oder ungern einhalte. Spüre ich Unbehagen oder Zweifel bei dem Gedanken an weitergehendes Engagement, ist es fruchtbarer, gemeinsam herauszufinden, wen der Klient z.B. jederzeit anrufen oder aufsuchen kann, wenn er in Not ist. Das kann die Telefonseelsorge genausogut sein wie eine psychiatrische Aufnahmestation, die der Klient von vorausgegangenen Suizidversuchen her kennt. Wichtig ist nur, den Klienten in seinem Überlebenswillen zu unterstützen und dem Teil, der leben möchte, Handlungsmöglichkeiten zu eröffnen.

Suizid ist oft ein Versuch zu überleben. Bei Mädchen, die sexueller Gewalt in der Familie ausgesetzt sind, kann der Suizid ein Versuch sein, die Übergriffe des Täters zu stoppen und sich so zu retten, auch um den Preis des eigenen Lebens.

Bei den oft sehr schmerzhaften Suiziden als schizophren diagnostizierter Menschen (sich selbst verbrennen, zerstückeln, Säure trinken) handelt es sich meiner Meinung nach oft um den Versuch, den inneren Terror zu beenden und wenigstens einmal, und sei es durch qualvolle Schmerzen, die eigene Existenz zu spüren und bestätigt zu bekommen, zu spüren, daß sie leben - und sei es durch das eigene Sterben.

In jedem von uns gibt es Orte der Verzweiflung, der Hoffnungslosigkeit, des Schreckens, und in jedem von uns gibt es eine starke Lebensenergie, die uns bis hierher geholfen hat zu überleben. Gerade die Arbeit mit Selbstmordgefährdeten hat mich etwas über die enorme Kraft dieser Lebensenergie gelehrt.

Empfohlene Literatur:

Diekstra, R./Mc Energy, G.: Der letzte Ausweg? Denkanstöße für Selbstmordgefährdete. Kabel Verlag, Hamburg 1992 (ein wirklich praxisbezogener Ratgeber für suizidgefährdete Jugendliche, der für das Leben eintritt, indem er die Selbstmordgedanken ernstnimmt).

Hömmen, C.: Mal sehen, ob ihr mich vermißt. Menschen in Lebensgefahr, Reinbek 1989 (enthält Adressen von Einrichtungen, die suizidgefährdeten Menschen Hilfe leisten).

Kuitert, H.M.: Darf ich mir das Leben nehmen? Gütersloh 1990 (handelt vom ethischen und lebensphilosophischen Aspekt der Selbsttötung).

Swientek, C.: Wenn Frauen nicht mehr leben wollen. Reinbek 1990.

Michaele Esser

Supervision

Supervision: Was ist das?

„Methodische Reflexion der Praxis", „Beziehungsdiagnostik", „Technik mitfühlender Objektivität", „berufliches Kommunikationssystem", „Mittel zur Psychohygiene im Beruf" - das sind Schlagworte, die andeuten, was Supervision in ihren verschiedenen Varianten sein kann.

Historisch gesehen taucht der Begriff „Supervision" im Vokabular einzelner heil-/sonderpädagogischer Institutionen des deutschen Sprachraumes in den 70er Jahren erstmals auf. Er war ursprünglich von Sozialarbeiterinnen aus dem anglo-amerikanischen Sprachraum eingeführt worden. Bei der Übersetzung wichtiger Arbeiten zur Supervision und deren Herausgabe in Form eines Quellenbandes hat v. Caemmerer (1970) den (durch die Konnotation der „Kontrolle" behafteten) Begriff „Supervision" fast durchgängig mit „Praxisberatung" verdeutscht. Allerdings hat sich dieser Begriffsgebrauch nur beschränkt durchgesetzt.

Wie eine Analyse der Fachliteratur (z. B. v. Caemmerer 1970; Huppertz 1975; Kersting 1975; Flosdorf et al. 1987; Berufsverband für Supervision und Praxisberatung, o.J.; Rappe-Giesecke 1990; Pühl 1990; Scobel 1988) zeigt, wird der Begriff „Supervision" unterschiedlich definiert. Auch in der Praxis wird er keineswegs einheitlich verwendet (Spiess 1990). Zum Zwecke einer eindeutigen und damit auch effizienteren Kommunikation könnte es nützlich sein, sich allmählich auf eine Definition von Supervision und ihrer Varianten zu einigen, die insbesondere folgende Bestimmungsstücke umfaßt:

Supervision ist ein professionelles Kommunikationssystem. Ausgangspunkt und Inhalt sind die beruflichen Anliegen des Supervisanden/der Supervisandin: Probleme mit der Klientel, Probleme mit Kolleginnen oder Kollegen, Probleme mit der „Institution". Vorrangiges Ziel ist eine befriedigendere Bewältigung beruflicher Belastungssituationen. Die Methoden variieren mit der (äußeren) Form der Supervision sowie mit der Person des Supervisors/der Supervisorin. Invariante Methoden sind der (Erlebnis-)Bericht des Supervisanden/der Supervisandin sowie das diesbezügliche Feedback der supervidierenden Person, im Falle von Gruppensupervision auch der anderen Mitglieder. Der Prozeß baut auf einer gemeinsamen Suchhaltung auf und läuft über die Entwicklung alternativer Sichtweisen und Handlungsentwürfe bis hin zur Veränderung institutioneller Bedingungen (vgl. Spiess 1991, 14).

Mit „Supervision" gleichbedeutend werden manchmal die Begriffe „Beratung" (Mutzeck 1992, Schlee 1992) und „Praxisanleitung" (Plag 1974) verwendet.

Welche Formen der Supervision kann man unterscheiden?

Das folgende Schema gibt einen Überblick über unterscheidbare Formen/Varianten von Supervision:

206

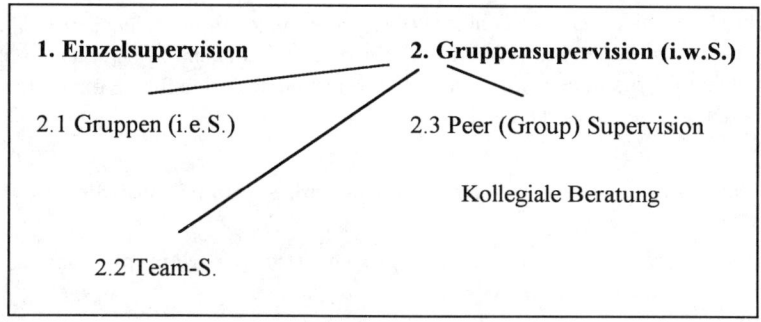

1. Einzelsupervision	2. Gruppensupervision (i.w.S.)
2.1 Gruppen (i.e.S.)	2.3 Peer (Group) Supervision
	Kollegiale Beratung
2.2 Team-S.	

Supervision als professionelles Kommunikationssystem kann im Kontext von Praxis, im Kontext von Ausbildung sowie im Kontext von Fort-/Weiterbildung angesiedelt sein.

Welche Konzepte / Modelle von Supervision kann man unterscheiden?

Man kann wohl zunächst einmal davon ausgehen, daß es ebensoviele Supervisionskonzepte oder -modelle gibt wie Supervisorinnen und Supervisoren. Insoweit solche Konzepte schriftlich ausformuliert und publiziert sind, können sie - entsprechend ihren ideellen Quellen und konzeptuellen Traditionen - folgendermaßen klassifiziert werden:

- die psychoanalytisch orientierte Supervision
- die Balint-Gruppenmethode
- die TZI-orientierte Supervision
- die handlungstheoretisch orientierte Supervision
- die gestalttherapeutisch orientierte Supervision
- die systemisch-konstruktivistisch orientierte Supervision
- eklektische Ansätze

Eine knappe, systematische Darstellung solcher Konzepte findet sich (mit Ausnahme des TZI-orientierten Modells: z. B. Reiser 1985) samt relevanter Literaturangaben in dem Buch „Gruppen- und Teamsupervision in der Heilpädagogik - Konzepte und Erfahrungen" (Spiess 1991).

Unter welchen Bedingungen ist Supervision angezeigt?

Systematische Untersuchungen zu dieser Fragestellung im Bereich der Heil- und Sonderpädagogik fehlen. Erste Hinweise liefern die Ergebnisse einer Befragung von Studierenden der Pädagogik, die nach Teilnahme an Gruppensupervision (in Orientierung am Balint-Gruppenmodell) unter anderem folgende Veränderungen an sich festgestellt haben: „erhöhtes Problembewußtsein für eigenes und fremdes Verhalten"; „besseres Erkennen der Ursachen von Konflikten bei Kindern und Eltern"; „Erweiterung des eigenen Handlungsspielraums" (Petri und Hampel in Spiess 1991).

Im Sinne eines Expertenurteils rät Fengler (1992) unter anderem bei folgenden Indikationen zur Teilnahme an Supervision: wenn Helferinnen und Helfer mit ihren Klienten Mühe haben oder sich erfolglos fühlen; wenn sie sich erschöpft und lustlos fühlen oder eine dauerhafte Abneigung gegen ihre Klienten in sich spüren (1992, 181).

Wie wählt man die „richtige" Variante, das „richtige" Modell und die „richtige" Person aus?

Bei der Suche nach der „richtigen" Variante und dem „richtigen" Konzept könnte es hilfreich sein, sich folgende Fragen zu stellen:

Welches sollen die Inhalte der Supervision sein?

Supervision kann auf die Beziehung zur Klientel, auf die Beziehungen zu und zwischen Arbeitskolleginnen und -kollegen oder auf den Einfluß institutioneller odere sonstiger Rahmenbedingungen ausgerichtet sein. Dem entsprechen die Bezeichnungen Fallsupervision, Teamsupervision und Institutionsanalyse/Institutionsberatung/Organisationsentwicklung. Von dem jeweiligen Fokus dürfte es - unter anderem - abhängen, welches Konzept sich am nützlichsten erweist.

Wie die Erfahrung lehrt, können die Inhalte von Supervisionssitzungen über die Zeit wechseln: z. B. von der Klientel zu Kolleginnen und Kollegen oder zu den Rahmenbedingungen der beruflichen Arbeit. Von daher dürfte es sich als vorteilhaft erweisen, wenn die supervidierende Person Arbeitsmodelle für alle drei Kategorien von Inhalten und damit zusammenhängenden Problemen beherrscht.

Bei Fallsupervision im Bereich der Heil-/Sonderpädagogik erhält behinderungs- und handlungsfeldspezifisches Fachwissen besondere Relevanz. Dementsprechend sind diejenigen Konzepte und supervidierenden Personen zu bevorzugen, welche ein solches Fachwissen explizit miteinbeziehen (wie z. B. beim Handlungsfeldspezifischen Modell, Spiess 1996) - und zwar im Vergleich zu anderen, welche sich z. B. ausschließlich auf Beziehungsaspekte beschränken (wie bei der Balint-Gruppenmethode).

Welche persönlichen Merkmale sollte der Supervisor / die Supervisorin haben?

Aufgrund mehrerer Untersuchungen kommen Carifio und Hess (1988) zu dem Schluß: Der 'ideale' Supervisor/die 'ideale' Supervisorin besitzt Empathie, Respekt, Echtheit, Konkretheit und Transparenz; arbeitet mit klaren Zielsetzungen und richtet an diesen den Einsatz unterschiedlicher Lehrmethoden und Techniken zur Informationssammlung aus; hat eine unterstützende, nicht kritische Haltung; setzt unterschiedliche Verfahren zur sozialen Einflußnahme ein, einschließlich direktem und indirektem Feedback; ist weder übertrieben direkt noch besonders passiv.

Literatur:

Berufsverband für Supervision und Praxisberatung (BSP): Informationsblatt. Geschäftsleitung: Ueli Brönnimann, Gutenbergstr. 33, CH-3011 Bern o.J.

v. Caemmerer, Doris (Hrsg.): Praxisberatung (Supervision). Freiburg i.Br. 1970, 265-273.

Carifion, M.S. / Hess, A.K.: Was kennzeichnet den „idealen" Supervisior? In: Report Psychologie 1988 (5), 18-27.

Fengler, J.: Wege zur Supervision. In: Pallasch, W. / Mutzeck, W. / Reimers, H. (Hrsg.): Beratung, Training, Supervision. Weinheim 1996, 173-187.

Flosdorf, P. / Schuler, A. / Weinschenk, R.: Anleiten, Befähigen, Beraten im Praxisfeld Heimerziehung. Freiburg i.Br. 1987.

Huppertz, N.: Supervision. Neuwied 1975.

Kersting, H.J.: Kommunikationssystem Gruppensupervision. Freiburg i.Br. 1975.

Mutzeck, W.: Supervision - Kollegiale Praxisberatung. In: Spiess, W.: Gruppen- und Teamsupervision in der Heilpädagogik. Bern 1991.

Plag, E.: Praxisanleitung und Praxisberatung im Heim. Unterscheidendes und Gemeinsames. In: Sozialpädagogik 1, 1974, 2-10.

Pühl, H. (Hrsg.): Handbuch der Supervision. Beratung und Reflexion in Ausbildung, Beruf und Organisation. Berlin 1992.

Rappe-Giesecke, K.: Theorie und Praxis der Gruppen- und Teamsupervision. Springer 1990.

Reiser, H.: Die Fallbesprechung mit Themenzentrierter Interaktion - Ein Beispiel für Förderdiagnostik bei psychischen Störungen. Zeitschrift für Heilpädagogik, 1985 (12), 892-900.

Schlee, J.: Beratung und Supervision in kollegialen Unterstützungsgruppen. In: Pallasch, W. / Mutzeck, W. / Reimers, H. (Hrsg.): Beratung, Training, Supervision. Weinheim 1992.

Scobel, W.A.: Was ist Supervision? Göttingen 1988.

Spiess, W. / Stähli, L.: Gruppen-/Teamsupervision in heilpädagogischen Institutionen: Fakten und Reflexionen. In: Vierteljahresschrift für Heilpädagogik und ihre Nachbargebiete 1990 (4), 452-465.

Spiess, W. (Hrsg.): Gruppen- und Teamsupervision in der Heilpädagogik - Konzepte und Erfahrungen. Bern 1991.

Spiess, W.: Gruppen- und Teamsupervision nach dem handlungsfeldspezifischen Modell. In: Schlee, J. / Mutzeck, W. (Hrsg.): Kollegiale Supervision. Modelle zur Selbsthilfe für Lehrerinnen und Lehrer. Heidelberg 1996, 126-148.

Walter Spiess

Tod und Sterben

Tod und Sterben sind zentrale Lebensvorgänge, sie gehören unabtrennbar zum Leben dazu.

Sonderpädagogik hat nicht nur zum Thema, wie Leben und Entwicklungsprozesse am besten unterstützt werden können, so daß Entwicklungsfortschritte, Ausweitung von Handlungskompetenzen und Lebensvollzügen erfolgen können. Sonderpädagogische Unterstützung kann auch notwendig werden bei Kindern und Jugendlichen, deren Lebenserwartung durch unheilbare Erkrankungen oder Formen der Schwerstbehinderung begrenzt ist, z.B. durch schwerste Muskelerkrankungen, AIDS-Erkrankung, schwerste Formen von Stoffwechselerkrankungen mit Abbauprozessen im Zentralnervensystem, durch solche Krebserkrankungen, die mit den heute bekannten Behandlungsmöglichkeiten nicht wirkungsvoll beeinflußt werden können.

Daß Kinder und Jugendliche unheilbar krank sein und sterben können, wird bei einer allgemeinen Lebenserwartung von mehr als 70 Jahren als paradox, sinnwidrig erlebt. Und so erfordert die Arbeit mit Betroffenen und ihren Angehörigen immer wieder intensive Auseinandersetzungen und Reflexionen bei den professionellen Helfern. Die notwendige Auseinandersetzung kreist auch um das Verständnis dessen, was der Tod ist.

Ist er das definitive Ende des Lebens, wichtiger Teil des Lebens, Übergang in eine andere Weise zu sein?

Die Veröffentlichungen zum Sterbeprozeß aus den letzten Jahren und persönliche Mitteilungen von Betroffenen zeigen deutlich, daß der Tod auch etwas Anderes ist als das Ende des irdischen Lebens, des Lebens im Körper. Der Tod ist Teil des geheimnisvollen Prozesses von Leben, Verwandlung, Übergang in eine neue Existenz. Die neue Sicht des Todes entspricht ältestem Menschheitswissen, wie es aus unterschiedlichen Zeiten, Kulturen, Religionen überliefert ist (vgl. Grof 1984).

Und doch ist es ein notvoller, schmerzlicher Prozeß für alle Betroffenen, wenn ein Kind unheilbar erkrankt und stirbt. Die Diagnose ist für die Betroffenen wie ein Schock. Eltern, Kinder, Fachkräfte kämpfen immer wieder mit allen möglichen Mitteln gegen die Ausweitung der Krankheit an. Phasen großer Aktivität können bei den Eltern abwechseln mit Resignation, Zorn, Verzweiflung, Auflehnung gegen ihr Schicksal.

Eltern und Fachkräfte glauben oft, ein betroffenes Kind wisse nicht um den Verlauf der Erkrankung, spüre nicht den nahenden Tod. So bemühen sie sich, tapfer zu sein, sich Gefühle von Schmerz, Zorn, Verzweiflung nicht anmerken zu lassen. Sie versuchen, das Kind abzulenken, zu beschäftigen, aufzuheitern. Über Sterben, Tod, über das schmerzliche Loslassen-Müssen wird allenfalls in Abwesenheit des betroffenen Kindes gesprochen. Selbst wenn Kinder mit Fragen den Wunsch signalisieren, über ihre Nöte zu sprechen, ist es für Angehörige und Fachkräfte oft kaum möglich, sich auf ein solches Gespräch einzulassen. Immer wieder bleiben Kinder mit ihren Nöten, Ängsten, Erfahrungen allein. Sie möchten ihre Angehörigen und die Fachkräfte schonen, deren Belastung sie ja miterleben. Wird die Krankheit des Kindes als Strafe oder mit Schuldgefühlen erlebt, verstärkt das die Rückzugs- und Isolationstendenzen. Eltern und Fachkräfte berichten von der Erfahrung, daß die Kinder nicht über ihre seelische Befindlichkeit sprechen und das direkte Gespräch über den Krankheitsverlauf und das Sterben ablehnen. Dies verstärkt die Unsicherheit und Gefühle von Hilflosigkeit in der Beziehung zum Kind. Denn gleichzeitig fordern die Verhaltensweisen der Kinder manchmal direkt zur Auseinandersetzung heraus. Lustlosigkeit, depressives, resignatives oder apathisches Verhalten, aber auch aggressives Verhalten, Ängste, Auflehnung, Verweigerung zeigen, wenn die Kinder unter starker seelischer Spannung stehen. Manche Kinder schaffen es, nach außen tapfer, freundlich, kooperativ zu sein, auch wenn sie tatsächlich deprimiert, ängstlich oder verzweifelt sind. Unheilbar kranke und sterbende Kinder können große Schwierigkeiten haben, sich direkt und in Sprache mitzuteilen. Oft tun sie sich leichter, sich in Bildern, Zeichnungen und Spielinhalten auszudrücken. Wenn solche symbolischen Mitteilungen verstanden werden, ist das für die Kinder eine wesentliche Hilfe im Verarbeitungsprozeß. Auf dieser Basis kann sich auch eine neue Tiefe und Intensität in den Beziehungen zwischen betroffenen Kindern, Angehörigen, Fachkräften entwickeln.

Die Erfahrungen mit unheilbar kranken Kindern sprechen dafür, daß Kinder im Schulalter um Schweregrad der Erkrankung und Todesnähe wissen, auch wenn niemand mit ihnen darüber gesprochen hat. Das trifft nach Kübler-Ross auch für viele Kinder im Vorschulalter zu. Das Erleben schwerstbehinderter Kinder ist in dieser Hinsicht nicht genau einzuschätzen. Aber auch bei ihnen gibt es Hinweise für prozeßhaftes seelisches Erleben mit Phasen von Verstimmung, Angst, Kampf, Annahme (vgl. Haupt 1991).

Viele Kinder wissen, wie es um sie steht aufgrund ihrer leibhaften Erfahrung. Sie erschließen es zudem aus Verhaltensweisen ihrer Angehörigen und der Fachkräfte.

Manche Kinder teilen ihre Erfahrungen mit, wenn sie sich frei ausdrücken können. Sie benutzen bevorzugt Symbolsprache, Zeichnungen, Spielinhalte, um sich mit dem, was sie bewegt, auseinanderzusetzen. Manche können das nur tun, wenn sie zugewandt und verstehend begleitet werden.

Besonders schwierig ist die Phase, in der ein Kind die tödliche Bedrohung seiner leibhaften Existenz erlebt und realisiert. Diese Not kann sich mitteilen in Bildern von gefährdeten oder einstürzenden Häusern über Abgründen. Ein Junge zeichnete einen Vogel, dem die Federn abgebissen wurden, der nicht mehr fliegen kann und abstürzen wird. Manchmal drücken die Kinder ihr Erleben in Bildern von Naturkatastrophen aus wie Erdbeben, die alles zerstören. Todesangst und Überlebenskampf treten in Spielhandlungen ebenso auf wie heftige Aggressionen, Grausamkeiten, mörderische Wut, Qual und Schmerz.

Auf dem Höhepunkt der Auseinandersetzung bringen einige Kinder ihr Wissen um den Krankheitsverlauf und den nahenden Tod direkt mit ins Spiel. Sie lassen z.B. einen Patienten im Krankenhaus sagen, daß ihm keiner mehr helfen kann. Sie gestalten einen Trauergottesdienst oder stellen ein Kreuz in den Sandkasten, auf das sie ihren eigenen Namen schreiben. Manche gehen sehr bewußt mit ihrer Kraft und Zeit um. Sie entscheiden, wofür sie ihre Kräfte noch einsetzen möchten und wofür nicht mehr.

Einige Kinder teilen auch inneres Wissen und Erfahrungen von Begegnungen mit dem Göttlichen in ihrem Verwandlungsprozeß mit. Ein Junge malte ein Bild mit dem Haus, in dem er wohnt und einen Berg, der immer näher auf das Haus zukommt. Den Berg bezeichnet er als „göttliche Majestät". In den Berg zeichnet er ein Restaurant und sagt, daß die Kinder (er und sein ebenfalls kranker Bruder) nachts dort ernährt würden, ohne daß die Eltern das merken (Mitteilung: G. Matzkowsky). Ein vierjähriges Mädchen, das im Verlauf der Krankheit schon mehrfach dem Tod sehr nahe war, sagte, als es aus einer Bewußtlosigkeit erwachte, daß es bei Gott war und wieder zu ihm gehen werde.

Im Prozeß der Auseinandersetzung mit unheilbarer Krankheit und Sterben erleben die Kinder Inhalte, die in vielen Kulturen und Religionen den Tod- und Wiedergeburtsprozeß kennzeichnen. Die Kinder sind offenbar in ihrer Tiefe an Menschheitswissen und Menschheitserfahrungen angeschlossen, die ihnen helfen, den schwierigen Umwandlungsprozeß zu bewältigen. In diesem Zusammenhang kann schließlich auch die Annahme des zunächst Unannehmbaren -des Todes- und der Übergang in eine völlig neue Seinsweise möglich werden.

Zum Erleben von Tod und Wiedergeburt in verschiedenen Kulturen gehören: Abstieg in die Unterwelt, Kämpfe ungeheuren Ausmaßes, Verschlungenwerden, Erfahrungen von Hölle oder reinigenden Feuern, Entfesselung von Naturgewalten, Todesangst, totale Vernichtung, sexuelle Energien, Elemente von Schlamm und Unrat, Tod, Geburtsszenen, Erfahrungen des Göttlichen (nach Grof).

Diese Elemente werden auch im freien, begleiteten Spiel bei unheilbar kranken Kindern deutlich. Bei längerem Krankheitsverlauf können auch mehrere Phasen intensiver Verarbeitung erforderlich sein. Nach einer solchen Zeit finden die Kinder nicht selten neue Möglichkeiten, ihre verbliebene Lebenszeit mitzugestalten. Sie sind offener für Begegnungen, haben wieder altersentsprechende Interessen, zeigen mehr Freude, können sich anderen Menschen neu zuwenden und auch leichter loslassen.

Jedes Kind durchläuft seinen ganz eigenen Verarbeitungsprozeß. Manche Kinder haben erstaunliche seelische Kraft. Für sie scheint es nicht so schwer zu sein. Einige haben große Schwierigkeiten, ohne daß Gründe erkennbar wären. Es ist sehr unterschiedlich, wie ein Kind in diesem Prozeß am besten unterstützt wird.

Meist signalisieren die Kinder - auch die schwerstbehinderten -, welche Weise der Zuwendung ihnen gut tut, welche Ausdrucksmittel möglich und hilfreich sind, wann sie Hilfe brauchen und wann Ruhe, und wann auch Widerstände und Protesthaltungen respektiert werden müssen. Sonderpädagogen und andere Fachkräfte können ebensowenig wie die Eltern den Kindern den existentiellen Verwandlungsprozeß, den Prozeß des allmählichen und vollständigen Loslassens abnehmen. Das Mit-Sein, die Unterstützung des Prozesses, den das Kind durchläuft, kann aber auch den Angehörigen und Fachkräften bei ihrer eigenen Verarbeitung helfen.

Für alle schwerkranken, schwerstbehinderten und sterbenden Kinder ist es wichtig, liebevoll gepflegt zu werden. Dazu gehört auch das Bemühen um Schmerzfreiheit, die in den meisten Fällen erreicht werden kann. Es ist sehr bedeutsam, daß ihre Würde als Mensch im Leben und Sterben geachtet wird, daß ihre Angehörigen bei ihnen sein können, daß sie notwendige Maßnahmen erklärt bekommen, daß sie im Sterben nicht durch medizinische oder pflegerische Maßnahmen gestört werden, die ihnen keine Erleichterung mehr bringen.

Einige Kinder brauchen vom Beginn der Erkrankung an Hilfen für die Verarbeitung dessen, was sie erleben. Helfer können je nach Situation die Eltern sein oder Fachkräfte, die sich dem Kind verständnisvoll zuwenden. Es gibt Kinder, für die eine psychotherapeutische Begleitung wünschenswert ist, mit deren Hilfe sie sich spielend, malend, symbolisch und im Gespräch ausdrücken können und dabei in ihrem Erleben verstanden werden. Von größter Bedeutung ist es, daß die Mitteilungen der Kinder über ihre Befindlichkeit unterstützt und nicht abgewertet werden, auch dann nicht, wenn sie sehr heftig sind. Ein sehr heftiger Verarbeitungsprozeß bedarf eines geschulten Begleiters, der die innere Dynamik und Verläufe solcher Prozesse kennt und der das Geschehen nicht als bedrohlich erlebt und daher abwehrt oder blockiert.

Viele betroffene Eltern brauchen ebenfalls Hilfen. Das Erleben von Krankheit und Sterben des Kindes, die Sorge für das Kind fordern von ihnen sehr viel an persönlichem Bemühen, an Auseinandersetzung und Verarbeitung. Je nach Erkrankung des Kindes geht der Prozeß über Jahre mit immer neuen Phasen von Hoffnung, Kampf, Resignation, Auflehnung, Erschöpfung, Trauer, Annahme. Für manche Eltern sind Selbsthilfegruppen von Familien mit ähnlichen Erfahrungen eine große Stütze. Einige Familien finden Hilfe durch Angehörige, Freunde, in der Gemeinde.

Es sollte aber zum Angebot jeder Institution, die mit schwerstbehinderten und unheilbar kranken Kindern arbeitet, gehören, daß Eltern dort für ihren persönlichen Erlebens- und Verarbeitungsprozeß Verständnis und Hilfe finden (vgl. Tausch 1981).

Nach den vorliegenden Erfahrungen aus Schulungsgruppen für Fachkräfte ergeben sich mehrere vorrangige Arbeitsanliegen. Um diese schwere Arbeit tun zu können und sich in ihr auch weiterzuentwickeln, brauchen Fachkräfte die Möglichkeit, eigene Erfahrungen im Umkreis des Todes auszutauschen und zu verarbeiten. Es ist eine große Hilfe, wenn sie ihre Erfahrungen und Probleme in der Begleitung unheilbar Kranker und Sterbender in einer Supervisionsgruppe bearbeiten können. Auch ihre innere Bewegung, ihr Loslassenmüssen, ihre Trauer braucht Raum. Schließlich können gute Kenntnisse über Sterbe- und Wiedergeburtsprozesse Fachkräften dabei helfen, sterbenden Menschen verständnisvolle Begleiter zu sein.

Literaturverzeichnis:
Grof, S.: Jenseits des Todes. München 1984.
Haupt, U.: Wenn schwerstbehinderte Kinder sterben. In: Fröhlich, A. (Hrsg.): Pädagogik bei schwerster Behinderung. Berlin 1991, 376-383.
Kast, V.: Der schöpferische Sprung. 5. Aufl. Freiburg 1990.
Kübler-Ross, E.: Kinder und Tod. Zürich 1984.
Tausch, A.: Gespräche gegen die Angst. Reinbek 1981.
Tausch-Flammer, D.: Sterbenden nahe sein. Freiburg 1993.

Ursula Haupt

Unterricht

„Die Klage
Im Frühjahr 1973 brachte mein Sohn Leonard aus der Schule einen Brief folgenden In-
halts nach Hause:
>Sehr geehrte Eltern! Ihr Sohn Leonard folgt leider nur dann
aufmerksam dem Unterricht, wenn er interessant ist.< "
(Jurek Becker 1980)

„Langweilig zu sein ist die ärgste Sünde des Unterrichts. "
(Johann Friedrich Herbart 1806)

>Wenn alles schläft und einer spricht ...<, so reimen Schülerinnen und Schüler gelegentlich, >... so heißt das ganze Unterricht<. Entspricht es etwa der Natur der institutionalisierten Schulveranstaltung >Unterricht<, langweilig und uninteressant zu sein? Schon Johann Friedrich Herbart (1776 - 1841), der pädagogische Nachfolger Immanuel Kants auf dem Königsberger Lehrstuhl für Philosophie, hegte gegenüber den pädagogischen Möglichkeiten des institutionalisierten Rituals >Unterricht< erhebliche Skepsis. Für ihn kann Unterricht nur „Ergänzung" von sachlicher *Erfahrung* mit den Erscheinungen der Welt und praktischem *Umgang* mit den Mitmenschen sein, ersetzen kann er diese nicht. In seiner berühmten Schrift *„Allgemeine Pädagogik aus dem Zwecke der Erziehung abgeleitet"* von 1806 untersucht er subtil, was institutionalisierter Unterricht vermag und was nicht, und er beschreibt dies treffsicher in einer schönen Metapher: „Der Unterricht spinnt einen langen, dünnen, weichen Faden; den der Glockenschlag zerreißt, und wieder knüpft; der in jedem Augenblick die eigne Geistesbewegung des Lehrlings bindet, und, indem er sich nach *sei-nem* Zeitmaß abwickelt, *ihr* Tempo verwirrt, ihren Sprüngen nicht folgt und ihrem Ausruhen nicht Zeit läßt" (ebd., 167). In einem von seinem Schüler Sallwürk notierten Aphorismus beklagt Herbart die Tendenz institutionalisierten Unterrichts zu einem didaktischen Rationalismus, der das Individuum und seinen subjektiven Lernprozeß zu wenig berücksichtigt (vgl. Krawitz 1992): „Dem Schulwesen liegt immer ein sehr allgemeines Bedürfnis nach Unterricht für viele zum Grunde. Dabei wird die Wirksamkeit der Lehrmittel vorausgesetzt, aber nicht pädagogisch mit Rücksicht auf die Verschiedenheit der Individuen erwogen" (Herbart/Sallwürk 1896, Bd. 2, 451). Unterricht, der nicht institutionalisiert verkürzt und didaktisch rationalisiert wird, kann auch als ganz individuell-subjektiver Prozeß des Sich-kundig-machens des einzelnen Lernenden verstanden werden. Dazu ist Muße (übrigens die ursprüngliche Bedeutung des lateinischen Wortes >schola< - >Schule<) notwendig, um dem besinnlichen *Anschauen* und dem besonnenen *Begreifen* der einzelnen Lernenden zu ihrem Recht zu verhelfen. In Herbarts Metapher von 1806 heißt es demnach weiter: „Wie anders die Anschauung! Sie legt eine breite, weite Fläche auf einmal hin; der Blick, vom ersten Staunen zurückgekommen, teilt, verbindet, läuft hin und wieder, ver-

weilt, ruht, erhebt sich von neuem, - es kommt die Betastung, es kommen die übrigen Sinne hinzu, es sammeln sich die *Gedanken,* die *Versuche* beginnen, daraus gehen neue Gestalten hervor und wecken neue Gedanken, -überall ist freies und volles Leben, überall *Genuß der dargebotenen Fülle!* Diese Fülle, und dies Darbieten ohne Anspruch und Zwang, wie will es der Unterricht erreichen! - (...) In der That, wer möchte Erfahrung und Umgang bei der Erziehung entbehren? Es ist, als ob man des Tages entbehren, und sich mit *Kerzenlicht* begnügen sollte!" (ebd., 168 f.).

Kann man in diesen bildschönen Sätzen Herbarts von 1806 nicht ein frühes Votum für einen, wie wir heute sagen würden, erfahrungsoffenen Unterricht erkennen, in den die Lebenswelt der Kinder und auch der Lehrer hereingeholt wird; ein Unterricht, in dem die Beteiligten es wagen dürfen, aus dem >Elfenbeinturm< traditioneller gymnasialer akademisch-propädeutischer Wissensvermittlung ebenso auszubrechen wie aus dem „Bildungskeller" (Hiller 1989, 11) weniger attraktiver Bildungsgänge unseres differenzierenden Klassen-Schul-Systems, wie sie vielerorts in Sonderschulen existieren. Dabei sollten allerdings die Möglichkeiten institutionalisierter Pädagogik auch nicht überschätzt werden, denn es ist wohl niemals möglich, das wirkliche Leben im Unterricht der Schule didaktisch verbindlich >abbilden< zu können.

Alfred Petzelt (1886-1967), der Blindenpädagoge und neukantianische Schüler Richard Hönigswalds (1875-1947), hat uns nach 1945 auf eine ursprünglichere und fundamentalere Bedeutung des Wesens von Unterricht aufmerksam gemacht, die weit über den institutionalisierten und rationalisierten Rahmen der Schule hinausgeht. In seiner heuristischen Unterscheidung der beiden praktischen Teilaufgaben der Pädagogik von Unterricht und Erziehung zu „Wissen und Haltung", als der beiden Zielrichtungen individueller Bildung, macht er auf die universelle Aufgabe der Pädagogik, die über die institutionalisierte Schule weit hinausreicht, aufmerksam: „Unterricht und Erziehung gehören zum Ich, welche Verhältnisse sie auch anträfen, und welche Formen sie immer annehmen möchten. Sie begleiten das Ich in jeder Lage und in jedem Alter" (Petzelt 1964, 12). Unterricht und Erziehung aus dieser Sicht sind subjektive *Aufgaben* des jeweils individuellen einzelnen Menschen und nicht *Maßnahmen* pädagogischer Institutionen und deren Repräsentanten. Unterricht als subjektiver Prozeß in der Spannung von Sinnlichkeit und Verstand, Anschauung und Begriff, Erlebnis und Erkenntnis kann pädagogisch nicht verbindlich geplant, gesteuert und vollzogen, sondern immer nur begleitet werden. Denn „das Fürwahrhalten läßt sich nicht mittheilen" (Kant, KrV A 820, B 848, Petzelt 1963). D.h., die Aufgabe der Lehrenden im Unterricht ist nicht die Faktenwissensvermittlung, sondern das Urteilen-lehren. Der Schüler selbst ist die kritische Instanz der argumentativen Beurteilung von Sachen, Situationen und Entscheidungen. Gelehrt werden kann nicht die >richtige< Sichweise der Erscheinungen der äußeren Welt, sondern lediglich die methodischen Möglichkeiten des vernünftigen Argumentierens. Dazu ist der Dialog die ausgezeichnete >Unterrichtsmethode<. Lehrer und Schüler verständigen sich über die jeweils angemessenen Argumente zum Verständnis der infragestehenden Sache bzw. des anstehenden Problems. Monologische Belehrung im Unterricht auf der Basis des angeblich höheren >Sachverstandes< und des entsprechenden

>Erkenntnisvorsprungs< des Lehrers ist bildungsunwirksam, schafft lediglich „Brockenwissen" (Pestalozzi), das für kurze Zeit wohl schwer im Magen liegt, nach erfolgter >Verdauung< jedoch wieder als >Ballaststoff< (eventuell über die Rituale von Klassenarbeit und Klausur) vollständig abgegeben wird, ohne daß es für die Persönlichkeitsbildung des subjektiv lernenden Individuums nachhaltige Wirkung gezeigt hätte. Die subjektive Erlebnisfähigkeit und -möglichkeit des einzelnen Kindes allein ist konstitutiv für einen bildungswirksamen Unterricht.

Diese Einsicht ist in besonderer Weise für den Bereich der Sonderpädagogik bedeutsam. Kindern, Jugendlichen und Erwachsenen, die nicht nach den traditionellen normativen Vorstellungen und Vorgaben lernfähig scheinen, werden die Möglichkeiten selbsttätiger subjektiver Erkenntnis entweder generell abgesprochen (wie beispielsweise Menschen mit geistiger Behinderung) oder aber nur eingeschränkt zugestanden (wie etwa sogenannten lernbehinderten Kindern). Unterricht wird reduziert auf das sogenannte Lebenspraktische, Lebensbedeutsame oder Lebensnotwendige, wobei die Lehrenden mit großer Selbstverständlichkeit davon ausgehen, wohl zu wissen, was das für die betroffenen Kinder zu sein hat.

Dialogischer Unterricht, der das Subjekt als selbsttätigen Konstrukteur seines Erkenntnisprozesses ernstnimmt, geht davon aus, daß das Kind selbst die Möglichkeit hat, seine eigenen vorläufigen Erfahrungen, die vielleicht begrifflich noch wenig strukturiert sind, in den Unterrichtsdialog einzubringen. So entsteht ein fruchtbarer Wechselwirkungsprozeß von Lehren und Lernen. Nicht ein einseitiger monokausaler Kommunikationsablauf vom >wissenden< Lehrer zum >unwissenden< Schüler bestimmt den Unterricht. Der Lehrer gibt vielmehr seine dominante Rolle des wissenden Belehrenden auf. Er muß dabei keineswegs seine Autorität als der erfahrene Erwachsene verlieren. Das pädagogische Verhältnis wird gestaltet als Begegnung prinzipiell gleichwertiger Personen, die jeweils ihre subjektiven Erlebnisse und vorläufigen Begriffe in einem Unterrichtsdialog zusammentragen, um dadurch zu neuen erweiterten Anschauungen und Erfahrungen zu gelangen. Die Dialogpartner suchen dabei nach der Geltung von vernünftigen Argumenten, wobei Lehrer wie Schüler dieselben gleichberechtigt einbringen dürfen. Wird dabei Geltung gefunden, wird *gelernt*. Wer die gültigen Argumente vorbringt, ist gewissermaßen der jeweilige >Lehrer<; wer sie als gültig akzeptiert und in seine eigene subjektive Weltsicht aufnimmt, ist >Schüler<. So sind die Rollen von Lehrer und Schüler im dialogischen Unterricht nicht statisch fixiert, sondern dynamisch flexibel. Der Lehrer erfährt die Sichtweisen seiner Schüler, die Schüler lernen gegenseitig ihre Argumente und subjektiven Erfahrungen sowie die ihres Lehrers kennen (vgl. dazu Heitger 1963 und auch Pöppel 1992; Hintz/Pöppel/Rekus 1993).

Dialogischer Unterricht als wichtiger Teilaspekt des Pädagogischen ist ein kommunikatives Geschehen, in dem der Interaktionsaspekt neben dem Sachaspekt von gleichrangiger Bedeutung ist.

Schon *Kant* als erkenntniskritischer Subjektivist geht in seinen pädagogisch relevanten Aussagen (in der Metaphysik der Sitten von 1797) von einem dialogischen Verständnis von Unterricht aus: „Denn wenn jemand der Vernunft des Anderen etwas abfragen will, so kann es nicht anders als dialogisch, d.i. dadurch geschehen: daß Lehrer und Schüler einander *wechselseitig* fragen und antworten" (Kant, Akademie-Textausgabe, Bd. VI, 478). In der Sicht dieses erkenntnistheoretisch-kritischen Subjektivismus, der die theoretische Grundlage für einen dialogischen Unterricht abgibt, beginnt jeder Erkenntnisprozeß und damit jeder Lernprozeß (der nichts anderes ist als eine besondere Form des Erkenntnisprozesses) im zeitlichen Sinne zunächst mit einem durch sinnliche Anschauung vermittelten *Erlebnis.* Für Kant ist dies „das erste Produkt, welches unser Verstand hervorbringt, indem er den rohen Stoff sinnlicher Empfindung bearbeitet" (Kant, KrV A 1). So gesehen verhält sich das erkennende Subjekt im ursprünglichen Sinne empirisch-induktiv, indem es sich von der umgebenden sinnlich wahrnehmbaren Welt >belehren< läßt. Richtet man aber kritisch den Blick auf die *Bedingungen* dieses vermeintlich intuitiv-kontemplativen, phänomenologischen Prozesses des lernenden und erkennenden Erfahrungserwerbs, wird deutlich, daß erfahrungsbedingende bzw. erfahrungsbegründende Prinzipien diesen Prozeß von Erfahrung und Lernen (a priori) strukturieren. Wir haben damit theoretisch-heuristisch zwei Stränge oder Stämme der lernenden Erkenntnis anzunehmen:

– die *Sinnlichkeit* im Erlebnis lernbarer Zusammenhänge und Fakten

– und den *Verstand* als die ordnende Instanz der Begriffe, die helfen, die diffuse Mannigfaltigkeit der Erlebnisse zu ordnen und kommunizierbar zu machen.

Zwischen diesen beiden Stämmen oszillierend bewegt sich die intellektuelle Entwicklung eines lernenden Kindes, so etwa wie Piaget es mit seiner Theorie des Äquilibrationsprozesses von Assimilation und Akkomodation plausibel beschrieben hat.

Diese erkenntnistheoretische und damit auch lerntheoretische >Zwei-Stämme-Prämisse< vom Zusammenspiel von Sinnlichkeit (Anschauung) und Verstand (Begriffe) kann heuristisch und didaktisch als vereinfachtes Modell für das komplexe, noch immer dunkle und schwer zu analysierende Erkenntnisproblem herangezogen werden, wenn es darum geht, durch Unterricht Kindern selbsttätiges Lernen als begreifende Erfahrung zu ermöglichen. Lernen als Erkennen ist so nicht nur Erkennen von Seiendem (Lehr-Lernstoff im materialen Sinne), sondern auch Erkennen von Erkenntnisstrukturen (Methode im formalen Sinne des spezifischen Zugangs zur Realität). Materiale und formale Aspekte des Unterrichts werden so integrativ aufgehoben im kategorialen Sinne (vgl. Klafki 1959), und Unterricht erhält die Aufgabe,

– dem Schüler die Möglichkeiten zu schaffen, aus der Mannigfaltigkeit der sinnlich gegebenen *Anschauung* subjektiv eine sinnkonstituierende Zusamenschau als Synthese herzustellen

– und durch ordnende *Begriffe* dieser subjektiven Synthese eine kommunizierbare Einheit zu geben.

Dieses Verständnis von lernendem Erkennen im Unterricht in der Wechselwirkung von Anschauung und Begriff erscheint zunächst sehr formalistisch und abstrakt, wenn man nicht die besonderen Möglichkeiten der vorab wirkenden erkennenden Phantasie, als Mittlerin zwischen Anschauung und Begriff, miteinbezieht. Phantasie (Einbildungskraft) liefert ein zusammengesetztes Bild, das der subjektiv Lernende auf den Begriff bringt. Dieses Bild erst wird zum >Gegenstand< des lernenden Erkennens. Es mag zunächst sehr vage sein, holzschnittartig, grobgerastert und jeweils subjektiv sehr unterschiedlich ausfallen. Im Unterricht wird es der eigentliche *Inhalt* des dialogischen Lernens zwischen Schülern und Lehrer. Das lernende Erkennen im dialogischen Unterricht könnte demnach in folgender Weise theoretisch begrifflich gefaßt werden:

- Etwas Diffuses ist der subjektiven Anschauung des Lernenden/Erkennenden gegeben und ist unter den Erkenntnisbedingungen von Raum und Zeit zu erfassen.

- Der Lernende/Erkennende schafft aus diesem Diffusen eine Synthese mit Hilfe seiner subjektiven Phantasie, d.h. er konstruiert sich das Bild eines zusammenhängenden Gegenstandes.

- Der Lernende/Erkennende wendet Begriffe an, um der geschaffenen Einheit des im Bild gewonnenen Gegenstandes die abschließende, aber auch immer nur vorläufige logisch-rationale und kommunizierbare Struktur zu geben, die das subjektive Begreifen im Sinne der Integration in das eigene System (in Piagets Terminologie: Schema) ermöglicht.

Für das didaktisch-methodische Vorgehen in einem dialogischen Unterricht folgt daraus:

- Ein auf subjektive Erkenntnisse ausgerichteter Unterricht ist so zu planen und zu organisieren, daß in erster Linie der subjektive Blick für die diffuse Vielfalt der Sinnlichkeit so geöffnet wird, daß der individuell Lernende zu möglichst vielfältigen und mehrdimensionalen Synthesen der subjektiven Anschauung gelangen kann.

- Der Lehrer hat dabei in seiner Unterrichtsplanung zu berücksichtigen, daß die Struktur des Unterrichtsgegenstandes nie objektiv vorhanden ist, sondern vielmehr die jeweils eigenen subjektiven Erkenntnisse den Gegenstand synthetisch konstruieren und konstituieren. Diejenigen Erkenntnisse, von denen die Unterrichtsplanung des Lehrers ausgeht, lassen sich insofern nicht einfach als Fakten vermitteln. Der jeweilige lernende Adressat muß sie als eigene Erkenntnisse subjektiv selbst erwerben.

- Ohne subjektive Erlebnisse in der Sinnlichkeit als erste Anregung des Lernenden kommt ein Erkenntnisprozeß überhaupt nicht in Gang. Das erfordert, daß der Unterricht nicht ausschließlich die begrifflichen Abstraktionsleistungen des Schülers fördert und fordert, sondern Sinnlichkeit (konkrete Erlebnisse) als Feld der jeweils subjektiven Synthese im dialogischen Lernen ausdrücklich zuläßt.

- Erst danach macht es Sinn, vom Schüler abstrakte Verstandesleistungen im Sinne der Begriffsbildung zu verlangen und >abzufragen<.

- In einem am dialogischen Prinzip der subjektiven Erkenntnis orientierten Unterricht kann als grundsätzliche Voraussetzung die *Bildsamkeit* eines jeden Kindes angenommen werden. Dialogfähig ist *jeder* Mensch dadurch, daß er immer etwas über seine subjektive Weltsicht *ausdrücken* kann, was nicht ausschließlich in einer elaborierten Verbalsprache erfolgen muß, sondern in vielfältigen anderen Ausdrucksformen möglich ist.

Literaturverzeichnis:

Becker, J.: Nach der ersten Zukunft. Erzählungen, Frankfurt am Main 1980.

Heitger, M.: Die dialogische Grundstruktur des Pädagogischen. In: Fischer, W. (Hrsg.): Einführung in die pädagogische Fragestellung, Teil II, 83-106, Freiburg 1963.

Herbart, J. F.: Allgemeine Pädagogik aus dem Zweck der Erziehung abgeleitet (1806) (neu herausg. von H. Holstein, Bochum o. J.).

Herbart, J. F.: Pädagogische Schriften, 2 Bände (hrsg. von F. Bartholomäi, neu bearb. von E. von Sallwürk), Langensalza 1896 (6. Aufl.).

Hiller, G. G.: Ausbruch aus dem Bildungskeller. Pädagogische Provokationen. Langenau-Ulm 1989.

Hintz,D. / Pöppel, K.G. / Rekus, J.: Neues schulpädagogisches Wörterbuch. München 1993.

Kant, I.: Werke, Akademie-Textausgabe von 1902 ff., Band I bis IX. Berlin 1968.

Klafki, W.: Das pädagogische Problem des Elementaren und die Theorie der kategorialen Bildung. Weinheim 1959.

Krawitz, R.: Pädagogik statt Therapie. Vom Sinn individualpädagogischen Sehens, Denkens und Handelns. Bad Heilbrunn 1992.

Petzelt, A.: Kant: „Das Fürwahrhalten läßt sich nicht mitteilen". Eine Studie zum Problem des Dialogs im Lehrer-Schüler-Verhältnis. In: Fischer, W. (Hrsg.): Einführung in die pädagogische Fragestellung, Teil II, 9-61. Freiburg 1963.

Petzelt, A.: Grundzüge systematischer Pädagogik. Freiburg 1946 (3. Aufl. 1964).

Pöppel, K.G.: Unterrichten - Grundzüge und Gestaltungsformen des Lehrens und Lernens. Hildesheim, Zürich, New York 1992.

Rudi Krawitz

Verhaltensauffälligkeit

Auffälligkeiten, Abweichungen, Probleme, Schwierigkeiten, Störungen - verschiedene Begriffe werden (wie so oft) auch im Zusammenhang mit dem hier thematisierten Syndrom verwendet. Dabei hat die Bezeichnung „Verhaltens-Störung" mittlerweile besonders weite Verbreitung gefunden. Die Definition, was denn eine Verhaltensauffälligkeit oder -störung sei, ist allerdings stark von der jeweils zugrundeliegenden theoretischen Ausrichtung des Definierenden abhängig - und schließt damit bereits unterschiedliche Erklärungsmodelle mit ein. Generell handelt es sich bei Verhaltensauffälligkeiten um abweichendes, „gestörtes" Verhalten, wobei irgend jemand definieren muß, wann ein Verhalten abweicht bzw. „stört" - von welchen Normen es abweicht und wen es stört; andere oder das Individuum selbst. Diese Festlegung geschieht in aller Regel durch *die Gesellschaft* - und viel konkreter durch bestimmte Individuen, welche die Macht dazu besitzen, das Verhalten anderer (im positiven Falle bei Auswahl bestimmter Kriterien und Prinzipien) zu beurteilen.

Faßt man Verhaltensauffälligkeiten unter die neurotischen Verhaltensweisen, so gelten nach Kraiker (1977) die folgenden generellen Eigenschaften:

- längere Andauer der Verhaltensweisen
- Ausschluß organischer Schäden als unmittelbarer Ursache
- Ausschluß psychotischer Verhaltensweisen
- entstanden durch bestimmte Erfahrungen in der Persönlichkeitsentwicklung
- Vorliegen von Leidensdruck bei gleichzeitig geringem Bewußtsein, geringem Verständnis und geringer Kontrolle des Phänomens

Weiterhin müssen primär auf kognitive sowie motorische Leistungen zurückgehende Schwierigkeiten hier ausgenommen werden. Somit bleiben Auffälligkeiten im Bereich der Verhaltensstile, der Motive, des Selbstbildes und der Gefühle und Stimmungen (vgl. Seitz 1991, 9f.). Solche Auffälligkeiten stellen gemäß ökologisch-systemischem Verständnis ein Zusammenspiel von Person, Umwelt und Situation dar (Gruber/Ledl 1992, 55).

Im vorliegenden Zusammenhang wird der Bezeichnung „Verhaltensauffälligkeiten" gegenüber jener der „Verhaltensstörungen" der Vorzug gegeben. Zwar kann Störung mit Seitz (1982, 13) im Sinne des Regelkreisdenkens als Störung des Funktionsgleichgewichtes im Person-Umwelt-Bezug verstanden werden, wodurch eine reine Personzuschreibung dann gerade vermieden wird. Die „Störung" spielt sich zwischen Person und Umwelt/Situation ab. Umgangssprachlich ist es allerdings so, daß dem „Störungs"-Begriff gegenüber „Auffälligkeiten" ein schwerwiegenderer Bedeutungshorizont zukommt; er besäße dann Berechtigung allenfalls für gravierendere Auffälligkeiten, die noch dazu von persönlichem Leidensdruck begleitet sind - das Individuum fühlt sich selbst durch eigene Verhaltensweisen gestört. Bestehen bleibt zusätzlich immer noch das Problem, daß der Begriff der „Störung" - auch weil er in der Regel von außen herangetragen wird -, ob intendiert oder nicht, eine gewisse Objektivität suggeriert - damit sollte man gerade im vorliegenden Zusammenhang sehr vorsichtig umgehen (vgl. Tischner 1993, 2f.).

Wenn Verhaltensauffälligkeiten in der Schule auftreten, ist eine zusätzlich besondere Situation gegeben, denn das System Schule-Schüler besitzt seine Eigendynamik. Ähnlich wie im Falle von Konzentrationsstörungen (vgl. Kleber/Stein 1993) ist vor allem zu hinterfragen, ob das Kind bzw. der Jugendliche womöglich aus bestimmten Gründen Schule generell ablehnt und damit oder aus anderen Ursachen heraus ein massives Motivationsproblem den Störungen zugrunde liegt. Das Bedingungsgefüge ist hier äußerst komplex.

Besonderes Augenmerk verdient noch der Begriff des Leidensdruckes. Üblicherweise wird er dem Individuum zugeschrieben und ist, wie gezeigt, ein Kriterium für neurotische Verhaltensweisen. Dies ist prinzipiell sinnvoll, weil so das Risiko verringert wird, von außen Maßstäbe zu setzen. Bezogen auf Verhaltensauffälligkeiten darf es sich allerdings nur um ein Kann-Kriterium handeln. Es sollen solche Fälle nicht ausgeschlossen werden, in denen etwa ein Schüler seine Mitschüler ständig stört, ohne selbst unter dieser Situaton subjektiv zu leiden (vgl. Seitz 1991, 7f.). Mit der Feststellung von Verhaltensauffälligkeiten in Fällen, in denen kein Leidensdruck vorliegt, muß jedoch besonders reflektiert und verantwortungsvoll umgegangen werden, da hier gesellschaftliche Macht zur Definition einer Abweichung genutzt wird.

Wann sollte, jenseits umgangssprachlicher Bezüge, in wissenschaftlichem und pädagogischem Sinne von einer ernsthaften Verhaltensauffälligkeit gesprochen werden? Auf diesen Aktionsraum praktischer Pädagogik bezogen kann als Maxime zur Beurteilung von Verhaltensweisen in dreierlei Sinne der kategorische Imperativ von Kant herangezogen werden, den Petzold (1985, 86) sehr treffend in folgender Beschreibung abgemildert formuliert hat: *„Engagierte Verantwortung ist für mich ein anthropologischer Imperativ, der besagt, so zu handeln, daß mein Tun vor Menschen mit klarsichtigen und liebevollen Herzen bestehen kann."* (Unterstreichungen im Original hier kursiv gesetzt.)

Diese Leitlinie kann dem Pädagogen einerseits dazu dienen, Handlungen und Verhalten zu beurteilen - andererseits ist sie im Sinne einer Zieldefinition auch zur Vermittlung an andere geeignet, deren Verhalten als auffällig definiert wurde. Um diese Vermittlung überhaupt glaubwürdig zu machen, muß das Prinzip jedoch drittens vom Pädagogen selbst vorgelebt werden. Damit besitzt es umfänglichen, glaubwürdigen, praktikablen Charakter.

Bei gehäuft auftretenden Verhaltensauffälligkeiten gilt es zunächst, mögliche organische Ursachen zu erkennen bzw. auszuschließen (vgl. hierzu auch die Beiträge zu *MCD* und *Hyperaktivität* im vorliegenden Band) - dies erfordert die kooperative Hinzuziehung eines Arztes. Erst dann kann ein pädagogisch-psychologisches Modell der Diagnose, Erklärung und Handlung greifen.

Wer Verhaltensauffälligkeiten erklären will, sieht sich in aller Regel einem sehr komplexen System gegenüber. Es kann jedoch nicht fruchtbar sein, angesichts dessen in hilfloser Manier zu Simplifizierungen zu greifen. Jeder pädagogisch Handelnde sollte sich dieser Komplexität stellen, denn sie auch nur teilweise zu durchdringen heißt schon einen Erfolg zu verbuchen gegenüber dem Rückgriff auf pauschalisierende Erklärungen und Dogmatismen. Zur Genese von Verhaltensauffälligkeiten existieren verschiedene Modelle. Neben rein psychologischen Aspekten können genetische, biochemische, neuropsychologische, soziale und ökologische Faktoren genannt werden (vgl. Wittling 1980). Modelle zur Erklärung und Behandlung bieten v.a. Psychoanalyse, Lernpsychologie, Kognitionspsychologie sowie verschiedene Richtungen Humanistischer Psychologie (Selbstkonzepttheorie nach Rogers, Gestalttherapie usw.; vgl. dazu Hansen/Seitz 1991, die auf konkrete Verfahrensweisen eingehen, sowie Prengel 1989).

Einige praktische Handlungsrichtlinien im Angesicht von Verhaltensauffälligkeiten seien herausgestellt:

Auffälliges Verhalten tritt fast ausnahmslos in sozialen Situationen auf, in denen ein oder mehrere Partner beteiligt sind. Insofern ist im Sinne des gestalttherapeutischen Modelles und seiner Methoden dem Kontakt zwischen der verhaltensauffälligen Person und dem pädagogisch-professionellen Gegenüber (sowie weiteren Beteiligten) besondere Bedeutung zu schenken. Der Pädagoge sollte dabei im Rogers'schen Sinne einfühlsam, zugewandtakzeptierend und echt sein (Hansen 1991, 91) - jedoch sich und seine Person auch unbedingt eindeutig abgrenzen können. Auf diesem Wege ist ein wirklicher, verbindender und klarer zwischenmenschlicher Kontakt möglich - wichtigstes Element und Anker einer pädagogischen Situation, in der Zuwendung und Annahme gegeben werden (im Sinne von Petzold 1985, 85). Der gestalttherapeutische Ansatz legt aber auch den Einsatz verschiedenster Methoden im Sinne einer Ganzheitlichkeit von Denken, Sprechen, Fühlen und Tun nahe (siehe zur Konkretisierung auch den nächsten Abschnitt). Das Hier-und-Jetzt-Prinzip prägt die Situation; was in den Vordergrund tritt, wird im Rahmen der Möglichkeiten aufgenommen; Störungen gehen vor (vgl. auch Themenzentrierte Interaktion nach Cohn 1978). Sind pädagogische Situationen weitestmöglich nach diesen Prinzipien gestaltet, so fallen eine ganze Reihe von Verhaltensauffälligkeiten weg, da eine große Handlungsfreiheit der beteiligten Individuen gestattet ist. Dies gilt insbesondere für Verhaltensauffälligkeiten in schulischen Situationen, welche den Einsatz von Methoden wie Freiarbeit und Wochenplanung nahelegen.

Als Methode an sich als auch im Zusammenhang mit einem gestaltpädagogischen Modell können Rollenspiel und künstlerische Medien Einsatz finden. Hier wird durch Handeln als auch durch Ausdruck über Medien *Bezug* und *Kontakt* zwischen Menschen sowie zu vergangenen Erlebnissen und Erfahrungen hergestellt, die heutige Verhaltensweisen und Gewohnheiten geprägt haben. Auf diese Weise werden solche „alten" Ursprünge bewußt, können neu erlebt, überdacht und ggf. überwunden oder auch reintegriert werden.

Schließlich erweisen sich im Falle raschen Handlungsbedarfs auch verschiedene Verfahrensweisen der Verhaltenstherapie als durchaus praktikabel, wenn rasches Handeln angezeigt ist. Prinzipiell muß jedoch gewährleistet sein, daß die Würde der Person und Gleichwertigkeit der Partner anerkannt werden - dies ist z.B. in Form der in der Verhaltenstherapie üblichen Verträge möglich, *wenn* diese von *beiden* Seiten freiwillig und eigenverantwortlich geschlossen werden.

Verhaltensauffälligkeiten sind also

- Phänomene in einem in der Regel sehr komplexen Bedingungsgefüge,
- stets definitionsabhängig,
- häufig in der Situation eines Machtgefälles entstanden,
- oft, aber nicht immer, mit Leidensdruck des Betroffenen verbunden,
- in kooperativem Miteinander anzugehen,
- bei Schaffung einer möglichst liebe- und verständnisvollen, zugewandten, ehrlichen und klaren Situation.

Literaturverzeichnis:
Cohn, R.C.: Von der Psychoanalyse zur themenzentrierten Interaktion. Stuttgart 1978.
Gruber, H. / Ledl, V.: Allgemeine Sonderpädagogik. Wien 1992.
Hansen, G.: Diagnostik und Behandlung von Verhaltensstörungen. In: Hansen, G. / Seitz, W.: Entstehung und Behandlung von Verhaltensstörungen im Kindes- und Jugendalter. Pfaffenweiler 1991, 47-96.

Kleber, E.W. / Stein, R.: Konzentrationsprobleme - Fehldiagnose oder Zeitkrankheit. In: Heilpädagogische Forschung 19(4) 1993, 147-152.

Kraiker, C.: Der Begriff der Neurose. In: Pongratz, L. (Hrsg.): Klinische Psychologie, 1. Hbd. (Hb. der Psychologie Bd. 8). Göttingen 1977, 435-456.

Petzold, H.G. / Schmidt, C.J. (Hrsg.): Gestalttherapie - Wege und Horizonte. Paderborn 1985.

Prengel, A.: Gestaltpädagogik. In: Goetze, H. / Neukäter, H. (Hrsg.): Handbuch der Sonderpädagogik, Bd. 6 - Pädagogik bei Verhaltensstörungen. Berlin 1989, 793-803.

Seitz, W.: Verhaltensstörungen und Erziehungsschwierigkeiten im Schulalter. In: Rost, D.H. (Hrsg.): Erziehungspsychologie für die Grundschule. Bad Heilbrunn 1982, 11-43.

Seitz, W.: Erscheinungsweise und Prozesse der Entwicklung von Verhaltensstörungen. In: Hansen, G. / Seitz, W.: Entstehung und Behandlung von Verhaltensstörungen im Kindes- und Jugendalter. Pfaffenweiler 1991, 7-46.

Tischner, W.: Die Erziehung verhaltensauffälliger Kinder und Jugendlicher. In: Zeitschrift für Heipädagogik 44(1) 1993, 2-15.

Wittling, W. (Hrsg.): Handbuch der Klinischen Psychologie, Bd. 3 - Verhaltensstörungen: Konzepte und Determinanten. Hamburg 1980.

Roland Stein

Vorurteile

Über das Thema >Vorurteile< ist innerhalb der humanistischen Schule bislang nur wenig nachgedacht worden. Binnen der Sozialwissenschaften gehört es traditionellerweise eher in das Forschungs- und Lehrgebiet der Sozialpsychologie und Soziologie. Die hier formulierten Gedanken geben einen ersten humanistischen Annäherungsversuch an das Thema wieder. Zunächst soll in einige allgemeine zentrale Beschreibungsmerkmale von Vorurteilen eingeführt werden.

Vorurteile sind Urteile, die a) gefällt werden, ohne ihre Gültigkeit in und an der Wirklichkeit zu überprüfen, die b) eine negative Bewertung beinhalten und die c) fast ausnahmslos verzerrend oder falsch sind. Je weniger die Möglichkeit und auch ein Interesse der Urteiler besteht, fehlerhafte Urteile zu korrigieren, desto wahrscheinlicher bleiben sie dauerhaft lebendig, werden nicht selten sogar in den Stand von allgemein akzeptierten Wahrheiten gehoben. Besonders problematisch sind Vorurteile, weil die negative Bewertung den Urteiler für ein gewisses Verhalten dem mit Vorurteilen versehenen Menschen gegenüber prädisponiert. So wird beispielsweise das vielverbreitete, völlig abwegige Vorurteil „Geistigbehinderte sind aggressiv" dazu führen, den Kontakt mit geistig behinderten Menschen zu meiden oder im Kontakt mit ihnen ständig mit der Angst zu leben, im nächsten Moment einen Faustschlag ins Gesicht zu bekommen.

Aus dem bisher Gesagten lassen sich (in Anlehnung an die sozialpsychologische Einstellungsforschung) unter analytischen Gesichtspunkten drei Komponenten von Vorurteilen identifizieren, die freilich nur im Sinne einer ganzheitlich-systemischen Personsicht verstanden werden sollen. D.h., sie treten in der Realität nie als separate Einheiten auf, sondern als miteinander in Zusammenhang stehende, wobei von Fall zu Fall jeweils eine im Erlebnis-vordergrund der vorurteilenden Person stehen wird. Zu nennen sind

- kognitive (etwa „Behinderte sind oft depressiv", betrifft eher vermeintliches Wissen, ungeprüfte Meinungen, Vorstellungen oder Überzeugungen),

- affektive (etwa „Behinderte sind zu bemitleiden, sind arm dran", betrifft eher die Ge-fühlswelt des Vorurteilsträgers) und

- verhaltensbezogene Komponenten (z.B. „Geistigbehinderte sollen nicht in Regelschulen integriert werden, weil die Leistungsfähigkeit der nichtbehinderten Kinder darunter lei-det", betrifft das daraus resultierende diskriminierende Verhalten).

Vorurteile gegenüber behinderten Menschen sind nach wie vor sehr verbreitet. Dabei lassen sich, wie die empirische Einstellungsforschung ausweist (vgl. insbesondere Cloerkes 1985), innerhalb der sozialen Kategorie >Menschen mit Behinderung< bedeutsame Binnendiffe-renzierungen feststellen. Als eine wichtige Determinante gilt im allgemeinen die Art der Behinderung. So werden Kinder und Erwachsenen mit einer geistigen Behinderung nega-tiver bewertet als körperbehinderte Menschen. Stark physische Abweichungen (z.B. Ent-stellungen im Gesicht, mimische Ausdrucksbesonderheiten wie etwa bei Menschen mit Cerebralparese), die zwangsläufig eine hohe Sichtbarkeit aufweisen, werden ähnlich beur-teilt wie eine geistige Behinderung. Cloerkes (a.a.O., 253) schließt seine Analyse des em-pirischen Forschungsstandes wie folgt: „Entscheidend ist nicht die absolute Schwere einer Behinderung, sondern a) das Ausmaß ihrer Sichtbarkeit sowie b) das Ausmaß, in dem sie die Erfüllung gesellschaftlich hochbewerteter Funktionsleistungen beeinträchtigt."

Als unter humanistischen Gesichtspunkten sehr interessant im Zusammenhang mit dem Zustandekommen und der Aufrechterhaltung von Vorurteilen - gerade auch im Hinblick auf Möglichkeiten zur Korrektur - kann eine funktionale Analyse auf Persönlichkeitsebene dienen, also das Suchen nach Antworten auf die Frage: Zu welchem Zweck dienen Vorur-teile dem Vorurteilsträger? Hier werden gemeinhin drei Funktionen unterschieden:

- *Aggressionsverschiebung*: Vorurteile dienen dazu, aggressive Bedürfnisse, die ur-sprünglich auf andere Menschen gehörten, auf Personen zu verschieben, die schwächer sind und von denen wenig Gegenwehr erwartet wird.

- *Schutz vor Verlust des Selbstwertgefühls*: Je geringer das Selbstwertgefühl eines Men-schen ist, desto eher hat er das Bedürfnis, sich selbst dadurch aufzuwerten, indem er Menschen als unter ihm stehend, als minderwertiger, als schlecht beurteilt.

- *Reduktion von Unsicherheit*: Vorurteile dienen dazu, Sicherheit in einer immer diffe-renzierteren und unüberschaubareren Welt zu gewinnen. Dinge und Menschen, zu denen kein Kontakt in der Vergangenheit möglich war, rufen bei Erstkontakt so gut wie immer emotionale Unbehaglichkeit hervor, weil Interaktionsregeln bislang nicht gelernt werden konnten. Jeder kennt die Unsicherheit, einem Blinden, der eine vielbefahrene Straße überqueren möchte, Hilfe anzubieten. Vorurteile wie >die (Blinden) wollen keine Hilfe<

mit entsprechender Kontaktvermeidung sind sicherer, als sich auf das >Wagnis< des Kontakts einzulassen.

Aus dem vorher Gesagten lassen sich Persönlichkeitsmerkmale ableiten, die Menschen mit einem bestimmten Persönlichkeitsprofil als besonders >gefährdet< für die Übernahme und den >Gebrauch< von Vorurteilen ausweisen. Diese Merkmale sind von der empirischen Forschung weitestgehend bestätigt worden. Vorurteilsvolle bzw. -anfällige Menschen sind im Durchschnitt ängstlicher, haben ein negatives Selbstkonzept (speziell ein niedriges Selbstwertgefühl) und einen erhöhten Konformitätsdruck (beschreibt das Bestreben, gängige Meinungen zu vertreten und keine eigene Meinung zu haben). Wahrscheinlich scheint dabei eine direkte inhaltliche Verbindung zum mangelndem >self-support< (deutsch Selbstunterstützung) für bestimmte Teilbereiche der eigenen Persönlichkeit. So wird jemand, der sich verstärkt mit der Funktionstüchtigkeit seines eigenen Körpers beschäftigt (und damit wenig Unterstützung für körperliche Schwächen, Krankheiten, körperlichen Zerfall, Altwerden usw. hat), eher Vorbehalte gegenüber Menschen mit einer Körperbehinderung haben als jemand, dessen größte Angst es ist, zu >verblöden< und der >funktionierende Kognition< als für sich höchst erstrebenswertes Ideal ansieht. Letzterer wird wahrscheinlich eher Vorurteile gegenüber geistig behinderten Menschen haben. Festzuhalten bleibt in jedem Falle, daß Vorurteile gegenüber behinderten Menschen nicht angeboren sind, sondern >vom Menschen gemacht<.

Abschließend sollen nun einige Vorschläge zur Prävention und Korrektur von Vorurteilen angesprochen werden. Diese bewegen sich gemäß der diesem Band zugrundegelegten anthropologischen Grundidee in erster Linie auf der Person- und Kontaktebene. Damit soll nicht bestritten werden, daß Vorurteile - und hier insbesondere der Aspekt ihrer inhaltlichen Ausgestaltung (d.h. gegenüber welchen Personen und Gruppen besonders häufig Vorurteile gebildet werden) - immer durch gesellschaftliche Determinanten mitbestimmt werden. Eine entsprechende Analyse würde aber das humanistische Wissenschaftsparadigma überfordern.

Als unter Präventionsgesichtspunkten nicht oft genug zu betonende Bedingung kann ein möglichst alle Personanteile unterstützendes Erziehungsklima gelten. Dabei kommt es grundsätzlich darauf an, a) Kinder in sämtlichen emotionalen Befindlichkeiten wertzuschätzen und zu respektieren (insbesondere bei Gefühlen von Trauer, Minderwertigkeit, Schwäche, Angst), sie vor allem in diesen Gefühlen ernstzunehmen und ihnen *Beziehung* anzubieten, b) ihnen gleichzeitig Achtung und Würde vor anderen und andersartigen Menschen zu gebieten (welches sich im übrigen quasi automatisch einstellt, wenn sie selbst mit Achtung und Würde erzogen werden), c) ihnen ökologische Lern- und Erziehungsbedingungen zu gewähren, die ihren jeweilig im Vordergrund stehenden Bedürfnissen Rechnung tragen (ohne aber die Bedürfnisse der Erzieher hintanzustellen), d) für eine angstfreie Erziehungsatmosphäre Sorge zu tragen und nicht zuletzt e) ihnen das Recht auf eine eigene Meinung zuzugestehen (d.h. mit ihnen zu sprechen und zu diskutieren, ohne ihnen die eigene Meinung aufzudrängen und somit das Entstehen >blinder< Konformität zu schüren).

Als sowohl in präventiver wie auch korrektiver Hinsicht Vorurteile gegenüber behinderten Menschen positiv beeinflussend muß der (möglichst frühzeitige) soziale Kontakt zwischen ihnen und Nichtbehinderten gelten (siehe dazu auch den Beitrag von Krawitz zur *Integration*). Je früher dies geschieht - nach Möglichkeit bereits im Kindergarten -, desto weniger werden behinderte Kinder Opfer von *Vor*-Urteilen. Dem Ermöglichen von Kontakt kann jedoch nicht per se ein positiver Effekt in puncto Verhinderung und Veränderung von Vorurteilen zugeschrieben werden. Von entscheidender Bedeutung ist die Art und die Qualität des Kontakts. Ein >schlechter< Kontakt (z.B. unbefriedigende Kontakterlebnisse, Zwangscharakter des Kontakts, unpersönliche und oberflächliche Zufallskontakte) kann sogar eher eine Verfestigung von Vorurteilen bewirken. Als positive Bedingungen können zum Beispiel genannt werden: Freiwilligkeitscharakter, positive Grundstimmung der Interaktionspartner, Statusgleichheit, gemeinsame Aufgaben und Ziele, Intensität des Kontakts, persönliches Engagement und schlicht Freude am Kontakt.

Nun noch eine abschließende Bemerkung zur Korrektur von Vorurteilen: Es ist durchaus nichts >Unmenschliches< oder >Böses<, Vorurteile zu haben. Jeder Mensch hat sie. Entscheidende Vorstufe für Veränderungen ist die Bewußtheit darüber, selbst vorurteilend zu sein. Jemand, der sich bewußt über seine Vorurteile ist und sich mit ihnen auseinandersetzt, neigt erfahrungsgemäß weniger zu diskriminierendem Verhalten als jemand, der sich selbst als vollkommen vorurteilsfrei einschätzt. Der erste Schritt für die Korrektur von Vorurteilen besteht deshalb zunächst einmal in der Schärfung der Bewußtheit, der zweite in der Selbstakzeptanz für sich selbst als vorurteilender Person. Auch Änderungsversuche bei anderen Menschen sollten nicht >mit der Tür ins Haus fallen< (etwa mit Manipulationsstrategien, Überredungskünsten, moralischen Appellen), sondern die Vorurteile auch als aus der Sozialisation des einzelnen nachvollziehbare, gewachsene Kontaktstrategien begreifen. Mit dem so entgegengebrachten Respekt und der eben nicht vor-verurteilenden Wertschätzung der vorurteilenden Person gegenüber - natürlich bei gleichzeitiger Verdeutlichung des eigenen Standpunktes - wird erfahrungsgemäß der effektivere Weg beschritten.

Literaturverzeichnis:
Cloerkes, G.: Einstellung und Verhalten gegenüber Behinderten. 5. Auflage. Berlin 1985.

Gerd Hansen

Werkstatt für Behinderte

Für all jene, die aus Gründen der Behinderung vorübergehend oder generell nicht an regulären Arbeitsplätzen tätig sein können, sollen die Werkstätten für Behinderte (WfBs) eine Ergänzung des Arbeitsmarktes anbieten. Sie sind entstanden aus den früheren >Beschützenden< oder >Beschützten< Werkstätten, welche größtenteils Geistigbehinderten vorbehalten waren. Die WfBs hingegen stehen prinzipiell allen Behinderungsarten offen, wobei das Schwergewicht wiederum die Geistigbehinderten stellen, gefolgt von Körperbehinderten und anderen Behinderungsformen (u.a. Sinnes- und psychisch Behinderte; vgl. Institut für Sozialrecht 1972, 22ff.). Während die >Beschützenden Werkstätten< ihre Funktion v.a. in einer Beschäftigung und Förderung der Persönlichkeit der Behinderten sahen, stellen die WfBs bewußt Leistungsanforderungen und wollen damit die Möglichkeit bieten, gesellschaftlich verwertbare Arbeit zu leisten (Krenzer 1979). Wesentlicher Startpunkt für die Einrichtung der Werkstätten und ähnlicher Institutionen war die Gründung der >Bundesvereinigung: Lebenshilfe für das geistig behinderte Kind e.V.< 1958.

Die rechtlichen Grundlagen bieten das Arbeitsförderungsgesetz sowie das Schwerbehindertengesetz. Die Tätigkeit in WfBs wird damit jenen Geistigbehinderten eröffnet, deren Leistungsfähigkeit mindestens ein Drittel von jener eines Nichtbehinderten ausmacht, die eine (nicht nur vorübergehende) Erwerbsfähigkeitsminderung von mindestens 50 % aufweisen und die in der Lage sind, „ein Mindestmaß wirtschaftlich verwertbarer Arbeit zu erbringen" (Weichlein 1979, 500). Vor die endgültige Aufnahme wird eine Beobachtungszeit (Hagemeister 1977, 65) sowie in Zweifelsfällen ein vierwöchiges bis dreimonatiges Eingangsverfahren gesetzt (Dürr 1992, 156f.). Obwohl man sich also offensichtlich bemühte, objektivierbare Beschreibungskriterien für die Klientel der Werkstätten zu finden, müssen diese (wie oben sichtbar) natürlich mehr oder weniger schwammig bleiben. So kommt eine zusätzliche Verstärkung der ohnehin breiten Streuung dieser Klientel zustande, da die Aufnahme letztendlich, wie auch Hagemeister (1977, 64) betont, von „mehr oder weniger subjektiven Entscheidungen abhängig" ist.

Das Prinzip des >Beschützens< oder >Beschützt-Seins< trifft natürlich auch auf die WfBs zu, indem sie ihren Insassen angesichts der Leistungsansprüche der umgebenden Arbeits-Entlohnungs-Gesellschaft einen Schonraum gewähren. Wie zwiespältig der frühere Name jedoch ist, zeigt sich an den Vorurteilen und Emotionen, die aus Verhaltens- und organischen Normen herausfallenden Menschen entgegengebracht werden - eine Untersuchung von v. Bracken (1976) ist Beleg dafür und zeigt Reaktionen von Unsicherheit und Angst bis zu Ekel und Abscheu. Es fragt sich, wer hier vor wem >beschützt< werden soll in einer Gesellschaft, die durch Abschieben in Randzonen das Tolerieren des Andersseins zumindest in dieser Hinsicht teilweise verlernt hat.

Der Verdacht des Abschiebens in Randbereiche ergibt sich noch von anderer Seite: Im Jahre 1972 wurde den Werkstätten für Behinderte ein >Schattendasein< bescheinigt (vgl. Institut für Sozialrecht 1972, 1) - dies scheint in den nachfolgenden 20 Jahren kaum eine Änderung erfahren zu haben, denn eine Sichtung der vorliegenden Literatur zu diesem Themenkomplex fällt äußerst dürftig aus, wenn man einen Vergleich zu im Prinzip ähnlich gewichtigen anderen Thematiken zieht. Dies mag in Problematiken begründet liegen, die der Idee solcher Werkstätten innewohnen.

Verschiedentlich wird die mangelhafte Ausbildung der Betreuer in den WfBs kritisiert (etwa Seifert 1987), insbesondere, was die sonderpädagogische Qualifikation anbelangt -

ein Defizit, das in erheblichem Maße auch andere Einrichtungen im Feld der Rehabilitation betrifft und dessen Lösung mit Zusatzinvestitionen verbunden wäre: Finanzen der öffentlichen Hand und Engagement der jeweiligen Mitarbeiter.

Umstrittenster Aspekt der WfB ist die „Zwitterstellung" zwischen zwei Aufgabenbereichen: zum einen jenem der Betreuung und Beschäftigung der ihr anvertrauten Individuen, zum anderen dem eines wirtschaftlich agierenden Betriebes, folgend den Prinzipien der Gewinnoptimierung und -maximierung (vgl. etwa Hagemeister 1977, 65 oder Seifert 1987, 154). Die letztgenannte Aufgabe soll hier keine prinzipielle Ablehnung erfahren, denn erstens können so, wo sinnvoll möglich, öffentliche Gelder eingespart werden, zweitens erfahren die Tätigen über das Erwirtschaften von Gewinn eine Bestätigung gesellschaftlichen Nutzens. Allerdings können aus der Unterbringung beider Rollen unter einem Dach durchaus Probleme erwachsen: Berufliche Arbeit mit all ihren Nebenaspekten nimmt in unserer Gesellschaft eine übermächtige Rolle ein - dies kann auch an >beschützenden< Einrichtungen kaum vorbeigehen. Daß diesbezüglich erhebliche Konflikte bestehen, belegt der Aufruf einer Reihe von Gruppenleitern aus Werkstätten und Wohnheimen für Behinderte in der Zeitschrift „Behindertenpädagogik" (1990, 229f.), wo es u.a. heißt:

„- Die vorwiegende Ausrichtung der Werkstätten für Behinderte auf Produktion wird Behinderten und Betreuern immer weniger gerecht. - Die Werkstätten verkommen zu Pseudo-Industriebetrieben."

Es wird anschließend gefordert, die Arbeit stärker an Bedürfnissen und Fähigkeiten der Behinderten auszurichten und den Menschen wieder in den Mittelpunkt zu stellen. - Angesichts der Tatsache, daß die Gewinnorientierung der WfBs sowohl aus ökonomischen als auch aus pädagogischen Gründen durchaus zu befürworten ist, sollte versucht werden, die teilweise unvermeidlichen Widersprüche partnerschaftlich zu lösen. Man darf auch nicht übersehen, daß sich Institutionen dieser Art, einmal geschaffen, in verschiedenerlei Sinn selbständig machen - mögen sie nun WfB, Berufsbildungswerk, Berufsförderungswerk oder anders heißen. Es entsteht rasch die (verständliche) Tendenz zur Selbsterhaltung und, darüber hinaus, i.d.R. zur Ausdehnung - von daher sind Kontrollinstanzen unerläßlich, welche derlei Entwicklungen kritisch und mit eingreifender Kompetenz ausgestattet begleiten.

In letzter Zeit ist darüber diskutiert worden, inwiefern eine Art Berufsausbildung auf reduziertem Niveau in WfBs möglich sein könnte - auch im Sinne einer verstärkten Integration der Behinderten. Zwar gibt es einen Arbeitstrainingsbereich, der in zwei aufeinander aufbauenden, i.d.R. je zwölfmonatigen Kursen in arbeitende Tätigkeit einführen soll - jedoch existieren hinsichtlich einer tatsächlichen Berufsausbildung bislang nur Modelle (Dürr 1992). Naheliegend war die Konzipierung einer „Berufsbildung zum Serienfertiger" (Baumann 1979) in den späten 70er Jahren, deren Zukunft jedoch angesichts der einsetzenden Automatisierung fragwürdig sein mußte. Wenn nun hehre (und durchaus begrüßenswerte) Forderungen hinsichtlich geeigneter Arbeitsbereiche für Behinderte erhoben werden - etwa bei Dürr (1992, 148ff.), der Erfolgserlebnisse, Vielfältigkeit, Sozialkontakte, Abwechslung, subjektive Sinnhaftigkeit nennt -, so ist kritisch mitzudiskutieren, daß diese

228

Aspekte beruflicher Tätigkeit für einen Großteil der *nicht-behinderten* Bevölkerung keineswegs verwirklicht sind. Eine entsprechende Humanisierung der Arbeitswelt ist also nicht allein für Behinderte und für >beschützte< Räume anzustreben. Aus humanistischer Perspektive muß die Frage gestellt werden, wie man der Würde und den Wünschen der Betroffenen gerecht wird. Insofern ist eine Werkstatt, welche Tätigkeit, Achtung und die Förderung von Selbstbewußtsein bietet, durchaus als ein Instrument der Teilintegration zu sehen - wo jedoch im Sinne einer tatsächlichen Integration in die Arbeitswelt und das soziale Leben und bei Beachtung der Vorstellungen der Betroffenen darüber hinaus gegangen werden kann, sollte dies unbedingt versucht werden. Denn das Wohl des Individuums steht im Vordergrund, nicht jenes der Werkstatt.

Literaturverzeichnis:

(-): Sind unsere Behindertenwerkstätten inhuman??? Aufruf von Gruppenleitern aus Werkstätten und Wohnheimen für Behinderte. In: Behindertenpädagogik 29(2) 1990, 229-230.

Bracken, H. von: Vorurteile gegen behinderte Kinder, ihre Familien und Schulen. Berlin 1976.

Dürr, H.-G.: Ungenutzte Möglichkeiten der Eingliederung Geistigbehinderter in die Arbeitswelt? In: Zeitschrift für Heilpädagogik 43(3) 1992, 145-163.

Hagemeister, U.: Geistigbehindertenpädagogik. In: Bleidick, U. et al. (Hrsg.): Einführung in die Behindertenpädagogik, Bd II. Stuttgart 1977, 52-73.

Institut für Sozialrecht an der Ruhr-Universität Bochum (Hrsg.): Die Werkstatt für Behinderte. Bochum 1972.

Krenzer, R.: Erwachsenenerziehung. In: Bach, H. (Hrsg.): Handbuch der Sonderpädagogik, Bd. 5: Pädagogik der Geistigbehinderten. Berlin 1979.

Seifert, R.: Aspekte der nachschulischen Förderung Schwerstbehinderter. In: Behindertenpädagogik 26(2) 1987, 149-158.

Weichlein, E.: Rechtliche Aspekte. In: Bach, H. (Hrsg.): Handbuch der Sonderpädagogik, Band 5: Pädagogik der Geistigbehinderten. Berlin 1979, 489-505.

Roland Stein

Autoren

Prof. Dr. Harry Bergeest, Universität Halle

Wolfgang Cleve-Prinz, Dipl.-Psych., Psychotherapeut, Fachklinik für suchtkranke Frauen, Altenkirchen

Edgar Eckerskorn, Dipl.-Psych, Psychotherapeut, Marienhospital Euskirchen

Michaele Esser, Dipl.-Psych., Psychotherapeutin, Haus Rheinfrieden, Internat für Körperbehinderte, Bad Honnef-Rhöndorf

Prof. Dr. Andreas Fröhlich, Universität Koblenz-Landau, Abt. Landau

Prof. Dr. Herbert Goetze, Universität Potsdam

Priv. Doz. Dr. Gerd Hansen, Universität Koblenz-Landau, Abt. Landau

Prof. Dr. Ursula Haupt, Universität Koblenz-Landau, Abt. Landau

Gaby Hellwig, Dipl.-Päd., St. Vincenz-Stift, Aulhausen

Dr. Meinhard Kiesbye, Berufsbildungswerk Husum

Prof. Dr. Eduard W. Kleber, Universität Wuppertal

Prof. Dr. Ferdinand Klein, Pädagogische Hochschule Ludwigsburg

Prof. Dr. Rudi Krawitz, Universität Koblenz-Landau, Abt. Koblenz

Prof. Dr. Waltraud Rath, Universität Hamburg

Prof. Dr. Willi Seitz, Universität Koblenz-Landau, Abt. Landau

Prof. Dr. Günther Sofsky, Mainz

Prof. Dr. Walter Spiess, Universität Kiel

Dr. Roland Stein, Universität Koblenz-Landau, Abt. Landau

Prof. Dr. Walter Straßmeier, Universität München

Dorothea Valerius, Dipl.-Päd., Universität Mainz

Christiane Wessels, Dipl.-Päd., Universität Wuppertal

Prof. Dr. Edmund Westrich, Universität Mainz

Jürgen Zeller, Studiendirektor, Staatliche Berufsschule im Berufsbildungswerk Nordhessen, Kassel